멘탈 강한 아이로 키우기

대니얼 G. 에이멘, 찰스 페이 지음
박다솜 옮김

Raising
Mentally
Strong Kids

뇌과학에 '사랑과 논리'를 결합하여 아이를
자신감과 책임감, 회복탄력성을 갖춘
사람으로 길러내는 방법

모멘토

RAISING MENTALLY STRONG KIDS
Copyright © 2024 by Daniel G. Amen, MD, and Charles Fay, PHD
All rights reserved.

Korean translation copyright © 2025 by Momento
Korean translation rights arranged with TYNDALE HOUSE PUBLISHERS
through EYA Co.,Ltd

이 책의 한국어판 저작권은 EYA Co.,Ltd를 통해 TYNDALE HOUSE PUBLISHERS와
독점 계약한 모멘토가 소유합니다.
저작권법에 의하여 한국 내에서 보호를 받는 저작물이므로 무단 전재 및 복제를 금합니다.

추천의 말

『멘탈 강한 아이로 키우기』는 이 복잡한 세상에서 아이를 회복탄력성 있는 사람으로 키워내도록 해주는 종합 가이드북이다. 각 장마다 즉시 활용할 수 있는 양육 전략이 담겨 있을뿐더러, 책 전반에 우리 시대의 부모와 자녀에게 필요한 깊이 있는 철학이 깔려 있다.

―마이클 거리언(사회철학자로 거리언연구소의 설립자이며
『남자아이 심리백과』를 비롯한 베스트셀러 저자)

뇌과학과 육아심리학의 선구자들이자 아이를 키우는 아버지인 두 남자가 오늘날 아이들이 마주하고 있는 가장 큰 문제들을 해결하러 나선 결과는 이토록 역동적이고 과학적이다. "아이를 낳을 때 양육 설명서가 따라온다면 얼마나 좋겠어요!"라고 하소연해온 부모들이여, 드디어 소원이 이루어졌다. 아이들이 스스로 더 나은 인생을 일궈나가고, 부모와 더 나은 관계를 맺도록 도와줄 확실한 로드맵이 여러분 손에 쥐어졌으니까.

―필립 C. 맥그로(임상심리학 박사이자 저술가.
2002년부터 21년간 방송된 인기 TV 토크쇼 <닥터 필> 진행자)

부모는 양육 과정에서 아이에게 인생의 수많은 난관들을 극복할 능력을 키워주어야 한다. 높은 회복탄력성의 열쇠는 정신과 감정의 힘을 발달시키는 데에 있다. 술술 읽히는 이 지침서에서 에이멘 박사와 페이 박사는 효과적 양육의 본질적 요소들을 공개하고 양육의 모든 단계에서 요긴하게 쓰일 중요한 가르침을 준다.

― 제프리 K. 자이그(심리치료 전문가이며 저술가.
심리치료 관련 비영리단체인 밀턴 H. 에릭슨 재단의 설립자이자 CEO)

우리 어른들은 모든 아이가 제각기 충분한 사랑과 격려 속에서 힘을 키울 수 있도록 개인으로서나 집단으로서나 힘껏 도와야 한다. 페이 박사와 에이멘 박사는 이 책에서, 아이가 잠재력을 온전히 꽃피우고 앞으로 어떤 삶의 길을 걸어가든지 남들에게 좋은 영향력을 발휘하는 훌륭한 지도자가 되도록 키워낼 최고의 방법들을 능란하게 공유한다.

―마크 빅터 한센(『영혼을 위한 닭고기 수프』시리즈 등
전 세계에서 총 5억 부 이상 팔린 베스트셀러들의 공저자)

『멘탈 강한 아이로 키우기』는 복잡다단한 오늘날의 세상에서 아이의 정신적 힘을 키워주고자 하는 모든 독자에게 귀중한 지혜를 전수한다. 이 책에 담긴 원칙들을 따름으로써 시작되는 변화는 부모와 자녀는 물론 이어지는 세대들에까지 영향을 미칠 수 있다. 그 효과를 경험한 당사자로서 증언한다. 우리 가족 네 세대가 SPECT(단일광자방출 컴퓨터단층촬영) 뇌 스캔을 받았고, 그로써 알게 된 것들을 가족 관계에 적용한 결과 수세대에 걸쳐 의미 있는 긍정적 변화를 경험할 수 있었다!

―얼 R. 헨슬린(심리학 박사, 『기쁨의 뇌과학(This Is Your Brain on Joy)』저자)

『멘탈 강한 아이로 키우기』는 아이를 자신감 넘치고, 유능하고, 협조적인 사람으로 키우고 싶은 어떤 부모에게나 단계별 솔루션들을 제공한다.

―루이스 하우스(〈뉴욕 타임스〉 베스트셀러인
『루이스의 특별한 수업』, 『그레이트 마인드셋』저자)

우리 아이들에게 더 강한 회복탄력성과 더 단단한 자존감을 키워줌으로써, 살면서 겪게 될 어려움을 *건강하게* 극복하도록 도울 수 있다면 어떨까? 이 책은 급변하고 있는 오늘날의 세상을 헤쳐나가는 데 필요한 도구들을 우리 아이의 손에 쥐어 주는 방법을 하나하나 일러준다.

―숀 스티븐슨 (베스트셀러『스마트 슬리핑』저자)

페이 박사와 에이멘 박사의 이 저서는 아이의 뇌 발달, 뇌 기능과 관련해 부모가 무얼 해야 하는지 분명하게 알려줄 뿐 아니라 우리의 행동이 *왜* 이런저런 요인에 의해 영향받고 개선되며 달라지는지 또한 밝히고 있다. 그 덕분에 여기 나오는 개념들은 독자의 마음속 깊이 동기를 불어넣고 행동으로 옮기게끔 한다. 책을 읽으며 당신은 "왜 내가 어렸을 땐 이런 지침서가 없었을까?" 하며 아쉬워하다가, 이 책의 내용을 실제로 적

용함으로써 아이뿐 아니라 당신 자신도 더 잘 살 수 있다는 만족스러운 깨달음에 이를 것이다.

―다리아 롱(응급의학 전문의이자 아이를 키우는 어머니로, 전미 베스트셀러인
『엄마를 위한 육아와 자기돌봄 꿀팁(Mom Hacks)』저자)

『멘탈 강한 아이로 키우기』는 어린이를 키우거나 상대하는 사람이라면 누구나 꼭 읽어야 할 요긴한 책이다. 놀라운 전문성을 갖추고 있는 대니얼 에이멘 박사와 찰스 페이 박사는 끊임없이 변화하는 세상에서 어떻게 아이를 회복탄력성이 좋고, 강인하며, 자신감 넘치는 사람으로 키울 수 있을지를 양육자들에게 알려준다. 강력히 추천한다!

―스티븐 매슬리(의사, 영양학자이며 저술가로
베스트셀러『심장 조율 30일 플랜(The 30-Day Heart Tune-Up)』저자)

페이 박사와 에이멘 박사는 오늘날의 세상이 어떠한지, 그 안에서 부모와 교사들이 아이들의 정서적 회복탄력성과 정신적 힘을 키워주려 노력하면서 어떤 어려움을 겪는지 잘 이해하고 있다. 두 저자는 하나하나의 장에서 모든 양육자에게 힘을 줄 불변의 원칙들을 이해하기 쉽게 소개하고, 독자가 자신이 처한 고유의 상황에 그 원칙들을 적용하도록 돕는다. 각 장의 끝에는 바로 실천할 일들을 간명하게 제시해 실용성을 더했다. 이 강력한 책은 내 마음과 영혼을 뒤흔들었고, 내가 다시금 마음을 다잡고 아이들을 더 의도적이고 효과적으로 양육하도록 동기를 불어넣었다. 나는 내가 협업하는 교육기관 사람들과 내게 코칭을 받는 클라이언트 모두에게 이 책을 필독서로 지정했다.

―래리 커비(라이프 코치이자 인기 강연자로,
교육 및 양육 관련 코칭과 컨설팅을 제공하는 '커비 세미나 그룹'의 설립자)

뇌 건강과 인성을 염두에 두고 아이를 키우는 데 관심이 있는 부모라면, 산뜻하고 혁신적인 이 육아서를 반드시 읽어보길 권한다. 이 책은 정신적, 정서적으로 건강하고, 유능하고, 친절하며 책임감 있는 아이를 키우는 데 필요한 과학과 통찰, 현실적 실천법을 가득 담고 있다. 이 책에 깃든 잠재력으로 가족들은 더 건강해질 테고, 그에 따라 우리 사회 역시 한결 건강해질 수 있으리라!

―샤론 메이(결혼·가족 상담 전문가로 '세이프 헤이븐 릴레이션십 센터' 설립자)

예전 어느 때보다도 아이들이 더 힘겨워하고 있는 이 시대, 에이멘 박사와 페이 박사는 대가의 솜씨를 발휘하여 아이들을 정신력 강한 사람으로 키워내도록 돕는 이 책을 써 냈다. 뇌신경과학에 기반을 둔 이 책은 부모들 역시 자신의 인생에서 한 발짝 더 나아가게 해 줄 밑거름이 될 것이다. 오늘날 모든 부모의 지침서가 되어 마땅하다.

—우마 나이두('무드 푸드 MD'라는 별명으로 통하는 영양정신의학자, 생물학자, 전문 셰프이자, 베스트셀러 『미라클 브레인 푸드』의 저자)

알림

이 책에 실린 정보는 저자들이 여러 해에 걸친 진료 경험과 임상 연구를 통해 얻은 것들이다. 따라서 그 정보들은 일반적인 성격의 것으로서, 유능한 의료 전문가 또는 심리 전문가의 평가나 치료를 대체할 수 없다. 자신에게 의학적, 심리학적 개입이 필요하다고 생각하는 사람은 가능한 한 빨리 보건의료 전문가를 찾아가기 바란다. 이 책에 수록된 사례들은 실제이며, 환자의 익명성을 보호하기 위해 많은 경우 이름과 상황을 바꾸었다.

| 차 례 |

추천의 말 · 3
소개의 글 · 9
서문 · 13

1부 성공적인 양육을 위한 실용 신경심리학

제 1 장 건강한 뇌 · 29
제 2 장 멘탈 강한 아이는 명확한 목표를 따른다 · 57
제 3 장 정신의 힘을 키워주는 양육, 앗아가는 양육 · 81
제 4 장 관계는 모든 것의 기본이다 · 103
제 5 장 제한과 규칙이 꿋꿋한 정신을 만든다 · 131
제 6 장 애정 어린 훈육이 정신의 힘을 키운다 · 157
제 7 장 부모와 아이 모두 지켜야 할 정신 위생 · 187
제 8 장 강하고 유능한 아이로 키우려면 · 213
제 9 장 건강한 몸에 강인한 정신이 깃들도록 돕기 · 241
제10장 부모 간에 양육 방식이 다를 때 · 263
제11장 성취가 부족한 아이에게 다가가는 법 · 287
제12장 과학기술의 오용과 중독 · 311
제13장 아무것도 효과가 없어 보일 때 · 329

2부 양육의 흔한 난관들을 단단한 성품을 키울 기회로 바꿔줄 팁과 도구들

제14장 흔한 난관 1 배변 훈련을 긍정적인 경험으로 만들기 · 357
제15장 흔한 난관 2 형제자매 간의 대립 · 363
제16장 흔한 난관 3 아이가 놀림이나 괴롭힘을 당할 때 · 369
제17장 흔한 난관 4 스포츠를 재미있고 건강하게 하기 · 377
제18장 흔한 난관 5 친구 사귀기 · 383
제19장 흔한 난관 6 아이가 데이트를 시작하고 싶어 할 때 · 387
제20장 흔한 난관 7 이혼 후에도 건강하게 양육하기 · 395
제21장 흔한 난관 8 계부모의 역할 · 401
제22장 성인 자녀와 몸만 어른이 된 아이들 · 407
제23장 아이의 정신적 힘을 키워주는 부모의 행동 130가지 · 423
제24장 멘탈 강한 아이의 부모가 절대 하지 않는 행동 20가지 · 437

감사의 말 · 444
저자 소개 · 446
관련 기관과 사이트 · 451
후주 · 453

소개의 글

짐 페이
('사랑과 논리' 연구소 공동 창립자이며, 이 책 공저자 찰스 페이의 아버지)

여러분이 이 책을 펼칠 때쯤이면, 내가 아이, 부모, 교육자들과 함께 일한 기간은 자그마치 70년에 이르게 된다. 그동안 내내 성공만을 거두었다고 말할 수 있으면 좋으련만, 안타깝게도 그것은 사실이 아니다. 커리어 초반에 나는 '고함치고 화내고 구출해 낸다'라는 말로 흔히 요약되는 낡고 전통적인 방법들에 상당 부분 의존했다. 그런데 이는 순종적이고 얌전한 아이들에게는 효과가 있었지만, 의지가 강하고 고집이 센 아이들에게는 오히려 역효과를 낳기 일쑤였다. 사실 내가 '헬리콥터 부모'와 '교관 부모'라는 용어를 만든 것은, 내가 두 유형 모두에 조금씩 해당한다는 것을 깨달았기 때문이다.

또 한 가지 자랑하고 싶은 사실은 내가 첫째와 둘째 아이를 내 손으로 직접 키웠다는 것이다. 하지만 솔직히 말하면, 두 아이를 키운 사람은 내가 아니라 내 머릿속에 살고 계신 아버지였다. 아이들 앞에서 입을 열 때마다 나는 아버지의 목소리로 아버지가 하실 법한 말을 했던 것이다. 좀 더 아이들을 기다려주는 부모가 되고 싶다는 마음은 있었지만, 나의 기본적인 양육 방식은 목소리를 높여 아이들을 훈육하고, 아이들에게 문제가 생긴 경우에는 헬리콥터처럼 등장해서 구조해 주는 것이었다. 요컨대 내 삶은 여전히 아버지의 뜻대로 돌아갔다. 나는 아버지를 사랑하긴 했지만, 내 삶이 아버지의 방식대로 운영된다는 느낌은 마음에 들지 않았다.

변화의 계기는 1968년에 찾아왔다. 교사로 일하고 있던 나는 학급 관리

기술이 부족했던 탓에 악전고투를 벌이고 있었다. 착한 아이들은 나를 무서워했고, 반항적이고 비협조적인 아이들은 나를 만만하게 보았다. 가까스로 1년을 버텼지만 이제는 포기하고 싶다는 생각이 들었다. 하지만 나의 고집스러운 아일랜드인 부모님은 힘들지 않은 일은 애초에 할 가치가 없다고 귀에 못이 박히도록 말씀하셨고, 그분들 아래에서 자란 나는 아무리 괴로워도 일을 그만두는 내 모습을 상상할 수 없었다. 나는 가르치는 일을 포기할 수 없었다. 그렇다면, 더 잘하는 법을 배워야 했다. 나는 절박한 심정으로 덴버 대학교의 석사 과정에 등록했다. 그 수업도 도움이 되지 않은 건 아니나, 내 삶에 정말 큰 변화를 일으킨 것은 교과과정 자체보다는 그에 더불어 하게 된 경험들이었다. 교육 분야의 대단한 전문가들과 함께 일하고, 현기증이 날 만큼 많은 훈련 세션에 참석하고, 그 모든 것을 내 아들 찰스와 나누는 경험은 내게 선물과 같았다. 찰스는 당시 초등학교 저학년이었음에도 귀를 쫑긋 세운 채 내 이야기를 경청했고, 내가 자신을 실습 대상으로 삼아도 불평 한마디 없었다. 우리는 인간 본성, 심리학 이론, 고성능 자동차 같은 것들에 대해 얘기를 나누며 굳건한 관계를 쌓았다. 얼마 지나지 않아 나는 내게 이론을 실제적 기술로 변환시키는 재능이 있다는 것을 알게 되었다.

나는 여러 학생들과 함께 실험하고, 매우 유능하거나 그렇지 못한 교사나 학부모들의 행동을 많이 지켜보며, 아이들에게 통하는 방법이 어떤 것들인지를 확실히 알게 되었다. 세월이 흐르고 임상 경험이 쌓이면서, 나는 무엇이 진정 유기적이고 실용적인 양육 방식인지를 깨달았다. 대단히 유용한 깨달음이었다. 그러나 대학에서 본격적으로 연구를 수행하는 신경과학자들과 비교했을 때 내 연구와 실험 방법은 원시적인 수준에 머물러 있었다.

내 꿈은 부모와 교사들이 어른과 아이의 관계에 대해 전과는 다르게 생각하고 다르게 이야기하게 되는 것이었다. 그 무렵 나는 혁신적인 정신과 의사인 포스터 클라인(Foster Cline) 박사를 알게 되었다. 우리는 함께 '사랑과 논리(Love and Logic)'라는 양육 철학을 만들어나가기 시작했고, '사랑과 논리 연구소'를 설립했다. 심리학 원리를 현실에 적용하는 이 같은 방법을 우리에게 배운 사람들은 그것이 얼마나 간명하고 효과적인지에 대해 나조차 놀랄 만큼 열광했다. "와! 진짜로 효과가 있네요!"라는 말을 몇 번이나 들었는지 모른다.

몇 년이 지나면서 내 꿈은 우리의 양육 기술을 누구나 더 쉽게 배우고 적용할 수 있도록 다듬고 단순화하는 것으로 바뀌었다. 그즈음 내 아들 찰스는 박사 학위를 딴 뒤 존경받는 연구자이자 저술가 겸 대중 강연자가 되어 있었다. 찰스가 정식으로 우리 팀에 합류하면서 우리는 찰스가 어렸을 때 시작했던 창의적인 논의를 다시 한번 이어나갈 수 있었다. 찰스의 통찰력과 경험, 지칠 줄 모르는 노력에 힘입어 사랑과 논리 연구소와 그 철학은 전 세계적으로 높은 평가를 받게 되었다.

일도 양육도 순조로웠던 그 시절, 내 머리 위에는 여전히 먹구름 하나가 드리워 있었다. 문득 불안이 찾아올 때마다 나는 의심했다. '내가 발견한 것들이 뇌에 관한 최신 연구에 크게 뒤처지면 어쩌지? 언젠가 내가 발견한 것에 아무런 의미가 없다는 사실을 깨닫게 되면 어쩌지? 언젠가 세상 사람들에게, 그들을 잘못된 방향으로 이끈 것에 대해 사과해야 한다면?'

다행이랄까, 나는 병을 얻었다… 그것도 아주 심한 병을. 중증 근무력증이라는 심각한 자가면역 질환을 진단받은 나는 명망 높은 신경과학자이자 정신과 의사인 대니얼 에이멘 박사에게 도움을 청했다. 그는 내가 병을 이겨내도록 도와주었고, 이 불치병을 사실상 완치시켰다. 그런데 알고 보니 그는 '사랑과 논리'에 대해 잘 알고 있었고, 부모와 아이가 두뇌와 행동을 더 강하고 건강하게 발달시키도록 돕는 우리의 접근법이 그가 뇌 스캔에서 발견하는 사실들과 일치하는 데 대해 탄복하고 있었다. 에이멘 박사라는 뛰어난 과학자이자 정신과 의사를 만난 덕분에 나는 수년간의 걱정을 내려놓을 수 있었다.

나는 생각했다. "정말 다행이야. '사랑과 논리'와 뇌 과학이 기름칠한 기계처럼 서로 잘 맞물린다니, 정말 큰 위안이야. 이 둘이 받쳐주고 있으니 아이들과 가족들에겐 건강한 두뇌와 건강한 미래를 선택할 더 큰 힘이 주어진 거야." 그래서 나는 이 책에 대해 주체하기 어려울 만큼 기대가 크다. 한 권의 실용서에 이토록 강력한 접근법들이 조합되어 담긴 적은 없었으므로, 독자 여러분이 이 책을 만날 수 있다는 것에 얼마나 설레는지 모른다. 대니얼과 찰스가 여기에 담아낸 내용을 통해 더 많은 가족들이 더 큰 화목함과 기쁨을 누릴 수 있으리라는 사실이 무척 짜릿하고 보람차다.

서문

　부모라면 누구나 자신의 아이에게 존중받고 사랑받기를, 자신이 마음 깊이 간직한 가치들을 아이가 받아들이기를 바랄 것이다. 그 소망을 이루어줄 실용적이고 과학적인 전략이 있다. 게다가 이 전략은 아이와 승산 없는 논쟁을 벌이고 권력 다툼에 휘말리는 일을 막아주며, 아이가 이 험난한 세상을 자신감과 회복력을 가지고 살아가기 위해 필요한 강인한 두뇌와 행동 습관을 기르는 데에도 도움이 된다. 어떤가, 구미가 당기는가?

　우리 두 사람은 도합 80년이 넘는 세월 동안 부모들이 책임감 있고, 남을 존중할 줄 알며, 정신적으로 강한 아이를 키울 수 있도록 지원해 왔다. 그러니 이 책에 담긴 내용은 양육계의 신참이 아니라 평생을 양육의 과학과 실천에 헌신해 온 사람들이 쓴 것이다. 마찬가지로 중요한 사실은, 우리 둘 다 자신의 가족을 일구면서 가정생활이, 그리고 자그마한 기쁨의 덩어리들을 어엿한 어른으로 키워내는 일이 얼마나 굴곡지고 사람을 겸허하게 만드는 것인지를 경험했다.

　우리는 과거의 양육이 어떠했고 지금의 양육은 어떠한지 잘 알고 있다. 과학기술과 관련해 부모들이 직면했던 가장 큰 문제가 텔레비전과 5미터 가까운 길이의 코드가 달린 전화기였던 시절을 기억할 만큼 나이가 들었으니 말이다. 믿기 어려울지 모르겠지만, 그때는 부모가 정한 제한 시간을 어기면서 몰래 텔레비전을 보고, 방 밖 전화기를 긴 코드를 이용해 자기 침실로 끌어와 몰래 통화하는 아이들도 있었다. 털이 긴 카펫에 파묻혀 아이 방 문 밑으로 들어간 코드는 지친 부모의 눈에 잘 띄지 않았다.

저 옛날은 모든 것이 지금보다 단순했다고 하지만, 알고 보면 거의 모든 가정에 영향을 미치는 심각한 문제도 많았다. 음주는 지금처럼 그때도 문제였다. 마리화나를 비롯한 마약이 점점 더 대중화되고 접근성이 높아졌다. 대놓고 무례한 태도를 보이는 아이들이 늘어났고, 많은 아이들이 학업에 등한하거나 아예 학교를 그만두었다. 10대 임신도 또 다른 큰 문제였다. 지난 40년 동안, 위에 적은 것을 비롯해 많은 문제들이 숱한 가정에서 아주 높은 비율로 발생했다.

인터넷의 발달과 무선통신 기술의 등장으로 인해 이제 우리는 꼭 끼는 청바지 주머니에도 들어가는 작은 기기를 통해 세상의 온갖 정보를 다 얻을 수 있다. 지금 이 시대, 여러분이 키우고 있는 아이의 손에는 우리가 어렸을 때와는 비교조차 할 수 없이 많은 유혹이 담긴 기기가 쥐어져 있다. 물론 그 안에 담긴 정보 중에는 건강하고 유익한 것도 있다. 하지만 안타깝게도 상당수는 어둡고 위험하며 아이들을 현혹한다. 이들 무선통신 기기와 관련 소프트웨어를 설계하는 회사들은 중독의 원리를 꿰고 있어서, 흥미로운 콘텐츠를 예측할 수 없게끔 무작위로 제공함으로써 사용자로 하여금 끊임없이 온라인에 접속하지 않으면 뭔가 중요한 것을 놓친다는 느낌이 들게 만든다. 소셜 네트워크에서는 남들에게 주목받고, 사랑받고, 가치를 인정받고 싶은 아이들의 깊은 욕구를 겨냥한 콘텐츠를 제공하여 중독을 부추긴다. 기기를 사용하는 것이 (위험한 섹스, 마약, 기타 위험한 행동을 제외한) 다른 어떤 행위보다도 더 흥미롭게 느껴지도록 해서, 아이들의 뇌를 보상 화학물질인 도파민에 중독시킨다.

누구나 마음속 깊이 알고 있듯이, 진실로 기쁨을 주는 것은 진정성 있는 관계, 목적의식, 타인을 돕는 일, 자신의 역량을 느끼게 하는 건강한 도전의 추구 등이다. 건전하지 못한 것들에 정신을 팔며 살다 보면 반드시 실망하고, 불안해지고, 심하게 우울해진다는 사실도 누구나 잘 알고 있다. 그러나 우리 대부분은 이를 알면서도 양육이라는 과업 앞에서 부담을 느낀다. 아이에게 안전하고 행복한 가정을 만들어주고, 아이가 올바른 결정을 내리고 건강한 관계를 맺도록, 타인에게 친절하게 행동하고 시련이 닥쳐도 무너지지 않도록, 자신의 목표와 행동을 책임질 줄 아는 생산적인 사회 구성원이 되도록 키워내야 한다는 양육의 임무는 실로 버겁게 느껴진다.

좋은 소식이 있다. 여러분은 아이의 손에 쥐어진 스마트폰보다 현명하다. 여러분은 아이가 가진 무선 기기보다 지혜롭다. 세상에서 가장 큰 하드 드라이브라 해도 여러분이 품은 만큼의 희망과 진정한 동기를 담을 수는 없을 것이다. 또 하나의 좋은 소식은 지금 여러분의 손에, 건강한 두뇌를 만드는 방법에 관한 40년간의 연구와 자신을 잘 돌보면서 아이를 키우는 방법에 관한 40년간의 심리적 전략들을 결합한 아주 특별한 책이 들려 있다는 것이다. 이 책을 읽고 여러분은 아이에게 분명한 인생의 진리 하나를 가르칠 수 있을 것이다. 자신이 어떤 삶을 사는지는-또한 다른 사람의 삶에 어떤 영향을 미치는지는-자신이 어떤 선택들을 해나가는지에 달려 있다는 것. 큰 힘을 들이지 않고도 이 중요한 사실을 가르칠 수 있다.

대니얼 에이멘 박사의 이야기

나는 레바논계 가정에서 자랐고, 일곱 형제 가운데 나이순으로 중간이었다. 그게 왜 중요하냐고? 우리 문화에서 맏아들과 맏딸은 매우 특별한 존재로 여겨졌고, 막내는 버릇이 없는 게 당연했다. 어머니는 아이들에게 신경을 쓰고 애정을 주었지만, 짐작할 수 있겠듯이 눈코 뜰 새 없이 바빴다. 아버지도 마찬가지였다. 두 분은 정말로 열심히 우리를 돌보셨지만, 식솔이 워낙 많았고 그중 문화적으로 선호되는 아이가 있었으며 두 분에겐 다른 할 일도 많았기 때문에, 나는 그다지 관심을 받지 못한다고 느꼈다.

내가 열여덟 살이 되었을 때 베트남에서는 아직 전쟁이 한창이었다. 보병 의무병으로 파병된 나는 그곳에서 의학에 홀딱 반했다. 하지만 1년 뒤에는 총에 맞고 싶지 않아서 엑스레이 기사로 다시 교육을 받았고, 이번엔 의료 영상(medical imaging)의 매력에 사로잡혔다. 의대 2학년 재학 중에 어릴 적부터 사귄 여자 친구와 결혼했는데, 두 달 후 그녀는 자살 충동을 보이기 시작했다. 나는 도움을 받고자 그녀를 스탠리 윌리스라는 뛰어난 정신과 의사에게 데려갔다. 그때 나는 그의 도움이 그녀뿐만 아니라 나와 우리가 낳을 아이들, 그 후에 얻게 될 손주들에게도 도움이 되리라는 것을 깨달았다. 정신의학이 여러 세대에 걸쳐 사람들을 도울 수 있다는 사실을 깨닫고, 나는 정신의학과 사랑에 빠졌다. 그 사랑은 지난 45년 동안 단 하루도 흔들리지 않았다.

그런데 문제가 하나 있었다. 내가 사랑에 빠진 정신의학은 의학의 다른 모든 전문 분야와 한 가지 면에서 달랐다. 치료하는 장기를 거의 보지 않는다는 점이었다. 따라서 정신의학에 대한 나의 사랑과 의료 영상에 대한 사랑은 한데 아우르기가 어려웠다. 당시 의대 교수님들이 우리에게 즐겨 물었듯이, "직접 보지 않고 어떻게 알 수 있겠는가?" 우리가 살피고자 하는 장기를 직접 스캔해 보지 않는다면, 신체나 뇌 안에서 실제로 무슨 일이 일어나고 있는지 어떻게 알아낼 수 있을까? 정신과 의사들이 뇌를 보지 않는다는 것은 말이 되지 않는다고 느껴졌다. 나는 이래서는 안 된다고 믿었다. 그러나 내가 장차 다가올 변화의 일부가 될 줄은 몰랐다.

1991년에 나는 뇌 SPECT(single-photon emission computed tomography, 단일광자방출 컴퓨터단층촬영) 영상에 대한 강의를 들으러 갔다. SPECT로 뇌의 혈류와 활동을 살펴보는 의사는 기본적으로 '뇌가 건강한지, 활동이 부족한지, 활동이 과도한지', 이 세 가지를 알 수 있다. 그 후 몇 년 사이에 나는 이전과는 근본적으로 다른 방식으로 정신과 진료를 보게 되었다. 지난 33년 동안 에이멘 클리닉에서는 155개국에서 온 환자들을 대상으로 25만 건 이상의 뇌 SPECT 스캔을 실시했다. 뇌 영상 작업을 해나가면서 얻은 교훈도 그만큼 많다. 그중 가장 중요한 배움은 우리가 정신의학적 문제를 '정신 질환'이 아니라 뇌 건강 문제로 보게 되었다는 것이다. 이 개념 하나로써 모든 것이 달라진다. 뇌를 바로잡으면, 마음도 따라온다. 그래서 나는 다음을 되풀이하여 강조하게 되었다.

뇌에 문제가 있는 어린이, 청소년, 청년은 더 슬프고, 더 아프고,
학업, 운동, 인간관계를 비롯해 모든 면에서 덜 성공적이다.
문제가 있는 뇌는 문제가 있는 삶을 의미하며,
더 강하고 건강한 뇌는 더 강하고 건강한 삶을 의미한다.

이 책에서 나는 풍부한 정보를 제공하여 여러분과 여러분의 아이가 강인한 뇌를 발달시키도록 도울 것이다. 보다시피 나는 내 인생을 그 일에 바쳤기에, 이 책을 통해 내가 아는 것들을 여러분과 나눌 수 있어 영광이다. 큰 그림을 그려보자면, 이 책에서 여러분은 다음을 배울 수 있다.

1. 자신의 뇌와 사랑에 빠지는 방법: 우리의 양쪽 귀 사이에 놓인 약 1.3킬로그램짜리 뇌는 우리의 사랑을 필요로 한다. 뇌는 우리가 어떻게 생각하고, 행동하고, 느낄지를, 그리고 우리로 하여금 아이에게 훈계를 늘어놓거나, 위협하거나, 소리를 지르는 등 비효율적인 양육 전략을 사용하고 싶게 만드는 까다로운 상황들을 어떻게 관리할지를 통제하는 기관이기 때문이다. 우리가 아이를 반응적으로만 대하지 않고, 사려 깊고 바람직한 양육 태도를 유지할 수 있는 건 분명히 뇌 덕분이다(여기서 '반응적[reactive]'이란 당면한 사건이나 상황에 대해 즉각적이고 대개는 감정적으로 대응하는 것을 말한다.-옮긴이). 뇌를 사랑하기 시작하면 뇌를 더 잘 돌보게 된다. 뇌에 좋은

음식을 주고, 운동을 시키고, 휴식을 주게 된다. 뇌가 양육에서 중요한 또 하나의 이유는, 부모가 일관되게 단호함과 친절함을 보이게끔 돕기 때문이다. 수십 년에 걸친 연구에 따르면 단호함과 친절함(다정함)의 조합은 성공하는 부모와 실패하는 부모를 가르는 주요 요인의 하나라고 한다.[1]

2. 아이에게 자신의 뇌를 사랑하고 보호하도록 가르치는 방법: 이미 알고 있겠지만, 부모가 모범을 보이는 것은 아이를 가르치는 가장 강력한 방법의 하나다. 부모가 자신의 뇌를 열렬히 사랑하고 아끼는 모습을 아이에게 보여주면 아이도 저절로 자신의 뇌를 사랑하고 싶어질 것이다. 뇌는 부드럽고, 두개골은 단단하며 여러 개의 날카로운 융기가 있다는 사실을 즐거이 배우고 싶어질 것이다. 머리에 어떤 형태로든 충격이 가해지면, 단단하고 날카로운 두개골 안에서 뇌가 흔들려 뼈에 부딪힐 수 있다. 나는 뇌 스캔 영상에서 여덟 살밖에 되지 않은 아이들이 미식축구를 시작하고 한 시즌 만에 심각한 두부 손상을 입은 것을 본 적이 있다. 여덟 살에 뇌 손상을 입는다니, 말도 안 된다고? 정말이다. 실제로 최근에 나는 고등학교와 대학 시절 전미 대표 축구 선수 중 하나로 뽑혔던 여자 환자를 치료했다. 뇌진탕을 겪은 적이 없는 환자인데도 뇌가 건강하지 않았다. 그것도 꽤 오래전부터. 이 환자가 꿈에도 모르고 겪은 뇌의 외상은 부모, 아내, 직원, 친구로서 살아가는 삶의 모든 측면을 더 힘겹게 만들었다.

3. 아이에게 뇌를 어떻게 돌보아야 하는지 가르치는 방법: 이건 어렵지 않다. 나는 딸 클로이가 두 살 무렵부터 뇌를 돌보는 방법을 가르치기 시작했다(자세한 내용은 1장에서 확인할 수 있다). 부모가 먼저 뇌에 해로운 것(두부 외상, 마약, 알코올, 그리고 이른바 '미국인 표준 식단' 등)을 피하고 뇌에 이로운 것(올바른 식습관, 운동, 숙면, 새로운 것 배우기, 부정확하고 부정적인 사고에 저항하기, 스크린을 너무 많이 보지 않기, 양질의 보충제

섭취하기 등)을 추구하는 모습을 보여주라.

찰스 페이 박사의 이야기

마음씨가 매우 고운 나의 부모님은 자신들이 양육에 관해서는 아무것도 모른다고 터놓고 인정하면서 나와 두 누나를 키우셨다. 내가 자주 말하듯, 두 분 가운데 더 힘든 일을 떠맡은 사람은 세 아이를 보살피며 집안일만 하던 어머니 셜리였다. 서커스와 나이트클럽에서 연주자로 일하던 아버지 짐은 오래잖아 여기저기 돌아다니는 것에 지쳐서, 도심의 한 학교에 음악과 미술을 가르치게 해달라고 간청했고, 결국 그 일자리를 얻었다.

아버지가 교사로 일하기 시작하고 얼마 지나지 않아, 학급에 심각한 문제 학생 한 명이 배정되었다. 스콧은 냉혹한 소시오패스의 전형이었다. 공감 능력 결여, 극도의 잔인함, 불을 지르는 것에 대한 집착, 권위를 전혀 존중하지 않는 태도까지. 1960년대 후반이었던 당시에 대부분의 교사는 스콧과 같은 학생을 관리하는 방법에 대한 교육을 거의 받지 못했다. 아버지는 스콧에게 강력히 요구도 해보고, 훈계도 해보고, 벌을 주겠다고 위협도 해보았지만 아무것도 효과가 없었다. 오히려 심기가 불편해진 스콧이 급우들과 교실에서 기르는 동물을 대상으로 격한 분노를 쏟아놓게 할 뿐이었다. 그 학년도가 반쯤 지난 이른 봄의 어느 날, 신경이 극도로 날카로워져 있었던 아버지는 교실에서 인생의 전환점이 될 상황에 맞닥뜨렸다. 역시 스콧과의 문제였다.

"이제 친구들은 그만 괴롭히고 자리에 앉아라!" 아버지가 성난 목소리로 나직이 말했다.

스콧은 능글맞게 웃으며 대답 대신 심한 욕설을 내뱉었다. 그 순간, 절망과 분노에 사로잡힌 아버지는 스콧의 뺨을 세게 때렸고 스콧의 입술에는 작은 상처가 생겼다. 세월이 지난 후, 아버지는 그때 정신을 차리자마자 어떤 생각이 들었는지 내게 털어놓았다. '나는 쓸모없고 끔찍한 사람이야. 학생들을 사랑

하는데, 방금 무슨 일을 저지른 거지?'

두 번째로 든 생각은 '가르치는 일이 좋은데, 이제 내 교사 경력은 끝장났구나'였다고 한다.

당시만 해도 체벌이 아직 흔했고, 스콧의 홀어머니 역시 자기 아들을 어떡해야 좋을지 갈피를 못 잡고 있었다. 다루기 어려운 학생들이 많은 그 학교는 일하려는 교사를 찾기 어려웠으므로 아버지는 가까스로 일자리를 지킬 수 있었다. 아버지 입장에서는 기적 같은 일이었으나, 일자리를 잃지 않았다 해도 엄연한 사실에 양심이 찔리는 건 매한가지였다. "내겐 반항적인 아이들을 다루는 기술이 전혀 없어. 심지어 순한 내 아이들과도 문제가 있잖아! 소리를 지르거나 위협하지 않고 긍정적인 방식으로 아이들이 잘 행동하도록 이끄는 방법을 배워야겠어."

강한 죄책감과 긍정적인 방법을 찾아내려는 열망에 힘입어 아버지는 남는 시간 거의 전부를 인간 행동에 관한 책을 읽고, 교육과 심리학에 관한 연구 결과들을 공부하고, 당대의 가장 저명한 전문가들이 진행하는 교육에 참석하는 데 썼다. 나 역시 아버지의 열정에 전염되어, 여덟 살 무렵부터 같은 내용을 공부하기 시작했다. 아버지는 자신이 참석하는 여러 세미나에 나를 데리고 가기도 했다. 그때 나는 학교에서 수학과 영어 수업을 따라가지 못해서 고생하고 있었지만, 아버지와 함께 공부하는 내용에는 푹 빠져들었다. 어린 시절 가장 좋았던 기억을 돌아보면, 아버지와 함께 인간의 본성에 대해 토론했던 날들이 떠오른다.

아버지는 이윽고 나와 누나들에게 그 기술을 사용하기 시작했다. 당시 열다섯 살이 된 나는 더트 바이크(비포장도로용 모터사이클)를 갖고 싶다는 생각에 집착하고 있었다. 예전의 아버지라면 이렇게 말했을 것이다. "맙소사. 돈이 나무에서 자란다고 생각하니?"

그러나 달라진 아버지는 내게 부드럽게 물었다. "젊은 사람이 이런 걸 갖고 싶어 하는 건 이상하지 않지. 비용은 어떻게 마련할 계획이니?"

나는 새로운 열정에 쓸 자금을 마련하기 위해 동네에서 이런저런 잡다한 일들을 해보기로 했다. 몇 달간의 노력 끝에, 나는 친구에게서 사용감이 많은 중고 야마하 한 대를 구입했다. 아버지는 단 두 문장으로 반응하셨다. "얘야, 잘됐구나" "우리가 의논한 안전 수칙을 모두 지키고 집안일을 잘 하는 한, 얼마든지 바이크를 타도 된다."

나는 안전 수칙을 지키지 않았고, 집안일도 제대로 하지 않았다.

한 달 뒤 아버지는 진심으로 걱정하는 목소리로 말했다. "정말 안타깝구나. 아빠는 너를 너무 사랑하기 때문에 네게 잔소리를 하거나, 우리가 어떤 약속을 했는지 상기시키고 싶지 않아. 네가 다치는 것을 보고 있을 수도 없고. 그래서 네가 소홀히 하고 있는 집안일을 대신 해 줄 사람을 고용했다. 글렌이 잡일들을 맡아주는 대가로 네 더트 바이크를 갖겠다고 하더구나."

아버지는 언성을 높이지 않았으나 물러서지도 않았다. 몇 주가 지나면서, 내가 처음에 느낀 분노는 차차 존경심으로 바뀌었다. 아버지가 나에게 제한을 설정하고 내게 책임을 물은 건, 나를 무척 아끼기 때문이었다. 그러는 과정에서 아버지가 내게 분노와 좌절보다는 애정과 단호함을 보여준 것도, 나를 그만큼 아끼기 때문이었다.

나의 아버지 짐 페이와 그의 좋은 친구인 포스터 클라인 박사는 전 세계 수천의 어린이와 가족, 학교들을 연구하며 배움의 폭을 넓혀갔고, 많은 이들에게 사랑받는 다양한 '사랑과 논리' 자료를 만들었다. 나는 그분들 곁에서 함께 공부하는 한편, 학교심리학과 임상심리학을 아우른 박사 학위를 취득하면서 기존의 접근법을 더욱 발전시켜, 최신 연구들과 오늘날의 부모와 교육자가 직면한 요구에 부합하도록 했다. 또한 나는 전 세계를 여행하며 현실의 복잡다단한 문제들에 부닥쳐 있는 다양한 학부모와 교육자들에게 '사랑과 논리'라는 강력한 기술을 알려주었다.

이 책을 읽으면서 여러분은 나의 친구 에이멘 박사가 일반 의학과 신경정신의학을 종합하며 개척한 진단 및 대응 방식을 현실에 적용할 때 양육이 어떻게 달라지는지 보게 될 것이다. 또한 그의 연구를 '사랑과 논리' 접근법에 내재된 심오하면서도 실천하기 쉬운 심리학적 개념 및 착상들과 결합시킨 결과들을 알게 되면서 양육에 많은 도움을 받을 것이다. '사랑과 논리'의 기본 원칙들은 다음과 같다.

1. 상호 존엄성: 이는 서로의 존엄성을 존중한다는 뜻이다. 아이가 타인과 자신을 대하는 방식을 배우는 것은 주로 부모가 아이를 대하는 방식, 그리고 아이가 부모를 어떻게 대할지 부모가 허용하는 방식을 통해서다. 이 두 측면 모두에서 필요한 것은 부모와 아이가 자신과 주변 사람들을 다 잘 돌볼 수 있도록 경계를 설정하는 일이다.

2. 통제 공유: 부모가 통제권을 독점하려고 하면 결국 통제력을 잃게 되지만, 아이와 통제권을 일부 나눠 가지면 오히려 통제력을 얻게 된다. 아이에게 작은 것들에 대한 선택권을 충분히 주고, 자기 선택의 결과를 받아들이게 하고, 책임감을 배우도록 할 때 아이는 더 행복해지고 존중심을 키우게 된다. 자신이 선택의 결과를 감당할 수 있다는 걸 알게 될 때 아이는 더 강해진다.

3. 사고 공유: 아이의 뇌가 강해지려면, 아이가 맞닥뜨리거나 자초한 문제를 스스로 인정하고 해결하도록 장려되어야 한다. 부모가 아이에게 명령을 내리고, 어떻게 생각하고 행동해야 할지를 일일이 설명하면 아이의 발달은 저해된다. 부모가 아이를 지나치게 허용적(permissive, 제한이나 통제를 거의 하지 않는 양육 태도-옮긴이)으로 키우면서, 아이가 마주친 한계나 그 애의 선택이 낳은 결과로부터 구조해 주려 할 때도 마찬가지다. 반면, 부모가 단호하되 애정 어린 태도를 유지하면서 아이가 자기 딜레마의 해결책을 찾아내도록 인도하면, 아이의 뇌는 강해지고 현실의 더 큰 문제들

을 해결할 능력이 생긴다. 양육도 한결 쉬워진다.

4. 진심 어린 공감: 아이의 실수나 잘못된 행동에 대해 부모가 분노하고 실망하는 태도로 반응하면, 아이의 문제에 대한 책임을 부모가 떠맡는 셈이 되고, 그 결과 아이는 부모를 탓하게 되기 쉽다. 반면 아이가 처한 문제 상황에 부모가 공감으로 대응하면, 아이가 부모를 문제의 근원으로 보기는 어려워진다. 이 책을 읽는 동안 공감이 어떻게 뇌에 배움의 문을 활짝 열어주는지 명확하게 알게 될 것이다. 또한 공감이 부모가 느끼는 스트레스와 불안을 어떻게 줄여주는지도 알게 될 테다.

5. 애정 어린 관계: 건강하고 애정 어린 관계가 없다면 무얼 해도 소용이 없다. 방금 소개한 '사랑과 논리'의 네 가지 원칙에 따라 양육을 하면, 이 다섯째 원칙은 거의 자동적으로 지켜진다. 그럴 때 삶은 훨씬 더 만족스러워지며, 아이는 무의식적으로 부모의 가치관을 수용하기 시작한다. 부모와 유대감을 형성한 아이는 부모의 가장 깊은 신념을 받아들이게 되는 것이다.

희망을 갖자!
몇 년 전, 나는 어릴 적 친구 중 하나인 샘으로부터 깜짝 전화를 받았다. 우리는 유치원부터 고등학교까지 잘 알고 지내면서 재미있게 놀던 사이다. "찰스, 얼마 전에 네 아버님을 우연히 만나서 이 전화번호를 받았어. 내 아내 피비를 소개하고 싶은데. 언제 저녁 식사라도 할까?" 샘이 말했다.

그다음 주 금요일, 나는 거의 40년 동안 보지 못했던 옛 친구와 마주 앉아 있었다. 얼마 지나지 않아 샘이 물었다. "그래서, 언제 심리학자가 된 거야? 어렸을 때는 공부에는 별 관심이 없었잖아. 꽤 많이 달라졌네. 무슨 일이 있었던 거야?"

"사실 공부에 항상 관심은 있었지만, 내가 대학에 갈 만큼 똑똑하다고 생각하지 않았어. 어렸을 적에 진드기에 물려서 로키산 홍반열에 걸렸고 만성 연쇄상구균 감염도 있었지. 그래서 공부하기가 힘들었던 거야. 건강이 회복된 뒤에, 내가 학습 문제를 겪은 건 이런 질병들 때문이었다는 걸 알게 되었어." 내가 말했다.

샘이 대답했다. "정말 우연이군! 대니얼 에이멘 박사 말로는 우리 딸 재나에게도 비슷한 문제가 있다더라고. 재나는 학습이랑 행동에 심각한 문제가 있었지만 점점 나아지고 있어. 아 그리고 에이멘 박사가 '사랑과 논리'에 대해 극찬하더라. 재나를 위한 치료 계획에 포함시키기까지 했어."

나는 에이멘 박사의 이름을 들어 본 적이 있었다. 세계적으로 유명한 정신과 의사이자 저술가인 그가 환자들을 치료할 때 '사랑과 논리' 접근법도 사용한다는 사실이 놀라웠다.

샘과 피비 부부와 대화를 나누면서 나는 그들이 재나를 입양했다는 사실과, 당시 재나에겐 주의력결핍 과잉행동장애(ADHD), 적대적 반항장애, 감각통합장애, 행동장애, 학습장애 등 많은 진단명이 따라붙어 있었다는 사실을 알게 되었다.

"재나에게 정말 큰 변화를 일으킨 건 두 가지였어요." 피비가 입을 열었다. "첫째는 뇌 스캔이었어요. 뇌 스캔을 해보고 재나의 뇌가 신체적으로 건강하지 않다는 것을 알 수 있었죠. 사실 그건 좋은 소식이었어요. 식단을 바꾸고, 운동을 병행하고, 수면 스케줄을 개선하고, 아주 간단한 보충제들로 생화학적인 문제를 해결해 주면 상황이 좋아진다는 걸 알게 되었으니까요."

샘이 그녀의 말을 받았다. "'사랑과 논리'로 접근하는 방식도 큰 도움이 되었어. 덕분에 마음을 내려놓고, 아이가 흔히 저지르는 작은 실수들을 그냥 받아들일 수 있게 되었지. 우리는 초보 부모였고 문제를 지닌 딸을 걱정하는 마음에서 그 애의 삶을 과잉통제하고 있었어. 아이가 조그만 실수라도 할까 봐 두려웠던 거야."

피비가 끼어들었다. "그야말로 헬리콥터 부모였어요. 모든 것에서 아이를 구해 주었으니까요."

"맞아, 정말 잘못했지." 샘이 동의했다. "우리는 재나의 삶을 위해 재나 본인보다 훨씬 더 노력했고, 모든 것을 완벽하게 만들어주려고 끊임없이 애썼어. 그러다 보니 크게 역효과가 났지. 그래서 어느 날 우리는 마음을 비우고, 이제부터는 아이에게 결과야 어떻든 스스로 해볼 기회를 주기로 했어. 정말 좋은 선택이었지. 어느 날은 과제 때문에 아이와 갈등이 생겼는데, 피비가 재나와 실랑이하지 않고 오히려 공감의 말을 해주었어. '재나, 우린 널 사랑해. 사실 우리는 널 너무 사랑해서, 과제에 대해 다투고 싶지 않아. 네가 과제를 잘 해내서 좋은 성적을 받든, 못해서 형편없는 성적을 받든 상관없이 우리는 널 사랑할 거야. 네 아빠와 나는, 우리가 즐거운 한도 내에서만 너를 돕기로 결정했어.'"

피비가 말을 받았다. "재나는 심하게 화를 냈어요. 이유는… 제가 화를 내지 않아서였죠. '알겠어요! 엄마 때문에 숙제 망해도 몰라요.'라고 외치면서 자리를 박차고 나가지 뭐예요. 재나는 정말로 과제를 망쳤고 학교에서 그 결과를 감당해야 했어요. 뭐, 심각한 결과는 아니었죠. 사소한 사건이었지만 그날을 계기로 우리는 당신들 말대로 아이가 경험을 통해 배우도록 하는 습관이 생겼어요. 이렇게 얘기하셨죠? '아이가 어렸을 때, 감당할 수 있는 실수를 많이 해서 정신적으로 강해지고 인과관계에 대한 감각과 판단이 좋아진 채로 훗날 생사가 걸린 문제에 대처할 수 있기를 바라세요.'"

샘이 입을 열었다. "재나는 처음에 비해 훨씬 나아졌어. 에이멘 박사가 재나의 뇌 건강 문제가 개선되도록 도와주고 있고, '사랑과 논리'는 우리가 아이에게 더 공감하고, 제한을 더 잘 설정하고, 우리끼리 싸우거나 아이와 다투지 않도록 도와주고 있거든. 두 접근법을 조합하니까 결과가 끝내주는군."

그날 저녁 식사를 마치고 돌아온 다음 나는 식탁에 앉아 어떻게 이런 멋진 조합이 만들어졌는지를 생각했다. 아버지와 내가 오랫동안 가르치고 다듬어

온 심리학적 기술과 강력한 뇌 건강 접근법이 결합된 것이다. 얼마 지나지 않아 나는 에이멘 박사와 친분을 쌓았고, 우리의 파트너십을 다듬는 데 집중하게 되었다.

2021년에 '사랑과 논리'가 에이멘 클리닉의 가족으로 합류하면서 우리의 강력한 파트너십은 공식화되었다. 이 책에서 소개하는 개념과 기술들을 읽어 나가면서, 여러분이 아이가 뱃속에 있을 때부터 직장에 다닐 때까지 양육하며 마주치게 되는 갖가지 난관들에 대처할 영감과 희망을 얻으리라 확신한다. 그 과정이 꼭 어려울 필요는 없다.

여러분의 여정을 즐기길!

— 대니얼 에이멘, 찰스 페이

1부

성공적인 양육을 위한 실용 신경심리학

1부에서 여러분은 성공적인 양육의 비결이 신경과학과 실용 심리학의 결합, 즉 우리가 '실용 신경심리학(practical neuropsychology)'이라고 부르는 것에 있음을 알게 될 것이다. 아이의 (그리고 부모 자신의) 뇌와 마음 둘 다를 잘 다스려야만 아이를 정신적으로 강한 사람으로 키워낼 수 있다. 실용 신경심리학이라는 강력한 조합은 여러분이 힘든 아이를 키우거나 유독 어려운 시기를 겪을 때에도 효과적인 솔루션을 안겨준다. 1부를 읽고 나면, 여러분은 다음의 과제들에서 도움을 줄 도구와 전략들을 갖게 될 것이다.

- 자신과 아이를 뇌 중심적 태도로 대하기
- 아이의 발달 단계에 따라 현실적인 기대치를 잡기
- 부모로서 자신과 아이를 위한 명확한 목표 설정하기
- 아이의 더 나은 의사 결정을 촉진하는 양육 스타일 채택하기
- 아이와의 유대감 및 관계를 증진하기
- 명확하고 시행 가능한 가족 규칙과 제한을 설정하기
- 아이에게 실수할 여지를 허용하고, 감당할 수 있는 결과에는 아이 스스로 대처하도록 놔두는 방법 배우기
- 아무리 밟혀도 가만히 있는 도어매트 같은 부모 노릇을 그만두고, 자신과 아이를 위해 건강한 경계를 설정하기('경계[boundaries]'란 어느 지점에서 자신이 끝나고 타인이 시작되는지를 알려주는 가이드라인이자 일상의 대처 기술이다. 경계는 자신이 누구인지, 무엇을 믿는지, 다른 사람을 어떻게 대하는지, 그리고 다른 사람들이 자신을 어떻게 대해야 하는지를 정의한다. -옮긴이)
- 부모 자신부터 명확하고 논리적으로 사고하고, 아이에게도 어릴 때부터 그런 사고법을 가르치기
- 아이의 긍정적인 행동을 강화하기(강화[reinforcement]란 칭찬 등 보상을 통해 특정 행동을 유도하는 것이다. -옮긴이)
- 장애물 앞에서 무너지지 않는, 용기와 투지를 지닌 아이로 키우기
- 완벽한 부모가 아니라고 자책하지 않기
- 아이의 행동이 선을 넘었을 때 명확하고 감정적이지 않은 응분의 대가(consequences, 행동 수정을 유도한다는 긍정적 목적 아래 아이에게 하는 부정적 조치. -옮긴이)를 치르게 하기
- 한 번 말했을 때 아이가 그 말에 유의하도록 만들기(그렇다, '한 번' 말했을 때!)
- 아이의 (그리고 부모 자신의) 뇌, 정신, 신체에 이로운 최고의 식품과 보충제를 선택하기
- 아이가 스스로 행복 가꾸는 법을 배우도록 도와주기
- 성취도 낮은 아이가 잠재력을 발휘할 수 있도록 스위치 켜주기
- 아이가 스마트폰을 비롯한 첨단기기의 사용과 관련해 문제를 일으키지 않도록 예방하기
- 뇌/정신 건강에 문제가 생겼을 때의 대처 방안 알기

제1장

건강한 뇌
정신력과 책임감, 감정 조절, 성공의 주춧돌

부모는 아이의 전두엽이 발달할 때까지 그것의 역할을 대신해 줘야 하지만,
아이의 두뇌가 성숙하면 스스로 운전대를 쥐는 방법을 배울 수단 역시 제공해야 한다.

도통 발전이 없는 사람을 본 적이 있는가? 같은 실수를 반복해서 저지르곤 하는 사람, 보고 있노라면 '도대체 무슨 생각을 한 거야?' 하고 의아해지는 사람 말이다. 악의가 있는 건 아닌데 자꾸만 실수를 하고, 가정에 불필요한 갈등을 일으키는 사람들이 있다. 그 사람이 여러분의 친구나 친척, 심지어 배우자일 수도 있겠다.

그런 사람이, 막히는 고속도로에서 운전을 하던 중 백미러를 통해 뒤차가 바짝 붙어 따라오는 모습을 봤다고 상상해 보라. 그 사람은 화가 난 나머지, 브레이크를 확 밟아서 보복할 방법을 머릿속으로 빠르게 생각한다. 하지만 백미러에 시선을 고정한 채 복수를 상상하는 순간, '쾅!' 앞차의 꽁무니를 들이받고 만다. 순간적인 기분에 사로잡히는 바람에 자신의 행동이 어떤 결과를 초래할지는 생각지 못한 것이다.

이제 반대로 여러분이 알고 있는 냉철한 사람을 생각해 보라. 매사에 합리적이며 늘 올바른 결정만을 내려서, 리얼리티 프로그램에는 너무 지루하다는 이유로 출연할 수 없을 사람을 한 명쯤 알 것이다. 그 사람이 운전을 하다가

위와 동일한 상황에 처했다고 가정해 보자. 그는 백미러를 보고 순간적으로 짜증이 나더라도, 이내 잊고 다시 눈앞의 도로에 집중할 것이다. 그 사람은 접촉 사고를 일으키지 않을 것이다.

두 유형의 사람은 근본적으로 무엇이 다른 걸까?

그 차이는 바로 뇌 건강에 있다.

에이멘 클리닉에서는 30년 이상 뇌를 들여다보며 연구해 왔다. 우리는 150여 개국 사람들의 25만 건이 넘는 뇌 스캔 데이터를 보유하고 있으며, 이 데이터베이스는 행동과 관련된 것으로는 세계 최대 규모다. 우리가 지난 수십 년간 이토록 많은 뇌 스캔 이미지를 살펴본 결과, 한 가지 사실이 뚜렷해졌다. 뇌가 제대로 작동하면, 사람도 제대로 작동한다. 반면 어떤 이유로든 뇌에 문제가 생기면 삶에도 문제가 생길 가능성이 높다.[2] 여러분이(그리고 여러분의 아이가) 하는 모든 행동은 뇌 기능과 뇌 발달에 이롭거나 해로우며, 따라서 현재와 미래 삶의 모든 측면에도 이롭거나 해롭다. 부모로서 여러분의 뇌 건강은 아이의 뇌 건강과 정신력에도 큰 영향을 미친다.

우리는 여기서 뇌에 대한 기본 지식 몇 가지를 알려줌으로써, 여러분과 여러분의 아이가 양쪽 귀 사이에 놓인 회백질 덩어리와 사랑에 빠지도록 도울 것이다. 또한 뇌를 사랑하고 돌보는 방법을 알려주어 여러분과 여러분의 아이가 가정, 학교, 인생에서 더 많은 성공을 경험하고 갈등 없는 인간관계를 맺을 수 있도록 할 것이다. 뇌가 건강하면 양육도 더 쉬워진다. 정말이다, 약속한다. 이 장에서는 또한 뇌 기능 개선과 '사랑과 논리'의 심리학 기반 양육 전략을 결합하는 것이 어째서 양육에 성공하는 궁극적인 비결인지에 관해서도 설명할 것이다. 이 두 개의 퍼즐 조각을 결합할 때, 아이의 정신을 강하게 키워주고 양육을 더 즐겁게 할 수 있는 길이 열린다.

뇌에 관한 기초 사항

우리는 두뇌를 사용해 학교, 가족, 친구 관계, 회사, 교회를 운영한다. 무엇보다 두뇌는 우리의 몸 전체를 운영한다. 대부분의 사람은 아이의 뇌는 물론이요 자신의 뇌에 대해서도 별로 생각하지 않는다. 하지만 정신의 힘은 건강한 뇌에서 시작된다. 뇌에 대해 알고, 뇌를 사랑하는(심지어 뇌에 조금은 집착까지 하는) 것은 무척 중요하며, 특히 아이를 위해서라면 더욱 그렇다. 아이가 아직 어릴 때부터 자신의 뇌를 사랑하고 돌보는 방법을 가르치는 것도 마찬가지로 중요하다. 그러면 양육이 한결 쉬워지는 한편, 삶의 모든 영역에서 성공하도록 도와줄 정신적 강인함을 아이에게 길러줄 수 있다! 그리고 기억하라. 뇌 건강에 대해 가르치는 일은 가급적 일찍 시작하는 게 좋지만, 너무 늦은 때란 없다는 것을. 아이가 어리든 청소년이든 이미 성년이 되었든, 아직 늦지 않았다.

자, 우리 머릿속에 들어 있는 슈퍼컴퓨터에 대해 좀 더 자세히 알아보자. 날카로운 뼈 융기가 있는 단단한 두개골 안에 들어 있는 인간의 뇌는 일반적으로 약 1.3킬로그램의 무게에 부드러운 버터, 두부, 커스터드와 비슷한 밀도를 지니고 있다.[3] 그러니 축구를 하며 너무 자주 헤딩을 하거나 미식축구에서 헬멧끼리 세게 맞부딪치는 태클을 많이 하거나 당하면 당연히 뇌가 손상될 위험이 있다.

뇌는 생명을 창조하고 유지하기 위해 여러 부분이 협업하는 하나의 교향악단 같은 것이다. 뇌는 학습, 사랑, 창조, 행동을 담당하는 기관이다. 그리고 우주에서 가장 복잡하고 놀라운 기관이기도 하다.

뇌에 관한 재미있는 사실

- 뇌의 무게는 체중의 2퍼센트를 차지한다.
- 뇌는 당신이 섭취한 열량(칼로리)의 20~30퍼센트와 체내 산소 유량과 혈류량의 20퍼센트를 사용한다.
- 뇌에서 정보는 최대 시속 431킬로미터로 이동한다.
- 뇌의 저장 용량은 〈월스트리트 저널〉 600만 년 치 분량과 맞먹는다.
- 남성은 뉴런(신경세포) 수가 여성에 비해 10퍼센트 더 많다.
- 여성은 뉴런 연결이 남성에 비해 더 많다.

두뇌 발달 — 출생부터 성인기까지

만 18세에 이른 아이는 법적으로 성인이 된다. 하지만 그 나이에도 아이의 뇌는 아직 완전히 성숙하지 않았다. 실제로 뇌는 약 25세(남성의 경우 최대 28세)까지는 완성되지 않는다. 그때까지 아이에겐 부모의 도움이 필요하다. 뇌가 발달하는 이 시기에 부모는 아이에게 건강한 뇌 습관을 기르는 데 필요한 도구와 기술들을 제공해야 한다.

뇌 발달에 대해 이해하는 쉬운 방법은, 여러분이 어떤 나이였을 때 어떤 마음으로 살았는지 생각해 보는 것이다. 다섯 살 때는 무엇이 흥미로웠는가? 트럭, 인형, 모래 상자에서 놀기, 간식 따위가 아니었을까? 그때 여러분이 내리는 결정은 간단했다. 그저 엄마나 아빠가 선택해 준 것을 따르면 되었으니까. 시간이 흘러 열두 살이 된 여러분은 어느덧 관심사가 바뀌어 학교에서 친구를 사귀거나, 공예를 하거나, 혼자서 책 읽는 걸 좋아하게 되었을 것이다. 물론, 결정에 대한 생각도 달라졌을 것이다. '오늘은 어떤 옷을 입을까?' '엄마의 말을 계속 무시하면 엄마가 집안일 시키는 것을 포기할까? 으, 집안일은 너무 싫어.' 열여덟 살이 되자 여러분에게 장난감과 놀이는 어릴 때와는 전혀 다른 의미를 갖게 되었다. 첫 차가 생겼을 수도 있고, 일자리가 생겼을 수도 있고, 남자 친구나 여자 친구까지 생겼을 수도 있다. 매년 성장함에 따라 여러분의 관심의 초점과 의사 결정 능력은 변화를 거듭했을 테다.

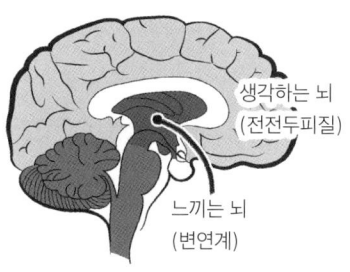

다음은 출생부터 성인이 될 때까지 뇌가 어떻게 발달하는지를 보여주는 타임라인이다.

태아 및 신생아기: 아기가 세상에 태어날 때쯤이면 아기의 뇌에는 이미 1,000억 개의 뉴런, 즉 신경세포가 존재한다. 그러나 그중 수초화(髓鞘化, myelination)가 된 뉴런의 수는 상대적으로 적으며, 뉴런 간 연결의 수도 적다 (수초화란 뉴런이 그 구성 조직의 하나인 수초[myelin, 말이집]라는 덮개에 의해 둘러싸이는 과정이다. -옮긴이). 시간이 지나면서 절연재와 같은 역할을 하는 흰색의 지방질인 미엘린이 세포를 둘러싸, 에너지가 한 방향으로 집중되어 움직일 수 있도록 해준다. 어린이의 뇌는 태어나서 첫 10년 동안 조 단위의 뉴런 연결을 형성하므로, 수초화를 방해하는 것은 뭐든지 피하는 게 좋다.

뇌의 약 4분의 3은 자궁 바깥에서 유전뿐만 아니라 환경과 경험에 반응하여 발달한다. 어린 시절의 경험은 발달과 학습의 배경이 될 뿐 아니라 뇌 안의 연결, 즉 배선 방식에도 영향을 미친다. 그리고 뇌의 배선은 감정, 언어, 사고에 영향을 미친다. 경험은 뇌를 형성하고 조각한다. 본성(nature)과 양육(nurture)은 언제나 함께 작용한다.

첫 1년 동안 아기의 뇌는 빠르게 발달한다. 생후 12개월이 되면 아기의 뇌는 겉으로 보기에 정상적인 청년의 뇌와 비슷해진다. 뇌가 발달하는 동안, 영유아는 외형적, 심리적으로도 발달 단계를 밟아 나간다. 출생부터 18개월령까지 영유아는 전적으로 타인에게 의존하며, 욕구나 필요의 충족을 뒤로 미루지 못하고, 자신과 엄마가 사실상 같은 사람이라고 생각하며, 대체로 감각을 통해 학습한다.

양육 팁: 연구에 따르면, 부모의 생활 습관은 심지어 임신 전부터 아기의 전반적인 신체적·정신적 건강과 안녕감의 기초를 놓는다고 한다.[4] 아기의 뇌는 자궁 속에서 발달하기 시작한다. 임신부가 아기를 가진 상태에서 흡연(또는 간접흡연 노출), 정크 푸드 섭취, 과음을 하거나 만성적 스트레스 또는 감염을 경험한 경우 아기의 뇌 발달에 부정적 영향을 미칠 수 있다. 반면에 엄마가 흡연을 피하고, 영양가 있는 식사를 하며, 산전 비타민을 섭취하고, 스트레스를 관리하고, 임신 기간 내내 건강을 유지하면 아기의 뇌도 덩달아 건강해진다. 그러니 신생아의 뇌가 건강하기를 바란다면 엄마 자신의 뇌 건강을 챙겨야 한다.

유아기: 유아(幼兒)는 자신이 엄마와는 별개의 독립된 존재라는 사실을 깨닫고 "싫어!", "내가 할래!" 같은 말을 하며 독립심을 발휘하기 시작한다. 독립하는 과업에 두려움을 느끼고, 엄마에게 더 매달리는 경향을 보이기도 한다. (적절한 감독하에) 독립적으로 행동할 수 있도록 허용된 유아는 자신감을 갖게 되지만, 지나치게 통제받은 유아는 자의식(자기의식)이 강해진다.

만 3세에 이르면 유아의 뇌는 성인의 2배쯤 되는 약 1,000조 개의 연결을 형성하게 된다. 이즈음부터 사회적, 지적, 정서적, 신체적 발달이 급격하게 이루어진다. 이 연령대의 뇌 활동은 성인의 두 배 이상이다. 뇌 안에서 새로운 시냅스(synapse, 뉴런의 신경 돌기 말단이 다른 뉴런과 이어지는 부위, 즉 신경세포 접합부 – 옮긴이)의 형성은 평생 지속되지만, 새로운 기술을 쉽게 습득하거나 좌절에 적응하는 능력은 그 어느 때보다 유아기에 뛰어나다.

미취학 아동기는 계속되는 독립과 발견의 시기다. 이 연령의 아이는 주도성과 호기심을 보인다. 다시 말해, 끊임없이 질문을 퍼붓는다. 또한 상상력이 풍부해서 가상의 친구를 만들어내기도 하며, 현실과 환상을 구분하는 데 어려움을 겪는 일도 있다. 이 시기의 아이가 자신의 생각에 힘이 있고 자신이 주변의 모든 것에 책임이 있다고 생각하는 마술적 사고를 하는 것은 놀랄 일이 아니다. 아이는 좋은 일이 일어나면 자부심을 느낀다. 반면 이 시기에 나쁜 일(이혼, 형제나 자매의 사망 등)이 발생하면 뭔가 자신의 잘못 때문이라는 생각에 죄책감을 느끼는 경우가 많으며, 그 죄책감은 평생을 가기도 한다.

양육 팁: 이 시기는 아이와 유대감을 형성하고 신뢰를 쌓는 중요한 시기로서, '사랑과 논리' 개념을 양육에 적용하기에 이상적이다. 아이가 18개월 즈음에 이르면, 훈육의 한 형태인 '제한(limits)'을 애정을 담아 설정하기 시작할 때다(훈육이 실제로 어떻게 교육과 훈련의 도구가 되는지는 6장에서 자세히 설명하겠다). 이 시기에 아이는 '경험학습(experiential learning)'을 시작할 수 있다. 그러니 아이가 작은 결과가 따르는 작은 실수들을 하게 놔둠으로써, 드디어 성공하기 시작했을 때 짜릿함을 즐길 수 있도록 해야 한다. 아이에게 뇌 건강의 개념을 소개하고 뇌를 사랑하도록 가르치기 시작하기에도 적기다. 에이멘유니버시티닷컴(www.amenuniversity.com)의 〈프리K(보통 만 4세를 대상으로 하는 예비유치원이다. – 옮긴이)부터 1학년까지 뇌 잘 키우기(Brain Thrive Pre-K-Grade 1)〉과 같은 온라인 강좌가 도움이 될 수 있다.

초등학교 시기: 아이가 6~11세의 학령기에 이르면 집 밖에서 (스카우트 활동이나 스포츠 등을 통해) 다른 아이들과 우정과 유대감을 쌓고, 동성의 부모와 자신을 동일시하게 된다. 주의력 지속 시간이 급격히 늘어나고 고지

식한 흑백 논리로 생각하는 수가 많다. 이 시기의 아이는 감독, 규칙, 구조에서 안정감을 느낀다. 이런 과정을 거쳐 아이의 뇌는 그다음 주요 발달 단계에 도달한다.

양육 팁: 이 시기에는 문제 해결 능력을 키워주고 아이가 점차 더 큰 도전을 해나가도록 북돋는 것이 좋다. 아이가 자전거를 배우거나, 스케이트보드를 타거나, 다른 스포츠를 할 때는 뇌를 보호하기 위해 반드시 헬멧을 착용토록 하고, 미식축구처럼 뇌를 손상시킬 수 있는 스포츠는 하지 않도록 하라. 뇌 건강에 좋은 습관을 갖도록 권장하라(이 책 42쪽 '뇌의 원칙 6' 참조).

10대 초기: 11세가 되면 뇌는 불필요한 연결을 정리하기 시작한다. 이 가지치기에서 살아남는 회로는 더 구체적이고 효율적인 것들이다. 뇌는 '안 쓰면 잃게 된다'라는 원칙을 아주 잘 보여준다. 생애 초기에 반복적으로 사용되는 연결은 영구적으로 유지되는 반면, 사용하지 않는 연결은 가지치기를 당한다. 즉, 아이가 어릴 때 스포츠를 하지 않으면 운동 신경이 가지치기를 당하고, 악기 연주를 배우지 않으면 음악과 관련된 연결이 끊어진다. 그게 어른이 되어서는 새로운 활동을 배우기가 어려워지는 이유다.

일상생활에서 뇌 발달의 이 새로운 단계는 다음과 같은 특징을 보인다. 11~14세의 아이들은 보다 독립적인 사고로 나아가고, 자신의 신체에 대한 부끄러움과 정체성 문제로 인해 어려움을 겪으며, 부모가 완벽하지 않다는 것을 깨닫고 부모의 결점을 찾아서 그들에게 말해 주기도 한다. (그 덕분에 부모는 전보다 겸허해질 수도 있다.) 13~14세의 청소년은 또래 친구들에게 더 많이 영향을 받으며, 친밀한 우정을 소중하게 여긴다. 아이가 자신에게 부과되는 제한을 시험해 보기 시작하는 시기이기도 하다.

양육 팁: 아이가 자율성과 개별화, 안전 사이에서 균형을 잡는 법을 배워야 하는 시기임을 이해하라. 한계를 정해서 실행하는 일을 계속하고, 뇌 건강에 좋은 습관을 솔선수범하는 데 집중하라(42쪽 참조).

10대 중기와 후기: 14세 전후의 청소년은 독립심이 더 강해지고 부모에 대한 불평을 시작하며 ("나 혼자 할 수 있거든!" "엄마, 진심이야?!") 부모로부터 정서적으로 멀어진다. 외모에 극도로 신경을 쓰며, 친구를 인생에서 가장 중요한 사람으로 여기지만 우정의 상대는 자주 바뀐다. 10대 중반에 이르면 특정한 커리어에 대한 관심이 커진다.

17~19세가 되면 청소년들은 자신의 정체성에 대해 좀 더 확신을 품게 되고, 타인과의 관계도 더 안정적으로 자리 잡는다. 자신의 행동이 낳을 결과를 예측할 수 있으며 욕구를 지연시키는 능력도 보인다. 타인에 대해 더 마음을 쓰고, 자신의 미래에 대한 관심과 염려가 커진다.

양육 팁: 부모와 10대 중·후기 청소년이 갈등을 겪는 가장 큰 이유 중 하나는 아이가 성장함에 따라 부모는 아이에게 점점 더 많은 것을 기대하지만 청소년의 뇌는 아직 성인의 것과 같은 능력이 없기 때문이다. 많은 청소년들이 올바르게 행동하려고 무척이나 애를 쓰는데, 실은 그러는 것 자체가 '나이에 맞는 행동'일 수 있다. 부모가 뇌와 그 주요 기능들을 더 잘 이해할수록, 부모가 정한 한계를 넘으려고 하는 아이에게 더 많은 공감과 지원을 보내 줄 수 있다. 이 시기에는 아이가 수용(acceptance)과 동의(agreement)의 차이를 이해하도록 도와야 한다. 10대 청소년은 자신이 스스로 결정을 내릴 수 있을 만큼 성숙했다고 생각할 수 있지만, 필요할 때 그들의 미숙한 전전두피질을 대신하여 개입하는 것은 여전히 부모의 일이다. 뇌 건강에 좋은 행동을 장려하라. 우리의 온라인 강좌 〈25세까지 뇌 잘 키우기(Brain Thrive by 25)〉(www.amenuniversity.com)에서 10대 청소년과 청년이 좋은 뇌 습관을 기르게 해줄 지침들을 제공하고 있다.

성인기 초기: 10대 후반부터 20대 중반까지는 전전두피질(prefrontal cortex, PFC) 또는 '실행하는 뇌'라고 불리는 뇌의 앞쪽 3분의 1 부위가 발달을 이어나간다(전전두피질은 앞쪽 그림에서 보았듯이 '생각하는 뇌'이기도 하다. —옮긴

이) 미엘린은 25세 또는 26세까지 전전두피질에 축적되면서 이 부분이 더 높은 수준에서 더 효율적으로 작동하도록 해준다. 자동차 보험 업계는 인간의 성숙과 뇌 발달에 대해 오래전부터 알고 있었다. 일반적으로 25세가 되면 자동차 보험료가 낮아지는데, 그 나이쯤이면 운전자가 더 사려 깊어지고 판단 중추가 더 잘 작동하여 사고를 내는 일이 크게 줄기 때문이다.

양육 팁: 아이가 성인이 되어서도 자신의 뇌 건강에 대해 주인 의식, 책임 의식을 갖도록 계속 격려하라.

부모와 아이를 위한 뇌의 일곱 가지 원칙[5]

1. 뇌는 우리가 하는 모든 일에 관여한다: 우리가 무엇을 어떻게 생각하고, 무엇을 느끼고, 어떻게 행동하고, 아이, 배우자, 친구들과 얼마나 잘 지내는지가 모두 매 순간 뇌가 어떻게 기능하는지에 달렸다. 뇌는 지능, 성품, 성격, 그리고 모든 결정의 배후에 있는 기관이다.

2. 뇌가 제대로 작동하면, 사람도 제대로 작동한다: 뇌에 문제가 생기면, 삶에도 문제가 생긴다. 뇌가 건강한 사람은 더 행복하고, 정신적으로 더 강하고, (더 나은 의사 결정으로 인해) 더 건강하고, (역시 더 나은 의사 결정으로 인해) 더 성공하고, 더 좋은 부모가 되는 경향이 있다. (여러 번의 뇌진탕, 잘못된 식습관, 정신 건강 문제의 가족력 등으로 인해) 뇌가 건강하지 않은 사람은 더 우울하고, 더 아프고, 덜 성공적이고, 정신 건강 문제에 더 취약한 부모가 되는 경향이 있다. 아이도 마찬가지다.

3. 뇌는 온 우주에서 가장 놀라운 기관이다: 뇌의 무게는 약 1.3킬로그램이고 뉴런 즉 신경세포는 약 1,000억 개이며 그 안에 존재하는 연결의 수는 우리 은하계의 별보다 더 많다.

4. 자신의 뇌와 사랑에 빠지고, 건강한 뇌를 부러워해야 한다: 뇌는 여러분의 삶(그리고 아이의 삶)을 운영하는 주체이므로 세심하게 돌보아야 마땅하다. 그러나 안타깝게도 뇌는 눈에 보이지 않아서, 많은 사람이 아무런 관심도 주지 않는다. 얼굴의 주름이나 늘어진 뱃살은 눈에 잘 들어오고, 거기에 신경이 쓰인다면 뭔가 조치를 취할 수 있다. 하지만 대부분의 사람은 자신의 뇌를 볼 기회가 없기 때문에 무슨 문제가 있는지, 앞으로 문제가 생길 건지 여부를 알 길이 없다.

5. 뇌를 손상하는 것은 많다: 그것들을 피하라. 에이멘 클리닉의 뇌 영상 연구와 30년 이상의 임상 경험을 바탕으로 우리는 뇌를 해치고 정신을 망치는 열한 가지 주요 위험 요인을 확인했다. 부모가 이러한 위험 요인 가운데 하나라도 가지고 있다면, 양육을 더 힘겹게 느낄 수 있다. 아이가 이러한 위험 요인 가운데 하나라도 가지고 있다면, 인생에서 성공하는 데 필요한 정신력, 회복력, 집중력이 흔들릴 수 있다. 우리는 열한 가지 주요 위험 요인을 기억하는 데 도움이 되도록 'BRIGHT MINDS(브라이트 마인즈)'라는 연상용 두문자어를 만들었다.⁶ 뇌 건강 위험 요인은 내가 이미 여러 책에서 소개했지만, 여기서는 이것들이 뇌에 어떻게 해를 끼치며 부모의 삶과 아이의 삶에 무슨 영향을 미치는지에 초점을 맞추어 설명하겠다.

- **B**는 혈류(Blood Flow)를 뜻한다. 혈류는 뇌가 최적의 기능을 발휘하는 데 필요한 산소와 중요한 영양소를 공급하고, 노폐물을 거두어 간다. 뇌 영상 연구에 따르면 고혈압, 운동 부족이나 다른 문제로 인한 혈류량 감소는 집중력 저하, 기분 조절의 어려움, 중독 등 다양한 연령대의 부모나 아이에게

영향을 미치는 문제들과 관련되는 것으로 나타났다.

- R은 합리적 사고(Rational Thinking)다. 사람이 하는 모든 생각은 뇌 기능에 영향을 미치는 신경화학물질(neurochemical)들을 방출시킨다. 생각은 긍정적이고 이로울 수도 있고, 부정적이고 해로울 수도 있다. 부모든 아이든 뇌가 '부정적 자동사고(automatic negative thoughts, ANTs)'에 감염되면, 나쁜 생각들이 마음을 사로잡고 기쁨을 앗아갈 수 있다(자동사고, 혹은 자동적 사고란 일상에서 특정 상황에 처했을 때 빠르게, 자동적으로 떠오르는 생각으로, 논리나 근거가 없는 경우가 많지만, 우리에게 미치는 힘이 클 수 있다. 예컨대 '난 이 시험을 망칠 거야' 따위의 생각이다.–옮긴이).

- I는 염증(Inflammation)이다. 높은 수준의 염증은 뇌를 포함한 신체 기관에 해를 끼친다. 염증 수치가 높아지면 우울, 불안을 포함한 기분 문제, 의욕 부족, '장 누수'(장 점막의 투과성이 증가하여 장내의 해로운 균이나 독소가 체내로 유입되는 상태–옮긴이)와 그로 인한 위장 문제, 알레르기, 그 밖에도 여러 문제가 발생할 수 있다. 연구에 따르면 어린 시절의 만성 전신 염증은 뇌 발달에 장기적인 영향을 미친다고 한다.[7]

- G는 유전(Genetics)이다. 뇌 건강과 정신 건강 문제는 분명히 가족력, 즉 집안 내력과 직결되지만, 유전자가 운명을 오롯이 결정짓는 것은 아니다. 일상의 습관이 영향을 미쳐서 유전자를 켜거나 끌 수 있다.

- H는 두부 외상(Head Trauma)이다. 뇌진탕과 두부 외상은–어떤 시기에 겪었든, 가벼운 것조차–학습 문제, 집중력 장애, 기분 문제, 불안, 알코올이나 약물 남용에 대한 취약성 등의 유발 요인이 될 수 있다.

- T는 독소(Toxins)다. 개인 미용·위생용품, 유기농이 아닌 농산물, 곰팡이, 페인트, 알코올, 담배 연기, 농약, 기타 일상용품에서 발견되는 환경 독소에 노출되는 것은 뇌에 해롭다. 연구에 따르면 성장 중인 어린이의 뇌는 특히 독성 노출에 취약하다.[8] 브레인 포그(brain fog, 의식의 혼탁), 학습 문제, 자폐증, ADHD(주의력결핍 과잉행동장애), 기타 여러 문제가 독성 노출과 관

련되는 것으로 밝혀졌다.

- M은 정신 건강(Mental Health)이다. 부모가 정신 건강에 문제가 있으면 양육을 잘하기가 훨씬 어려워지고, 아이의 경우는 학업과 일상생활을 잘 해내기가 어려워진다. 예를 들어 ADHD는 집중력을 저하시키거나 일을 끝까지 수행하기 어렵게 만들 수 있다. 불안은 부모가 아이를 과잉보호하게 만들고, 아이의 학교생활, 가정생활, 교우관계에 지장을 줄 수 있다. 우울증은 부모나 아이의 의욕과 기쁨을 앗아갈 수 있다. 정신 건강 증상을 처음 경험한 시점부터 의사의 평가와 치료를 받기까지 평균적으로 11년이 걸리며,[9] 2020년에 발표된 연구에 따르면 25세 이하의 경우 증상 시작부터 치료를 받기까지 가장 오랜 지연을 겪는 것으로 밝혀졌다.[10] 그저 흘려보내기엔 너무나도 긴 시간이다.

- I는 면역체계 문제(Immune System Problems)와 감염(Infections)이다. 면역체계의 균형이 깨지면 감염에 더 취약해져서 브레인 포그, 정신 건강 문제, 기억력 장애를 겪을 위험이 높아진다. 연쇄상구균, 라임병, 코로나19, 단핵구증 등의 감염은 일부 어린이에게서 신경정신의학적 문제를 유발하는 것으로 알려져 있다.[11]

- N은 신경호르몬 문제(Neurohormone Issues)다. 호르몬에 문제가 생기면 뇌 기능에 부정적인 영향을 미친다. 예를 들어 갑상선에 이상이 있으면 활력이 크게 떨어지고 사고가 흐릿해지며 집중력이나 주의력이 저하될 수 있다. 이러한 문제들은 정신 건강 장애로 오인되거나 잘못 진단될 수 있다.

- D는 당뇨비만(Diabesity)이다. 'diabesity'는 'diabetes(당뇨병)'와 'obesity(비만)'를 합성한 신조어인데, 두 질병 모두 뇌의 크기와 기능을 감소시킨다. 당뇨비만은 기분, 기억력, 학습, 집중력 등에 영향을 미칠 수 있다.

- S는 수면(Sleep)이다. 뇌의 건강을 지키려면 잠을 잘 자야 한다. 성인의 경우, 하루 7시간 미만의 수면은 불안, 우울증, 치매, ADHD 등의 위험 증가와 관련되는 것으로 알려져 있다.[12] 수면 부족은 특히 청소년에게 큰 영향을 미친

다. 고등학생 2만 7,939명을 대상으로 한 연구에 따르면 평일 수면 시간이 1시간씩만 부족해도 절망감이 38퍼센트 증가하고, 물질 남용, 심각한 자살 고민, 그리고 자살 시도의 가능성도 현저히 증가하는 것으로 나타났다.[13]

6. 뇌에 도움이 되는 것도 많다: 뇌 건강에 좋은 습관을 꾸준히 실천하라. 기쁜 소식은, 세상에는 뇌에 이롭고 뇌의 기능을 높여주는 것도 많다는 사실이다. 부모가 일상에서 뇌에 좋은 습관을 들이면, 양육을 하면서 덜 지치고 더 큰 보람을 느낄 수 있다. 아이가 뇌에 좋은 습관을 들이면, 자신의 잠재력을 최대한 발휘하는 능력이 커진다. 다음은 여러분의 (그리고 여러분 아이의) 위험 요인을 최소화하기 위해 사용할 수 있는 'BRIGHT MINDS' 대응 전략이다.

- B는 혈류(Blood Flow)다. 하루에 30분씩 운동을 하고, 명상이나 기도(혹은 둘 다)를 하고, 석류, 감귤류, 호두처럼 혈류량을 증가시키는 음식을 섭취하라.
- R은 합리적 사고(Rational Thinking)다. 머릿속에 떠오르는 멍청한 생각들을 모두 믿을 필요는 없다. 생각은 왔다가 사라지는 것이며, 보고 듣고 먹는 것에 영향을 받는다. 그러니 어떤 생각이 든다고 해서 그것에 꼭 주의를 기울여야 하는 건 아니다. 아이가 어릴 때부터 이 사실을 알려주면, 아이가 그려나갈 삶의 궤적에 큰 영향을 미칠 수 있다. 합리적 사고는 자신감을 키워주고, 건설적인 비판에 덜 민감하게 반응하도록 해주며, 장애물에 직면했을 때 '할 수 있다'는 태도를 가지도록 도와주기 때문이다. 머릿속에 떠오르는 생각을 의심하고 반박함으로써 부정적 자동사고를 지우는 방법을 배

우라. 그 방법은 몇 살에든 배울 수 있을 만큼 간단하다. 기분이 나쁘거나, 화나거나, 슬프거나, 통제할 수 없는 생각이 들 때마다, 그것이 사실인지 스스로에게 물어보는 것이다. 부정적 자동사고를 없애는 것에 관한 자세한 내용은 7장을 참조하라.

- I는 염증(Inflammation)이다. 연어와 같이 오메가-3 지방산이 풍부한 식품을 포함하는 항염증 식단을 따르라. 피시 오일과 프로바이오틱스 같은 보충제를 섭취하고 아이에게도 먹이라. 그리고 매일 치실을 사용하라. 아이에게도 그러도록 가르치라.

- G는 유전(Genetics)이다. 정신 건강 관련 질환, 행동 문제 또는 기억력 장애의 가족력이 있다면 한시바삐 뇌 건강에 대해 진지하게 생각하고 검사를 받으라. 그리고 아이에게는 문제의 징후가 없는지 찾아보라. 유전적 위험 요인을 파악하고, 이를 예방하기 위해 일상적으로 노력하라. 예를 들어, 에이멘 박사는 가족 중에 비만과 심장병 환자가 있지만 69세인 지금까지 두 질병에 걸리지 않았다. 하루도 빠짐없이 비만과 심장병 예방 프로그램에 따라 생활한 덕분이다.

- H는 두부 외상(Head Trauma)이다. 여러분의 (그리고 아이의) 머리를 보호하라. 자전거, 스키, 스케이트보드 등을 탈 때는 헬멧을 착용하라. 아이가 태클을 많이 하는 미식축구처럼 타인과 몸을 접촉하는 스포츠를 못 하게 하고, 축구를 한다면 헤딩은 하지 않도록 하라. 여러분도 아이도 자동차를 탈 때는 항상 안전벨트를 착용하고, 계단을 오르내릴 때는 꼭 난간을 잡으라. 사다리에 올라가지 말고, 보행 또는 운전 중에는 절대 휴대폰으로 문자를 보내지 말라.

- T는 독소(Toxins)다. 독성 물질에 노출되지 않도록 주의하라. 화학물질 노출을 줄이는 데 도움이 되는 어플이 여럿 있으니 다운로드 해서 독성이 없는 대체품들을 찾아보라(예를 들면 '싱크 더티[Think Dirty]'라는 어플이 있다). 옥시벤존이 든 자외선 차단제, 파라벤 방부제나 프탈레이트 향료가

든 화장품 등 독성 물질이 함유된 제품을 여러분이나 아이의 몸에 바르지 말라. 가능하면 유기농 식품을 섭취하고 술, 마리화나, 담배는 피하라. 집에 곰팡이가 있다는 의심이 들 경우, 곰팡이 검사를 받으라. 또한 신체의 네 가지 해독 기관에 힘을 실어주라.

  a. 신장: 물을 더 많이 마시라.

  b. 장: 섬유질을 더 많이 섭취하고 유기농 식품을 택하라.

  c. 간: 담배를 끊고, 약물을 피하고, 알코올을 제한하고, 십자화과(배추과) 채소인 양배추, 방울양배추, 브로콜리, 콜리플라워 등을 섭취하라.

  d. 피부: 땀이 날 정도로 격렬하게 운동하라.

- M은 정신 건강(Mental Health)이다. 두뇌 건강에 좋은 습관을 들이고 부정적 자동사고를 없애라(앞의 '합리적 사고' 항목 참조). 매일 운동을 하고, 스트레스 관리법을 익히고, 오메가-3 지방산 섭취를 늘리라.

- I는 면역체계 문제(Immune System Problems)와 감염(Infections)이다. 비타민 D 수치를 확인하고 수치가 낮으면 햇빛을 더 쬐거나 보충제를 복용하라. 면역력을 높이는 양파, 버섯, 마늘을 섭취하라. 흔한 감염에 대한 검사를 받고, 여러분이나 아이가 감염됐을 경우 빨리 치료하라.

- N은 신경호르몬 문제(Neurohormone Issues)다. 좋은 부모가 되기 위해 자신의 호르몬 수치들을 검사하고 최적화하라. 여러분 자신과 아이를 위해 (농약, 일부 식품, 일부 개인 미용·위생용품에서 발견되는) 호르몬 교란 물질을 피하라.

- D는 당뇨비만(Diabesity)이다. 설탕을 식단에서 완전히 제거하거나 제한하고, 뇌 건강에 좋은 식단을 따르고, 필요 이상의 칼로리를 섭취하지 말라.

- S는 수면(Sleep)이다. 가족 누구든 수면은 최우선 사항 중 하나여야 한다. 유아(幼兒)는 11~14시간, 미취학 아동은 10~13시간, 초등학생과 중학생은 9~11시간, 그 위 청소년은 8~10시간, 성인은 7~8시간을 목표로 삼으라. 잠자리에 들기 한두 시간 전에는 전자기기들을 끄라.

7. 뇌를 바꾸면 인생이 바뀐다: 우리가 25만 건이 넘는 뇌 스캔을 통해 얻은 가장 중요하고 희망적인 교훈은, 나이에 상관없이 뇌가 개선될 수 있다는 것이다. 어떤 결정을 내리기 전에 아주 간단한 일 하나만 하면 된다. 다음과 같이 자신에게 물으라. "이것이 내 뇌에 좋은가, 아니면 나쁜가?" 이어지는 이야기에서 어린아이에게 이 기술을 가르치는 방법을 소개하겠다. 뇌가 좋아지면 정신이, 양육이, 그리고 삶 자체가 더 나아진다. 그것이 우리 모두가 뇌 건강을 개선하기 위해 노력해야 하는 이유다.

아이가 뇌 건강에 대해 생각하게 하는 법―클로이 게임

아이로 하여금 어릴 때부터 뇌 건강에 관심을 갖게 하고 무엇이 뇌에 좋은지 나쁜지를 배우도록 하면, 아이의 일생에 강력하고 긍정적인 영향을 미칠 수 있다. 그 방법은 사실 어렵지 않다. 에이멘 박사는 지극히 간단한 출발점을 찾았다. 이 일을 게임으로 만드는 것이었다. 그는 딸 클로이가 두 살 때 시작한 이 게임을 '클로이 게임'이라고 부른다. 여러분도 자녀의 이름을 붙여서 한번 시작해 보라.

'이게 내 뇌에 좋은가, 나쁜가?'

아이가 스스로 "이게 내 뇌에 좋은가, 나쁜가?"를 묻게 하는 방법은 다음과 같다. 예컨대 에이멘 박사가 "호두?"라고 말하면 클로이는 "내 뇌에 좋아!"라고 답한다. 에이멘 박사가 "연어?"라고 하면 클로이는 "맛있어, 뇌에도 아주 좋아!"라고 답한다. 그러나 에이멘 박사가 "헬멧을 쓰지 않고 스케이트보드 타기?"라고 말하면 클로이는 "무섭고 나빠!"라고 답한다. 어린아이들은 놀랄 만큼 자신에게 좋은 것과 나쁜 것을 잘 구분해 낸다.

에이멘 박사는 클로이가 자라는 내내 이 게임을 계속했다. 클로이가 나이 들면서 질문도 진화했다. 클로이가 운전면허를 딴 후 에이멘 박사가 "안전벨트를 매지 않고 운전하기?"라고 하면 클로이는 못마땅한 표정을 지으며 "으윽, 진짜 나쁘지!"라고 답했다. 클로이가 대학으로 떠날 무렵 에이멘 박사는 "여학생 클럽에 가입하기는?"이라고 물었고, 클로이는 잠시 생각에 잠겼다가 답했다. "음, 사회적 유대를 맺는 건 좋겠지만, 술을 진탕 마시고 마약을 한다면 아주 나쁠 것 같아." 이 게임의 장점은 차 안, 슈퍼마켓, 저녁 식사 자리 등 어디서나 즐길 수 있다는 것, 그리고 부모와 아이 간에 대화의 물꼬를 터준다는 것이다.

실용 신경심리학 접근법

정신적으로 강해지기 위해 아이에게는 건강한 뇌가 필요하다. 아이의 뇌 기능을 방해하는 것은 무엇이든지 아이의 성품에도 영향을 미친다. 감염, 외상, 영양실조 또는 (알코올이나 다른 약물 등의) 독성 노출로 인한 뇌 손상은 아이의 성품을 손상할 수 있다. 뇌 기능이 건강하지 않으면 계획을 세우고, 본능을 제어하며, 사랑을 주고받는 것과 같이 가장 인간다운 일들을 하기가 어려워진다. 성품과 도덕성은 이렇듯 서로 얽혀 있다.

여러 연구에서 뇌 기능 저하가 도덕성 저하와 관련된다는 사실이 밝혀졌다.[14] 도덕적인 사람이란 옳은 일을 하고, 공정하게 행동하며, (전쟁과 같은) 불가피한 경우가 아니라면 남에게 해를 끼치지 않으려는 사람이다. 도덕성이 떨어지는 사람은 자신의 행동이 옳은지 그른지 상관하지 않고, 다른 사람과의 상호작용에서 부당하게 행동하면서도 마음이 켕기지 않으며, 자신의 이익을 위해 다른 사람에게 상처를 줄 수 있는 사람이다.

아이가 어떤 사람으로 자랄지는 대체로 뇌 기능에 달렸다. 뇌가 건강하면 일관되게 바람직한 행동을 할 수 있다. 건강한 뇌는 부모, 형제자매, 교사로부터 배울 수 있게 해준다. 실수에서 교훈을 얻고 같은 일을 반복하지 않도록 해준다. 자신을 행복하게 하는 행동과 그렇지 않은 행동을 구별하게 해준다.

하지만 건강한 뇌가 아이를 정신적으로 강하고, 자신감 있고, 회복력 있는 사람으로 키우는 데 필요한 전부는 아니다. 가정에서 기본적인 양육의 심리학을 적용하는 노력도 필요하다. 뇌를 고성능 컴퓨터라고 생각해 보자. 최고급 컴퓨터를 가지고 있더라도, 비디오 게임을 다운로드하거나 유튜브 동영상을 스트리밍하는 데에만 쓴다면 그 컴퓨터는 제 기능을 최대한 발휘하지 못한다. 좋은 하드웨어가 필요한 만큼, 좋은 소프트웨어도 필요한 것이다.

따라서 아이를 정신적으로 강하게 키우고 싶다면, 신경과학과 실용 심리학을 결합해야 한다. 부모로서 여러분은 검증된 양육 기술을 사용하는 동시에, 아이의 뇌 발달뿐 아니라 여러분 자신의 뇌 건강도 돌봐야 한다. 둘 중 하나만 해서는 결코 충분치 않다.

정신력의 네 원

이 절에서 설명할 '정신력의 네 원'이 네 아이를 둔 (그중 두 명은 ADHD를 진단받았다) 45세의 어머니이자 비영리 단체의 관리자인 수전의 삶에서 어떤 역할을 했는지 살펴보자. 에이멘 박사의 진료실을 찾은 수전은 이렇게 말했다. "기분이 자꾸 가라앉아요. 주말에 늦잠을 자도 항상 피곤해요! 아주 간단한 일도 기억이 나지 않고, 1분 이상 정신을 집중하지 못하고 금세 다른 생각에 휩쓸려 버려요. 너무 힘들어요."

그녀는 한숨을 쉬었다. "게다가 상태가 점점 나빠지고 있어요. 예전에는 쉽게 할 수 있었던 일들도 이제는 무척 힘에 부쳐요."

수전은 번아웃(burnout, 소진·탈진) 단계에 도달한 전형적인 헬리콥터 부모였다. 수전의 네 아이는 맡은 집안일을 끝내는 법이 없었고-특히 ADHD를 앓고 있는 두 아이가 심했다-학교에서 말썽을 일으켰으며 엄마의 신경을 긁어서 화나게 하는 것을 즐겼다. 수전은 계속 실수를 하고 있는 기분이었고, 아이들에게 쉽게 발끈했으며, 그러고 나면 엄마로서 낙제라고 느끼곤 했다. 그녀는 의아해졌다. '내가 대체 뭘 잘못한 거지?'

에이멘 클리닉에 도움을 청하러 오는 수많은 여성들과 비슷하게, 수전은 자신이 건강한 식사를 한다고 생각하지만 커피와 베이글로 일과를 시작하기 일쑤였고, 하루 종일 단것을 입에 달고 살았다. 운동을 하고 싶었지만 도통 시간을 내기가 어려웠다. 밤에는 긴장을 풀기 위해 와인 두 잔을 습관처럼 마셨다. 수전이 자신의 몸에서 전혀 관심을 기울이지 않은 신체 부위가 하나 있었다. 바로 뇌였다. 아이러니하게도, 수전의 안중엔 없었던 뇌야말로 수전이 무엇을 먹고 얼마나 자는지 결정하는 주체였다. 아이가 잘못했을 때 발끈하여 쏘아붙일지, 마음을 가다듬고 애정과 논리로 훈육할지 결정하는 것도 수전의 뇌였다.

물론 이러한 결정들이 반드시 의식적 차원에서 이루어지는 것은 아니다. 하지만 이러나저러나 결정은 뇌가 내린다. 수전의 경우, 자신의 뇌를 어떻게 돌볼지, 즉 뇌에 필요한 생물학적, 심리적, 사회적, 영적 보살핌을 어떻게 제공해야 하는지를 알게 되면 기분이 한결 나아지고 더 유능한 부모가 되는 데 필요한 에너지를 얻을 수 있을 것이었다.

수전의 이야기를 들은 에이멘 박사는 사무실의 화이트보드에 네 개의 큰 원을 그렸다. 첫 번째 원에는 '생물학적'이라고 적고 수전의 뇌에 영향을 미치는 생물학적 요인을 살펴보기 위한 질문들을 던졌다. 수전에겐 우울증 가족력이 있었고, 뇌에 아주 나쁜 식습관을 갖고 있었다. 또한 수전은 워낙 바빠서 이동 중에 식사를 대충 때우는 경향이 있었는데, 이 역시 뇌에 좋지 않았다.

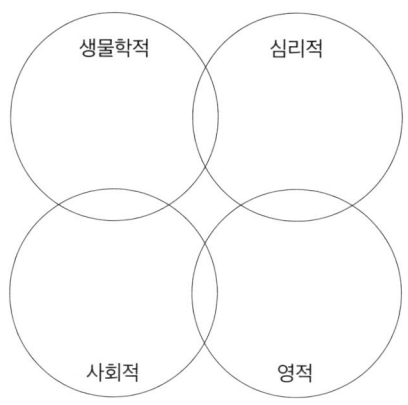

정신력의 네 원

수전의 프로필에서 또 다른 생물학적 문제는 매일 다섯 시간 또는 그에도 못 미치는 수면량이었다. 맡은 일이 많고 아이를 넷이나 키우다 보니 일과 중에 모든 일을 처리하기가 어려웠다. 하지만 충분한 수면을 취하지 못하는 것은 뇌에게는(그리고 아이를 위해서도) 최악의 조건 중 하나다. 크게 염려되는 상황이었다.

두 번째 원에 에이멘 박사는 '심리적'이라고 적었다. 수전은 무질서하고 부정적인 방식으로 사고하고 있었다. 머릿속에서는 똑같은 걱정, 불안, 자기비판이 바쁘게 되풀이되었다. '그때 그렇게 행동하지 말았어야 하는데. 딸아이가 아마 나를 싫어할 거야. 나는 아이들에게 충분히 잘해 주지 못하고 있어. 나는 도대체 뭐가 문제일까?' 수전은 자신의 결점을 확대하고 장점을 최소화하는 일종의 완벽주의에 빠져드는 경향이 있었다.

수전의 마음속에서, 아이들이 겪고 있는 어린 시절의 평범한 위기들은 자신이 엄마로서 부족하다는 확고한 증거로 보였다. 에이멘 박사는 이러한 부정적 자동사고(automatic negative thoughts)를, 그 머리글자들을 조합한 'ANTs', 즉 '개미'라고 부른다. 수전의 심리적 문제는 수전의 뇌 건강을 나쁘게 한 원인인 동시에, 나빠진 뇌 건강이 낳은 결과이기도 했다.

세 번째 원에 에이멘 박사는 '사회적'이라고 적었다. 이 영역에서도 수전의 뇌는 갖가지 난제에 직면해 있었다. 그녀는 인생에서 가장 소중한 사람들과 분리되어 있다고 느꼈다. 남편과 거리감이 컸으며, 아이들에게는 쉽게 짜증이 났다. 직장에서는 버거운 기분이 들었다. 친구들이나 교회 공동체로부터 지지와 격려를 얻을 수도 있었겠지만, 지칠 대로 지쳐서 남들에게 손을 내밀 힘조차 없었다.

마지막 원에 에이멘 박사는 '영적'이라고 적었다. 다행히 수전의 뇌는 이 영역에선 좋은 상태를 유지하고 있었다. 수전은 자기 삶의 의미와 목적에 대한 깊은 인식이 있었기에 이 어려운 시기에도 버텨나갈 수 있었다. 그녀는 자신의 일이 다른 사람들에게 중요하다고 느꼈고, 가정에서도 자신의 존재가 남편과 아이들에게 매우 중요하다는 것을 알고 있었다. 그녀는 신, 지구, 미래와 깊은 연결감을 가지고 있었다. 그녀가 느끼는 삶의 의미와 목적의식은 분명히 뇌에 이로웠다.

수전의 네 원

- **생물학적**: 우울증 가족력, 불량한 식단, 운동 부족, 매일 음주, 수면 부족
- **심리적**: 부정적 자동사고 (ANTs), 걱정, 불안, 자기비판
- **사회적**: 관계 부족
- **영적**: 깊은 목적의식, 신과 지구와 미래에 대한 연결감

수전은 이 책에서 소개하는 것과 동일한 도구와 전략을 사용하여 자기 삶의 네 원을 최적화하는 방법을 배운 뒤, 네 아이를 더 효과적으로 양육하면서 전보다 훨씬 큰 즐거움을 얻을 수 있었다. 부모가 먼저 '정신력의 네 원'이 자신의 삶에 어떤 영향을 미치는지 이해하는 것은, 아이가 자신의 삶에 네 원 접근법을 적용하도록 장려하는 방법을 배우는 첫걸음이다. 아이가 이 네 가지 영역을 최적화하는 방법을 일찍 알게 되면, 뇌를 건강하게 만들고 정신력을 키워주는 균형 잡힌 삶을 일구는 데 도움이 된다.

간단한 연습을 해보자. 자신과 아이의 네 원에 대해 생각해 보라. 뇌를 해치고, 양육을 힘들게 만들고, 아이에게서 정신의 힘을 빼앗는 부분이 무엇인지 적어보라. 또한 뇌를 활성화하고, 양육을 쉽게 만들고, 아이의 정신의 힘을 키워주는 부분은 무엇인지도 적어보라.

나의 네 원

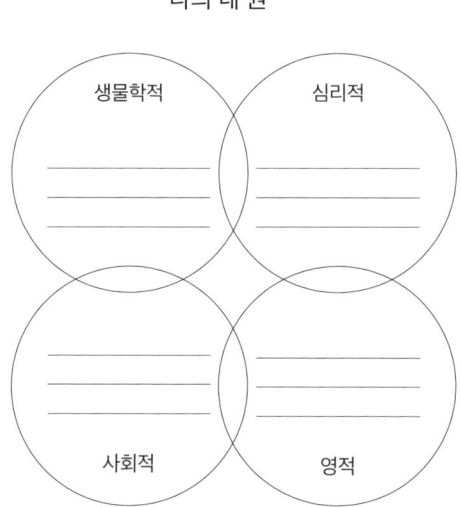

아이의 네 원

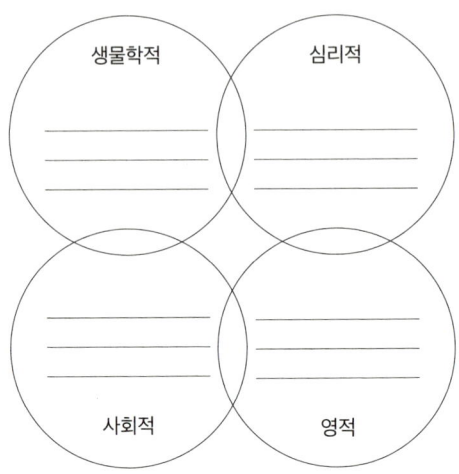

두 고교야구 투수의 이야기

뇌 건강과 심리학이 어떻게 서로 얽혀 있는지를 고교야구 투수 두 사람, 키스와 트로이의 사례를 통해 살펴보자. 키스는 부모 모두 자기중심적이라서 아이에게는 별다른 관심을 기울이지 않는 가정에서 자랐다. 어린 키스가 울면 부모는 시간이 오래 지난 뒤에야 반응하거나, 계속 울게 내버려두는 경우가 많았다. 이는 아이의 삶에서 가장 기본적인 요소에 속하는 애착과 공감의 발달에 지장을 주었다.

아기가 세상에서 태어나서 가장 먼저 배우는 것 중 하나는 '원인과 결과', 즉 내가 울면 누군가 나를 안아주거나, 부드럽게 속삭여주거나, 내 필요를 채워준다는 것이다. 이는 "A이면 B다(If A, then B)"라는 단순한 등식, 정확히는 조건명제다. 이런 일이 규칙적으로 일어나면 아기의 뇌에서는 애착과 공감에 관련된 신경 경로(neural pathways)가 생성되고 강화된다. 부모에게 따스한 양육을 받지 못하고 자란 사람들은 이러한 신경 경로가 발달하지 못한다. 그 결과, 어린 시절에 행동 문제를 일으키기도 한다. 이런 아이들의 경우 '미운 네 살'은 그저 미운 정도가 아니다.

키스가 자라면서, 그를 가르치던 야구 코치 한 사람이 그가 왼손잡이라는 점에 주목해 투수를 해보라고 권유했다. 알고 보니 키스는 투수로서 탁월한 재능이 있었다. 그는 야구에 전력을 기울이기 시작했다. 키스의 부모님은 매우 기뻐하며 야구가 키스의 성공 수단이 되기를 간절히 바랐다. 키스는 학업은 그다지 잘 해내고 있지 못했으니까. 그는 또한 공감 능력이 부족했고, 어렸을 때 원인과 결과, 즉 인과관계에 대해 배우지 못한 탓에 자신의 행동이 어떤 결과를 초래할지에 관한 생각이 짧았으며, 그 탓에 대단히 나쁜 결정을 내리기도 했다. 키스가 곤경에 처할 때마다 부모님이 개입하여 그를 구해 주었다.

어찌어찌해서 키스는 장학금을 받고 야구 선수로 대학에 진학하게 되었다. 과거에 몇몇 문제를 일으켰음에도 모든 것이 잘 풀렸고, 그의 앞에는 창창한 미래만이 기다리고 있는 듯했다. 하지만 대학 입학식을 하루 앞둔 밤, 키스는 친구와 함께 차에 올라타 외쳤다. "야, 우리 오늘 ATM(현금자동입출금기) 털자!" 한 순간의 끔찍한 결정으로 키스의 장학금과 야구 경력은 허공으로 날아가 버렸다.

이제 트로이를 보자. 트로이는 키스처럼 투수로서 재능을 타고나지는 않았다. 하지만 트로이의 부모님은 어릴 때부터 아이를 살뜰히 보살피며 정신력의 네 원이 두루 발달하는 데 필요한 것들을 제공했다. 이를 바탕으로 트로이는 훈련에 매진하여 능력을 키웠고, 결국 키스처럼 장학금을 받고 대학에 가게 되었다. 키스와 마찬가지로, 그도 대학에 가기 전날 밤 친구와 함께 차에 올랐다. 트로이와 친구도 심심했던 나머지 이런 생각을 하기에 이르렀다. "우리 오늘은 제대로 놀아야지. 뭘 하면 좋을까?" 그러나 트로이는 키스처럼 자신의 미래를 망칠 계획을 세우는 대신, 한 발 물러서며 말했다. "내일 일찍 대학으로 떠나야 하는데 피곤해지고 싶지 않아. 집에 가서 잠을 푹 자는 게 좋겠어."

평생 두뇌 건강에 좋은 습관을 기르고 올바른 결정을 내려온 덕분에, 트로이는 올바른 선택을 하는 정신의 힘을 기를 수 있었다. 그는 대학에서 야구를 계속했고, 우등으로 졸업한 후 잠시 프로 리그에서 뛰다가 부상으로 그만두었다. 학업에도 충실했던 그는 다른 직업으로 자연스럽게 전환하여 큰 성공을 거두었다.

두뇌 건강과 양육 능력을 키우기에 늦은 때란 없다

조기 두뇌 발달의 중요성에 대해 읽은 지금, 여러분이 아이에게 두뇌 건강에 좋은 습관을 충분히 일찍 심어주지 못한 게 아닌지 걱정이 들지도 모르겠다. 그런 이들에게 좋은 소식을 전하자면, 시작하기에 너무 늦은 때란 없다. 처음부터 완벽하게 주춧돌을 쌓아 올리지는 못했더라도 얼마든지 상황을 바꿀 수 있다. 에이멘 클리닉의 뇌 영상 연구를 통해, 여러분이 자신의 뇌를 잘못 다루었거나 아이가 나쁜 뇌 습관을 갖게 되었더라도 뇌는 얼마든지 변화할 수 있음이 증명되었다. 그리고 설령 과거에 양육을 하면서 실수를 저질렀다 해도, 이 책에 소개된 전략을 활용하여 바로잡을 수 있다.

이 장의 시작 부분에 나오는 두 운전자의 예를 떠올려보자. 백미러에 보이는 상에 신경 쓰지 않고 눈앞의 도로에 집중한다면, 더 나은 부모가 되어 정신적으로 더 강한 아이를 키울 수 있다.

특별한 도움이 필요하거나 장애가 있는 아이 양육하기

특별한 도움이 필요한 아이를 양육하는 데에는 고유한 기쁨과 어려움이 따른다. 아이에게 신체장애, 학습장애, 발달 지연, 뇌/정신 건강 문제(13장에서 자세히 설명하겠다)나 기타 문제가 있는 경우에도 이 책에서 소개하는 전략과 기법을 활용할 수 있으니 안심해도 좋다.

아이의 상태에 대해 부모가 스스로 공부하고, 과학적 근거가 있는 치료 기법을 찾아보기 바란다. 아이에 대해 정확한 진단을 받는 것이 가장 효과적인 치료법을 찾는 열쇠임을 아는 게 중요하다. 에이멘 클리닉에서는 뇌 영상이 여러 질환의 진단에 있어 중요한 퍼즐 조각이라는 사실을 발견했다. 집중력이 떨어지거나, 성취도가 낮거나, 우울하거나, 화를 잘 내거나, 공격적인 아이들의 뇌를 스캔한 결과 과거의 두부 손상, 독소 노출, 또는 라임병과 같은 만성 감염이 한 원인이라는 사실이 밝혀졌다. 문제가 애초에 어떻게 발생했고 악화되었는지 알면, 아이를 이해하고 사랑하며 양육하는 데 큰 도움이 된다.

우리는 지금까지 특별한 도움이 필요한 아이를 둔 부모들을 많이 만나보았다. 그중 많은 이들이 스트레스, 불안, 슬픔, 비탄, 죄책감에 시달리고 있었다. 그러다 보면 지치거나 탈진하기 쉽다. 아이를 돌보는 것만큼이나 자신을 돌보는 것도 중요하다는 사실을 기억하기 바란다. 부모로서 자신을 위해, 그리고 (특별한 도움이 필요한지 여부를 떠나) 아이를 위해 할 수 있는 가장 중요한 일 중 하나는 뇌 건강에 좋은 습관을 들이는 것이다(9장 참조). 자신과 아이의 뇌와 정서적 안녕을 지원함으로써, 가족 모두가 더 애정 어린 관계를 맺고 정신력을 키울 수 있다.

실천 단계

- 여러분은 매일 자신을 통해 아이에게 건강을 개선하거나 악화시키는 길을 보여주고 있다. 아이가 건강한 뇌를 지니고 살길 원한다면 부모가 솔선수범한다.
- 아이의 두뇌가 발달 과정에서 어느 단계에 있는지 고려하는 것을 잊지 않는다.
- 건강한 삶을 위한 뇌의 일곱 가지 원칙을 숙지하고 일상생활에 적용한다.

- 아이가 자신의 뇌 건강에 대해 주인 의식을 갖도록 격려한다.
- 정신력의 네 영역인 생물학적, 심리적, 사회적, 영적 영역을 균형 있게 발달시킨다.

실천의 효과를 극대화하려면, 뇌 건강에 집중하는 동시에 뒤의 장들에서 소개할 검증된 양육 기술을 활용하기 바란다.

제2장

멘탈 강한 아이는 명확한 목표를 따른다

목표는 우리가 부정적인 것에 대한 걱정에 사로잡히지 않고
긍정적인 것을 시작하도록 돕는다.

아이가 태어나기 전으로 잠시 돌아가 보자. 배우자와 함께 소파에 앉아서, 뱃속의 아이가 커서 어떤 사람이 될지 상상해 보지 않았는가? 누구나 한 번쯤은 그런 대화를 나눠보았을 것이다. 하지만 그때 이런 말들은 나오지 않았으리라.

"우리 딸이 무례하고 자기 권리만 챙기는 사람으로 자라나는 날이 너무나 기다려져."

"아들의 태도 문제 때문에 우리가 처음으로 교장실에 불려 갈 날이 기대되는군."

"우리 아이가 청년으로 자라났을 때, 독립하는 걸 거부하고 우리집에 얹혀 살면서 취직도 하지 않고 생활비도 보태지 않았으면 좋겠어."

"성인이 된 우리 아이가 스스로 아기를 키울 능력이 없어서 우리가 손주를 키워야 한다면 얼마나 좋을까?"

물론, 누구도 이런 시나리오를 원하지 않는다. 우리는 아이에게 최고의 것만을 주길 원하며, 아이가 독립적이고, 자신감 넘치고, 성공적인 사람으로—

즉 정신이 강한(요즘 말로 '멘탈이 강한') 사람으로-성장하기를 바란다. 아이에 대한 사랑을 원동력 삼아 우리는 아이를 부양하고, 보호하고, 돌보고, 우리가 가르칠 수 있는 모든 것을 가르친다. 아이로서도 부모의 그늘에서 벗어나지 못하는 무능한 어른으로 성장하고 싶지 않은 건 당연하다. 그러나 미국 인구조사국의 통계에서 18~24세 청년의 56퍼센트가 부모 집에서 생활하고 있음이 밝혀졌듯, 오늘날 10대 청소년과 청년들은 '독립 실패'를 경험할 가능성이 높아지는 추세다.[15] 안타깝게도 너무 많은 부모들이, 자신이 양육된 방식을 돌아보거나 자기 가정 또는 다른 가정들의 상황을 고려할 때, 저 앞의 가상 시나리오들이 현실화할 위험이 크다고 우려하고 있다.

지나도 그중 한 사람이었다. 마흔한 살의 지나는 두 살 위인 남편 토니와 함께 열여섯 난 아들 루카를 키우고 있었다. 지나 부부는 토니의 부모님이 창업한 이탈리안 레스토랑을 물려받아 운영했다. 부부로서는 루카 역시 가업을 거들다 언젠가는 이어받도록 하는 것이 일생의 꿈이었다. 부부는 자기네가 롤 모델로서 근면 성실한 모습을 보이면 루카가 레스토랑을 물려받고 싶어질 거라고 생각했지만, 루카는 방에 틀어박혀 만화를 그리거나 컴퓨터로 작업을 하는 것 외에는 어디에도 관심이 없어 보였다. 루카는 똑똑한 아이였지만 숙제를 미루기 일쑤여서 지나가 나서서 숙제를 대신 해주곤 했다. 지나가 방을 치우라고 아무리 잔소리를 해도 루카는 더러운 옷을 바닥에 팽개쳐 계속 쌓이게 했다. 결말은 항상 지나가 루카의 뒤치다꺼리를 해주는 것이었다.

지나 부부는 루카가 어렸을 때부터 일터에 데려와서 레스토랑 운영의 다양한 면면을 보여주었다. 하지만 루카는 가업을 잇는 데에 별다른 열의가 없었으며 대학 진학엔 더욱 무관심했다. 지나는 레스토랑에서 회계를 담당하고 있었기에 루카에게 숫자에 대한 흥미를 불어넣어 주려고 노력했다. 주방에서 요리사들을 돕게도 했고, 토니와 함께 손님들을 맞으며 분주한 식당을 원활하게 운영하는 경험도 시켜보았다. 그러나 이 모든 일을 하면서도 루카의 태도는 항상 무관심했다. 부부는 루카의 미래에 대해 걱정이 들었고, 아들을 게

으른 아이나 의욕이라곤 없는 아이로 치부해야 할까 싶기도 했다. 토니는 루카를 좋아하는 만화와 컴퓨터에서 떼어놓으려 들면서, 레스토랑 일에 대해 진지하게 생각해 보라고 강요하기 시작했다. 지나는 루카가 가업을 이어받는 데 필요한 기술들을 키우지 못할까 봐 초조해졌다. 의욕이 없어 보이는 루카가 과연 언제 동기를 부여받아 부모의 집에서 독립해 나갈 수 있을지도 의문이었다. 이런 상황에서 지나가 할 수 있는 일은 무엇일까?

혹시 여러분도 아이에 대해 비슷한 걱정이 있는가? 아이를 올바른 방향으로 더 잘 이끌어줄 방법을 알고 싶은가? 아이가 아직 어리지만, 성장하면서 아이에게 동기를 심어줄 가장 좋은 방법이 무엇인지 궁금한가? 지금 당장, 여러분과 아이들과 손주들이 창창한 미래를 맞게 될 확률을 크게 높여주는 강력한 방법 몇 가지를 실천에 옮길 수 있다면 어떨까? 아이를 양육하는 것은 세상에서 가장 힘들고도 중요한 일의 하나다. 누구나 자기 아이를 올바르게 키우고 싶고, 직업뿐 아니라 인간관계, 건강, 돈, 정신 등 모든 면에서 성공하도록 돕고 싶다. 그런 여러분에게, 뇌 기능 개선과 '사랑과 논리'의 심리학 기반 양육 전략을 결합하는 것이 어째서 성공적인 양육의 궁극적인 비결인지 간략하게 설명해 보겠다. 이 두 가지 양육 퍼즐 조각을 결합하면 정신이 강한 아이를 키우면서 그 과정을 더 즐길 길이 열릴 것이다.

먼저, 여러분이 아이와의 일상적인 상호작용에서 달성하고자 하는 목표가

무엇인지 생각해 보자. 대부분의 부모와 비슷하다면, 여러분도 아마 아이가 다음과 같은 특성을 발달시키기를 원할 것이다.

- 자신감
- 회복탄력성
- 유능함
- 책임감
- 존중심
- 친절과 배려심
- 수완
- 자기통제력
- 문제 해결 능력
- 전반적으로 긍정적인 태도
- 스스로를 진정시키는 능력
- 불편함을 참는 능력
- 욕구 충족을 지연시키는 능력
- 실수로부터 배우는 능력
- 필요할 때 편안하게 도움을 요청할 수 있음
- 건강한 인간관계를 맺고 다른 사람들과 적절한 경계를 설정함
- 다른 사람의 유혹을 거절할 줄을 앎
- 좋아하는 일을 하면서 돈을 벌 수 있게 해 줄 기술과 교육 수준
- 좋은 인간관계 기술을 지니고, 바람직한 사람들과 시간을 보냄
- 자신을 잘 돌보고 신체적, 정서적으로 건강함
- 명확하게 정의된 목표와 목적의식에 따라 생활함

이것들은 모두 정신이 강한 사람의 특성이다. 부모는 아이가 이러한 특성

을 키우도록 도울 수 있다. 누구든 자기 아이가 이 같은 장점들을 두루 갖게 되길 바라지만, 그걸 이룰 방법을 모를 수도 있고 바쁜 생활에 치여 사느라 정말 중요한 게 무엇인지 잊어버리기도 한다. 누구에게나, 심지어 소아청소년 정신과 의사와 아동심리학자인 우리 두 저자에게도 일어날 수 있는 일이다!

자신이 부모로서 무엇을 성취하려 노력하고 있는지 알고 있는가? 어떤 날은 그저 즉흥적으로 대응하며 살아간다는 느낌이 들지는 않는가? 아이가 인생을 살아가며 정처 없이 방황하기를 원하지 않는다면, 우리 자신이 우왕좌왕하면서 아이를 대충 키우고 싶은 게 아니라면, 먼저 우리가 원하는 목적지가 어디인지 정확히 설정해야 한다. 이는 다시 말해 부모로서 아이가 어떤 성인이 되기를 바라는지 상상해야 한다는 뜻이다. 아이에게 정신력, 동기, 할 수 있다는 태도를 심어주는 것은 생각보다 쉬운 일이다. 그 첫 발짝은 여러분 자신과 아이를 위한 목표 설정이다.

페이 박사를 만난 뒤 지나와 토니는 '사랑과 논리' 프로그램에 푹 빠져서, 부모로서 그들이 세운 목표와, 루카가 자라서 되기를 바라는 모습에 대해 깊이 생각하기 시작했다. 그들에겐 곧바로 세 가지 점이 떠올랐고, 이는 즉시 초기 목표로 설정되어 지나와 토니 부부가 루카와 함께 더 나은 방향으로 나아가도록 도와주었다.

- 자신의 삶과 결정에 책임지는 법을 가르치기
- 다른 사람들을 배려하고 좋은 성품을 갖추는 법을 배우도록 돕기
- 대부분의 에너지를 자신의 강점들에 집중하도록 돕기

두 사람은 제일 먼저, 루카의 숙제를 대신 해주는 걸 그만두고 열심히 하지 않으면 어떤 결과를 맞게 되는지 루카가 직접 경험하게 했다. 또한 루카가 지역사회에 봉사할 기회에 참여하게 하고, 집안일을 돕도록 했다. 마지막으로 그들은 루카가 잘하지 못하는 부분에 대한 비판을 그만두고, 그림과 디자

인에 대한 루카의 열정을 인정하고 격려하는 데 집중했다. 처음에 루카는 약간 반발했지만, 새로운 동기가 생기면서 '사랑과 논리' 프로그램에 더 적극적으로 참여하게 되었다. 이러한 초기 작업 덕분에, 루카 가족은 목표의 힘을 계속 활용해 나갈 동력을 얻었다.

양육의 목표 설정은 어떻게 부모와 아이가 정신적으로 더 강해지도록 돕는가

에이멘 박사가 부모들에게 어떤 목표가 있느냐고 처음 물으면, 부모들은 멍한 눈빛으로 대답을 대신하거나 직업이나 돈에 대한 이야기를 막연하게 중얼거리기 일쑤다. 그러나 목표 설정은 단지 먼 미래의 꿈을 이야기하는 것이 아니다. 목표 설정은 지금 부모로서 아이를 키우고 있는 여러분이 바로 활용할 수 있는 것이며, 자신감 있고 유능하며 정신적으로 강인한 아이를 키우는 데 중요한 역할을 한다. 나날이 집중할 목표를 세우면 삶은 크게 달라진다. 목표 지향적인 태도는 성공적인 양육의 결정적 요소다. 그리고 목표 설정과 그 목표의 달성을 위한 실천에서는 뇌 건강이 필수다.

우리는 여러분에게, 뇌 과학과 '사랑과 논리' 심리학을 근거로 하는 사례와 원칙들을 통해 좋은 목표를 설정하고, 뇌를 건강하게 만들고, 부모-아이 관계를 단단하게 만드는 방법을 안내하려 한다. 지나와 토니도 이러한 방법의 덕을 보았다. 그들의 뇌가 그들을 효과적인 행동으로 이끌 수 있었던 건 목표가 설정되어 있었기 때문이다. 다시 말해, 그들의 목표는 그들을 수렁에서 끌어올려 주었고, 마냥 걱정만 하는 대신 실질적인 행동에 나서도록 해주었다.

목표 설정을 관장하는 것이 뇌의 어떤 부분인지 알고 있는가? 전전두피질은 성인의 뇌에서 가장 많이 발달한 부분이자 어린이와 청소년에게서는 가장 덜 발달한 부분이다. 계획, 신중함, 판단력, 충동 조절, 공감 능력에 관여하는 전전두피질은 20대 중반에 이르러서야 완전히 발달한다. 아이가 그 나이에

도달할 때까지는 부모가 아이의 전전두피질 역할을 해주어야 한다. (이 책을 읽어나가면서 뇌에 대해 더 자세히 알게 될 것이다.)

뇌의 이 부분을 최대한 효과적으로 활용하려면 자신이 원하는 것이 무엇인지, 자신에게 중요한 것이 무엇인지 알고 있어야 한다. 전전두피질이 제대로 작동하면 목표 지향적으로 행동하고, 자신의 말과 행동을 잘 관리할 수 있다. 먼저 생각한 다음에 말을 하게 된다. 목표 달성 가능성을 높이는 말을 할 공산이 커진다. 또한 먼저 생각한 다음에 행동하는 경향이 생긴다. 이때 뇌의 다른 부분들은 목표에 부합하는 행동을 하도록 돕는다.

인생의 목적을 찾는 법

의미 있고 효과적인 목표를 세우려면, 자신이 살아가는 목적을 이해하고 아이를 양육할 때 이를 염두에 두는 것이 중요하다. 목적을 찾기 위해, 스스로에게 다음과 같은 질문을 던져보자.

1. 무엇을 좋아하는가? 요리하기, 글쓰기, 그림 그리기, 가르치기, 아이 키우기, 아니면 다른 어떤 것? 당신이 다른 사람에게 가르칠 자격이 있다고 생각하는 것은 무엇인가?
2. 누구를 위해 그걸 하는가? 여러분의 일이 다른 사람들과 어떻게 연결되는가?
3. 여러분에게 과거의 상처가 있는가? 혹시 그 상처를 다른 사람을 돕는 데 활용할 수 있는가? 고통을 목적으로 승화시키라.
4. 다른 사람들이 여러분에게 무엇을 원하거나 필요로 하는가?
5. 여러분이 하는 일의 결과로 다른 사람들이 어떻게 달라지는가?
6. 세상을 떠난 뒤, 남은 사람들에게 어떻게 기억되기를 바라는가? 여러분이 어떤 유산을 남기기를 바라는가?

위의 여섯 개 질문 중 본인에 관한 질문은 두 개뿐이고, 나머지 넷은 타인에 관한 질문이라는 점에 유의하라. 행복과 의미는 많은 경우 다른 사람을 돕는 데서 찾을 수 있다.

마음은 자기 눈에 보이는 것을 받아들이고, 그것을 실현한다. 따라서 여러분은 부모로서 자신을 위해 원하는 것과 아이를 위해 원하는 것을 마음속에서 그려본 다음, 그걸 얻기 위해 오랜 기간 지속적으로 목표와 일치되는 행동을 하는 것이 중요하다. 그러나 너무 많은 부모들이 전전두피질을 이용해 자신과 (나이가 몇 살이든) 아이에게 이로운 전략적 계획을 세우기보다는, (자신 또는 아이의) 순간적인 변덕에 휘둘리고 있다. 생각해 보자. 여러분은 전전두피질의 결정대로 행동하고 있는가? 아니면 감정에 휘둘리고 있는가?

부모로서 무엇을 원하는가?
아이를 위해 무엇을 원하는가?

궁극적으로 행동을 결정하는 것은 목표다. 부모로서 달성하고자 하는 목표가 명확하면, 과거의 행동을 무의식적으로 반복하는 습관에서 벗어나 긍정적인 방향으로 행동하는 데 집중할 수 있다. 부모로서 자신과 아이를 위한 목표가 명확하면, 능동적, 선제적이고 긍정적인 태도를 취하게 된다. 또한 아이가 정신적 힘을 키워서 현실의 스트레스를 극복하고 책임감 있는 성인으로 성장하는 데 필요한 기본기를 심어줄 수 있다. 명확한 목표가 없는 부모는 아이에게 반응적으로 행동하고, 효과적이지 못하며, 쉽게 좌절할 것이다 (어떤 부모든 이러한 순간들을 경험한 적이 있으리라). 또한 아이에게 목적의식을 갖고 생산적인 삶을 사는 데 무엇이 필요한지 몸소 보여줄 능력이 부족해질 것이다. 그 결과, 아이는 삶의 모든 영역에서 성공하는 데 필요한 정신적 힘, 동기, 자신감이 부족해진다. 이것이 우리 두 사람이 부모로서의 소임을 다하도록 도와줄 '목표 쓰기'를 개발하고 각기 자신의 목록을 작성한 연유다.

여기서 중요한 단어는 '쓰기'다. 종이에 무언가를 쓰는 것과 모바일 기기에 그 정보를 입력하는 것의 효과를 비교 분석한 일본의 뇌 영상 연구(2021년) 결과가 강력히 시사하는 바는, 종이에 무언가를 쓰는 행위는 기억에 깊이 관여하는 뇌의 특정 부위들을 자극한다는 것이다.[16] 또한 2015년에 도미니카 대학교의 한 심리학 교수는 목표 설정을 분석한 연구에서 149명의 참가자를 다섯 그룹으로 나누어, 그룹별로 •목표를 글로 쓰지 않음, •목표를 글로 씀, •목표와 그 실천 단계를 글로 씀, •목표와 실천 단계를 글로 써서 친구에게 보냄, •목표와 실천 단계와 주간 경과 보고서를 글로 써서 친구에게 보냄이라는 상이한 지침을 주고, 각 그룹이 어떻게 행동하는지 관찰했다. 4주 뒤, 목표를 적고 실천 단계를 만들고 주간 경과 보고서를 친구에게 보낸 그룹이 다른 모든 그룹보다 목표를 훨씬 많이 달성했다는 사실이 확실하게 드러났다. 목표를 가장 적게 달성한 그룹은 이루고 싶은 목표를 글로 쓰지 않고 그냥 생각만 한 그룹이었다.[17]

다음은 우리 두 저자의 개인적 양육 목표와 아이를 위해 바라는 것들이다. 에이멘 박사는 성인이 된 자녀들, 대학생 딸 클로이, 10대 조카들을 대상으로, 페이 박사는 성인이 된 자녀들과 10대 아들을 대상으로 하여 작성했다.

우리는 각자의 목표를 목록으로 만들어 매일 볼 수 있는 곳에 둔다. 그 목록을 에이멘 박사는 일하는 곳 책상 맨 위 서랍에 두었고, 페이 박사는 사무실 벽에 핀으로 꽂아 놓았다. 우리는 각자 자신의 목표를 보면서 하루를 시작한다. 이런 식으로 하루를 시작하면, 우리가 원하는 목표와 일관되게끔 행동하는 데 도움이 된다.

에이멘 박사의 양육 목표

부모로서 나의 전반적인 목표는 아이의 삶에 유능하고 긍정적인 힘이 되어주는 것이다.

1. 관여하기: 아이들의 곁에 있어 주고 싶으므로, 아이들을 위해 충분한 시간을 확보할 것이다.
2. 열려 있기: 아이들이 필요할 때 나와 얘기를 나눌 수 있게 하는 방식으로 아이들과 대화할 것이다.
3. 단호하기/제한을 설정하기: 아이들이 스스로 도덕적/내적 통제력을 기를 때까지 적절히 감독하고 제한을 설정해 줄 것이다.
4. 함께하기: 결혼한 상태든 이혼을 했든, 아이들에게는 양육 과정에서 부모가 서로 동의하고 서로를 지지해 주는 것이 가장 좋다.
5. 친절하기: 아이들이 장성하여 부모의 품을 떠난 후에도 나를 보러 오고 싶어 하도록 아이들을 키울 것이다. 부모 노릇은 이기적인 일이기도 하다.
6. 즐기기: 아이들과 농담하고, 장난치고, 즐겁게 지낼 것이다. 재미는 신체와 정서의 건강에 필수적이다.

페이 박사의 양육 목표

1. 사랑하기: 나는 아이들과 적극적으로 함께하며, 아이들에게 무조건적인 수용을 보여줄 것이다.
2. 단호하기: 아이들에게 제한과 책임을 설정하고, 이를 지키지 않을 경우엔 자연스럽거나 논리적인 결과, 즉 응분의 대가를 경험하도록 할 것이다.
3. 좋은 모범을 보이기: 아이들에게 친절, 겸손, 정직, 회복탄력성을 보여줄 것이다.
4. 기댈 수 있는 믿음직한 사람이 되기: 하겠다고 한 일은 반드시 실천할 것이다.
5. 감사하고 기뻐하기: 긍정적인 것에 집중하고 믿음을 보여줄 것이다.
6. 관대하기: 나의 시간과 자원을 다른 사람들과 나누는 데 있어 좋은 태도로 임할 것이다.
7. 명예로운 사람이 되기: 내가 하는 모든 일에서 하나님께 영광이 돌아가도록 노력할 것이다.

자신의 아이들을 위한 에이멘 박사의 목표

우리 아이들을 위해 내가 세운 전반적인 목표는 발달을 돕고 정신의 힘을 키워주는 것이다.

1. 관계 맺기: 우리는 관계의 세계에 살고 있다. 아이들에게 다른 사람들과 잘 지내는 법을 반드시 가르칠 것이다.
2. 책임감 갖기: 아이들이 자신의 삶을 어느 정도 통제할 수 있다고 믿고 행동하게 할 것이다. 문제가 생겼을 때 항상 남 탓만 해서는 안 된다. 이를 가르치지 않으면 아이들은 피해자처럼 행동할 것이다.
3. 독립적이기: 아이들이 스스로 올바른 결정을 내릴 수 있게 되도록, 자신의 삶에 대해 어느 정도 선택권을 허용할 것이다.
4. 자신감을 갖기: 아이들이 유능감을 느낄 수 있는 다양한 활동에 참여하도록 장려할 것이다. 과제와 스포츠에 숙달하는 능력에서 자신감을 키울 수 있다.

5. 자신을 수용하기: 아이들의 부정적인 면보다 긍정적인 면에 더 많이 주목함으로써, 아이들이 자기 자신을 받아들일 수 있도록 가르칠 것이다.

6. 적응력 키우기: 아이들을 다양한 상황에 노출시켜서, 살아가면서 받는 이런저런 스트레스에 유연하게 대처할 수 있도록 할 것이다.

7. 감정적으로 자유롭기: 아이들이 수용적인 환경에서 자신을 표현하는 것이 가능하도록 해 줄 것이다. 또한 아이들이 오랜 기간 정서적 문제의 증상을 보일 경우 도움을 받게 할 것이다.

8. 즐기기: 아이들에게 많이 웃고 즐겁게 지내는 방법을 가르칠 것이다.

자신의 아이들을 위한 페이 박사의 목표

1. 책임감 갖기: 아이들이 어렸을 때 작은 실수를 충분히 하도록 허용하여, 모든 선택에는 결과가 따른다는 점을 깨닫게 할 것이다. 자신의 문제에 대해 다른 사람을 탓해 봤자 소용없다는 걸 배우게 할 것이다.

2. 존중하기: 아이들에게 존중을 표하고, 아이들에게서도 존중을 기대할 것이다. 무례한 행동은 슬픈 결과를 가져온다는 것을 깨닫도록 도울 것이다.

3. 회복탄력성과 일 처리의 지혜 기르기: 아이들이 시련을 겪게끔 허용하여, 자신에게 문제를 해결하고 실망을 이겨낼 능력이 있다는 걸 깨닫게 할 것이다.

4. 관대하기: 스스로 관대함의 본보기가 될 것이고, 아이들에게 가진 것을 다른 사람들과 나눌 기회를 많이 제공할 것이다.

5. 겸손하기: 모든 좋은 것은 하늘에서 내려주는 은혜로운 선물임을 가르칠 것이다.

6. 즐겁게 관계 맺기: 우리가 소유한 물건이나 우리가 처한 환경보다, 오래가는 관계가 더 소중하다는 걸 보여줄 것이다.

우리가 적은 목표들이 마음에 들면, 가져다 활용해도 좋다. 아이를 위한 자신의 목표와 바람에 맞게끔 수정하고, 여러분만의 특별한 색깔을 더하라. 그런 다음 매일 볼 수 있는 곳에 붙여놓고 스스로에게 물으라. "지금 내 행동이, 부모로서 내가 원하는 목표에 부합하는가? 이것이 아이가 내가 바라는 성인으로 자라나도록 돕는 방법인가?"

이 목표들을 *매일* 되새겨야 한다는 게 우리의 굳은 믿음이다. 그래야만 목표들이 단순한 희망 사항의 영역에서 벗어나 일상적인 행동의 영역으로 들어올 수 있다. 가끔씩만 들여다보는 목표는 대부분의 새해 결심과 비슷한 운명을 맞을 가능성이 높다. 즉, 기다리는 건 실망뿐이다.

원하는 게 무엇인지를 알면, 그것을 얻기 위해 행동을 바꿀 가능성이 높아진다. 이는 뇌가 현실을 받아들이고 또 만들어내기 때문이다. 실제로, 성공한 아이와 부모들을 연구한 결과, 개인적인 책임감과 명확한 목표가 있다는 공통점이 발견되었다.

그래서 에이멘 박사는 환자가 다섯 살이든 75세든 나이에 상관없이 모두 '한 페이지의 기적(One Page Miracle)'이라는 양식을 적어보게 한다. 그가 직접 개발한 이 목표 설정 훈련은 그의 예전 책들에서도 설명된 바 있지만,[18] 여기서는 부모와 아이에게 맞추어 특별히 고친 버전을 소개하겠다. 이 훈련은 거의 모든 생각, 말, 행동을 효과적으로 하는 데 도움이 된다. '한 페이지의 기적'을 활용함으로써 여러분은 자신의 삶과 아이의 삶에 즉시 초점을 잡아주고 변화를 일으킬 수 있을 것이다.

부모로서 여러분이 살아가고 있는 삶의 주요 영역에서-즉 인간관계, 일, 돈, 그리고 여러분 자신에서-(원하지 않는 것이 아니라) 원하는 것을 정확히 알아내어, 균형 잡힌 방식으로 삶을 추구하라. 이때 '나 자신' 항목에서는 정신력의 네 원을 고려하게 될 것이다. 시간을 들여 여러분만의 '한 페이지의 기적'을 적고, 자주 수정하라. 한 영역에만 지나치게 집중하거나 한 가지 이상의 영역을 소홀히 하게 되면 번아웃이 찾아올 수 있다.

한 페이지의 기적
〈부모용〉

부모로서 내 삶에서 무엇을 원하는가?
그것을 실현하기 위해 무엇을 하고 있는가?

관계
배우자/파트너: _____
아이: _____

일
_____
_____

재정
_____
_____

나 자신
신체적: _____
감정적: _____
정신적: _____
영적: _____

이 장의 서두에서 언급한 루카의 어머니 지나의 사례를 소개한다. 그녀는 부모로서 자신의 목표와 10대 아들 루카를 위해 바라는 목표에 대해 시간을 갖고 곰곰 생각해 보았다.

한 페이지의 기적
〈부모용—지나〉

부모로서 내 삶에서 무엇을 원하는가?
그것을 실현하기 위해 무엇을 하고 있는가?

관계
배우자/파트너: 나는 남편과 내가 아들을 양육하는 데 있어 연합 전선을 형성할 수 있도록 같은 생각을 갖고 있기를 바란다.
아이: 나는 내 아들 루카를 더 잘 알고 싶다. 아들이 스스로 동기를 찾도록, 그리고 독립하는 데 필요한 정신적 기술을 개발하도록 돕고 싶다. 아들이 좋아하는 일을 하면서, 자기가 원하는 생활을 하기에 충분한 급여를 받으면 좋겠다.

일/재정
루카에게 자신이 좋아하는 일을 하면서 보람을 느낄 수 있다는 걸 보여주는 좋은 롤 모델이 되고 싶다.

나 자신
신체적: 나는 건강해지고 싶고, 아들에게 건강한 라이프스타일의 본보기가 되고 싶다.
감정적: 긍정적인 면에 더 집중해서 마음의 평화를 더 찾고 싶다.

정신적: 비판적으로 생각하는 패턴을 바꾸고 싶다.

영적: 내 삶이 의미 있다고 느끼고 싶다.

아이의 목표 설정을 돕는 방법

목표 설정은 부모가 먼저 시작하지만, 부모만을 위한 건 아니다. 목표 설정은 아이의 전전두피질과 정신력을 발달시켜 성공적인 인생을 살아가도록 준비시키는 가장 좋은 방법의 하나이기도 하다. 부모와 마찬가지로 아이도 자신이 원하는 것이 무엇인지 알면 그 목표에 맞춰 행동을 조절할 가능성이 높아진다. 그런데 어린이와 청소년에게 목표에 대해 물으면, 이담에 커서 소방관, 유명인이나 첨단기술로 돈을 버는 억만장자가 되고 싶다는 식의 대답이 돌아오는 게 보통이다. 아이가 몇 살이든, 장기적인 목표뿐 아니라 단기적인 당장의 목표도 세우도록 가르치는 것이 중요하다.

아이가 자신의 인생에서 원하는 것이 무엇인지 스스로 명확히 알 수 있도록 '한 페이지의 기적'을 적어보게 하라. 부모가 시켜서 억지로 하는 과제라고 느끼지 않도록, 이것이 아이의 꿈을 실현하는 데 도움이 되는 도구라고 설명해 주라. 그러면 아이는 더 적극적으로 참여하려는 마음이 생길 것이다. '한 페이지의 기적' 쓰기는 거의 모든 연령대의 아이에게 적합하며, 유치원생이나 초등학교 1학년 무렵부터 시작할 수 있다. 목표 설정은 특별한 도움이 필요하거나 장애가 있는 아이에게도 유익할 수 있다. 이 도구의 핵심은 아이가 현실적이고 달성 가능한 목표에 집중할 수 있도록 돕는 것이기 때문이다. 목표를 설정케 하는 경험은 아이와 소통하고 아이의 내면에 있는 필요와 욕구를 알아 가는 절호의 기회다. 부모가 참견해서 아이의 목표를 '정해 주고' 싶은 유혹이 들 수 있지만, 자제력을 발휘해야 한다. 아이가 자신의 목표를 파악할 수 있도록 이런 질문들을 던져보라.

- 무얼 하는 걸 좋아해?
- 더 잘하고 싶은 것은 뭐니?
- 지금까지는 해본 적이 없지만 앞으로 해보고 싶은 것이 있어?
- 무엇이 너를 행복하게 하겠니?
- 사랑하는 사람들에게 어떻게 그 마음을 표현할 수 있니?
- 상처받은 사람들을 어떻게 도울 수 있지?
- 네 인생의 목적이 무엇이라고 생각해?

아이가 '한 페이지의 기적'의 각 영역('일'은 '학교' 또는 '집안일'로 바꾸고, 용돈을 받거나 일자리가 있는 경우 '재정'을 포함한다) 옆에 해당 영역에서 자신에게 중요한 것이 무언지 명확하게 적도록 한다. 이때 아이가 원치 않는 것이 아니라 원하는 것을 쓰도록 해야 한다. 아이가 뭘 쓸지 잘 생각나지 않는다고 하면, "너는 수학 수업을 정말 좋아하잖니" 혹은 "너는 사진을 잘 찍더구나" 같은 제안으로 부드럽게 지도해 주어도 좋다. 이때 긍정적인 태도를 취하라. 그리고 아이가 일인칭으로 글을 쓰게 하라. 초안을 완성한 후에는(아이가 성장함에 따라 자주 업데이트해야 할 것이다) 냉장고, 아이의 침대 옆, 욕실 거울과 같이 부모와 아이가 매일 볼 수 있는 곳에 붙여놓으라. 그러면 매일 아이가 자신에게 중요한 것들을 눈으로 보고 뇌를 거기에 집중할 수 있다. 그로써 아이는 자신이 원하는 것에 맞추어 행동하기가 더 쉬워진다. 좀 더 의도적으로 삶을 살게 될 것이며, 자신에게 도움이 되지 않는 일에 노력을 허비하지 않고 자신에게 중요한 목표에 에너지를 쏟을 것이다. 이렇게, 가치 있는 일들을 끝까지 해내고 불건전한 유혹을 거절할 의지력을 키운 아이는 차근차근 강인한 정신의 기틀을 쌓게 된다.

지나가 처음 루카에게 이 훈련을 함께 하자고 했을 때 루카는 말도 안 된다는 표정을 지었다. 하지만 지나가, "엄마가 너에게 원하는 삶이 아니라 너 자신이 원하는 삶에 집중할 수 있도록 도와주는 것"이라고 설득하자 루카는 동의했다. 그들은 함께 '한 페이지의 기적'을 적어나갔다. 지나는 여러 번 혀를 깨물며 말을 참아야 했지만, 이 간단한 실천을 통해 아들에 대해 많은 것을 알게 되었다. 루카는 동기가 부족하지 않았다. 단지 엄마와 아빠가 운영하는 레스토랑에 관심이 없었을 뿐이었다. 루카의 열정은 그림, 디자인, 컴퓨터에 있었다.

'한 페이지의 기적'을 적은 다음, 루카는 컴퓨터를 켜고 파일 하나를 열어서 엄마에게 보여주었다. 레스토랑의 새 로고를 디자인했지만 겁이 나서 보여주지 못하고 있었던 것이다. 지나는 루카가 만든 로고가 너무나 훌륭한 것에 깜짝 놀랐고, 토니에게도 보여주겠다고 약속했다. 루카는 또한 아빠 엄마의 레스토랑에서 인기가 대단한 마리나라 소스를 판매하기 위해 온라인 스토어를 만들 계획도 세웠으나, 부모님이 자신의 아이디어를 듣길 원하지 않을 것 같았다고 말했다. 부모에게서 자신들의 길을 그대로 따라야 한다는 압력을 받는 동안 루카는 답답했고, 삶의 다른 영역에서도 의욕을 잃어갔다. 부모 입장에서는 루카에게 최선이라고 믿는 길이었지만, 아이에게 부모의 바람을 강요한 결과는 역효과가 일어나고 아이의 정신적 힘이 약해지는 것이었다.

한 페이지의 기적
〈루카, 16세〉

관계

부모: 내가 나 자신답게 살아가도 괜찮다고 느끼고 싶다. 부모님이 나를 있는 그대로 받아주는 관계를 맺고 싶다.

형제자매: 나는 외동이다.

친구: 같은 관심사를 가진 친구가 있어서 서로 격려할 수 있으면 좋겠다.

학교/일/집안일

학교: 그림, 디자인, 컴퓨터처럼 내가 좋아하는 것들에 집중할 수 있는 학교에 다니고 싶다.

선생님: 멘토가 되어줄 수 있는 선생님을 찾고 싶다.

일/집안일: 온라인 스토어 개설, 웹사이트 개선, 그래픽 업데이트를 통해 가족 사업을 새로운 방향으로 이끌고 싶다. 집에서는 개를 키우고 싶다. 매일 하루에 한 번씩 산책시키려고 노력할 것이다.

나 자신

신체적: 내 몸이 괜찮다고 느끼기

감정적: 매일 아침 설레는 마음으로 하루를 시작하기

정신적: 내가 좋아하는 과목을 잘하는 데 집중하기

영적: 나 자신보다 큰 무언가와 연결되어 있다고 느끼고, 명상을 시도하기

다양한 연령대의 다른 어린이들이 작성한 내용을 아래에 소개한다. 여러분의 아이에게 어떤 목표 유형이 적합할지 참고하기 바란다.

한 페이지의 기적
〈앨리, 6세〉

관계

부모님: 부모님이 나를 자랑스러워하셨으면 좋겠다.

형제자매: 오빠가 나에게 더 잘해 줬으면 좋겠다.

친구: 새로 다니고 있는 학교에서 새로운 친구를 사귀고 싶다.

학교/집안일

학교: 좋은 학생이 되기,

선생님: 선생님들이 나를 좋아해 주셨으면 좋겠다.

집안일: 저녁 식사 준비를 돕는 법을 배우고 싶다.

나 자신

신체적: 건강해지기

감정적: 재미있게 살기

정신적: 친절하기

영적: 교회에서 더 집중하기

한 페이지의 기적
〈조, 9세〉

관계

부모님: 엄마, 아빠와 다정하고 애정 넘치는 관계를 맺고 싶다. 부모님이 나를 믿고 자랑스러워해 주셨으면 좋겠다.

형제자매: 동생은 항상 나의 가족이라는 것을 깨달았다. 가끔 싸울 때도 있지만, 나는 동생이 나를 대하길 바라는 방식으로 동생을 대할 것이다.

친구: 친구가 있는 것은 중요하다. 나는 다른 사람들을 친절하고 존중하는 마음으로 대할 것이다. 그리고 나와 비슷한 목표를 가진 아이들을 친구로 사귈 것이다.

학교/집안일

학교: 학교는 내게 잘 맞는다. 학교는 내가 될 수 있는 최고의 사람이 되도록 도와주는 곳이다. 나는 매일 학교에서 최선을 다한다. 나는 배우고 싶고, 똑똑

한 사람이 되고 싶다.

선생님: 선생님은 나를 도와주는 사람이다. 나는 선생님들을 존중하고 친근하게 대할 것이다.

집안일: 집안일을 할 때나 나중에 직장에 다니게 될 때, 내가 해야 하는 일에 최선을 다하고 그렇게 노력한 것에 자부심을 느낄 것이다. 나는 집안일을 돕고, 그 일을 좋은 태도로 할 것이다. 나는 가족을 도와야 하고 내 역할을 해내야 한다는 걸 알고 있다.

나 자신

신체적: 건강해지고 내 몸을 돌보기

감정적: 기분이 좋고 행복해지기

정신적: 감사하는 마음 가지기

영적: 내가 스스로 자부심을 느낄 수 있는 방식으로 살고, 하나님과 가깝게 지내며 그분이 원하시는 사람이 되기

한 페이지의 기적
〈멜리사, 20세〉

관계

부모님: 지금은 부모님 집을 나와서 대학 기숙사에 살고 있지만 부모님과 연락을 계속하고 싶다.

형제자매: 남동생과 여동생에게 좋은 롤 모델이 되고 싶다.

친구: 진짜로 의지할 수 있는 친한 친구가 몇 사람 있으면 좋겠고, 남자 친구와 시간을 더 많이 보내고 싶다.

학교/일

학교: 학부 성적을 잘 받아서 로스쿨에 들어가고 싶다.

선생님: 내가 가장 많은 것을 배울 수 있는 교수님들과 좋은 관계를 맺고 싶다.

일: 주말에 하는 아르바이트가 내가 커리어를 쌓고 싶은 분야의 일은 아니지만, 매사에 최선을 다하고 일터에서 성공하는 방법을 최대한 많이 배우는 것은 여전히 중요하다.

나 자신

신체적: 배구 실력을 2군에서 1군으로 승급할 수 있을 만큼 키우고 싶다.

감정적: 대학 생활, 아르바이트, 배구팀 생활, 연애 등으로 인한 일상적인 스트레스에 대처하는 방법을 배우고 싶다.

정신적: 충분한 휴식을 취해서, 학교에서 공부할 때와 배구 연습을 할 때 최대한 집중력과 주의력을 발휘하고 싶다.

영적: 교회 활동에 더 많이 참여하고 싶다.

한 페이지의 기적
〈자녀용〉

내 삶에서 무엇을 원하는가?

그것을 실현하기 위해 무엇을 할 수 있을까?

관계

부모님: _____

_____

형제자매: _____

_____

친구: _____

학교/일

학교: _____
_____

선생님: _____
_____

일/집안일: _____
_____

나 자신

신체적: _____
_____

감정적: _____

정신적: _____
_____

영적: _____

이게 맞는가?

우리가 흔히 갖는 의문 중에서 가장 중요한 것 하나가 "이게 맞는가?"다. 양육에서도 마찬가지다. 자신의 행동이 자신이 세운 양육 목표에 적합한지 수시로 스스로에게 물으면, 그 목표를 달성하기가 훨씬 쉬워진다. 어떤 말을 아이에게 하고 싶을 때마다, 무슨 행동을 하려 할 때마다, "이게 맞는가?"라고 자문하라. 여러분의 말과 행동이 부모로서의 목표에 부합하는가? 아이가 개인적인 목표를 달성하는 데 도움이 되는가? 아이의 정신적 힘을 키우는 데 도움이 되는가? 대답이 '아니요'라면, 그 말이나 행동은 하지 말라. '예'라고 대답할 수 있다면, 바른길을 가고 있다는 뜻이다.

아이가 스스로에게 "이게 맞는가?"라고 질문하도록 가르치는 것 역시 중요하다. 자신이 진정으로 원하는 것을 달성하기 위해 목표에 부합하는 행동을 한다는 개념은 어린 나이에도 쉽게 이해할 수 있다. 이는 정신적으로 강하고, 유능하며, 책임감 있고, 남을 배려하는 사람이 되는 일에 주춧돌을 놓는 단계의 하나다.

아이에게, 정신적으로 강해지기 위해서는 명확한 목표를 세우는 것이 매우 중요하며, 성취하고자 하는 것은 거의 모두 일련의 아주 작은 단계들로 나눌 수 있다는 것을 가르치라. 작은 단계를 성취하는 것은 아이의 능력으로도 얼마든지 해낼 수 있다. 성취란, 자신이 원하는 것이 무엇인지 분명하게 파악한 다음 하루하루 목표를 향해 조금씩 나아가는 것이다. 바로 이 점을 아이에게 가르치라.

실천 단계

- 부모로서 여러분이 자신을 위해 무엇을 원하며 성인으로 성장 중인 아이를 위해서는 무엇을 원하는지 시간을 내어 생각해 본다. 고민한 내용을 바탕으로 자신만의 '한 페이지의 기적'을 적어본다.
- 아이와 함께 인생에서 원하는 것이 무엇인지 브레인스토밍 하는 시간을 갖고, 아이가 자신만의 '한 페이지의 기적'을 적도록 돕는다.
- 그렇게 적은 '한 페이지의 기적'들을 부모와 아이가 매일 볼 수 있는 곳에 붙여둔다.
- 스스로에게 "이게 맞는가?"라고 질문하여, 여러분의 행동이 목표에 부합하고 목표 달성에 도움이 되는지 확인한다.
- 아이가 자신에게 "이게 맞는가?"라고 질문하여 자신의 행동이 목표 성취의 가능성을 높이고 있는지 스스로 확인하도록 가르친다.

제3장

정신의 힘을 키워주는 양육, 앗아가는 양육

'단호함'과 '친절함'이라는 두 단어는
아이를 훌륭한 사람으로 키워내는 훌륭한 부모의 본질을 담고 있다.

여러분은 아이를 사랑하고, 아이의 삶에 적극적으로 관여하는 부모가 되고 싶은가? 대답은 들을 필요도 없을 것이다. 그래서 지금 여러분이 이 책을 읽고 있는 것 아니겠는가. 하지만 부모마다 아이를 양육하는 방법은 제각각이다. 어떤 양육 스타일은 부모 자신과 아이의 목표 달성을 더 어렵게 만든다. 동기 부족, 결핍감, 자격의식(특권의식), 불안감의 요인이 되기도 한다. 반대로 아이를 유능한 사람으로 키워내는 과정을 한결 쉽게 해주고, 더 나아가 아이와의 현재의 순간을 더 즐길 수 있게 해주는 양육 스타일도 있다. 아이와 즐거운 시간을 보내면서 더 밝은 미래를 열어주는 지름길로 나아가고 싶다면, 먼저 자신을 솔직하게 돌아보아야 한다. 지금 여러분은 자기도 모르게 양육을 필요 이상으로 힘들게 만들고 있을지도 모른다. 여러분의 양육 스타일은 어떠한가? 간단한 질문 몇 개에 답해 보자.

- 아이의 학교 숙제를 일상적으로 대신 해주는가?
- 자주 나서서 아이의 문제를 해결해 주는가?

- 아이의 나이와 상관없이, 아이가 하는 거의 모든 일에 대해 상세한 지시를 내리는가?
- 평소에 아이의 하루를 계획해 주는가?
- 아이의 필요를 돌보는 데 얼마나 많은 시간을 할애하는가?
- 아이가 실수를 하고 그에 따르는 결과를 감수하도록 허용하는가?
- 평소 아이의 문제에 대해 아이 본인보다 더 열심히 노력하고 있다고 느끼는가?
- 아이를 말로만 협박하는 경우가 있는가?
- 아이에게 화가 났을 때 입을 꾹 다물거나(즉 대화를 거부하거나), 무시하거나, 비하하거나, 수치심을 주거나, 비꼬는 식으로 반응하는가?
- 아이가 원하는 것은 무엇이든 할 수 있도록 자유롭게 내버려두는가?
- 아이가 마음 상할까 봐 두려워서, 아이에게 꼭 필요한 제한을 설정하고 시행하지 못하는 경우가 많은가?
- 여러분이 결정을 내리는 근거는 주로 두려움이나 과거의 상처인가, 아니면 아이가 책임감과 자신감을 키우는 데 도움이 되는지 여부인가?

이 질문들에 어떻게 답했는지에 따라, 여러분을 이 장에서 다룰 네 가지 주요 양육 스타일(양육 방식, 양육 유형) 중 하나로 분류할 수 있을 것이다. 네 가지 스타일이 무엇인지 살펴보기 전에, 먼저 염두에 둘 것이 있다. 양육 스타일은 여러분이 부모님이나 보호자에게 양육된 방식, 마음속으로 존경했던 친구 부모님, 문화적 영향, 여러분의 뇌 건강 및 정신 건강 등 여러 요인에 의해 정해진다. 여러분은 자신의 현재 양육 스타일이 편안하게 느껴질 수도 있고, 자신에게 잘 맞지 않는다고 느낄 수도 있다. 이 장에서는 여러분이 지금보다 유능한 부모가 될 수 있도록 양육 스타일을 미세하게 조정하는 법을 알려줄 것이다. 그로써 여러분은 회복탄력성이 있고, 책임감이 있고, 남을 존중하는 아이를 키워낼 수 있을 것이다.

에이멘 박사는 진료실에서 다양한 양육 스타일과 그에 수반되는 갖가지 문제를 접한다. 1960년대에 임상 및 발달 심리학자 다이애나 바움린드의 연구로 시작된 수십 년간의 관련 연구에 따르면, 양육 스타일은 두 개의 축을 기준으로 평가할 수 있다. 하나의 축은 애정과 적대감이고, 다른 축은 단호함과 허용성이다.[19]

애정 나는 아이의 성공을 응원하고, 아이에 대해 깊은 공감과 연민을 가지고 있다.	단호함 나는 진심 아닌 말은 하지 않으며, 한번 한 말은 반드시 지킨다.
적대감 나는 아이가 내 방식대로 행동할 것을 요구하고, 실수하면 벌을 준다.	허용성 나는 내 아이의 실수를 대신 처리해 줄 것이다.

짐 페이와 포스터 클라인 박사는 위의 두 축과 연관하여 세 가지 양육 스타일을 추려냈다.

- 헬리콥터 유형: 위 표에서 만들어지는 조합들 중 애정이 있고 허용적인 스타일과 가장 일치한다.
- 교관 유형: 단호하지만 적대적인 부모 유형이다.
- 컨설턴트 유형: 이 부모는 애정이 있고 단호하다. 또한 아이가 자신의 결정에 책임을 질 수 있도록 권한을 부여한다.[20]

네 번째 유형도 있는데, '비관여 유형'이다. 이 유형의 부모는 적대적이면서 허용적이다.

이러한 다양한 스타일에 대해 깊이 알아보기 전에, 에이멘 클리닉에 '못된 사람 금지' 규칙이 있다는 걸 알려주고 싶다. 이 개념은 2007년 로버트 서튼이 쓴 다소 외설적인 제목의 책에서 유래했다.[21] 기본적으로 이 규칙의 의미는, 다른 사람을 함부로 대하는 사람은 고용하지 않겠다는 것이다. 이 규칙을 정한 건 우리 직원들이 무례함이라는 독성 폐기물에 오염되는 걸 원하지 않기 때문이다. 우리는 회사의 최고 경영자인 우리부터 이 원칙을 잘 지켜야 한다고 굳게 믿고 있다. 기업 전체의 분위기를 조성하는 건 경영자다. 가족 단위에서 보자면, 이는 가족 구성원 중 누구도 다른 사람에게 무례하게 굴거나 상처를 주는 행동을 해서는 안 된다는 의미다. 그랬다가는 모두에게 역기능을 초래할 수 있다. 가장 중요한 건, 모든 게 부모인 여러분의 행동에서 시작한다는 거다. 부모가 못되게 행동하면 아이도 따라 할 가능성이 높아진다. 그러니 못된 행동은 금지다! 아래에서 소개하는, '사랑과 논리'를 따르는 가정의 행동 규칙을 지침으로 삼길 권한다.

'사랑과 논리'를 따르는 가정의 부모는 이렇게 행동한다

- 네가 나를 어떻게 대해야 할지 알도록, 나는 너를 존중하며 대할 것이다.
- 다른 사람에게 문제를 일으키지 않는 한, 원하는 것은 무엇이든 자유롭게 해도 좋다.
- 네가 일으킨 문제는 네가 해결하라고 할 것이다. 문제 해결을 위한 아이디어가 필요하면 언제든지 내게 조언을 청해도 좋다.
- 네가 문제를 해결할 수 없거나 해결하지 않기로 한 경우, 나는 뭔가 조치를 취할 것이다.
- 내가 하는 조치는 사람에 따라, 상황에 따라 달라진다.
- 내가 하는 행동이 불공평하다고 생각되는 경우, "공평하지 않은 것 같아요"라고 속삭여서 알려주길 바란다.
- 우리는 시간을 잡아 대화를 나눌 수 있다. 그러나 내 결정은 네 의견에 따라 달라질 수도 있고 그렇지 않을 수도 있다.[22]

이제 네 가지 일반적 양육 스타일을 자세히 살펴보고, 여러분과 가장 비슷한 유형은 무엇인지 알아보자. 여기서 우리는 양육자인 여러분을 더 힘들게 만들고, 아이가 무능하고 무력하며 자격의식에 찌든 사람으로 자라날 가능성이 큰 양육 스타일이 무엇인지 알려주겠다. 또한 반대로, 여러분이 목표를 달성하는 걸 돕고 아이가 몇 살이든 정신적으로 강해지고 독립적으로 문제를 해결하는 사람이 되어서 자신의 목표를 성공적으로 달성하도록 도울 게 틀림없는 양육 스타일이 무엇인지도 알려주겠다.

헬리콥터 부모(애정이 있고 허용적인 부모)

헬리콥터 부모는 아이에게 대체로 다정하고 친절한 듯해 보이며, 아이가 원하는 것은 무엇이든 들어주는 부모를 말한다. 이런 유형의 부모는 아이에게 난관이나 좌절을 경험시키기를 꺼린다. 당연한 이야기로 들릴 수도 있다. 자기 아이를 보호하고, 아이의 삶을 가능한 한 쉽고 순조롭게 만들어주고 싶은 게 부모의 마음 아니던가. 그러나 이런 유형의 부모가 아이의 모든 변덕에 장단을 맞춰 줄 때, 문제가 발생한다. 헬리콥터 부모의 목표는 말하자면 아이를 위해 세상을 완벽하게 만드는 것이다. 한 예로, 아이의 교사를 끊임없이 비판하고, 성적을 다시 매기라고 요구하고, 자기 아이에게 실패를 만회하고 성공할 기회가 더 많이 주어져야 마땅하다고 우기는 부모가 있다. 음주 운전, 좀도둑질, 마약 사용 혐의를 받고 있는 아이를 위해 변호사를 고용하는 부모도 이러한 유형에 속한다. 이들은 선의를 가지고 있지만 혼란에 빠져 있으며, 무엇보다도 생각이 잘못되었다. 이들에게 우선순위는 아이를 뇌가 건강하고 정신력이 강한 사람으로 키우는 것보다, 그저 아이가 자신을 좋아해 주는 것이다. 안타깝게도 이러한 접근 방식은 아이가 현실 세계에서 성공하는 데 필요한 기술과 태도를 갖추도록 돕기는커녕, 오히려 자기도취적인 10대와 성인으로 키울 따름이다.

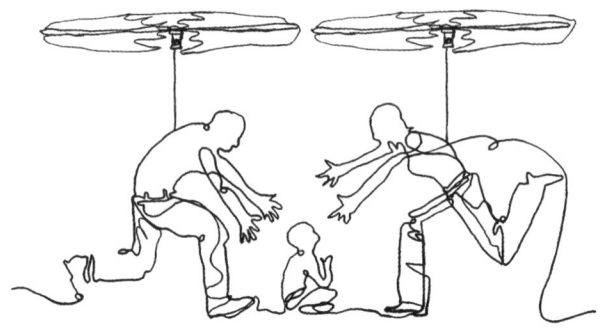

　'사랑과 논리'에서는 이러한 부모를 '헬리콥터 부모'라고 부르는데, 이젠 어디서나 쓰이고 있는 이 용어는 아이를 인생의 사소한 어려움들에서 구하기 위해 현장으로 부리나케 출동하는 부모의 이미지를 떠올리게 한다. 앞서 언급했듯이 이 흔한 양육 스타일을 식별해 내고 이름을 붙인 건 짐 페이와 의사인 포스터 클라인이었다.[23] 그때 짐은 학생 다수가 여러 가지 큰 어려움-가계 소득이 낮고, 식량 조달이 불안정하며, 도보로 우범 지역을 거쳐 통학하는 등-에 직면해 있던 도심 학교에서의 교사직을 그만둔 참이었다. 교외의 새로운 학교에서 행정직으로 새로운 업무를 시작하게 된 짐은 기대에 부풀어 있었다. 순진하게도 그는 가계 소득이 높은 지역의 학교에서는 문제가 덜 일어날 거라고 믿었다.
　그게 얼마나 큰 착각이었는지!
　새 학교에 도착한 지 얼마 지나지 않아, 짐은 자신이 이전에 겪어보지 못한 새로운 난관들에 맞닥뜨리게 됐음을 깨달았다. 숱한 학부모들이 아이가 두고 온 도시락과 양말, 숙제를 들고 학교를 제집처럼 드나들었다. 학부모들은 다짜고짜 교실에 들어가 교사를 대면하고, 자기 아이의 낮은 학업 성취도와 수업 중의 불량 행동에 대해 교사가 개인적으로 책임을 져야 하는 게 아니냐고 우겨댔다. 아이에게 조금이라도 문제가 생기면 부모가 득달같이 찾아왔다. 비유적으로 표현하자면, 부모들은 원인과 결과가 지배하는 가혹한 땅에 재빨리 날아들어서는 자기 아이 위에서 맴돌며 줄사다리를 드리워 아이를 끌어올리곤 했다. 짐과 클라인의 눈에 그들은 꼭 구조용 헬리콥터 같아 보였고, 그리하여 '헬리콥터 부모'란 말이 생겨났다. 이렇게 행동하는 부모는 자신이 아이에게 가장 좋은 일을 해주고 있다고 생각한다. 그러나 부모가 매번 헬리콥터처럼 나타나 아이를 구조해 주면, 아이는 세상살이에서 스스로를 지켜낼 정신의 힘을 잃고 만다. (아이를 구조해도 괜찮은 때가 언제인지는 4장에서 설명하겠다.)

세월이 지난 뒤, 짐의 아들 찰스 페이는 이러한 양육자의 전형이라 할 한 어머니를 만났다. 그 어머니 미란다는 페이에게 자신이 딸 완다의 주변을 쉼 없이 맴도는 극성 헬리콥터 부모였다고 털어놓았다. 쌍안경을 들고 학교 운동장 가까이에 서서 완다를 지켜보았고, 갈등의 기미가 보이면 서둘러 달려가 문제를 해결해 주었다. 아침에는 완다의 옷차림이 흠잡을 데 없이 완벽한지 확인했고, 그러다 스쿨버스를 놓치면 자가용으로 등교를 시키곤 했다. 미란다는 교사들이 제대로 일하고 있는지 감시하고 확인하려는 목적에서 학교의 여러 위원회에서 자원봉사를 하기도 했다.

시간이 지남에 따라 미란다의 계속되는 구조 활동은 완다의 정신 건강에 악영향을 미치기 시작했다. 완다는 우울하고 모든 일에 무심해졌으며, 혼자서는 어떤 결정도 내리지 못했고, 새로운 것을 시도하기를 겁냈다. 한편 미란다는 지쳤고, 짜증스러워졌으며, 번아웃에 빠졌다. 헬리콥터는 연료를 많이 소모하기 때문에, 연료를 보충하지 않으면 돌덩이처럼 땅으로 떨어져 버린다. 미란다는 빠르게 추락하고 있었다.

헬리콥터 부모

연료가 바닥난 헬리콥터의 비유에 공감할 수 있는가? 헬리콥터 부모의 삶이

피로한 이유는 다음과 같다. 그들은,

- 구조가 필요하지 않을 때에도 나서서 아이를 구조한다.
- 아이에게 "너는 약하고 무능력한 존재라서, 내가 너를 보호하고 세상으로부터 구해 줘야 해"라는 메시지를 보낸다.
- 무책임하고 무능력하며 자주 언짢아하고 원망하는 아이를 만든다.
- 극심한 양육 번아웃(양육 소진, 양육 피로감)을 경험한다.
- 전전두피질(실행 기능과 논리적 사고를 담당하는 뇌의 최고경영자)이 아닌 변연계(뇌의 감정 중추) 차원에서 양육한다.
- 일생 동안 자신과 아이의 '정신력의 네 원(생물학적, 심리적, 사회적, 영적)'을 일관되게 지원하지 못한다.
- 양육을 하면서 대부분의 결정을 두려움으로 인해 내린다.

미란다는 딸 완다를 끊임없이 구해 줌으로써 완다가 스스로 인생을 헤쳐 나갈 만큼 똑똑하지도, 강하지도, 정신적으로 유능하지도 않다는 메시지를 은연중에 전하고 있었다. 미란다는 완다가 혼자서는 이 세상을 감당할 수 없기 때문에 자신이 장애물 없는 이상적인 환경을 만들어줘야 한다고 믿었다. 미란다는 두려움에 사로잡혀, 그리고 결과를 통제하려는 욕구에 사로잡혀 완다의 미래를 자기 뜻대로 설계하고 실현해 보려 했다. 안타깝게도 이런 방법은 아이들을 무책임하고 준비가 부족하며 분노로 가득 찬 사람으로 키우는 역효과를 낳는다.

인간이 시련을 겪으면서 성장한다는 것은 잘 알려진 사실이다. 심리치료사이자 인지행동치료의 창시자 중 한 명인 도널드 마이켄바움은 더 큰 스트레스에 대응할 수 있게 해주는 회복탄력성과 대처 기술을 키우기 위한 방법으로, 작은 스트레스 요인들에 노출시키는 '스트레스 접종 훈련(stress inoculation training, 스트레스 면역 훈련)'이라는 개념에 대해 폭넓게 저술한 바 있다.[24] 헬리콥터 부모는 아이에게서 이런 학습 기회를 빼앗는다. 이런 행동은 사실상 아이가 삶에 잘 대처하지 못하도록 만든다.

다행히도 미란다와 같은 극단적인 헬리콥터 부모의 경우에도 더 효과적인 양육 방식을 채택할 희망이 있다. 이 장의 뒷부분에서 미란다가 어떻게 헬리콥터 엄마에서 벗어나 완다에게 자신의 삶을 스스로 책임지게 했는지, 그리고 그 덕분에 두 사람이 어떻게 더 행복하고 건강하며 심리적으로 더 강해졌는지 이야기하겠다. 그 전에, 또 하나의 흔한 양육 스타일을 살펴보자.

교관 부모(적대적이고 단호한 부모)

에이멘 박사는 미 육군 정신과 의사로 근무한 7년 동안 교관 유형의 부모를 여럿 만나보았다. 군에서 병사들을 훈련하는 교관은 나라를 지키는 데 매우 값진 역할을 하고 있으며, 그들의 복무는 깊은 감사를 받아 마땅하다. 하지만 병사를 훈련하듯이 아이를 양육하는 부모는 아이에게 마음 깊이 상처를 입힌다. 이런 부모들은 본인도 교관 스타일의 양육을 받았거나, 그것이 책임감 있고 존중심 있는 아이를 키우는 최선의 방법이라고 생각한다. 그러나 교관 부모는 권위와 규칙의 역할을 지나치게 중시하여 경직되고 융통성이 없는 경향이 있는데, 이는 뇌의 앞쪽 중간 부분 깊숙한 곳에 있는 앞대상회(앞帶狀

回[앞띠이랑], anterior cingulate gyrus)가 지나치게 활성화되었기 때문일 수 있다. 앞대상회는 뇌의 기어 변속기와 같아서 사람들이 어떤 생각이나 행동에서 다른 생각이나 행동으로 유연하게 전환할 수 있도록 도와준다. 하지만 앞대상회가 지나치게 활성화되었을 경우 해로운 걱정이나 행동에 집착할 수 있으며, 논쟁을 일으키거나 상대의 의견에 반대만 하는 경향이 생긴다. 이런 부모 아래에서 자라는 아이는 불안이나 두려움을 자주 느끼게 된다. 그에 더해 아이 역시 부모에게서 과잉 활성화된 앞대상회를 물려받아, 다툼을 일으키고 적대적인 성향이 있거나, 주의 전환에 어려움을 겪을 수 있다.

간단히 말해, 교관 부모는 무엇이든 자기 방식대로 하려 들며 분노, 협박, 겁주기를 통해 아이의 순응을 끌어낸다. 이런 양육 스타일은 많은 갈등을 유발하며, 아이에게 은연중에 다음과 같은 메시지를 보낸다.

"내가 하라는 것은 토 달지 말고 시키는 그대로 해야 돼. 무슨 말인지 알았지!"

"네가 자꾸 숙제를 잃어버려서 손모아장갑에 스테이플러로 붙여놓았다."

"네가 스스로 생각하지 못하는 것 같아서, 네 옷 주머니에 일정표를 넣어두었다."

"여기 네가 놀아도 되는 친구 명단이 있다. 잃어버리지 마라."

"여기 네가 무엇을 생각하고, 선택하고, 해야 할지를 보여주는 표가 있다."

"너는 내가 다닌 대학에 가서 같은 과목을 전공하게 될 거야, 왜냐하면 너의 관심사와 욕구는 나에게 중요하지 않기 때문이지."

교관 부모가 이러한 명령들을 거칠게 내뱉을 거라고 짐작할지도 모르겠다. 하지만 명령을 내리는 목소리 자체는 부드러울 수도 있다. (어조가 아무리 온화해도 독재는 독재다.) 어조가 어떠하든, 교관 부모는 내심으로 아이가 스스로 결정을 내릴 수 있다고 믿지 않기 때문에 아이의 삶을 소소한 것까지 다 통제한다. 안타깝게도 이러한 부모 아래에서 자란 아이는 자신의 판단을 의심하거나 부모의 승인을 기다리도록 길들여지므로, 자기실현적 예언과 같이 실제로 부모의 통제가 필요해지기도 한다. 또한, 어떤 연구에 따르면 권위주의적인 양육 스타일은 건강한 애착을 방해하여 부모와 아이가 유대감을 든든히 형성하기 어렵게 만든다고 한다.[25] 유대감과 관계가 효과적인 양육에서 중요한 이유에 대해서는 4장에서 설명하겠다.

타라와 그녀의 아들 척의 이야기를 들어보자. 꼬마 척은 타고나길 남들의 기분을 잘 맞춰주는 성격이었다. 느긋하고 온화한 척은 크면서 미술과 요리 같은 것들을 즐기게 됐는데, 엄마 타라는 그런 데는 전혀 관심이 없었다. 타라는 추진력과 의욕이 넘치는 사람이었다. 엑셀 스프레드시트로 해결하지 못할 문제는 세상에 없다고 굳게 믿었으며, 할 일 목록의 네모 칸들에 '완수'를 뜻하는 체크 표시를 채워가는 것이야말로 좋은 삶의 징표라고 생각했다.

척의 관점에선 체크해야 할 목록들은 삶을 너무 구속하는 것으로 느껴졌다. 그에게 삶이란 자유롭게 창의력을 발휘하고, 친구들과 어울리고 놀러 다니는 것이었다. 하지만 워낙 남의 비위를 맞춰주는 성격이었기에 척은 대체로 엄마의 지시를 따랐고 학교 성적도 꽤 좋았다. 그러다가 바야흐로 호르몬이 요동치는 10대 시절이 찾아왔다. 척은 기술적 글쓰기 수업에서 '할 일 목록의 네모 칸에 체크 표시를 해야 하는' 정말 싫은 상황에 놓였다.

어느 날 타라에게 전화 한 통이 걸려왔다. 척의 선생님이었다.

"문제가 있어서 전화드렸어요." 선생님이 말했다.

"무슨 문제인가요?" 타라가 물었다.

"척이 과학 에세이를 제출하지 않고 있어요."

타라는 당황하고 화가 났다. 그녀는 자신이 문제를 해결하겠노라며 교사를 안심시켰다. 그날 오후 척이 집에 돌아오자, 타라 안의 교관이 깨어나서 소리 지르며 척을 혼냈다. 이어서 죄책감을 느낀 그녀는 척이 해야 할 모든 과제를 조직도와 스프레드시트로 잽싸게 정리했다. 그러곤 척에게 그 자료를 보여주며 말했다. "자, 우리는 이 과제들을 다 해낼 거야. 전부 마칠 때까지 내가 매일 밤 도와줄게. 걱정 마, 척. 다 잘될 거야."

이것은 교관 부모에게서 볼 수 있는 '죄책감의 순환고리(guilt cycle)'의 전형적인 사례다. 교관 부모는 아이가 실수를 하거나 자신의 기대에 미치지 못하면 화를 낸다. 그리고 화를 냈다는 죄책감에서 벗어나기 위해 서둘러 아이를 구해 주는 행동에 나선다. 이는 아이의 무책임과 언짢은 마음을 만성으로 만드는 대단히 해로운 패턴이다.

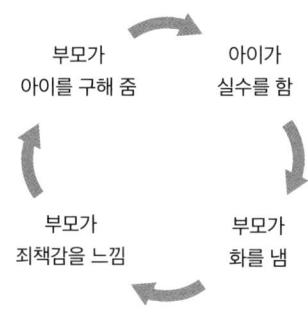

척의 경우, 타라는 아이를 구해 주기 위해 에세이에 무엇을 어떻게 써야 하는지 시시콜콜하게 알려주었다. 사실상 과학 에세이를 쓴 사람은 척이 아니라 타라였다. 척은 엄마가 하는 말이라면 무엇이든 토 달지 않고 따르는 듯했다. 타라는 자신이 상황을 아주 잘 헤쳐나갔으며, 척은 그 수업에서 좋은 성적을 받을 수 있을 거라고 믿었다. 하지만 한 달쯤 뒤에 척의 선생님에게서 다시 전화가 왔다.

"척이 아직도 에세이를 제출하지 않고 있어요." 선생님이 말했다.

타라는 이제 머리끝까지 화가 나서 지붕을 뚫을 듯 길길이 날뛰었다. 그녀는 상황을 해결하기 위해 회의를 하자고 선생님에게 요구했다. 그리하여 학교 교무실에서 선생님과 타라, 척 세 사람이 불편하게 마주 앉게 되었다. 선생님은 타라에게 척은 대단히 착하고 좋은 아이지만 과제를 제출하지 않으면 성적을 받을 수 없을 것이라고 말했다. 바로 이 순간, 척은 어른이 되었다. 그는 의자를 돌려서 엄마의 눈을 똑바로 바라보며, 아주 편안한 태도로 말했다. "엄마, 저한테 에세이를 쓰게 할 수는 있어도 제출하게 할 수는 없어요." 척의 사물함에는 마약이 아니라 제출하지 않은 에세이가 쌓여 있었다. 척은 왜 에세이를 써놓고 제출하지 않은 걸까?

척과 같은 아이는 자신이 통제당하고 있다고 느낄 때, 자신의 삶을 스스로 망치기 시작한다. 놀랍지만, 진짜로 이런 일이 일어난다. 이런 상황에서 아이는 자기통제감을 얻기 위한 노력의 일환으로 반항을 하고, 자신에게 하등 도움이 되지 않는 행동을 하기도 한다. 그러다 보면 아무리 똑똑한 어린이, 10대 청소년, 청년이라 할지라도 자신의 목표 달성에 도움 안 되는 잘못되고 자기파괴적인 결정을 내릴 수 있다. 지나친 통제와 그에 대한 반발은 아이가 부모와는 반대되는 신념 체계를 선택하는 한 원인이 되기도 한다. 부모에게 쌓인 원망 때문에, 또는 자신을 통제하려는 부모에게 보복하기 위해서 그리는 수가 많다. 연구에 따르면 강압적인 부모 아래에서 자란 아이는 자신의 삶에서 무엇 하나라도 통제하려는 발버둥으로 식이를 제한하다가 섭식장애를 얻기도 한다.[26]

여기서 얻을 수 있는 교훈은, 대체로 교관 부모는 결과를 통제하려 들다가 아이의 힘을 빼앗는 실수를 한다는 것이다. 헬리콥터 부모와 마찬가지로, 교관 부모의 행동은 장기적으로 아이의 무능, 불행, 불화를 조장한다.

교관 부모는

- 딱딱하거나 부드러운 어조로 명령을 하거나, 세세한 일까지 통제를 한다.
- "너는 스스로 생각할 줄 모른다"라는 메시지를 보낸다.

- 무책임하고 무능력하며 자주 언짢아하고 원망하는 아이를 만든다.
- 아이를 꾸짖은 다음 구해 주는 죄책감의 순환고리에 빠지기 쉽다.
- 극심한 양육 번아웃을 경험한다.
- 전전두피질(실행 기능과 논리적 사고를 담당하는 뇌의 최고경영자)이 아닌 변연계(뇌의 감정 중추) 차원에서 양육한다.
- 일생 동안 자신과 아이의 '정신력의 네 원(생물학적, 심리적, 사회적, 영적)'을 일관되게 지원하지 못한다.
- 양육을 하면서, 분노나 지나치게 통제하는 성격으로 위장된 두려움으로 인해 대부분의 결정을 내린다.

헬리콥터 부모와 마찬가지로 교관 부모도 아이를 사랑하고 아이에게 최선의 것을 주고자 하기 때문에, 아이의 삶에 관여하는 정도가 매우 높다. 여러분의 양육 스타일이 이 두 가지 비생산적이고 역효과를 내는 유형에 속한다 할지라도, 이 책에서 소개하는 전략을 통해 양육의 기어를 바꿀 수 있다. 더 행복하고, 더 존중하며, 더 책임감 있고, 회복탄력성이 더 강한 아이를 키우도록 도와주는 보다 효과적인 접근 방식에 에너지를 쏟을 수 있다. 이는 어떤 종류든 특별한 도움이 필요한 아이를 양육하는 부모에게 특히 요긴할 것이다.

비관여형 부모(적대적이고 허용적인 부모)

간단히 말해, 이들은 아이에게 무관심한 부모다. 이런 유형은 대개 자신의 삶을 살아가는 것만도 버겁다. 뇌 기능에 부정적인 영향을 미치는 두부 손상이나 과음 전력, 트라우마(심적[정신적] 외상) 경험 등이 있을 수도 있다. 이들은 대개 화가 많고 아이에게는 무심한 사람들로, 양육에서 아이와의 유대감, 보살핌, 적절한 감독이 부족하다. 에이멘 박사가 육아 수업에서 이 유형의 부모에 대해 설명하자, 한 경찰관이 자신이 만나본 그런 부모의 사례를 이야기했다. "열다섯 살 난 아들에게 100달러 지폐를 주면서 주말 내내 얼굴을 보고 싶지 않다고 말한 아버지를 본 적이 있습니다."

이러한 부모는 아이에게 사고와 행동의 체계적인 기준을 제공하지 않고 아이를 관리 감독하는 일도 없기 때문에, 아이의 뇌가 아직 발달 중인 시기에 미숙한 전두엽의 역할을 대신 해줄 사람이 없다. 이러한 양육 방식은 결국 아이의 뇌가 성숙하는 걸 방해한다. 아이가 올바른 선택을 할 수 있도록 도와주는 부모의 지도 없이 아이 스스로 모든 결정을 내려야 하기 때문이다. 이는 아이의 정신발달 과정에도 악영향을 미친다. 아이는 성인으로 자라나는 과정에서 같은 실수를 반복하고, 또래의 압력에 더 취약해지며, 자신의 행동이 낳을 결과를 생각하는 데 소홀해질 가능성이 높아진다. 더 나은 부모가 되는 방법을 담은 이 책을 읽고 있는 여러분이라면 이 범주에 속하지 않을 가능성이 분명 클 테니, 비관여형 양육 스타일을 더 자세히 다루지는 않겠다.

컨설턴트 부모(애정 있고 단호한 부모)

마침내 컨설턴트 부모의 멋진 세계에 도달했다. 환영한다! 헬리콥터 부모와 교관 부모가 양육에 지나치게 많은 노력을 기울임으로써 스스로를 소진시키면서 해로운 결과를 얻는 반면, 컨설턴트 부모는 노력을 아끼면서도 자신과 아이를 위한 목표를 훨씬 쉽게 달성하고, 아이가 유능하고 자신감 있는 성인으로 순탄하게 자라나도록 해준다. 또한 그 과정에서 부모와 아이 모두 훨씬 더 즐거운 시간을 보낸다.

이런 유형의 부모는 아이에게 존중을 보여주고, 그 대가로 아이에게도 존중받기를 기대한다. 그들은 아이에게 부모의 어떤 말을 한 번 들으면 바로 받아들이거나 유념하는 법을 가르치고, 아이가 이후 그렇게 하기를 기대한다. 이들은 또한 아이에게 따뜻하고, 긍정적이며, 기운을 북돋아 주는 부모다. 아이에게 선택권을 주는 방법을 알고 있으며, 그래해도 아이가 바르게 행동하리라는 기대가 크다. 이 장 맨 앞에서 언급했듯이 이러한 부모를 묘사하는 한 가지 어구는 단호하고 친절하다는 것이다. 이들은 아이에게 자신의 입장이나 지시를 일깨우고 밀어붙일 때에도 부드러운 어조를 사용한다. 컨설턴트 스타일의 양육은 아이의 전두엽 발달을 마치는 20대 중반까지 부모가 아이의 전두엽 구실을 하는 것을 예시하는 데 가장 유리한 방식이다. 아이가 성인이 되면 스스로 최선의 결정을 내릴 수 있도록, 그 전에 정신적으로 필요한 훈련을 시키기 때문이다. 연구에 따르면 컨설턴트 스타일의 양육은 아이와 더 원활한 관계를 맺고 안정 애착을 형성하는 데에도 도움이 된다고 한다.[27]

아이는 어떻게 존중을 표현하는가?

아이에게 존중심이 있는지를 어떻게 알 수 있을까? 기본적으로 존중이란 다른 사람을 배려하는 마음을 보여주는 것이다. 다음은 존중심 있는 아이가 어떻게 행동하는지에 대한 몇 가지 예시다.

- 예의 바르게 행동한다.
- 친절한 말들을 한다.
- 좋은 매너를 보여준다.
- "부탁합니다", "감사합니다", "실례합니다"라고 말한다.
- 다른 사람과 나눈다.
- 자기 차례가 될 때까지 참을성 있게 기다린다.
- 다른 사람의 물건이 깨지지 않도록 조심한다.
- 공공장소에서 조용한 목소리로 말한다.
- 공공장소에서 차분하게 행동한다.
- 다른 사람이 말할 때 방해하지 않는다.
- 부모가 시키는 일을 징징거리지 않고 한다.

남을 존중할 줄 아는 아이는 어떤 식으로 말할까? 아이가 말하는 내용뿐만 아니라 말하는 방식에서도 존중심이 있는지 없는지를 알 수 있다. 남을 존중하며 말한다는 것은 목소리에 빈정거림을 담지 않고, 말하면서 눈을 굴리지 않는다는 것을 의미한다.

양육 방식을 바꾸는 것이 완다의 엄마 미란다에게 어떤 효과가 있었는지 살펴보자. 완다가 중학교에 입학한 뒤에도 미란다는 여전히 완다가 아침에 옷 입는 것을 도와주었으며, 버스를 놓치면 차로 학교에 데려다주고 교실까지 바래다주었다. 완다는 착한 아이였지만 슬슬 좋지 않은 습관들이 생기기 시작했다. 혹시 여러분도 이런 아이를 만나본 적이 있는가?

어느 날 아침, 완다의 선생님이 미란다에게 CD 한 장을 건네며 도움이 될 것 같으니 들어보라고 했다. 제목을 보니 〈헬리콥터, 교관, 컨설턴트〉라고 적혀 있었다. 호기심이 발동한 미란다는 집으로 돌아오는 길 차 안에서 그 CD를 틀었다.

그러나 미란다는 CD의 내용이 무엇에 관한 건지 알아차리자 곧바로 CD를 꺼냈다. '내게 감히 아이 키우는 법을 알려주려 하다니, 저 선생 참 무례하군.' 그녀는 생각했다.

그 후 며칠 동안 미란다는 완다를 차에 태워 학교에 데려다줄 때마다 CD에 눈길이 갔다. 어느 날 아침 그녀는 완다가 옷을 고르고 머리를 손질하는 걸 돕고, 아침 식사를 만들어주고, 숙제 한 걸 챙겨주고, 학교까지 데려다주느라 자기 직장에 지각하고 말았다. 문득 미란다는 너무 힘들고 지친다고 느꼈다. '언제까지나 이렇게 살 수는 없잖아.' 미란다는 CD를 플레이어에 다시 넣었고, 곧 자신이 헬리콥터 부모라는 사실을 인정하게 되었다.

그녀는 그날, 완다에게 실수할 여지를 주어야 그 애가 실수의 경험에서 교훈을 얻고 회복탄력성을 키울 수 있다는 사실을 처음으로 깨달았다. 다음 날 아침, 그녀는 새로 알게 된 사실을 시험해 보기로 결심했다. 여느 때처럼 완다는 잠에서 깨어 엄마를 불렀다. "엄마! 머리가 엉망이야. 내 치마는 어디 있어? 숙제한 걸 못 찾겠어! 배고파!" 미란다는 늘 그래왔듯 부리나케 달려가서 도와주려는 충동을 억누르며 말했다. "완다, 정말 힘들겠구나. 다른 아이들처럼 너도 스스로 해결할 수 있을 거야. 내 준비를 마치면 엄마가 도와줄게."

잠시 침묵이 흐른 뒤, 미란다는 완다가 징징거리면서 시리얼을 그릇에 붓는 소리를 들었다. 잠시 후 그릇이 바닥으로 떨어져 깨지는 소리가 들렸다.
"엄마, 이거 좀 치워줘." 완다가 소리 질렀다.

이윽고 완다는 다시 목청을 높이더니 외쳤다. "내 숙제 어딨냐고!"

미란다는 침착하게 대답했다. "네가 어디에 두었는지 찾을 수 있을 거야. 엄마는 7시에 차 타고 출발할 거야. 버스를 놓쳐서 엄마 차에 타야 하면 기름값을 내렴. 기름값이 많이 올랐다는 거 기억하고."

완다는 버스를 놓쳤고, 기름값을 내고 엄마 차를 얻어 탔다. 이튿날 아침에도 비슷한 상황이 벌어졌다. 완다는 머리가 엉망이고 숙제가 어디 있는지 모르겠고 배가 고프다고 징징댔다. 미란다는 자기 준비를 다 마치면 기꺼이 도와주겠노라고 완다에게 말했다. 완다는 그날 아침 물에 빠진 생쥐 같은 꼬락서니로 스쿨버스를 타는 데 성공했다. 숙제를 잊었으니 성적이 떨어질 건 분명했다.

미란다는 딸을 자신감 있고 자기주도적인 사람으로 키우려면 실수를 허용하고, 거기서 오는 논리적이거나 자연스러운 결과를 경험하게 해야 한다는 것을 깨달았다. 또한 완다가 실수를 하더라도 그 결과가 '감당할 수 있는 수준'일 때 하는 것이 더 낫다는 것을 알게 되었다. 어릴 때 실수를 하고 그로부터 배울 기회를 누리지 못하면, 나이가 들수록 더 심각하고 해로운 결과를 마주해야 할 테니까 말이다.

감당할 수 있는 결과란 무엇일까?

- 저녁 식사로 차려준 음식을 거부하고는 아침까지 배고픔을 느끼기
- 숙제를 잊어버리고 그 결과로 나쁜 성적을 받기
- 스쿨버스를 놓쳐서 엄마 차를 타고 시간과 기름에 대해 비용을 지불하기
- 화가 나서 좋아하는 장난감을 부순 다음, 그것 없이 지내기

- 과식을 해서 배탈 나기
- 과속 딱지를 받고 벌금 내기
- 있는 돈을 전부 그러모아 금방 망가질 물건 구매하기
- 스포츠 장비 챙기는 걸 잊어서 경기 출전을 못 하기
- 부모에게 반항하다가 가고 싶은 곳에 부모 차로 못 가는 결과를 경험하기
- 놀이터에서 친구에게 못되게 굴다가 즉시 집으로 끌려가 자기 방에서 조용히 반성의 시간을 보내기

시간이 지나면서 완다는 스스로 문제를 해결하고 자신의 삶을 주도하는 것을 즐기게 되었다. 자신감이 치솟았고, 의사 결정 능력이 나아졌으며, 성격이 밝아졌고, 새로운 도전을 할 자세가 되었다. 엄마 미란다는 절실히 필요했던 자기돌봄(self-care)에 쓸 시간이 생겼고, 바닥났던 에너지가 채워지기 시작했다. 미래에 대한 전망이 대체로 밝아졌으며, 딸을 대하는 마음가짐도 긍정적으로 변했다.

연습을 거듭하면서 미란다는 완다가 스스로 문제를 해결하도록 내버려두는 것이 자연스러워졌다. 두 사람에게 좌절이 없었던 것은 아니다. 완다가 대학에 지원할 시기가 오자, 미란다는 딸이 지원서를 제때 작성하지 못할까 봐 걱정이 들었다. 전과 같은 두려움에 사로잡힌 그녀는 완다의 컴퓨터로 가서 자기가 대신 지원서를 작성하기에 이르렀다. 마침 완다가 엄마가 무얼 하고 있는지 보고는 화를 냈다. "엄마, 병이 또 도졌어?" 완다의 말에 두 사람은 웃음을 터뜨렸고, 미란다는 자신이 잘못했다고 인정했다. 다시 한번 미란다는 완벽하지 않아도 괜찮다는 생각을 받아들여야 했다. 완다가 실수를 할 수 있듯, 미란다도 실수를 할 수 있었다. 그래도 괜찮았다.

컨설턴트 부모는

- 아이를 구조하거나 지나치게 세세히 통제하는 일은 반드시 필요한 경우로 제한한다(4장 참조).
- 아이가 감당할 수 있는 실수를 하도록 허용한다.
- 아이에게 건강하고 힘을 실어주는 메시지를 보낸다.
- 아이를 책임감 있고 유능하며 낙관적인 성인으로 키운다.
- 아이가 직면한 문제를 스스로 인정하고 해결하도록 지도한다.
- 주로 아이의 강점과 성공 사례에 초점을 맞춘다.
- 양육에서 활력과 기쁨을 느낀다.
- 전전두피질(실행 기능과 집중력, 목표, 논리적 사고를 담당하는 뇌의 최고 경영자)과 변연계(뇌의 감정 중추) 둘 다를 활용하면서, 아이와 유대감을 형성하지만 두려움에 따라 행동하지는 않는 방식으로 양육을 한다.
- 시간을 들여 아이의 말을 경청하면서 아이와 애착을 형성하고 그로써 평생 긍정적인 관계를 이어간다(4장 참조).
- 자신과 아이의 '정신력의 네 원(생물학적, 심리적, 사회적, 영적)'을 지지한다.
- 자신의 감정적 욕구보다는 탄탄한 과학과 건강한 상식에 근거해 결정을 내린다.

실천 단계

- 여러분이 헬리콥터 부모나 교관 부모 유형에 속할 경우, 아이에 대한 과잉통제를 줄이기 위해 당장 내일부터 그만둘 수 있는 세 가지가 무엇인지 생각해 본다.
- 아이의 미래에 대한 두려움과 불안에 기름을 붓는 요인이 무엇인지 살

펴보고, 그 요인부터 해결한다.
- 자신이 어렸을 때 저지른 실수들은 뭔지, 그것들로부터 배운 점은 또 뭔지 적어본다.
- 아이가 이번 달에 저지르기를 바라는 실수 세 가지, 올해 저지르기를 바라는 실수 세 가지, 성인이 될 때까지 저지르기를 바라는 실수 세 가지를 적어본다.

제4장

관계는 모든 것의 기본이다

부모와 유대감이 없는 아이는 부모의 가치관과 유대하지 못한다.

지금까지 뇌 건강과 목표 설정, 양육 스타일의 중요성과, 이러한 것들이 부모와 모든 연령대의 아이들이 정신의 힘을 기르고 계속 유지하는 데 얼마나 긴요한지를 강조했다. 부모와 아이의 군건한 관계 또한 이 과정에서 필수적인 부분이다. 이 장에서는 아이에게 깊은 사랑을 전달할 수 있는 다섯 가지 검증된 전략을 소개할 것이다. 부모와 아이 간의 사랑이 깊을 때 유대감도 깊어진다. 부모와의 유대감은 아이의 두뇌와 정서 발달에도 도움이 된다.

아이가 부모의 가치관을 받아들이게 하는 비결

아이가 여러분의 가치관을 물려받길 원하는가? 그렇다면 아이와 자주 대화를 나누고, 이 장에서 소개하는 전략들을 일관되게 적용하라. 아이는 자신이 강한 유대감을 느끼는 부모의 가치관을 따르기 마련이다. 예컨대 여러분이 어느 정당을 지지하든, 아이가 여러분의 신념을 공유하기를 원한다면 해야 할 일은 같다. 아이와 함께 시간을 보내고, 아이의 말에 귀를 기울이고, 친절하게 대화하고, 공감을 표현하라. 어떤 괴상한 이유에서든지 아이가 여러분의 신경에 심히 거슬리는 가치관을 가지기를 원한다면, 아이를 돌보지 말고, 대화를 하지 말고, 끊임없이 비판하라. 부모가 아이에게 무관심하거나 화만 낼 때, 아이는 부모와 반대되는 견해를 취하게 된다. 대항문화(지배적인 문화나 체제를 거부하는 문화-옮긴이)에 빠지는 (때로는 그럼으로써 부모를 당황하게 만들려는) 아이에게는 기본적으로 부모를 비난하려는 마음이 있다.

긍정적인 유대감은, 정신의 힘을 키우는 데 도움이 되고 궁극적으로 부모로서의 역할을 더 쉽게 만들어주는 여러 이점들을 제공한다. 그 이점들은 다음과 같다.

- **가치관 공유:** 신뢰 관계가 형성되었을 때, 아이는 부모의 가치관을 뇌에서 감정을 다루는 부분에 저장해 두는 경향이 있다. 이런 경우 아이는 살면서 어디에 가든 부모의 가치관을 간직하며, 따라서 부모가 곁에 없을 때에도 그들에게서 영향을 받는다. 부모와 유대감을 형성한 아이는 존중과 사랑을 동력으로 삼아 부모의 본보기를 따른다.
- **더 건강한 뇌 발달:** 과학으로 명확히 밝혀졌듯이, 건강한 관계는 건강한 뇌 발달의 토대가 된다. 사랑과 지지, 명확한 지시가 주어지는 환경이 뇌가 학

습하는 데 가장 유리하다.
- **스트레스 대처 능력 향상:** 연구에 따르면 부모 등 다른 사람과 주로 긍정적인 관계를 맺는 유아는 주로 부정적인 관계를 맺는 유아에 비해 스트레스에 더 잘 대처할 수 있는 것으로 나타났다.[28]
- **학습 및 생활 기술의 향상:** 보호자와 애착이 강한 아이는 안전한 환경에서 학습하고 성장할 수 있는 기회를 경험한다. 뇌가 안전하다고 느끼면 언어, 사회정서 기술(social-emotion skills), 자제력, 학업을 전담하는 부분들이 자극을 받아 성장하고 잘 기능한다(사회정서 기술이란 자신의 감정을 이해하고 조절하며 타인의 감정과 관점도 잘 인식함으로써 사회적으로 원만하게 상호작용을 하며 살아가는 기술이다.-옮긴이).
- **위험 행동 감소:** 미네소타 대학교의 마이클 레스닉 박사와 동료 연구자들은 《미국의사협회저널》에 발표한 연구에서, 부모에게서 사랑받는다고 느끼고 부모와 유대감이 있는 10대 청소년은 10대 임신, 약물 사용, 폭력, 자살을 겪을 확률이 현저히 낮다고 보고했다.[29] 아이와 부모 사이의 유대감은 전통적으로 문제 행동과 연관돼 온 다른 어떤 요인에도 우선할 만큼 중요하다. 이 연구에서는 10대들이 부모 및 교사에 대해 느끼는 유대감-뇌의 감정 중추에서 발생하는 이른바 '변연계 유대감'-의 정도가 위험한 성행위, 물질 남용, 폭력 또는 자살행동 따위를 저지를지 여부를 결정짓는 가장 중요한 요소라는 결론을 내렸다.

건강하지 못한 관계는 어떤 결과를 초래하는가

부모가 아이와 유대감을 형성하지 못하면 문제가 발생하기 쉬운 환경이 조성되고, 아이의 정신력이 약해지며, 안 그래도 힘든 양육이 더욱 힘들어진다. 안타깝게도 아이에게 소홀하거나, 차갑고 통제만 하려 드는 부모가 많다. 먼저 혼선을 방지하기 위해 말해 두건대, 여기서는 어쩌다 여러분이 냉정을 잃거나, 자신이 원했던 것보다 더 거친 어조로 반응하거나, 아이 앞에서 뭔가를 잘못하는 것 같은 순간적 실수들을 이야기하는 게 아니다. 누구나 실수를 하며, 부모도 예외가 아니다. 사실 실수를 하는 게 꼭 나쁘진 않다. 부모가 실수를 하고 나서 그걸 인정하고 사과하는 모습을 아이에게 보여주면, 아이는 자기가 실수를 했을 때 어떻게 행동해야 하는지를 배우게 된다. 건강하지 못한 유대가 형성되는 것은 부모가 습관적으로 아이를 무시하거나 지나치게 통제할 때다. 이런 경우에는 긍정적이지 않은 유형의 유대가 형성되어, 다음과 같은 여러 가지 부정적 결과를 초래할 수 있다.

- *반대되는 가치관*: 부모와 유대 관계가 부족한 아이는 부모의 가치관에 대립되는 입장을 취하며 반항할 가능성이 높아진다.
- *독립성 부족*: 아이는 부모에게 속박되어 있다고 느끼며, 그 상태에서 벗어날 수도, 자신이 독립적이라고 느낄 수도 없게 된다.
- *잘못된 의사 결정*: 청소년의 경우, 건강한 사랑과 논리보다는 애정과 통제에 대한 충족되지 않은 욕구에 따라 결정을 내리는 경향이 있다.
- *부모의 건강치 못한 행동 답습*: 너무 많은 경우에 아이는 자라면서 부모와 똑같이 자신의 건강, 관계, 양육 능력에 해로운 방식으로 행동하게 된다. 부모가 아이의 마음과 뇌에 자리 잡고 아이의 습관을 장악해 버린 것이다.
- *건강치 못한 뇌 발달*: 긴장, 실망, 예측 불가능성, 두려움, 비판, 격려 부족 등이 주조를 이루는 가정에서 자라는 것은 뇌와 정신의 힘을 발달시키는 데 해롭다. 아이의 뇌는 이러한 환경에서 살아남기 위해 적응하기 마련이며, 따라서 다른 사람과 관계를 잘 맺고 자제력을 발휘하고 교과목을 잘 배우는 데 필요한 능력들을 키우기가 훨씬 더 어려워진다.

여러분 자신이 통제적인 부모 밑에서 자랐거나, 여태껏 아이와의 관계를 잘 형성하지 못했다 해도, 지금이라도 유대 관계를 바로잡을 희망이 있다.

관계의 형성 또는 회복을 위한 다섯 가지 메시지

이 장의 나머지 내용을 읽어나가는 동안, 아이와의 관계를 발전시키거나 회복하는 것은 다섯 가지의 필수 메시지를 일관되게 전하는 데 달렸음을 명심하기 바란다. 이 메시지들은 말로 전달될 때도 있지만 어조나 얼굴 표정, 전반적인 감정의 색조와 같은 비언어적 수단으로 전달되는 일이 더 잦다. 여러분이 지금부터 익힐 전략은 여러분 자신의 삶의 상처들을 치유하고 그 너머로 나아가는 데에도 도움이 된다는 점 역시 강조해야겠다. 이 메시지들은 특별한 도움이 필요하거나 장애가 있는 아이를 포함하여, 모든 연령의 아이에게 효과적이다.

메시지 #1: 우리는 네게 관심을 기울이고 있고, 너를 중요하게 여기며, 네 필요를 충족시키기 위해 최선을 다하고 있어

이 중요한 메시지는 아기가 태어나는 순간부터 전달하기 시작하는 것이 이상적이며, 특히 생후 2년 동안 가장 강력하게 작용한다. 아기가 태어나고 첫돌을 맞을 때까지는 아기의 기본적인 필요를 충족시키는 것이 최우선이다. 포스터 클라인 박사를 비롯한 많은 전문가에 따르면, '필요의 주기'인 첫 1년은 아기의 유대감과 친사회적 행동이, 그리고 인과관계를 배우는 능력이 발달하는 데 지극히 중요하다.[30] 예를 들어 아기가 배가 고프다고 가정해 보자. 아기가 울고 있을 때 부모가 다가오면, 아기는 누군가 자신에게 관심을 준다는 것을 알게 된다. 부모가 아기에게 미소를 지으며 눈을 맞추고 안아주고 젖을 먹이면 유대감과 신뢰에 관여하는 신경화학물질인 옥시토신이 분비된다. 그렇게 부모와 유대감을 형성한 아기는 자기 자신과, 그리고 타인과 사랑으로써 관계를 맺고, 자신의 삶에 대한 건강한 통제감을 경험하며, 경험을 통해 배울 수 있을 것이다. 이 모든 것이 강인한 정신을 구성하는 요소들이다.

생후 2년째(첫돌 후 1년간)가 되면 아기는 '필요의 주기'에서 '욕구의 주기'로 나아간다. 아이는 장난감, 담요, 젖병 등 무언가를 원하며, 손가락질이나 말로써 그 욕구를 표현한다. 기어다니거나 아장아장 걷는 유아는 종종 자신에게 좋지 않거나 위험할 수 있는 행동을-예를 들어 뜨거운 난로를 만지거나, 길거리로 뛰어들거나, 가구에 너무 높이 올라가는 것을-하려 들기도 한다. 이는 부모가 '안 돼'라고 말할 만큼 자신을 사랑하는지 시험해 보는 단계다. 아기가 잠깐은 울거나 성질을 부릴 수 있겠지만, 궁극적으로는 아기의 욕구를 부모가 제한해 주는 이 주기를 거치면서 둘 사이에는 신뢰가 쌓이게 된다.

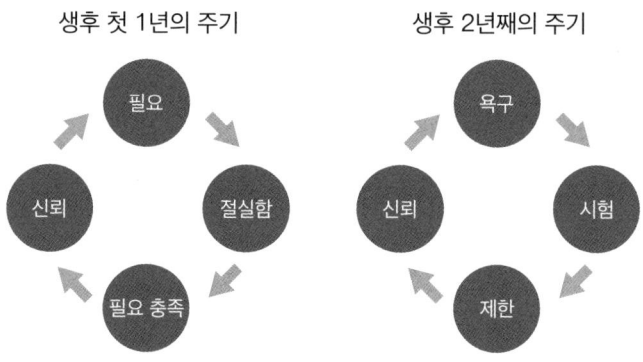

생후 첫 1년 주기와 생후 2년째 주기의 본질적인 공통점은 부모가 아이의 필요를 인식하고, 이를 충족시키는 일에 일관되게 헌신한다는 것이다. 어떻게 하면 아이가 자신이 이 정도로 소중한 존재라는 것을 알도록 계속 도울 수 있을까? 한번 살펴보자.

효과적인 양육 전략—특별한 시간

    인간관계에는 시간과 기꺼이 경청하려는 마음, 이 두 가지가 필요하다. 그런데 안타깝게도 너무나 많은 부모들이 아이와 소통하는 귀중한 시간을 충분히 확보하지 못하고 있다. 2018년의 한 설문조사에 따르면 70퍼센트 이상의 부모가 아이와 의미 있는 방식으로 소통하는 데 어려움을 겪고 있으며,[31] 설문 응답자의 40퍼센트는 아이와의 대화 시간이 보통 10분 미만이라고 답했다. 서로 다른 두 사람이 고작 몇 분 만에 유대감을 형성하거나 이렇다 할 관계를 맺는 것은 불가능하다. 뇌의 변연계, 즉 감정 중추는 우리가 다른 사람들과 사회적으로 연결될 수 있게 해준다. 다른 사람과 긍정적인 방식으로 유대 관계를 맺었을 때, 우리는 마치 그 사람이 우리 뇌 속에 살고 있는 것처럼 느낀다.

    여기서 에이멘 박사가 추천하는 실천법 하나를 소개한다. 아주 짧은 시간 동안에 부모와 아이 관계의 질을 높이고 변연계 유대감을 향상시킬 수 있는 방법, '특별한 시간' 가지기다. 이 방법은 아이가 몇 살이든 효과가 있다. 여러분은 아이가 너무 바쁘거나 관심이 없어서 부모와 함께 시간을 보내고 싶지 않으리라고 생각할지도 모르겠다. 이럴 때는 "너는 우리에게 소중해. 그래서 너와 함께하는 시간이 필요해" 같은 말을 하면서 아이를 부드럽게 유도하는 것이 좋다. 물론 여기서 핵심은 아이와 함께 시간을 보내는 방식이다.

아이가 부모에게 어떤 말을 했다고 치자. 이때 부모가 아이가 처한 상황을 전부 파악하기도 전에 아이에게 어떻게 생각해야 할지 섣불리 알려주는 경우가 너무 많다. 그랬다가는 아이와의 소통은 단절되어 버리고, 훗날 아이가 부모에게 마음을 열고 다가올 확률도 낮아진다. 반면 아이가 하는 말에 긍정적이고 사려 깊게 답하면 아이가 먼저 부모와 소통하고 싶어질 것이다. 아이에게 가혹하게 굴거나, 거들먹거리거나, 비판적인 방식으로 대응하면 아이와의 소통이 줄어들며 결과적으로 아직 나이가 어린 아이는 외로움과 소외감을 느낄 수 있다. 아래에 특별한 시간 전략을 매일 실천하는 방법을 소개하겠다.

특별한 시간을 보내는 방법[32]

1. 하루에 20분을 내어, 아이가 하고 싶어 하는 일을 함께 한다. 아이에게 긍정적인 태도로 다가가서 이런 식으로 말하라. "우리가 함께 보내는 시간이 부족한 것 같아. 너는 나에게 소중한 존재야. 우리 매일 특별한 시간을 함께 보내자. 무얼 하고 싶니?" 이 시간의 목적은 아이와 끈끈한 관계를 쌓는 것이다. 그러니 한결같이 긍정적인 태도를 유지하라. 내 딸 클로이가 어렸을 때, 아내인 타냐가 매일 책을 읽어주곤 했다. 클로이가 나이가 들면서 클로이도 타냐에게 책을 읽어주기 시작했다. 함께 책을 읽는 건 두 사람이 유대감을 쌓는 멋진 시간이었다.

2. 특별한 시간을 보내는 동안에는 아이에게 부모로서 명령이나 질문, 지시를 해선 안 된다. 이 규칙은 매우 중요하다. 특별한 시간은 아이의 문제 행동에 대해 훈육하는 시간이 아니라, 관계를 쌓는 시간이다. 예를 들어, 같이 게임을 하다가 아이가 속임수를 쓰기 시작할 경우 아이의 행동을 보통때와는 다르게 프레이밍 해서 해석해 주라. 예컨대 이런 식으로 말할 수 있다. "게임 규칙을 바꿨구나. 나도 네 규칙대로 할게." 특별한 시간의 목표는 아이를 가르치는 게 아

니라, 부모와 아이의 관계를 개선하는 것임을 기억하라. (물론 다른 때에는 아이가 속임수를 쓰면 단호하게 대처하라.)

3. 긍정적인 행동에 주목한다. 좋은 점을 지적하는 것이 나쁜 점을 지적하는 것보다 행동을 다듬어주는 데 훨씬 효과적이다. (이 장의 뒷부분에서 뚱보 펭귄 프레디의 이야기를 읽어보기 바란다.)

4. 말하는 것보다 더 많이 듣는다. 좋은 소통은 모든 관계에 필수다. 아이가 부모와 대화하도록 하려면, 먼저 부모가 아이의 말을 기꺼이 받아들이고 경청한다는 것을 보여주어야 한다. 또한, 아이에게 자신의 문제들에 대해 찬찬히 얘기할 기회를 주면 그 상당 부분을 아이 스스로 해결할 수 있으리라고 믿어줘야 한다.

메시지 #2: 우리는 네 감정을 소중히 여겨

부모가 아이의 감정을 소중히 여긴다는 것을 아이 자신에게 알려주는 것은 아주 중요하다. 이것이 아이의 자부심과 자존감을 높여주는 열쇠다. 찰스 페이는 아버지 짐 페이가 아들의 감정을 소중히 여기는 모습을 자주 보여주었다며, 지금까지도 선명히 기억하는 한 장면을 얘기했다. "그때 저는 고작 열 살이었어요. 우리 가족은 근처에 살던 클라인 박사와 함께 저녁 식사를 하고 있었죠. 아버지와 클라인 박사는 제한과 책임에 대한 그들의 가르침이 먹히는 아이는 절반 정도뿐이라고 투덜거리고 계셨어요. 왜 나머지 절반의 아이들에게는 똑같은 전략이 효과가 없고 부모를 전보다 더 싫어하게 되는 역효과만 낳는지 이해할 수 없다고 하시더군요. 그러다가 두 분은 갑자기 저를 향해 물었어요. '어떻게 생각하니, 찰스?' 저는 반문했죠. '네? 저요?' 제게도 뾰족한 대답은 없었지만, 수십 년의 경험이 있는 두 어른이 제 의견을 원한다는 사실에 제가 뭔가 특별한 존재라는 기분이 들었습니다."

두 사람은 결국 그들이 추구하던 해법을 찾았는데, 부분적으로는 학교 행정실에서 일하던 한 여성의 행동에 대한 관찰을 통해서였다. 매크로플린 선생님은 강인하면서도 다정한 여성으로, 학생들이 점심 도시락을 잊었거나, 외투를 잃어버렸거나, 무릎이 긁혔거나, 다른 학생과 다투는 등 '긴급 상황'이 발생했을 때 가장 먼저 찾아가는 사람이었다. 그 학교 학생들은 이러한 '위기'가 발생하면 당장 부모님에게 구조 요청을 해야 한다고 믿었다. 그런데 이 시기엔 아직 휴대폰이 없었다.

학생이 찾아와서 교무실 전화를 쓰게 해달라고 조르면 매크로플린 선생님은 그 애가 세상에서 가장 소중한 존재인 것처럼 학생의 눈을 바라보며 다정하게 미소 지었다. "얘야, 무슨 일이니?" 학생이 이런저런 문제가 생겼다고 설명하면, 그녀는 깊은 관심을 보이며 학생의 말을 경청한 다음, 이렇게 공감해 주었다.

"어머, 정말 기분이 안 좋겠구나. 그런 문제가 생긴 건 전혀 즐겁지 않지. 안타깝구나. 하지만 여기 전화는 긴급 상황에서만 사용하게 해줄 수 있어. 하지만 누군가 해결할 수 있는 문제라면, 너도 분명 해결할 수 있을 거야."

대부분의 학생은 전화를 빌리지 않고도 스스로 문제를 해결하는 방법을

알아냈고, 결과적으로 자신감을 충전했으며, 매크로플린 선생님에게 깊은 애정을 느끼게 되었다. 짐 페이와 포스터 클라인 박사는 그녀의 모습을 보다가, '사랑과 논리' 접근법이 현실적 효과를 발휘하도록 해주는 열쇠를 발견했다. 그 열쇠는 바로 공감이었다.[33] 매크로플린 선생님은 학생들에게 제한을 설정해 주거나 행동에 대한 책임을 묻기 전에 항상 공감이라는 강력한 마법을 부렸다. 이를 보며 학생들은 그녀가 자신들의 감정을 소중히 여긴다는 것을 알 수 있었다.

공감은 아이의 마음과 정신을 열어 배울 수 있도록 하는 반면,
분노는 학습과 관계의 문을 닫아버린다.

분노 대 공감의 힘

올바르게 발휘될 때 공감은 사랑과 유능감이라는 메시지를 전달한다. 어떤 부모들은 아이의 순종을 끌어내려면 언성을 높이거나 최후통첩을 해야 한다고 생각한다. 하지만 아이가 당장은 겁을 먹고 복종할지라도, 여기에는 대가가 따른다. 일상적으로 부모가 이성을 잃고 화를 내거나 소리를 지르는 환경에 놓인 아이는 정신적 힘을 약화시키는 다음과 같은 특성들을 갖게 되기 쉽다.

- 스트레스를 느껴서 뇌 발달에 부정적인 영향을 받음
- 부모를 화나게 한 게 무엇이든 자신을 책망함
- 부모의 분노에 공격적인 행동으로 대응함
- 수면 장애가 생김
- 복통과 같은 신체적 질병을 앓음

- 향후 삶에서 정신 건강 문제가 생길 위험이 증가함

더욱 우려스러운 것은 가혹한 양육 방식이 뇌의 발달과 기능에도 부정적인 영향을 미친다는 점이다. 2021년에 발표된 한 연구에 따르면, 아이에게 자주 소리를 지르거나 화를 내는 것은 아이가 청소년기에 더 작은 뇌를 갖게 되는 것과 관련이 있다고 한다.[34] 뇌의 크기는 중요하다.

부모가 화를 내면 아이의 뇌는 이를 위협으로 받아들인다. 그러면 두려움과 불안 같은 감정 및 '투쟁, 도피, 혹은 경직' 반응과 관련된 뇌 영역인 편도체(扁桃體)가 활성화된다. 이것이 뇌의 사고 영역인 전전두피질에 어떤 영향을 미치는지 짐작할 수 있겠는가? 뇌 활동이 사고하는 영역에서 다른 영역으로 옮겨 가므로, 아이가 더 격한 감정으로 반응할 가능성이 높아진다.

물론 누구나 가끔씩은 욱해서 화를 터뜨릴 때가 있다. 하지만 예컨대 다음과 같은 간단한 전략들로 분노를 가라앉힐 수 있다.

심호흡을 한다. 호흡을 조절하면 짜증이 진정되고 뇌에 더 많은 산소가 공급되어, 상황에 더 이성적으로 대응하는 데 도움이 된다. 분노가 치밀어 오르는 것을 느끼기 시작하면, 4초 동안 숨을 깊이 들이마시고 1초간 유지한 다음 8초 동안 숨을 내쉬는 심호흡을 하라. 이를 10회 반복하면 마음이 한결 편안해질 것이다.

자신의 분노를 촉발하는 요인(trigger)들을 파악한다. 자신이 어떤 때 화가 나는지 잘 살펴보라. 식사를 하고 너무 오래 지났을 때인가? 직장에서 스트레스를 많이 받았을 때인가? 잠을 충분히 자지 못했을 때인가? 언제 쉽게 화가 치미는지를 알면, 그러기 전에 방지할 계획을 세울 수 있다.

타임아웃을 활용한다. 자신이 아이에게 분노를 터뜨릴 것 같다고 느낄 때는 "타임아웃이 필요해"라고 말하고 잠시 혼자만의 시간을 가지라. 잠깐 산책을 하거나 스트레칭을 좀 하거나 즐거운 음악을 몇 분 듣는 것만으로도 분노가 스르르 사라지는 수가 많다.

아이의 바른 행동을 유도하는 데 있어, 분노보다 훨씬 더 강력하고 유익한 수단은 공감이다. 공감이란 다른 사람의 감정을 감지하는 능력이며, 아이를 대할 때 큰 도움이 된다. 2020년의 한 연구 결과에 따르면, 부모의 공감은 아이의 사회적 역량을 향상시키며, 이는 정서 및 행동 문제를 일으킬 위험의 감소와 관련된다고 한다.[35] 또한 공감이 크고 깊어지면 아이에게 '책임성'이라는 중요한 부수 효과도 낳는다. 연구에 따르면[36] 공감은 뇌 기능에도 중요한 역할을 하며, 인지 기술,[37] 학습 및 유대감과 관련된 영역을 활성화하는 것으로 나타났다.

분노	공감
협박이나 훈계는 아이가 자신의 결정이 불러온 결과에 대해 부모를 비난하기 쉽게 만든다.	공감은 아이가 자신의 잘못된 결정이 불러온 결과에 대해 부모를 비난하기 어렵게 만든다.
분노와 좌절은 학습의 문을 닫는다.	공감은 아이의 마음과 정신을 열어서 학습이 가능하게 해준다.
분노는 부모에게 스트레스를 주고 죄책감을 느끼게 한다.	공감은 부모가 스트레스와 죄책감에서 벗어날 수 있게 한다.
분노는 아이에게 분노를 활용하도록 가르친다.	공감은 아이에게 공감, 용서, 문제 해결 기술을 발휘하도록 가르친다.

공감 대 동정

공감을 동정과 혼동하는 경우가 많다. 그러나 이 둘은 하늘과 땅만큼이나 다른 개념이다. 동정은 다른 사람에게 애처로움, 안타까움을 느끼는 것이고, 공감은 다른 사람의 감정을 이해하고 공유하는 능력이다. 몇 가지 예로 이 둘의 차이를 알아보자.

동정: "네가 댄스팀에 뽑히지 못해 아쉽구나. 레슨을 더 받으면 내년엔 팀에 들어갈 수 있을 거야."

공감: "댄스팀에 뽑히지 못해서 기분이 안 좋겠구나. 뭔가 얘기하고 싶으면 내가 옆에 있어줄게."

동정: "네 친구가 너에게 못된 말을 했다니 정말 끔찍하구나. 그래도 다른 친구들이 있잖니."

공감: "누군가가 못된 말을 했을 때는 기분이 나빠져도 괜찮아. 어떤 마음인지 나도 알아."

동정과 공감 모두 주로 어조와 표정 등 여러 형태의 비언어적 의사소통 같은, 미묘하지만 매우 강력한 요소들을 통해 전달된다.

동정은 자신감이 부족하고 두려워하는 아이를 만든다.
공감은 자신감과 회복탄력성을 키운다.

동정이 전하는 메시지	공감이 전하는 메시지
• 딱해라. 네가 어떻게 해낼 수 있을지 모르겠구나. • 너에게 일어난 일 때문에 나는 너무 속상해. • 내 감정은 이래. • 너는 피해자야. • 이 문제는 내가 해결해야 해. • 내가 널 구해 줘야 해.	• 정말 힘들겠지만, 네가 해낼 수 있을 걸 알아. • 너에게 일어난 일 때문에 네가 아주 속상하다는 걸 알겠어. • 네 감정은 이렇구나. • 너는 강해. • 이 문제는 네가 해결해야 해. • 약간의 도움말이 필요할 수도 있지만, 네겐 이 문제를 해결할 능력이 있어.

메시지 #3: 우리는 네 생각을 소중히 여기고 받아들일 거야

여러분은 아이의 문제를, 또는 여러분에게 소중한 어떤 성인의 문제를 직접 해결해 주거나, 그 사람의 불안이나 슬픔을 달래주거나, 불편한 상황을 피하게끔 도우려고 나섰다가 생각만큼 잘되지 않은 경험을 해본 적이 있을 것이다. 이럴 때 상대가 정말로 원하고 필요로 하는 것은 무엇일까? 그것은 여러분이 문제를 해결해 주는 것이 아니라, 곁에 있어 주는 것이다.

효과적인 양육 전략 - 적극적 경청

적극적 경청(active listening)이란 치료사가 내담자(client, 자신의 심리적인 문제를 해결하기 위해 상담자/치료사에게 도움을 받으러 온 사람-옮긴이)와 잘 소통하기 위해 사용하는 기법이다. 이 기법은 여러분이 아이의 말을 듣고 이해하는 데에도 도움이 될 수 있다. 적극적 경청은 간단한 세 단계로 이루어진다.

1. 들은 말의 내용을 판단하지 않고 상대방의 말을 메아리치듯 다시 말한다.
2. 말 뒤에 숨은 감정에 귀를 기울인다.
3. 아이가 말하고 느끼는 것을 거울처럼 되비춰 준다.

단순히 "네가 …라고 말하는 것 같구나. 네 말뜻이 이게 맞니?"라고 묻는 것만으로도 오해를 피하고, 갈등을 가라앉히고, 소통을 늘리는 데 도움이 된다. 어린이나 10대 청소년과 대화할 경우, 상대의 말을 적극적으로 경청하면 상대를 한층 더 잘 이해하고 소통하게 된다. 자신이 이해받고 소중히 여겨진다고 느낄 때 아이는 부모에게 더 친밀감을 느낀다.

실제로 경청이 어떤 효과를 낼 수 있는지 다음 예시를 보자.

1. 들은 말의 내용을 판단하지 않고, 상대방의 말을 메아리치듯 다시 말한다.

10대: 머리를 파란색으로 염색하고 싶어요.

(갈등의 씨앗이 될 수 있는 발언)

효과적이지 못한 부모: 네가 우리 집에 사는 한은 안 돼!

　　(이렇게 대화가 끝나거나 말다툼이 시작된다)

효과적인 부모: 머리를 파란색으로 염색하고 싶니?

　　(그런 다음, 아이가 설명할 수 있도록 충분한 시간 동안 가만히 기다린다)

2. 말 뒤에 숨은 감정에 귀를 기울인다.

10대: 다들 머리를 그렇게 하고 다닌단 말이에요.

　　(마치 과학적인 설문조사라도 한 것처럼 말한다)

효과적이지 못한 부모: 다른 애들이 뭘 하든 상관없어, 넌 파란 머리 안 돼. 애들이 다리에서 뛰어내리면 너도 따라 뛰어내릴 거니?

　　(이 역시 아이와의 말다툼을 유발하거나 아이로 하여금 마음을 닫게 하는 말이다)

효과적인 부모: 네가 다른 아이들처럼 하고 싶은 것 같구나.

　　(서로 간의 이해와 소통을 촉진한다)

3. 아이가 말하고 느끼는 것을 거울처럼 되비춰 준다.

10대: (아이는 이렇게 반응할 수 있다) 가끔 내가 아이들과 잘 어울리지 못한다고 느껴. 외모를 바꾸면 도움이 될지도 몰라.

효과적이지 못한 부모: 어리석은 소리 하지 마. 애들이랑 잘만 지내고 있잖아. 그런 일에 외모는 아무 상관 없어!

효과적인 부모: 네 외모 때문에 아이들과 어울리지 못한다고 생각하니?

(아이에게 자신의 감정을 더 상세히 설명할 여지를 준다)[38]

아이와의 커뮤니케이션에서 피해야 할 함정 아홉 가지[39]

1. 나쁜 태도: 대화에서 아무 소득도 없으리라 예상하고, 그래서 대화를 긍정적인 방향으로 이끌려는 노력조차 하지 않는다.

2. 아이에 대한 부정적인 가정: 아이가 무슨 말을 하기도 전에 믿지 못하겠다고 생각하면, 아이 앞에서 경직되고 방어적인 태도를 취하게 될 것이다.

3. 소통을 받쳐주는 보디랭귀지 부족: 보디랭귀지(신체언어)는 의식적인 메시지와 무의식적 메시지 둘 다를 보내는 것이므로 중요하다. 부모 중 하나와 아이가 대화를 나눌 때 어느 한쪽이 눈을 마주치지 않거나 상대방을 인정하는 표정이나 몸짓을 보이지 않으면, 말하고 있는 상대방은 당혹감과 외로움을 느끼고 대화를 계속할 의욕을 잃기 시작한다. 눈을 맞추고 서로를 대화 상대로 인정한다는 것을 신체적으로 표현하는 일은 좋은 의사소통에 필수다.

4. 방해 요소들과 경쟁하는 것: 산만함은 소통을 망치기 일쑤다. 예를 들어, 아이가 좋아하는 TV 프로그램을 보거나 비디오 게임을 하고 있을 때 대화를 시도하는 것은 좋은 생각이 아니다.

5. 자신이 말하는 내용에 대한 피드백을 요청하지 않는 것: 많은 부모들은 자신이 아이에게 명확한 메시지를 전하고 있다고 생각하고, 아이가 그들의 요구대로 행동하지 않으면 속상해하거나 화를 낸다. 그러나 아이는 집중력이 약할 수도 있고, 어떤 문제에 대한 자신의 감정이나 생각 때문에 다른 사람의 말을

잘 듣지 못할 수도 있다. 따라서 아이가 부모의 말을 제대로 이해했는지 확인하기 위해 아이에게 부모의 말을 반복하도록 요청하는 것이 중요할 경우가 많다.

6. 불만을 퍼부어 대는 것: 논쟁에서 궁지에 몰렸다고 느꼈을 때, 현재 안건과 무관한 과거의 문제를 끄집어내 부모 자신을 방어하거나 의견 차이를 심화시키는 일이 있다. 한 문제에 관한 논의가 끝나기 전에 다른 문제를 꺼내지 말라.

7. 마음을 읽는 것: 아이의 생각을 멋대로 추측한 다음, 자신이 '상상한' 정보에 반응하는 것이다. 아이의 마음을 읽으려 들지 말고, 아이의 실제 생각과 감정을 궁금해하라.

8. 말다툼하는 것: 아이의 생각을 깎아내리거나, 비꼬거나, 무시하는 말은 의미 있는 대화를 망치고 거리감을 만들 뿐이다.

9. 끈기 부족: 아이와 소통할 때, 부모가 반복적으로 노력을 기울여야 하는 게 보통이다. 포기하지 말라. 아이는 어른처럼 생각하지 않으므로, 꾸준히 노력해야 할 수도 있다는 점을 기억하라.

터무니없어 보이는 의견도 들어야 할까?

아이가 (머리를 파랗게 염색하고 싶다는 등) 말도 안 되는 소리를 한 적이 있는가? 여러분은 아이가 같잖은 이야기를 시작하면 귀를 막아버리고 듣지 않는 경향이 있는가? 반대 의사를 강하게 표현하지 않으면 아이가 여러분이 암묵적으로 승인한다고 생각할까 봐 걱정되는가? 그러나 아이의 말을 경청하면서도 원치 않는 행동을 하도록 묵인하지는 않는 방법이 있다.

찰스 페이 박사가 열여섯 살 때 어떤 일이 있었는지 한번 들어보자. 그가 살던 마을은 겨울이면 눈이 엄청나게 내려서 도로가 빙판이 되어 위험했다. 그러나 찰스는 스포츠카를 사고 싶다며 아버지 짐을 설득하기 시작했다. 짐은 후륜구동 차량은 눈길에서 운전하기가 어렵다는 한마디로 대화를 쉽고 빠르게 종결지을 수도 있었다. 하지만 짐은 그러는 대신 스포츠카가 왜 갖고 싶은지에 대해 찰스의 이야기를 들어주었고, 두 사람은 스포츠카가 얼마나 멋진지 대화를 나누며 친밀감을 쌓았다. 둘의 대화는 얼추 다음과 같이 흘러 갔다.

> 찰스: 아빠, 저 스포츠카 갖고 싶어요! 스노타이어를 장착하면 눈길에서도 아무 문제 없대요.
> 아빠: 오, 스포츠카라면 나도 좋아하지. 너는 스포츠카가 왜 좋니?
> 찰스: 투 도어라서 아주 스포티하잖아요. 4단 기어 변속기도 달 수 있고요. 애프터마켓에서 별의별 부품을 다 구할 수 있대요.
> 아빠: 정말 멋진 차 같구나. 그런데 나한테는 잘 맞을지 모르겠다. 내가 그런 차를 몰면, 빙판길에서 바로 미끄러질 것 같거든. 그러면 엄청 속상하겠지.
> 찰스: 네, 하지만 보기엔 정말 멋져요.
> 아빠: 글쎄다, 내가 차 살 돈을 대주는 건 아니지만, 네가 최선의 결정을 내릴 거라 믿는다.

찰스는 빙판길에서 스포츠카를 운전하는 것이 어떨지 현실적으로 생각한 끝에, 결국 스포츠카를 사지 않기로 결정했다. 하지만 아버지 짐은 찰스가 스스로 최종 결정을 내린다고 느끼도록 해주었다. 게다가 두 사람은 스포츠카의 멋진 점들에 대해 즐겁게 대화했고, 부자 간의 유대감을 형성하는 좋은 시간을 가졌다.

이따금 아이들은 부모가 자기 말에 귀를 기울일 만큼 자기를 사랑하는지 확인하기 위해, 터무니없는 이야기를 꺼내기도 한다. 어느 날 여러분의 10대 아이가 집에 와서 이렇게 말한다고 상상해 보자. "시험 삼아 마약을 해보는 것도 나쁘지 않아요. 고대 문화권에서는 온갖 종류의 환각 물질을 사용했잖아요. 마약 자체는 나쁘지 않아요. 다만 어리석은 사람들이 과용하는 것뿐이죠."

이런 말을 들은 부모는 머릿속에서 당장 경고음이 울리기 시작할 것이다. 애초에 문제의 싹을 잘라버려야 한다는 생각이 들 수도 있다. 하지만 아이를 호되게 꾸짖으며 마약의 위험성에 대해 잔소리를 늘어놓았다간 대화가 단절될 뿐이다. 다른 전략 하나는, 아이에게 그 고대 문화에 대해 더 많이 이야기해 달라고 하는 것이다. 아이의 이야기를 듣고 나서, 그것이 왜 부모 자신에게는 좋지 않은지 알려줄 수 있다. 예를 들어 이렇게 말할 수 있다. "나라면, 그런 약을 시도해 봤다가 너무 넋이 나가서 쓰레기장에서 눈을 뜨는 신세가 될까 봐 두렵구나."

아이가 여러분에게 현명하다고 박수를 보낼 거라고 기대하지는 말라. 방금 여러분이 보인 반응은, 아이가 할지 말지 고민하고 있는 행동의 부정적인 면에 관해 생각할 씨앗을 심어준 것이다. 또한 부모가 아이의 그런 행동을 묵과하진 않겠지만, 아이가 하는 말을 경청하겠다는 것을 분명히 보여주었다. 경청할 때 관계는 더 나아진다. 이렇게 부모와 유대감을 쌓은 10대 아이는 더 나은 선택을 할 가능성이 높아진다.

메시지 #4: 너는 능력이 있어. 우리는 너를 믿어

에이멘 박사는 수십 년 동안 펭귄을 수집해 왔다. 현재 그의 컬렉션에는 무려 2,500점이 넘는 펭귄이 있다. 그의 펭귄 컬렉션은 하와이 오아후섬의 해양생물공원인 시라이프 파크에서 시작됐다. 어느 날 그는 일곱 살 난 아들과 함께 그곳에서 하루를 보내다가 펭귄 쇼를 보러 갔다. 펭귄의 이름은 뚱보 프레디였다. 프레디는 6미터 높이의 다이빙 보드에서 뛰어내릴 수 있었고, 코로 볼링을 할 수 있었으며, 숫자도 셀 수 있었다. 심지어 점프를 해서 불타는 고리를 통과하기도 했다. 에이멘 부자는 이 펭귄에게서 깊은 인상을 받았다.

쇼가 끝날 무렵, 조련사가 뚱보 프레디에게 무언가를 가져다 달라고 부탁했다. 프레디는 곧바로 물건을 가져와 조련사에게 주었다. 그 모습을 본 에이멘 박사는 혼자 생각했다. '내가 아이에게 무언가를 가져다 달라고 부탁하면, 아이는 20분 동안 그것에 대해 토론하고 나서는 그 일을 하고 싶지 않다고 하는데. 대체 뭐가 다른 거지? 내 아들은 이 펭귄보다 똑똑하잖아.'

"정말 잘했어.
여기, 생선을 줄게."

쇼가 끝난 후, 에이멘 박사는 조련사에게 어떻게 프레디에게 그렇게 멋진 묘기들을 시킬 수 있었는지 물었다. 그녀는 에이멘 박사와 아들을 물끄러미 보더니 답했다. "저는 보통 부모님들과 달리, 프레디가 제가 원하는 대로 행동할 때마다 알아주고, 안아주고 생선을 주거든요."

그 순간 에이멘 박사의 머릿속에 불이 켜졌다. 아들이 에이멘 박사가 좋아하는 일을 했을 때, 에이멘 박사는 그에게 아무런 관심을 기울이지 않았다. 하지만 아들이 에이멘 박사가 싫어하는 일을 했을 때면 아들을 나쁜 아이로 키우고 싶지 않아서 그 애에게 엄청 관심을 쏟았다. 그럼으로써 에이멘 박사가 실제로 한 일은 무엇이었을까? 그는 아들에게 문제를 일으키라고 부추기고 있었다. 잘못된 행동을 해야 아빠에게 관심을 받고 또 받을 수 있었으니까.

만약 뚱보 프레디가 컨디션이 안 좋아서 조련사의 지시를 따르지 않았을 때 조련사가 이렇게 말했다면 어떻게 되었을까? "이 멍청한 펭귄아! 너처럼 바보 같은 펭귄은 처음 봤어. 너는 남극으로 돌려보내고 다른 펭귄을 구해야겠어." 프레디가 조련사의 말을 알아들을 수 있었다면, 조련사를 물거나 구석으로 달려가 울었을지도 모른다(기질에 따라 다를 것이다). 프레디를 특별한 펭귄으로 키워낸 건 조련사가 그에게 보여주는 반응이었다.[40]

에이멘 박사의 펭귄 컬렉션은 우리에게, 아이의 행동을 다듬어줄 때 긍정적인 방식을 택하고, 좋지 않은 것보다 좋은 것에 더 많이 주목해 주어야 한다는 중요한 사실을 상기시킨다. 자신의 행동에 대해 주목받고 박수를 받는 건 누구나 좋아하지 않는가?

아이가 규칙을 따르고 목표를 위해 노력하는 바른 행동을 계속하길 원한다면, 아이가 그런 행동을 했을 때 강화해 주라. 허용할 만한 행동에 대해 생각할 때, 운동 경기장을 떠올려 보라. 아이의 행동이 적절하면 아이는 경계선 안에 있는 것이다. 아이의 행동이 부적절하면 경계선 밖으로 나간 것이다. 적절한 경계 안에 있을 때 아이를 긍정하고 칭찬하면 아이는 부모가 원하는 행동을 계속할 가능성이 높아진다.

칭찬이 역효과를 낼 때

어떤 부모들은, 아이를 칭찬하려 해도 오리의 깃털에서 물이 그냥 미끄러지듯 아이에게 전혀 스며들지 않는다고 말한다. 실제로 아이의 자존감이 낮을 때는, 긍정적인 강화를 아무리 제공해도 효과가 없다. 안타깝게도 어떤 아이들은 자신에 대한 선입견을 갖고 있으며, 그게 부정적인 것이라 해도 놓아버리기를 꺼린다. 이런 경우엔 선의에서 아이에게 칭찬을 건네도, 의도치 않게 자기회의를 불러일으킬 수 있다.

이런 경우에는 '사랑'이라는 단어를 동사로, 즉 행동으로 생각하기를 권한다. 아이가 자신의 능력과 가치를 스스로에게 증명하는 데 도움이 되도록 부모가 행동하면, 말로 하는 칭찬보다 훨씬 더 강력한 힘을 발휘할 수 있다. 이 대목에서 짐 페이의 '책임성 키우기의 네 단계'가 도움이 될 것이다.[41]

효과적인 양육 전략: 책임성 키우기의 네 단계

1단계: 아이가 처리할 수 있는 과제를 준다.
2단계: 아이가 실수를 저지르거나 잘못된 행동을 하기를 기다린다.
3단계: 진심으로 공감해 주고, 실수나 잘못된 행동의 결과를 아이가 스스로 감당하도록 내버려둔다.
4단계: 같은 과제를 다시 준다.

호기심이 많은 아이를 둔 한 부모가 이 네 단계를 어떻게 양육에 적용했는지 알아보자. 아홉 살 난 브라이언은 학교생활에 어려움을 겪고 있었지만, 물건을 분해하여 어떻게 작동하는 건지 알아보는 일은 무척 좋아했다. 그의 훌륭한 부모는 브라이언이 아침에 혼자 일어날 수 있도록 알람 시계를 선물했다(1단계). 숫자가 아래로 젖혀지는 시계였다. 브라이언은 시계 뒷면의 나사를 풀고 덮개를 열어 어떻게 작동하는지 들여다보고 싶어서 견딜 수 없었다. 그런데 이건 브라이언의 부모가 예상했던 실수(2단계)는 아니었다. 부모는 브라이언이 제대로 시각을 설정하지 못해 늦잠을 자서 버스를 놓치고, 부모에게 학교에 데려다주는 비용을 지불해야 하는 시나리오를 생각했었다. 하지만 브라이언의 엄마와 아빠는 아이가 시계를 분해하며 대단히 즐거워하는 걸 알아주고, "시계를 다시 조립할 수 있는 아이가 있다면, 그건 우리 아들일 것 같아"라고 말하며 공감하는(3단계) 모습을 보여주었다.

브라이언은 열심히 노력하여 시계 덮개를 다시 씌웠고, 엄청난 성취감과 자존감을 느꼈다. 남들이 아무리 칭찬을 해주어도 그렇게까지 자신에 대해 좋은 기분은 들지 않았을 것이다. 브라이언은 이제 자신이 실수를 하더라도 부모님이 버럭 화를 내지 않을 것이라고 믿게 되었다. 부모님은 브라이언이 자신의 문제를 스스로 해결할 수 있다고 믿어준 것이다.

브라이언이 시계를 분해했다 재조립한 그날 밤, 부모님은 브라이언에게 다음 날 아침 몇 시에 알람을 맞춰서 일어날 것인지 물어보면서 알람 시계 과제를 다시 주었다(4단계). 다음 날 아침, 계획대로 알람이 울렸고 브라이언은 혼자 일어나서 제시간에 버스를 탈 수 있었다. 자기효능감이 얼마나 높아졌을까!

어린아이나 특별한 도움이 필요한 아이를 둔 부모는 이 전략을 적용하는 것을 꺼리는 경우가 많다. 이해할 수 있는 일이다. 그들은 미심쩍다. "이런 게 어린아이에게 정말 효과가 있을까?" "우리 애와 같은 어려움을 가진 아이에게 정말 효과가 있을까?"

첫 단계가 '아이가 처리할 수 있는 과제를 주는 것'임을 기억하자. 과제는 아주 작은 일(네 살짜리 아이에게 식사 후 식판을 싱크대 옆에 놓으라고 하는 것처럼)부터 아주 큰 일(열일곱 살 된 아이에게 차를 몰고 식료품점에 가서 가족을 위해 장을 보라고 하는 것)까지 다양하다. 과제의 크기와 복잡성에 관계없이, 부모는 과제를 부여하기 전에 아이에게 그 일을 완수하는 방법을 알려준다. 사실, 어린아이나 특별한 도움이 필요한 아이를 둔 부모는 실전에 들어가기 전에 이 양육 기술을 연습하고, 과제에서 수행해야 할 단계들을 순서대로 보여주는 그림 목록과 같은 시각적 단서를 아이에게 제공하는 편이 현명하다.

아이가 실수를 했을 때는 그에 어떻게 대처할지 이런저런 안을 제시하는 것도 괜찮다. 그러면서 아이가 직접 해결책을 찾도록 이끌어주면, 또 다른 문제가 발생했을 때 그걸 해결할 아이디어를 어떻게 떠올릴지 익히는 데 도움이 된다. 여기서 기억해야 할 중요한 점은, 부모가 해결책을 제시하며 아이를 지도하는 것은 아이에게 훈계를 해대며 부모의 조언을 따르라고 강요하려 드는 것과 다르다는 점이다. 그저 몇 가지 아이디어를 공유하고, 부모의 제안을 받아들일지 여부는 아이의 결정에 맡기라.

자존감이 낮은 아이의 경우 책임성 키우기의 네 단계를 활용하는 것이 훨씬 더 중요해진다. 자기효능감이 어떻게 하면 높아지거나 낮아지는지 좀 더 보여주겠다.

효과적인 양육 전략: 자기효능감을 낮추지 말고 높여주라

자기효능감 상승	자기효능감 하락
아이가 실수를 하더라도 스스로 결정할 수 있도록 허용하기	아이를 실수로부터 구해 주기
진심으로 공감하기	빈정거리기
구체적으로 칭찬하기. "그때 삼진아웃을 당했지만 정말 침착하게 대처했어."	"삼진아웃을 당했구나. 심판이 눈이 나쁜 모양이야"라고 말하기
아이가 어려움을 겪더라도 내버려두기	아이에게 모든 것을 쉽게 만들어주기.
애정 어린 가족 관계 이루기	아이가 적대적인 가족 관계를 목격하도록 내버려두기(아이들은 가족 내 문제에 대해 자신을 탓하는 경향이 있다).
대부분의 에너지를 아이의 강점에 집중하기	대부분의 에너지를 아이의 약점에 집중하기

메시지 #5: 너는 보호받을 가치가 있어

데이브 샌더스는 영웅으로 기억된다. 콜로라도주에는 그의 이름을 딴 고속도로가 있다. 그가 누구냐고? 그는 1999년 4월 20일 콜럼바인 고등학교에서 두 명의 학생이 총기를 난사하고 다녔을 때 수많은 생명을 구한 교사다. 샌더스는 안전한 곳으로 도망치지 않고, 학생들이 총격을 피하도록 도왔다. 그는 끝내 자신의 목숨까지 바치며 학생들의 생명을 지켰다. 이것이 바로 진정한 사랑의 의미를 보여주는 사례다.

다행히도 우리 대부분은 샌더스와 같은 상황에 놓이지는 않겠지만, 부모로서 우리는 종종 아이를 위험에서 구하기 위해 자신의 편안함과 일순간의 행복감을 희생해야 한다. 이러한 위험은 외부에서 오기도 하고, 내부에서 오기

도 한다. 외부에서 오는 위험은 가령 자동차가 빠르게 지나가고 있는데 어린 아이가 도로를 향해 달려가는 상황이다. 내부에서 오는 위험에는 아이 자신의 충동과 잘못된 결정이 포함된다.

요즘엔 부모가 나서서 아이를 구조하는 일은 눈총을 받는다. 워낙 많은 부모들이 불필요한 구조 활동을 지나치게 많이 하고 있기 때문일 테다. 하지만 포스터 클라인 박사는 아동기 또는 10대 청소년기를 지나고 있는 아이를 구조하는 것이 괜찮거나 심지어 꼭 필요한 때가 언제인지에 관해 몇 가지 유용한 팁을 공유하고 있다(아래 참조). 부모가 아이에 대해 보호할 가치가 있다고 생각하고 아이가 그 사실을 알 때, 둘 사이에는 좋은 관계가 형성된다. 구조가 가끔만, 그리고 적절하게 이루어지는 경우, 부모와 아이 사이에는 신뢰가 쌓인다. 또한 부모가 진정으로 도움이 필요할 때 아이가 기꺼이 부모를 구조하러 나설 확률도 높아진다!

효과적인 양육 전략: 포스터 클라인 박사가 제시한 구조의 규칙 이해하기

구조해도 괜찮은 때	구조하는 게 괜찮지 않은 때
아이가 생명이나 팔다리를 잃을 위험에 처해 있을 때	아이가 처한 어려움이 뭔가 교훈을 주고 성장의 계기가 될 수 있는 것일 때
아이가 습관적으로 구조를 요청진 않을 때	아이가 끊임없이 구조에 의존할 때
아이가 구조에 감사할 때	아이가 구조를 강하게 요구하거나 구조받는 게 당연하다고 느낄 때
아이에게 기본적으로 자신감이 있을 때	아이에게 자신감이 부족해서, 자기한테도 시련에 대처할 능력이 있다는 걸 스스로 확인케 할 필요가 있을 때

이러한 사랑의 메시지를 아이에게 지속적으로 보내면, 아이는 자신감과 확신을 품고 성장할 수 있다. 부모가 보내는 사랑의 메시지에서 안도감과 안

전감을 얻은 아이는 뇌, 자아감, 정신적 힘이 발달할 수 있는 여지를 누리게 된다.

실천 단계

- 오늘 당장 아이와 20분 동안 특별한 시간을 보낸다.
- 다음에 아이가 무언가로 인해 힘들어할 때, 그냥 곁에 있어 주면서 아이가 이야기하도록 놔둔다.
- 아이의 말을 적극적으로 경청하는 연습을 한다.
- 아이와의 대화의 물꼬를 터줄 두 가지 주제를 고른다.
- 아이가 터무니없는 말을 했을 때 "내게는 맞지 않을 것 같아"라는 메시지를 어떻게 사용할 수 있을지 생각한다.
- '책임성 키우기의 네 단계' 전략을 활용하기 위해 아이에게 어떤 과제를 줄지 생각한다.
- 자기효능감 강화 도구를 활용한다.
- 구조에 관한 규칙을 이해한다.

제5장

제한과 규칙이 꿋꿋한 정신을 만든다

제한과 규칙은 아이에게 부모가 무엇을 기대하는지 명확하게 알려주고,
아이를 안심시키고, 안전감을 준다.

아이에게는 제한과 규칙이 필요하다. 이것이 양육의 핵심이다. 부모가 설정하는 제한과 규칙은 정신력을 키우는 일에서 아이와 유대감을 형성하고 긍정적인 관계를 유지하는 것과 무슨 관련이 있을까? 부모가 제한을 설정하면 아이에게 다음과 같은 암묵적 메시지들을 전달할 수 있다.

- 나는 너의 행동에 주의를 기울일 만큼 너를 사랑한다.
- 나는 너를 안전하게 지켜줄 만큼 너를 사랑한다.
- 나는 너를 엄격히 훈육할 만큼 너를 사랑한다.
- 나는 너에게 스스로를 돌보는 방법을 알려줄 만큼 너를 사랑한다.
- 나는 너의 뇌가 필요로 하는 것을 줄 만큼 너를 사랑한다.

부모가 제한을 설정함으로써 아이에게 강력한 사랑의 메시지를 보내는 예를 살펴보자. 에이멘 박사의 딸 케이틀린은 10대 시절에 부모에게 걸핏하면 반항했다. 한번은 케이틀린이 친구들과 콘서트에 가고 싶다고 했다. 에이멘 박사는 안 된다고 했지만, 케이틀린은 끊임없이 졸라댔다. 그쯤 되면 많은 부모가 짜증이 나서 아이에게 원하는 대로 하라며 포기하고 만다. 그럴 수 있다는 걸 우리도 충분히 이해한다! 하지만 만일 에이멘 박사가 포기했더라면, 케이틀린의 뇌에서 반항적이고 도전적인 행동과 관련된 뇌 영역인 앞대상회의 과다활동이 강화되었을 것이다(3장 참조). 그 결과 에이멘 박사에게 마음의 평화가 찾아왔을 리는 없다. 케이틀린은 다음번에는 더 반항적이고 집착하는 모습을 보였을 테니까.

그래서 에이멘 박사는 케이틀린에게 아주 분명하게 대답했다. "얘야, 내가 안 된다고 말했잖아. 그런데도 계속 물어보는구나. 규칙 알지? '부모에게 말대꾸하지 않기'(148쪽 규칙 4번 참조). 그러니 네가 몇 번을 다시 물어봐도 대답은 여전히 '안 돼'야. 그리고 벌칙으로 오늘 하루 동안 전화나 인터넷을 사용할 수 없게 되는 거야. 그런 결과를 맞게 될지 여부는 너에게 달렸어." 그러자 케이틀린은 포기했다. 에이멘 박사가 끈질기고 단호하면서도 친절하게 행동한 그때, 알고 보면 그는 케이틀린의 뇌에게 지금 그녀가 되풀이하고 있는 반항적 행동을 멈출 수 있다고 가르치고 있었다. 사실 이 전술은 강박장애를 가진 사람들을 돕는 행동치료의 일부지만, 모든 연령의 아이들에게도 매우 효과적일 수 있다.

어째서 아이와 부모에게 제한이 필요한가

너를 사랑하니까 제한과 규칙을 정해 주는 거야.

아이의 뇌에는 제한이 필요하다. 규칙과 제한은 안전감을 제공하며, 연구에 따르면[42] '스트레스 반응 시스템'으로 더 잘 알려진 뇌의 시상하부-뇌하수체-부신(HPA) 축이 건강하게 발달하도록 돕는다. HPA 축의 건강한 활동은 뇌의 스트레스 호르몬인 코르티솔 수치를 감소시켜 뇌 기능을 전반적으로 향상시킨다. 건강한 뇌 기능은 정신의 힘을 키워준다. 수십 년에 걸친 연구에 따르면,[43] 애정을 담아 단호하게 제한을 설정하는 권위 있는 양육 방식은-'권위주의적' 양육과는 다르다-아이가 다음의 특질을 발달시키는 데 도움이 되는 것으로 나타났다.

- 책임감
- 독립성
- 사회기술(social skills, 타인과의 소통과 상호작용을 원활하게 하는 역량. '사회적 기술'이라고도 하며, 이것의 학습 과정을 '사회화'라고 한다.-옮긴이)
- 학업 성취도
- 좋은 행동

또한, 제한과 규칙이 있는 환경에서 자란 어린이와 10대 청소년은 불안, 우울증, 또는 물질 남용과 같은 정신 건강 문제나 행동 문제를 겪을 가능성이 작다.

반면에, 2022년에 발표된 연구에 따르면 예측 불가능하거나 일관성 없는 양육 방식은 감정을 다루는 뇌 회로의 건강한 발달을 방해할 수 있으며,[44] 이는 성인기에 정신 건강 문제와 중독의 위험을 높일 수 있다. 에이멘 박사는 에이멘 클리닉에서 불안, 공황장애, 기분 문제를 겪거나 약물을 남용하는 젊은 성인들을 너무나 많이 보아왔다. 많은 경우, 이들은 제한이랄 게 존재하지 않는 허용적인 가정에서 자랐다.

규칙은 부모에게도 도움이 된다. 규칙을 정해 놓으면 아이가 그걸 잘 따르고 있는지 알 수 있으며, 명확하고 감정이 개입되지 않은 벌칙을 통해 규칙에 힘을 더해 줄 수 있는 근거가 생긴다. 특히 글로 적은 규칙은 힘이 세다. 아이들은 흔히 규칙 지향적이며, 물리적 표지(예컨대 수영장에 게시된 규칙)에 반응하는 수가 많다. 예를 들어 에이멘 박사의 조카 앤드루는 세 살이었을 때 밤에 괴물이 나올까 봐 무서워했다. 앤드루의 부모는 침실에 괴물이 없다고 앤드루를 안심시키고자 몇 주 동안 앤드루와 함께 방을 뒤졌다. 침대 밑, 옷장, 문 뒤, 이불 속까지 모든 곳을 샅샅이 살펴보았다. 그러다가 그들은 문득 깨달았다. 괴물을 찾는 행동은 앤드루의 공포를 도리어 부풀리고 있었다.

에이멘 박사의 제안에 따라, 앤드루의 어머니는 아들의 방에 붙일 표지판을 만들기로 했다. 그녀는 앤드루와 함께 괴물 그림을 그린 다음, 둘레에 빨간 원을 그리고 그 가운데로 사선을 긋고선 '괴물 출입 금지'라고 썼다. 놀랍게도 앤드루는 그 표지가 괴물이 침실에 접근하지 못하도록 막아준다고 믿고 두려움에서 벗어났다.[45]

괴물 출입 금지

제한은 타협이 불가능하다

제한과 규칙은 반드시 지켜야 한다. 취사선택할 수 있는 소망 같은 것과는 다르다. 하지만 한 가지 알아두어야 할 중요한 사실이 있다. 아이들은―심지어 어른들도-종종 제한에 저항한다는 사실이다. 부모가 이를 이해하지 못하면 인내심을 시험받고 분노와 좌절감에 빠진 나머지, 그러면 안 되는 걸 알면서도 상황에 굴복해 제한과 규칙의 시행을 포기할 수 있다.

딸이 세 살이 될 때까지 일주일에 한 번씩 외출해 데이트를 즐기던 어느 부부의 사례를 보자. 어느 날 딸을 봐줄 베이비시터가 도착하고 부부가 영화를 보러 가려고 문을 나서는데 딸아이가 투정을 부리기 시작했다.

"엄마 아빠는 영화를 보고 나는 못 보는 건 불공평해." 아이가 울부짖었다.

딸이 본격적으로 성질을 부리기 시작하자 부부는 체념한 표정으로 서로를 바라보다가 현관문을 닫고 집에 머물러 딸을 달랬다. 그날 이후 그들에게 데이트란 없었다.

무엇이 문제였는지 알겠는가? 부부는 딸의 장기적인 발달에 집중하지 못하고, 그 아이의 단기적인 반응에 굴복한 것이다. 그들의 행동에서 딸은 결정권을 가진 사람은 자신이라는 분명한 메시지를 받았다. 부모는 딸의 생떼를 멈추는 데에는 성공했지만, 미래에 문제를 초래할 부정적인 방식으로 그렇게 했다. 아이는 폭군처럼 행동하면 부모가 굴복하고 자신의 욕구를 충족해 준다는 걸 배웠다.

이런 양육은 슬롯머신과 같다. 슬롯머신에서 자주 돈을 따는 건 아니지만, 계속 돌리다 보면 언젠가는 돈을 딸 수 있다. 아이 입장에서 이는 부모를 계속 조르다 보면 언젠가는 부모가 굴복할 가능성이 있다는 의미다. 행동주의에 관한 획기적인 연구를 수행한 심리학자 B. F. 스키너는[46] 간헐적 강화(intermittent reinforcement)를 제공하는 것이 지속적인 강화에 비해 동물을-또는 사람을-훈련시키는 방법으로서 훨씬 더 강력하다는 사실을 발견했다(간헐적 강화란 어떤 행동에 대한 보상을 불규칙적으로 하는 것을 말한다.-옮긴이). 모든 도박꾼은 가변적 보상에 대한 믿음을 연료로 삼는다. "다음에는 큰돈을 벌 수 있을 거야!" 이것이 아이에게 어떻게 적용되는지 살펴보자. 가족끼리 휴가를 가 있는 동안, 아이가 조르면 저녁 식사 전에 디저트를 먹도록 허용하는 등 규칙의 일관성에서 벗어났다고 가정해 보자. 평소와 다르게 후식을 미리 얻어낸 아이는 그런 가변적인, 즉 변덕스러운 보상을 다시 얻으려고 끈질기게 노력할 수 있다. 부모의 변덕은 아이의 머릿속에 이런 생각을 심어줄 수 있는 것이다. "내가 또 떼를 쓰면, 부모님이 포기하고 저녁 식사 전에 디저트를 주실지도 몰라."

아이의 머릿속에 이런 믿음을 심어주고 싶지는 않을 것이다. 이는 제한을 설정하려는 부모의 노력을 약화하고, 부모는 3장에서 설명한 죄책감의 순환 고리(크게 화내고, 죄책감을 느끼고, 구조하기)에 빠지게 된다. 또한 아이는 부모의 행동을 조종하는 행위에 중독된다.

효과적으로 제한을 설정하는 여섯 단계

아이에게 제한을 설정하는 도전적인 일을 곧바로 해보고자 아래의 단계들을 급하게 밟아가기보다는, 먼저 시간을 갖고 준비부터 하길 바란다. 서두르다 보면 예상치 못한 문제들에 부딪힐 수 있다. 페이 박사는 노 젓는 보트를 타고 호수로 나가기로 한 어느 날 비슷한 경험을 한 적이 있다. 그는 보트에 올라타서 열심히 노를 저으며 정말 멋진 하루라고 생각하고 있었다. 그런데 얼마 지나지 않아, 보트의 뱃전이 수면에서 겨우 손가락 한 마디만큼만 올라와 있다는 사실을 깨달았다. 페이 박사의 보트는 얼음처럼 차가운 물 속으로 빠르게 가라앉고 있었다. 알고 보니 깜박하고 보트 뒤쪽 바닥에 있는 배수 구멍에 플러그를 끼우지 않은 것이었다. 다행히 그는 늦지 않게 뭍으로 돌아올 수 있었다. 이 일화는 우리에게, 누구든지 양육 계획을 세울 때는 빈틈부터 막아놔야 한다는 걸 알려준다.

훌륭한 부모는 큰 변화를 시도하기 전에 먼저 그에 관한 기술들을 배우고 연습한다. 아이를 위한 제한 설정으로 가는 다음의 단계들을 읽어나가면서 무엇이 잘못될 수 있는지, 문제가 생겼을 때 어떻게 대처할지 먼저 머릿속으로 그려보라. 특별한 도움이 필요하거나 장애가 있는 아이에게 제한 사항을 전하는 일에는 약간의 기교가 필요할 수도 있음을 명심하라. 단순한 어휘를 사용하고 그림, 음악, 스킨십 또는 역할극을 활용하여 여러분이 아이에게 무엇을 기대하는지 아이가 이해할 수 있도록 도우라.

1단계: 목표로 돌아가기

제한을 설정하고자 할 때, 부모로서 자신과 아이를 위해 세운 목표를 다시 한번 생각해 보라. 자신에게 다음과 같은 질문을 던져보라.

- 아이가 어떤 유형의 어른이 되기를 바라는가?
- 그 목표를 달성하기 위해 자신이 일관되게 본보기를 보여야 하는 것은 무엇인가?
- 그 목표를 일관되게 뒷받침해 주는 제한들을 어떻게 설정할까?
- 단기적인 감정에 휘둘리지 않고 일관되게 목표를 추구하려면 어떻게 해야 할까?

이러한 질문들에 답할 수 있다면, 설정하고 싶은 제한을 고를 준비가 된 것이다. 여러분이 설정하는 제한이 현실에서 완전히 시행 가능한 것인지 확인하는 것도 필요하다. 지킬 수 없는 제한은 역효과를 낼 수 있다.

2단계: 아이의 반응에 대비하기

제한을 설정하면 아이가 다양한 반응을 보일 수 있다는 점에 미리 유념하라. 앞의 일화에서 여자아이는 부모가 영화관 데이트에 나서려 했을 때 울음을 터뜨리며 떼를 썼다. 어떤 경우에는 규칙과 제한으로 인해 상황이 나아지기 전에 모두 기분이 더 나빠질 수도 있다. 심리학과 정신의학계에서는 이를 '소거폭발(extinction burst)'이라고 부른다(이것은 특정 행동을 교정 즉 소거[消去]

하는 과정의 초기에 그 행동의 빈도나 강도가 일시적으로 확 증가하는 현상이다. '소거격발'이라고도 한다.-옮긴이). 에이멘 클리닉에서는 아이들이 새로운 규칙과 제한에 대해 분노, 징징거림, 성질부리기, 울음, 고함, 흥정이나 그 밖의 문제 행동으로 반응하는 것을 자주 볼 수 있다. 아이의 격렬한 반응에 직면한 부모는 제한이 효과가 없다고 생각하고 포기하는 것을 고려할 수도 있다. 부디 그런 실수를 범하지 말길! 이처럼 굴복하고 포기하면 부모는 아이의 눈에 이랬다저랬다 하는 변덕쟁이로 보이고, 그럼으로써 부모를 조종하려는 아이의 행동을 부추기게 된다.

아이가 새로운 규칙과 제한을 싫어할지 모르며 부모가 원치 않는 방식으로 반응할 수 있다는 걸 미리 이해하면, 부모가 분노, 좌절, 낙담 또는 죄책감을 느끼지 않는 데 도움이 된다. 소거폭발이 일반적으로 며칠에서 일주일 정도만 지속되는 일시적 현상이라는 것을 알고 있으면 아이가 얼마간 폭발하는 모습을 보이더라도 새로운 제한을 계속 시행해 나갈 자신감을 얻을 수 있다. 전환은 쉽지 않다. 힘겨운 전환기를 견뎌내는 열쇠는 장기적인 결과에 초점을 맞추는 데에 있다. 부모가 아이에게 과거로 돌아가는 일은 결코 없다는 걸 확실히 보여주면, 오래 지나지 않아 남을 더 존중하고, 책임감 있고, 이전보다 행복한 아이를 키우게 될 테다.

3단계: 아이의 말대꾸를 무력화하는 방법을 배우기

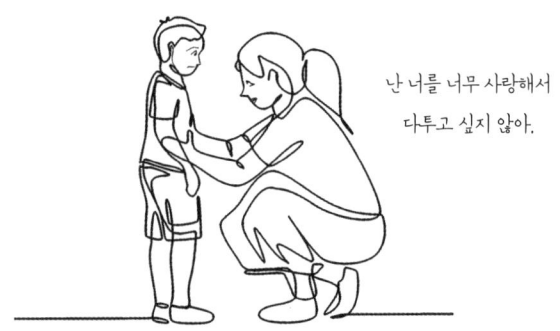

2단계에서 언급했듯, 제한을 설정하기 시작하면 아이와의 다툼에 휘말릴 수 있다. 다행히도 '사랑과 논리'는 수십 년 동안 부모가 아이의 말대꾸를 무력화하는 데 든든한 도움을 주어왔다(아래의 '말대꾸 무력화 전략'을 보라). 이 간단한 전략은 단호하면서 친절한 양육에서 가장 중요한 도구의 하나로, 부모가 제한과 규칙을 굳게 지킴으로써 자신과 아이를 위한 목표들을 달성하는 데에 도움이 된다.

말대꾸 무력화 전략

아이가 자신의 뜻을 관철하거나, 부모를 속상하게 만들거나, 책임을 회피하려 할 때 말다툼, 말대꾸, 교묘한 조종 따위의 방법을 활용하면 된다고 믿게 두는 것은 다른 무엇보다도 해롭다. 따라서 정신이 강한 아이를 키워내는 현명한 부모는 아이가 이런 방법을 꺼내 들 때마다 다음과 같은 2단계 대응법을 쓴다. 아이가 크면서 부모에게 말대꾸하려는 시도를 시작하자마자 곧장 이 기술을 사용하라. 보통은 3~4세 무렵이다.

첫째, 너무 많이 생각하지 말라. 부모는 아이가 하는 말이나 행동에 지나치게 신경을 쓰기 쉬운데, 그러지 말아야 침착하게 대응할 확률이 높아진다. 나를 촉발하는 버튼을 누르려는 사람에게 크게 주의를 기울이지 않아야 버튼이 눌리지 않기가 쉽다. 아이에게 효과도 없는 일장 연설을 늘어놓고 싶은 유혹을 참는 것도 훨씬 쉬워진다.

둘째, '사랑과 논리'의 '한 줄짜리 문장'을 차분하게 반복하라. 아이를 설득하려 애씀으로써 아이의 주장에도 일리가 있음을 사실상 인정해 주기보다는, 많은 부모들의 검증을 거친 '사랑과 논리'의 한 줄 문장들로 대응하라. 다음은 몇 가지 예시다.

"난 너를 너무 사랑해서 다투기 싫어."

"내가 뭐라고 말했지?"

"나도 알아."

"네가 차분하고 존중을 담은 어조로 말할 때 네 말을 들을게."

주의! 이때 메시지에 빈정거림, 좌절감, 분노가 담길 경우 역효과가 날 수 있다.

4단계: 부모 자신의 마음속 말다툼을 잠재우는 방법 배우기

아이와의 말다툼을 억제하는 것보다 더 어려운 것은 자신의 마음속 말다툼을 잠재우는 것이다. 여러분이 무언가 생각할 때마다 뇌에서 화학물질이 분비된다는 사실을 알고 있는가? 화가 나거나 절망을 느끼거나 우울하거나 무서운 생각이 들 때마다 뇌가 특정한 화학물질들을 방출하여 온몸이 반응하고 기분이 나빠진다. 지난번 아이에게 크게 화를 냈을 때를 생각해 보라. 거의 즉시 몸에서 어떤 변화가 일어났을 것이다. 아마 대부분의 사람들과 마찬가지로 근육이 긴장되고, 호흡이 빨라지고, 손에 땀이 나면서 차가워지고, 심박수가 올라갔을 것이다. (이것이 거짓말 탐지기의 원리다. 우리 몸은 우리가 생각하는 것에 반응한다.)

반면에 긍정적이고, 행복하고, 희망적이고, 성공적이거나 즐거운 생각을 할 때마다 뇌는 기분을 좋고 편안하게 만드는 다른 종류의 화학물질들을 분비한다. 위와는 정반대의 신체 반응이 일어난다. 심박수가 느려지고, 손이 건조하고 따뜻해지며, 근육이 이완된다. 생각은 이렇듯 강력하다. 자신의 생각에 대해 생각하지 않는 한, 생각은 자동적이다. 그냥 일어나는 것이다. 그러니 여러분이 무엇을 생각하는지는 여러분이 어떻게 느끼고 어떻게 양육하는지에 대단히 중요하다.

양육을 잘하려면 명료하게 사고해야 한다. 그런데 여러분의 생각이 항상 진실을 말하는 것은 아니다. 생각은 거짓말을 하곤 한다-그것도 많이. 면밀히 검토하지 않은 생각들이 여러분의 양육에 큰 혼란과 피해를 초래할 수 있다. 머릿속을 스쳐 지나가는 말도 안 되는 생각, 엉뚱한 생각, 반응적인 생각을 모두 믿을 필요는 없다.[47]

어떤 생각을 했을 때, '이게 나에게 도움이 되는 걸까 해로운 걸까' 하고 차분히 생각해 보는 것은 중요하다. 안타깝게도, 부정적 자동사고(ANTs, 1장 참조)는 그 생각을 한 사람 자신에 의해 바로 반박되지 않으면 소풍 나온 개미처럼 마음을 뒤덮어 버린다. 이런 사고는 아무 때나 뜬금없이 튀어나와서는 정신을 물고 뜯고 괴롭히며 병들게 한다(적절히 대응하지 않으면 말이다). 아이에게 제한을 설정하려고 할 때 부정적 자동사고는 여러분이 스스로를 의심하게 만들거나 새로운 규칙을 포기하라고 꼬드길 수 있다. 하지만 여러분이 먼저 정신적으로 강하지 않고서는 아이에게 정신적으로 강해지는 방법을 가르칠 수 없다.

뒤의 7장에서 이 주제를 깊이 있게 파헤치고, 여러분이 부정적 사고와 그에 따른 분노, 좌절감, 죄책감, 절망감을 극복함으로써 아이에게 단호하면서도 애정 어린 태도를 유지하도록 도울 오랜 세월 검증된 절차를 소개할 것이다. 또한 아이가 자신의 생각을 통제하고 목적의식을 갖고 행복하게 살아갈 수 있도록 스스로의 부정적 자동사고와 싸우는 법을 가르치는 방법도 알려줄 것이다.

여기서는 먼저, 우리가 양육을 하면서 마주치는 가장 흔한 부정적 자동사고와 그것을 대체할 수 있는 '정확한 경쟁사고(accurate competing thoughts, ACTs)'를 소개한다(ACTs는 인지행동치료 등 심리치료에서 사용하는 개념으로, 부정적 자동사고 같은 비합리적이고 왜곡된 생각을 반박하고 대체할 수 있는 합리적, 현실적이며 균형 잡힌 생각을 말한다.-옮긴이).

부정적 자동사고(ANTs)	정확한 경쟁사고(ACTs)
이 새로운 규칙은 효과가 없고, 오히려 아이를 더 나쁘게 만들고 있다.	새로운 규칙으로 인해 일시적으로 '소거폭발' 현상이 나타나고 있지만, 장기적으로는 좋은 결과를 얻을 것이다.
나는 부모로서 실패했다.	나는 최선을 다하고 있으며 실수에서 배우고 있다.
아이가 원하는 대로 하게 내버려두면 모든 게 더 쉬워질 것이다.	지금 아이를 너무 허용적으로 대하면 결국 나와 아이의 삶이 더 힘들어질 것이다.

여러분의 머릿속을 채우고 있는 것이 부정적 자동사고가 아니라 정확한 경쟁사고라면, 양육자로서 여러분의 삶은 어떤 모습일까? 아이도 이 같은 상태가 되는 법을 배울 수 있다면, 아이의 삶은 어떻게 될까? 자세한 내용은 7장을 기대하길 바란다.

5단계: 설정하려는 제한이 현실적으로 시행 가능하게 만들기

실제 시행할 수 있는 제한들을 선정했다 하더라도, 그 내용을 아이에게 명확하게, 효과적으로 전달하지 않으면 소용이 없다. 규칙이 얼마나 효과적이고 얼마나 잘 지켜질지는 부모가 규칙을 아이와 공유하는 방식에 달렸다. 소통 전문가들은 지시에는 두 유형이 있다고 말한다. 비효과적인 '베타' 지시와 효과적인 '알파' 지시가 그것이다.

베타 지시(비효과적)

1. 연쇄적인 지시: 너무 많은 지시가 한데 묶여 있는 경우. 주의력 지속 시간이 짧은 어린이는 한 번에 한두 개의 지시밖에 처리하지 못할 수 있다.
2. 중단된 지시: 지시를 해놓고는 아이가 그걸 수행하기 전에 논의를 너무 많이 하는 경우.
3. 반복적인 지시: 한마디로 '잔소리'라고 한다.

4. 모호한 지시: 불명확한 지시는 아이가 아무것도 하지 않는 결과를 낳기 쉽다.

5. 질문형 지시: "이렇게 해 줄래?" 이건 사실 질문이 아니다. 진짜로 질문이나 부탁을 하는 게 아니라면, 지시할 때 그런 형태를 취하지 말라.

6. "같이 하자" 지시: 아이가 거부한 집안일이나 과제 같은 지시 사항을 부모가 함께 해주겠다고 제안하는 경우다. 이는 아이가 부모의 지시를 따르지 않는 행동을 강화한다. 단, 아이가 해보지 않은 집안일을 시킬 때 방법을 가르치기 위해 처음 한 번은 부모와 같이 하자고 제안하는 것은 효과적인 지시다.

7. '정신을 뒤트는' 지시: 이러한 지시에는 극도로 부적절한 메시지가 덧붙어 있다. 예를 들어, "그렇게 하지 않으면 널 떠날 거야/널 멀리 보내버릴 거야 등등".

알파 지시(효과적)

1. 집안일을 시키거나 다른 지시를 내릴 때는 진심으로 뜻하는 바만 말하고, 지시를 따르지 않을 경우 응분의 대가를 치르게 할 거라고 아이에게 분명히 밝힌다.

2. 간명하고 직접적인 말로 지시한다.

3. 한 번에 한 가지 지시만 한다.

4. 지시할 때 아이가 주의를 기울이고 있는지 확인한다. 먼저 아이와 눈을 마주친다.

5. 방 안의 집중 방해 요소들을 줄이거나 없앤다.

6. 아이가 지시를 이해했는지 확실하지 않은 경우, 아이에게 지시 내용을 다시 말해 보라고 한다.

7. 지시 내용이 복잡하거나 아이가 전부터 부모가 원하는 방식으로 행동하는 데 어려움을 겪었던 경우, 지시한 작업을 수행하기 위해 밟아야 하는 모든 단계를 글로 적는다. 예를 들어 이렇게 쓴다. "방을 치운다는 건 침대를 정돈

하고, 서랍을 닫고, 옷과 장난감을 바닥에서 치우고, 침대 밑에 아무것도 두지 않는다는 뜻이다." 이렇게 하면 작업 결과를 확인하고 제대로 수행되었을 경우 보상하기가 쉬워진다.

알파 지시를 받으면 아이들의 규칙 준수율이 크게 높아진다. 규칙을 지키기 어려워하는 아이의 경우 특히 그렇다. 너무나 많은 부모들이, 규칙을 명확하게 전달하지 않아도 아이가 어떻게 행동해야 할지 알 거라고 착각한다. 규칙과 기대치를 명확하게 설정하고 글로 적어놓음으로써 아이에게 행동 방향을 제시하는 게 좋다. 부모가 기대하는 바를 아이가 알면 그에 부응할 가능성이 훨씬 높아진다.

제한과 규칙을 전달할 때 또 다른 핵심 요소는 진술의 주어다. "너는 … 할 거야"라고 말할 수도 있고, "나는 …할 거야"라고 말할 수도 있다. 아이에게 새로운 규칙과 제한을 소개할 때 '너'로 시작하는 어구를 사용하면 *아이의 행동*에 중점을 두게 된다. 여기서 문제는, 부모가 항상 아이의 행동을 통제할 수 있는 것은 아니라는 점이다. 부모가 일관되게 통제할 수 있는 것은 자신의 행동뿐이다. 결국, '너'를 주어로 삼는 것은 자신이 이길 수 없는 권력 다툼의 판을 짜는 셈이다.

반면에, 제한과 규칙을 아이와 공유할 때 '너'가 아니라 '나'를 주어로 삼으면 스스로 통제할 수 있는 부모 자신의 행동에 초점을 맞추게 된다. 이것이 바로 '사랑과 논리'에서 이야기하는 "강제력 있는 진술"로서, 이때 부모의 말은 놀이용 가짜 돈이 아니라 진짜 돈으로 바뀐다. 다음에서 '너' 진술과 '나' 진술의 사례를 살펴보자.[48]

'너' 진술 대 '나' 진술

너는 나한테 그런 식으로 말하면 안 돼!	나는 네가 나처럼 차분한 목소리로 말해야 네 말을 듣겠어.

너는 쓰레기를 버려야 해.	나는 네가 쓰레기를 버린 걸 확인한 뒤 널 야구 연습장에 데려다줄 거야.
네 뒤치다꺼리를 하는 게 지긋지긋하구나. 그 장난감 네가 치우렴. 당장!	나는 네가 스스로 정리하는 장난감만 집에 둘 거야.
너는 나에게 존중심을 보여야 해. 나는 널 도우려는 것뿐이야.	내가 존중받고 있다고 느낄 경우에만 네 숙제를 도와줄게.

6단계: 공감은 마음과 정신에 학습의 문을 열어준다는 사실을 기억하기

양육에서 이루어지는 다른 모든 노력과 마찬가지로, 공감을 통해 제한을 설정하고 시행하는 것은 아이의 뇌 발달을 촉진하고, 유대감 형성을 조장하며, 강인한 정신을 키워준다. 이전 장에서 배운 것처럼 공감은 뇌에서 학습 및 실행 기능을 관장하는 영역의 기능과 관련된다. 반면 분노와 좌절은 뇌의 '투쟁, 도피, 혹은 경직' 반응을 활성화하여 스트레스를 높이고 건강한 뇌 발달을 방해할 수 있다.

다음 이야기는 부모가 네 살 난 아이에게 어떻게 공감을 보여줄 수 있는지를 예시한다. 쇼핑을 하던 중, 아이가 진열대에 놓인 미니카를 발견한다. 아이는 즉시 달려가서 장난감을 집어 들고 부모에게 보이며 "이거 사줘!"라고 말한다. 물론 효과적으로 양육을 하는 부모는 이런 식의 요구에 결코 굴복하지 않지만, 그처럼 단호한 가운데서도 애정 어린 태도를 잃지 않는다. "아니, 네겐 그 차가 필요 없어. 안 사줄 거야!"라고 야단치는 대신, 배려와 공감의 메시지를 보낸다. "내가 네 나이였다면 나도 그런 차를 갖고 싶었을 거야. 언젠가 네게 그걸 살 돈이 생기면 참 좋겠구나!" 그러고 나서 부모는 재빨리 다시 쇼핑을 시작함으로써 아이에게 그 이야기는 끝났다는 신호를 보낸다. 아이가 떼를 쓰며 바닥에 드러누울 경우, 부모는 아이한테 침착하게 "아, 안타까운 일이네. 집에 가서 이 일에 대해 뭔가를 해야겠구나"라고 말하며 아이에게 어떤 벌칙을 줄지 생각할 시간을 벌어야 할 수도 있다.

이런 식으로 대처하더라도 아이가 생떼를 부릴 가능성이 완벽히 차단되는 건 아니다. 그러나 즉각적인 공감과 인정으로 얼마나 많은 생떼와 권력 다툼을 예방하거나 적어도 최소화할 수 있는지 알면 놀랄 것이다. 약간의 공감이 큰일을 해낸다. 공감은 부모가 설정한 제한을 아이가 지키도록 돕고, 부모가 아이에게 가혹하게 반응하고는 죄책감을 느껴서 아이의 구조에 나서는 '죄책감의 순환고리'에 빠지지 않도록 해준다.

제한을 얼마나 많이 설정해야 할까?

규칙은 몇 개가 가장 좋다는 식의 이상적 숫자는 없다. 하지만 성격상, 또는 상황에 몰입해서 규칙을 지나치게 많이 정하는 부모들도 있다. 성실한 커밀라의 예를 살펴보자. 그녀는 거의 모든 것에 규칙을 정했다. 커밀라가 정한 제한 목록은 너무 길어서 그녀 자신과 배우자, 아이들이 지키기 버거울 정도였다. 결국 그녀는 페이 박사를 찾아와 자신이 설정한 제한이 너무 많아서 신경쇠약에 걸릴 지경이라고 털어놓았다. 페이 박사는 그녀에게 모든 것을 아우르는 제한 몇 가지만 정하는 것이 관련된 모든 사람의 부담을 덜어줄 거라고 알려주었다. 결과적으로 그는 커밀라가 그 많은 규칙을 가장 기본적인 것 단 두 가지로 일단 줄이도록 도왔다.

"우주 안에 있는 누군가에게 문제를 일으키지 않는 한, 원하는 것은 무엇이든 자유롭게 해도 좋다."

"문제를 일으키면, 당사자가 직접 해결한다."

커밀라의 가족에게는 이러한 규칙이 적합했다. 하지만 좀 더 구체적인 규칙을 몇 개 정하는 게 유용할 가족도 있을 것이다. 가족마다―그리고 아이마다―제각기 다르므로, 그에 맞추어 규칙을 조정하는 것이 최선이다. 시행착오를 거쳐서 각자의 상황에 가장 적합한 규칙들을 찾아내야 할 수도 있다. 아니면 효능이 입증된 몇 가지 필수 규칙으로 시작하고, 이후 필요에 따라 규칙의 수를 늘리든지 할 수도 있다.

아이들을 위한 에이멘 박사의 여덟 가지 필수 규칙

에이멘 박사는 30년 이상 수많은 가족과 함께 일하면서, 모든 가정이 저마다 다르다는 사실을 알게 되었다. 하지만 모든 부모와 아이에게 도움이 될 기본적 규칙이 몇 개 있다.

규칙 1: 진실을 말한다. 정직은 가족에게 중요한 가치다. 이 규칙을 어기면, 하지 말았어야 할 행위를 한 것뿐 아니라 거짓말을 한 것 때문에도 곤경에 빠질 것이다. 규칙은 단순명료하다. 진실을 말하라!
이 규칙은 거짓말이 작든 크든 똑같이 적용된다. 아이가 작은 거짓말을 했을 때 봐주면, 나중에 큰 거짓말을 하기가 더 쉬워진다. 부모가 아이에게 줄 수 있는 최고의 선물 하나는 정직함을 가르치는 것이다. 다른 사람들 앞에서 정직할 수 있다면, 스스로에게도 정직해질 가능성이 커진다. 물론 아이가 이 규칙을 따르기를 원한다면 부모 자신도 거짓말을 해서는 안 된다. 아이는 부모의 말이 아니라 행동을 따라 한다. 따라서 아이와 함께 있는데 누군가에게서 모임에 초대하는 전화가 걸려 왔고 휴대폰이 스피커폰 모드로 되어 있다면, 참석할 수 없는 이유를 거짓으로 대는 일은 금물이다.

규칙 2: 다른 사람을 존중하는 태도로 대한다. 소리 지르기, 때리기, 발로 차기, 욕하기, 비하하기 같은 행동은 용납되지 않는다. 오늘날 많은 아이(그리고 어른)에겐 다른 사람과 긍정적인 방식으로 관계를 맺는 기술이 부족하다. 무례함은 갈등과 사회적 고립, 외로움을 낳는다. 다른 사람과 좋은 관계를 맺으려면 존중이 대단히 중요하다. 긍정적이고 존중하는 태도로 다른 사람들과 관계를 맺으면 긍정적인 사람들, 긍정적인 상황들이 더 많이 찾아들 것이다. 아이에게 일찍 이 사실을 가르쳐서, 오랜 세월 좌절을 겪지 않도록 해주라.

규칙 3: 부모님의 말을 한 번에 듣는다. 권위는 좋은 것이고, 필요하며, 실제로 아이에게 안정감을 준다. 하지만 갈수록 많은 부모들이 권위를 행사하는 걸 조심스러워한다. 권위라는 게 과연 좋은 건지 확신하지 못하기에 허용적인 태도로 기울기 쉽다. 더 나쁜 것은, 때로는 엄격하고 때로는 그렇지 않은 양면적인 태도로 아이에게 혼란을 주는 것이다. 앞서 언급했듯이, 연구에 따르면 아이 문제를 가장 많이 겪는 것은 허용적인 부모들이라고 한다. 에이멘 박사의 진료실에 와서, 아이에게 어떤 행동을 시키려면 열 번에서 열두 번은 말해야 한다고 하소연하는 부모들이 적잖다. 그러면 에이멘 박사는 의아해진다. 그런 상황이라면, 대체 누가 누구를 통제하고 있는 거지? 아이에게 무언가를 하라고 열 번이나 말하고는 몹시 속상해하는 부모는 아이에게 무엇을 가르치고 있는 걸까? 상대가 미친 듯이 화를 낼 때까지는 복종하지 않아도 괜찮다고 가르치고 있는 게 아닐까?

에이멘 박사가 아들 앤터니에게 쓰레기를 내다 버리라고 시킬 경우, 앤터니가 적정한 시간, 예컨대 10초가 지날 때까지도 움직이지 않으면 경고를 준다. "아들아, 쓰레기 버리라고 했어. 지금 버리든지, 아니면 일단 벌칙을 받고 나서 결국 쓰레기를 버리든지, 둘 중 하나야. 무얼 선택할지는 너에게 달렸어." 에이멘 박사는 아들이 아버지의 지시나 요청은 처음 말할 때부터 진지하다는 것을 알도록 훈련했다. 부모의 말에 반드시 복종해야 한다는 기대를 아이에게 전달하고, 그것을 추가적 조처로 뒷받침할 의지가 있음을 보이면, 아이는 그 메시지를 알아듣고 부모가 뭔가를 한 번 요청하면 곧바로 그 일을 하기 시작할 것이다.

규칙 4: 부모에게 말대꾸하지 않는다. 많은 아이들이-특히 10대가 되면-

부모에게 계속 대들고 말씨름을 하려 든다. 이제 아이에게 단서를 달아 말할 때다. "나는 네가 하는 말을 듣고 싶지만, 한 번만 들었으면 해." 내 환자 중 하나는 부모가 무슨 말을 하든 반박을 해서 '싸움닭'이라는 별명이 붙었다. 어떤 아이들은 싸우려고 태어난 것처럼 보이는데, 개중에는 3장에서 설명한 뇌의 앞대상회가 과도하게 활성화돼 있기 때문인 경우가 적잖다. 이런 아이들은 툭하면 부모의 말꼬리를 한도 끝도 없이 잡고 늘어질 것이다. 만일 아이가 계속 여러분에게 말대꾸를 하게 내버려둔다면, 아이가 또 누구에게 말대꾸를 하게 될지 아는가? 선생님을 비롯한 권위 있는 위치의 사람들이 다음 대상이 될 것이다.

규칙 5: 서로의 소유물을 존중한다. 이는 내 것이 아닌 물건을 사용하려면 허락을 받아야 한다는 뜻으로, 너무 장기간 빌리는 것과 훔치는 것의 금지도 포괄한다. 형제자매의 방에서 멋대로 물건을 가져가선 안 된다. 이 규칙은 많은 싸움을 예방한다. 아이가 상점에서 물건을 훔친 것을 발견하면, 아이를 데리고 그 상점으로 가서 관리자에게 자백하도록 하라. 그런 다음 아이로 하여금 물건을 돌려주는 동시에 그것의 값까지 지불하여 매장이 입은 물적, 심적 피해를 보상케 하라. 이런 대응은 아이의 기억에 새겨질 것이며, 향후 도둑질로 문제를 일으킬 가능성을 줄여준다. 아이가 집에서 다른 사람의 물건을 훔치거나 망가뜨린 경우, 아이에게 그 물건에 대한 책임을 묻고 대체용 물품의 값을 (돈이나 노동으로) 지불케 하라.

규칙 6: 자신이 꺼낸 물건은 자신이 치운다. 나는 아이에게 책임감을 그 모든 의미에서 길러주는 것이 중요하다고 믿는다. 엄마들은 아이에게 너무 많은 것을 해주고, 아이에게 권한이나 책임을 위임하는 걸 어려워하는 경우가 많다. 그러나 아이를 위해 모든 것을 다 해주는 부모는 결국 화가 나고, 지쳐 버리고, 낙담하고, 우울해진다. 아이에게 집안일을 돕게 하고 자기 뒷정리를 시킴으로써 일하는 방법을 가르치라.

하버드 대학교에서 50년 동안 진행 중인 한 대규모 연구에서는 보스턴 도심의 학교를 졸업하고 현재 60대가 된 사람 450명을 대상으로 우울증, 알코올 중독, 불안장애, 기타 다양한 정신 건강 관련 질병의 사회적 원인을 조사하고 있다.[49] 이 연구에서는 자존감 또한 살펴보고 있다. 연구에 포함된 400개의 변수 가운데 자존감과 연관된 유일한 요인은 그들이 10대 때 일을 했는지 여부였다. 집에서 다른 아이들을 돌보거나 집안을 돌보았든, 집 아닌 어디에서 무슨 일을 했든 말이다. 부모가 아이를 위해 모든 것을 해주면 아이는 자존감을 키울 수 없다. 그러니 이 규칙을 일찍 도입하라. 아이를 위해 모든 것을 다 해주다가 열두 살이 되어서야 집안일을 도우라고 하면, 돕는 것에 익숙지 않은 아이는 성질을 부려댈 수 있다.

에이멘 박사의 가정에서는 아이가 집안일을 돕는 것이 일상이다. 아내인 타나에게서 딸 클로이와 친구를 데리러 간 어느 날의 이야기를 듣고, 그는 아이에게 집안일을 교육시킨 보람을 확실히 느낄 수 있었다. 그날 뒷좌석에 타고 있던 아이들은 하루 종일 놀고선 지친 기색이 뚜렷했다고 한다. 클로이는 자신이 갖고 싶은 장난감을 사기 위해 매일 평소보다 많은 집안일을 하며 용돈을 가외로 벌고 있었다. 의지가 대단했다. 하지만 이날 클로이는 매우 피곤해했다.

"엄마, 오늘 저녁 만드는 걸 돕기로 했는데 너무 피곤해요. 제가 꼭 해야 해요?" 클로이가 말했다. 타나는 클로이가 이미 평소에 늘 하는 집안일을 마쳤기 때문에, 원하지 않는다면 가외로 더 할 필요는 없다고 설명했다.

이때 클로이의 친구가 클로이를 바라보며 말했다. "우리 엄마는 집안일을 시키지 않아서 정말 다행이야!"

클로이가 답했다. "집안일을 안 해도 된다니 무슨 말이야? 집안일은 누구나 해야 하는 거야! 나는 용돈을 더 벌려고 집안일을 더 하는 거고."

"아니! 우리 엄마 아빠는 나를 사랑하니까 용돈을 그냥 주는걸."

클로이는 친구에게 오직 그녀만이 지을 수 있는 표정을 보이며 말했다. "말도 안 돼! 돈이랑 사랑이랑 무슨 상관이야?"

그러자 친구가 말했다. "아니라니까. 우리 엄마 아빠는 나를 너무나 사랑하니까 용돈을 주는 거야. 엄마는 매일 주고 아빠는 매주 줘."

이때 타냐는 말없이 식은땀을 흘리고 있었다. 클로이가 다른 아이들은 왜 집안일을 하지 않느냐고 물어오면 어떻게든 잘 설명해야겠기 때문이었다. 그런데 클로이는 눈을 동그랗게 뜨며 말했다. "집안일은 가족생활의 일부야. 그게 가족이 같이 살아가는 방법이지. 게다가 나 집안일 잘해. 요리하는 법이랑 이것저것 배우는 게 얼마나 재밌는데."

타냐는 그 순간 딸에게 엄청난 자부심을 느꼈다. 집안일에 관한 명확한 규칙은 화목한 가정을 꾸리는 데에도 보탬이 된다.

규칙 7: 어디 가려면 사전에 허락을 구한다. 이에 대해선 많은 아이들이 불평하지만, 부모는 아이가 어디에 있는지, 누구와 함께 있는지, 무엇을 하고 있는지 확인해야 한다. 아이가 어린이든, 10대든, 젊은 성인이든, 자신이 있겠다고 말한 장소에 실제로 있는지 주기적으로 직접 확인하라. 적절한 감독은 유대감을 강화하고 아이가 안정감을 느끼도록 도와주므로 아이의 정서적 안녕감에 필수다.

규칙 8: 서로를 다정하게 대하고 도울 방법들을 찾는다. 부모라면 누구나 형제자매가 서로 다정하게 대하고 서로 돕는 것이 자연스러운 상태가 아니라는 걸 알고 있다. 외동이 아니라면, 아이들 사이에 경쟁의식과 대립이 존재할 가능성이 아주 크다. 형제 사이에 왜 그렇게 문제가 많은지는 분명하지 않지만, 형제에 관해 성경에 나오는 첫 이야기(형 카인이 동생 아벨을 살해한 이야기를 말한다.-옮긴이)만 보아도 결과가 별로 좋지 못했다. 이 규칙을 가족 문화의 일부로 만들면 아이들 사이에서 친절과 도움을 주고받는 일이 더 잦아질 것이다. 이런 습관을 들이게 하려면, 아이가 형제자매에게 다정하게 행동하고 도움을 주려고 특별히 노력하는 것에 대해 칭찬하거나 보상하라. 긍정적 강화를 통해 아이에게 좋은 성품을 심어줄 수 있다.

부모가 기대하는 바를 아이에게 말해 주면 아이가 그에 부응할 가능성이 훨씬 커진다. 규칙은 가족의 분위기와 가치관을 결정한다. 규칙은 가정에도 이를테면 지휘계통이라는 게 있으며, 부모는 아이가 규칙 따르기를 기대한다는 것을 분명히 보여준다. 이러한 규칙들이 사회적으로 기대되는 좋은 태도와 에티켓을 담고 있다는 것은 말할 필요도 없으리라.

ADHD 아동에게는 규칙을 더 명확하게

가정에서 기대치를 설정할 때 그림이나 프린트된 짤막한 지시문 같은 시각적 단서들을 사용하는 것이 중요하다. ADHD(주의력결핍 과잉행동장애) 아동은 말로 듣는 정보를 처리하는 데 어려움을 겪을 수 있으므로(시끄러운 환경에서는 특히 그렇다), 언어적 지시는 최소화하는 것이 좋다. 부모가 아이에게 기대하는 바를 글로 적어 놓으면 나중에 아이가 잊거나 부모가 그런 말을 했다는 사실 자체를 부인할 때 참조토록 할 수 있다는 장점도 있다. 에이멘 박사의 책 『주의력결핍장애 치유하기(Healing ADD)』에서 이 흔한 질환을 가진 아이들을 위한 더 많은 팁을 찾을 수 있다.

아이의 행동이 통제 불가능해졌을 때 제한을 설정하기

제한을 설정한다는 발상 자체는 여러분에게 틀림없이 옳은 것으로 느껴지는데, 아이의 행동이 전혀 통제 불가능해 보일 때는 어떻게 해야 할까? 여기서 세 가지 중요한 팁을 소개한다.

- **전문가에게 확실한 도움을 받는다.** 누구든지 위기에 직면하면 두려움을 느끼는 게 당연하다. 뇌가 두려움에 절어 있을 때는 큰 그림을 보고 해결책을 찾아내고, 그걸 정확히 평가하여 효과적으로 대응하기가 어려워진다. 두려움은 또한 이런저런 비효율적인 해결책들 사이를 전전하게 만들어 더 많은 문제를 일으킬 수도 있다. 배려심 있고 유능한 전문가는 부모가 아이의 안전을 지킬 계획을 세우는 동시에 문제의 근본 원인을 다루는 해결책을 실행하도록 도울 수 있다.
- **자신의 신체적, 정신적, 사회적, 영적 건강을 돌본다.** 아이에겐 건강한 부모가 필요하다. 부모가 자신의 건강 개선에는 노력하지 않으면서 아이의 전반적인 건강을 위해서만 애쓰는 경우가 너무 많다. 아이를 사랑한다면 부모 자신부터 건강해야 한다. 그래야만 아이를 건강하고 희망차게 키우는 데 필요한 힘과 관점을 유지할 수 있다. 자신을 돌보는 일은 절대 이기적인 게 아니라고 강조하고 싶다. 아이에게 보여주어야 할 낙관과 힘을 유지하기 위해 부모는 자신을 잘 돌보아야 한다.
- **아이 이외 사람들과의 관계를 발전시킨다.** 부부가 함께 양육을 하는 경우, 결혼 생활 자체도 아이의 치료 계획의 일부다. 너무 많은 부부가 아이의 문제에만 전념해야 한다고 생각한 나머지 부부 간의 관계는 우선순위 목록에서 저 아래쪽에 둔다. 이는 큰 실수다. 부부가 사랑과 존중으로 서로를 받들고, 서로에게서 위안을 받으며, 한 팀으로서 아이를 양육하는 것이 꼭 필요하다. 자신을 돌보는 것이 그렇듯, 결혼 생활을 잘 돌보는 것은 아이를 향한 가장 좋은 사랑의 행위다.

한부모 가정인 경우, 다른 성인들과 서로 배려하고 지지하는 관계를 구축하고 키워나가라. 물론 아이의 필요를 소홀히 할 정도로 많은 시간을 들여 그렇게 하라는 의미는 아니지만, 매주 어느 정도의 시간은 다른 사람을 보살피고 그들에게 보살핌을 받는 데 쓰라는 얘기다. 이 또한 아이를 향한 사랑의 선물이다. 그래야만 여러분이 아이를 잘 사랑하는 데 필요한 격려와 힘을 얻기 때문이다.

어린아이에게 제한을 설정하기

말이 거의 트이지 않은 유아를 비롯해 아직 어린 자녀의 경우엔 어떻게 해야 할까? 어린아이를 상대로 제한을 설정하는 방법은 뭘까? 클라인 박사는 이를 단순화해 부동산의 가치에 비유하여 설명한다. 요컨대 어린아이에게 제한을 설정하는 데 있어 중요한 요소는 세 가지, 즉 위치, 위치, 그리고 위치다.

1. **부모의 위치를 바꾼다.** 억제할 수 없이 소리를 지르거나 남을 때리기 시작하는 어린아이가 있다고 하자. 이때 부모는 아이에게 관심을 주지 말고 그 자리를 떠야 한다. 아이가 항의하면 "네가 진정되면 다시 올게"라고 말한다.
2. **물건의 위치를 바꾼다.** 아이가 장난감을 함부로 다루거나 부모와의 보드게임에서 지고 있다고 해서 마구 떼를 쓰면, 조용히 장난감을 빼앗거나 게임판을 상자에 다시 넣는다. "아이고, 참 안타깝구나. 이제 그만할 시간이야"라는 말도 해보라. 판단력을 발휘하여 적절한 시점에 장난감 또는 게임판을 다시 주라.
3. **아이의 위치를 바꾼다.** 경우에 따라선, 못된 행동을 하는 어린아이에게 가장 좋은 방법은 노래하듯이 말해 주는 것이다. "어머나! 이제 베이비룸(또는 유모차, 쇼핑 카트, 침실)에 가 있어야 할 시간인 것 같네"라고 말이다. 그리고 아이를 해당 위치로 데려간 다음, 진정될 때까지 그곳에 둔다 (아래의 '어머나 노래' 참조).

아이에게 이들 방법을 일관되게 사용하면, 아이는 통제권을 가진 사람이 부모라는 것을 곧바로 이해하기 시작한다. 사랑을 담은 목소리로 노래하듯 "어머나" 한마디를 하는 것만으로도 아이에게 경고를 주고 행동 변화를 유도할 수 있다.[50]

'어머나 노래'—유아를 위한 전략

- 아이가 못된 행동을 시작하면 "어머나"라고 노래하며 부드럽게 아이를 이끌거나 안아서 자기 방이나 베이비룸으로 데려간다. 화를 내거나, 훈계하거나, 위협하거나, 좌절감을 표출하지 말고 "어머나!" 노래만 부른다.
- 이런저런 말을 하고 싶은 충동이 들어도 억누른다. 아이가 못되게 굴 때, 부모가 말을 많이 할수록 효과는 떨어진다.
- 아이를 자기 침실로 데려가는 경우 문에 대한 선택권을 준다. "문을 열어두고 싶니, 닫고 싶니?"라고 묻는다. 하지만 아이가 방에서 나오려고 들면 문을 닫는다.
- "네가 예쁘게 행동할 수 있으면 언제든지 나와도 돼"라고 말한다. 아이가 침착한 상태로 적어도 3분에서 5분쯤 시간을 보낸 뒤에만 나오도록 허락한다.
- 아이에게 훈계를 하거나, 준비가 되었을 때 나오라고 상기시키지 않는다. 그

냥 꼭 안아주면서 "사랑해"라고 말한다.
- 아이가 잘 행동할 때는 함께 즐거운 시간을 보내고, 필요할 때마다 이 전략을 쓴다. 아이가 부모 곁에 있는 것을 좋아하면 '어머나 노래'의 힘은 훨씬 커진다.

애정이 깃든 단호한 제한은 구불구불한 산길에 세운 가드레일과 같다. 아이가 좋은 성품을 키우고 즐거운 삶을 살기 위해 자신만의 고유한 길을 탐색하고 찾는 여정에서, 제한은 반드시 필요한 방향성과 안정감을 제공한다.

실천 단계
- 모든 연령의 아이에게 제한이 필요하며 제한은 타협할 수 없는 것이라는 사실을 받아들인다.
- 제한을 설정하기 전에 준비부터 한다.
- 목표들을 다시 검토해 제한 설정이 그 목표 달성에 도움이 될지 확인한다.
- 새로운 제한을 도입할 때 아이가 처음에는 부정적으로 반응할 수 있음을 이해한다.
- 아이의 말대꾸를 무력화하는 전략을 연습한다.
- 자신의 마음속 말다툼을 잠재우는 법을 배운다.
- 제한 사항을 명확하게, 효과적으로 전달한다.
- 제한을 설정하고 시행할 때 공감을 활용한다.
- 모든 아이를 위한 여덟 가지 필수 규칙을 자신의 아이에게 적용하는 것을 고려한다.
- 아이의 행동이 통제할 수 없는 지경에 이른 뒤에도 제한을 설정할 수 있다는 점을 명심한다.
- 더 어린 아이들을 위한 제한 설정과 관련해, 간단한 '위치 규칙' 세 가지를 알아둔다.

제6장

애정 어린 훈육이 정신의 힘을 키운다

아이가 실수에 대해 치러야 하는 대가는 날이 갈수록 커진다.
생사가 걸린 대가를 치러야 할지도 모를 훗날이 아니라,
대가가 아직 크지 않은 어린 시절에 배우도록 도우라.

맷은 초등학교 교장이었고, 그의 아내 러네이는 같은 학구의 중학교 교사였다. 두 사람은 해가 갈수록 자기규율과 자존감에 문제가 있고 자신의 행동에 책임지기를 어려워하는 학생들이 늘어나는 현상을 목격했다. 그들이 〈반항적인 학생들에게 다가가기 위한 '사랑과 논리' 솔루션〉이라는 이름의 일주일짜리 컨퍼런스에 초청받았을 때 주저 없이 등록한 것은 그 때문이었다. 마침 계절은 여름이었고, 컨퍼런스가 열리는 장소는 콜로라도주의 아름다운 동네였다. 두 사람이 번갈아 컨퍼런스에 참석하고, 숙소에 남은 사람은 다섯 살 난 딸 어밀리아와 함께 시간을 보낸다는 계획이었다.

첫날 컨퍼런스에 참석한 러네이는 그 내용을 나중에 맷과 공유하려고 열심히 필기를 했다. 페이 박사는 청중 앞에 서서 이런 질문으로 운을 뗐다. "얼마나 많은 학생들이—그리고 여러분의 아이들이—충분히 실수하고 있습니까?"

러네이는 다른 대부분의 참석자와 마찬가지로 이 질문에 웃음을 터뜨렸다. 뒤에 있던 한 여성이 큰 소리로 답했다. "제 아이는 너무나 많이 해요!"

짐 페이는 계속해서 물었다. "혹시 아이가 실수하지 않게 하려고 너무 애쓰

다가, 아이에게서 실수할 기회를 빼앗고 있는 사람은 없습니까? 또 혹시 아이가 실수의 대가를 치르지 않도록 부모가 성급히 구해 줌으로써, 아이에게서 책임성과 자존감을 앗아가고 있는 사람은 없습니까?"

러네이는 깜짝 놀라며 생각했다. '내가 학교에서 매년 보는 부모들이네.' 그러다가 정신이 번쩍 들었다. '가끔은 맷과 나도 저런 부모로 행동하잖아. 그것도 같은 날에 두 유형 모두로!'

러네이의 불안감은, 가정에서도 대부분 적용할 수 있는 간단하고 다양한 학급 관리 기법과 긍정적인 훈육 전략들을 들으면서 점차 잦아들었다. 그녀에게 아주 혁명적으로 느껴진 건, 아이가 어렸을 때 스스로 감당할 수 있는 작은 실수를 충분히 저지르기를 진심으로 바라야 한다는 개념이었다. 그래야 아이가 나이가 들었을 때 생명을 위협하거나 치명적인 실수를 피하는 데 필요한 기술을 갖출 수 있다는 것이었다. 러네이에겐 이 개념이 발상의 전환으로 느껴졌다.

컨퍼런스 첫날 일정이 끝난 후, 러네이는 남편과 아이를 만날 생각에 들떴다. 그날 배운 내용을 어서 공유하고 싶어 마음이 바빴다. 그런데 호텔 방 문을 열고 들어서자 딸은 엉엉 울고 있었고, 맷은 유난히 심란해 보였다. 설렘이 순식간에 걱정으로 바뀌었다.

"침대에서 뛰지 말라고 세 번이나 말했는데도 전혀 듣지 않더라고." 맷이 깨어진 탁상용 등을 코드로 잡아 늘어뜨리고 서서 내뱉듯이 말했다. "다행히 다치지는 않았지만, 테이블에서 이걸 떨어뜨렸으니 이제 우리가 물어줘야 해."

그때 러네이에게 흥미로운 생각이 떠올랐다. '정말 잘됐네!' 빈정대는 게 아니라 진지하게 그런 생각이 든다는 게 신기했다. 러네이는 남편과 딸 둘 다 진정할 시간이 필요하다는 것을 알고 늦은 저녁까지 기다렸다가, 맷에게 자신의 생각을 들려주었다. "여보, 오늘 일은 어밀리아가 뭔가를 배울 아주 좋은 경험이 될 것 같아. 우리가 이 일에 차분하게 대응하면서, 어밀리아에게 전등 비용을 일부 보태라 하고 그걸 어떻게 마련할 계획인지 물어보면 어떨까?"

"걔는 이제 다섯 살이야." 처음에 맷은 약간 짜증스럽게 대답했다.

러네이는 굴하지 않고 자신의 계획을 설명했다. 어밀리아에게 전등 비용에 보탤 돈을 어떻게 마련할 계획인지 묻는다. 그런 다음 어밀리아에게 저축한 돈을 사용하거나, 집안일을 더 하거나, 장난감을 몇 개 파는 등의 몇 가지 선택지를 알려줄 것이다.

그러자 맷은 마음이 좀 풀어졌는지 미소를 짓고는 말했다. "어밀리아가 아직 다섯 살이라 다행이야. 우리 학교 학부모들도 이런 식으로 아이에게 책임을 지게 하면 아이들은 더 행복해지고, 우리도 스트레스를 훨씬 덜 받을 텐데. 어차피 어밀리아가 모든 비용을 부담할 필요는 없지. 행동의 선택에는 결과가 따른다는 사실을 깨닫게 할 정도면 되니까."

러네이와 맷은 우리에게 이 이야기를 들려주면서, 어밀리아가 부모님이 전등 값으로 '빌려준' 돈의 일부를 갚기 위해 한 달 동안 이따금씩 어떤 일을 했는지 알려주었다. 러네이 부부는 어밀리아에게 돈을 빌려주면서 그 애의 장난감 일부를 담보로 잡기까지 했다고 한다.

러네이와 맷은 그런 상황을 다룰 때 아이가 벌을 받는 게 아니라 뭔가를 배우는 경험으로 받아들이도록 하는 게 중요하다는 점을 알게 되었다. 훗날 열여섯 살이 되어 운전을 시작한 어밀리아가 실수로 도로 경계석을 들이받아 자동차 타이어가 찢어졌을 때, 그들은 다섯 살 적의 탁상용 등 사건을 떠올렸다. "열여섯 살이 된 어밀리아는 우리가 입을 열기도 전에 준비가 되어 있었습니다. 실수를 저지른 뒤 스스로 문제를 해결하는 경험을 그동안 충분히 해 왔거든요." 맷이 회상했다. "어밀리아는 이렇게 말했습니다. '엄마, 아빠, 저한테 이미 계획이 있어요. 사고 후에 곧바로 타이어 가게에 전화했어요. 타이어 정말 비싸던데요! 모아둔 돈이 좀 있고, 나머지는 제가 쓰던 축구용품을 팔아서 마련할 수 있을 것 같아요.' 그 말을 들었을 때 컨퍼런스에서 배운 내용이 떠올랐어요. 그 덕분에 저희는 훨씬 수월하게 아이를 키울 수 있었고, 지금 어밀리아는 대체로 행복하고 함께 지내기에 즐거운 아이로 자랐습니다."

훈육이란 무엇인가?

궁극적으로 보자면, 훈육이란 가르치는 것이다. 사실 '훈육(discipline)'이라는 단어는 '교육' 또는 '훈련'을 의미하는 라틴어 '디스키플리나(disciplina)'와 '배우다'라는 뜻의 '디스케레(discere)'에서 파생되었다. 기본적으로 훈육은 옳고 그름, 좋은 행동과 나쁜 행동, 건전한 결정과 그렇지 않은 결정을 분별하는 방법을 가르치기 위한 교육과 훈련에 중점을 둔다.

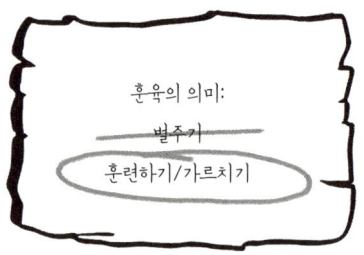

그러나 언젠가부터 우리의 집단의식에서 훈육의 의미가 왜곡되기 시작했다. 이러한 혼란은 '훈육하다'라는 동사에 대한 다음과 같은 상반된 정의에서 분명하게 드러난다.

1. 복종을 강요하고 도덕적 성품을 완성하기 위해 벌을 주거나 불이익을 주는 것.
2. 교육과 연습을 통해 특히 자제력을 훈련하거나 발달시키는 것.

많은 부모들은 첫 번째 정의, 즉 아이에게 복종을 강요하고 도덕적 성품을 완성하기 위해 벌을 주거나 불이익을 주는 것을 훈육이라고 생각한다. 하지만 이 정의에는 문제가 있다. 흠결 없이 완벽하게 도덕적인 사람은 세상에 존재하지 않는다는 것이다. 물론 아이 보는 일을 맡기거나, 차를 빌려주거나, 재정 관리를 맡길 만큼 신뢰하는 사람은 많을지 몰라도, 그들 누구도 완벽하지는 않다. 아이를 완벽한 사람으로 키우고자 훈육할 경우, 부모도 아이도 질 수밖에 없는 상황에 처하게 된다는 사실을 우리는 깨달아야 한다. 완벽함이란 현실적으로 달성할 수 있는 목표가 아니다.

다른 사람에게 압력을 가하며 복종을 강요하려 드는 것에 대해 역사에서 어떤 교훈을 얻을 수 있는지 잠시 생각해 보자. 이건 썩 아름다운 그림은 아니다. 이와 관련해 우리는 1930년대에 리더십 스타일 연구의 토대가 된 작업을[51] 시작한 심리학자 쿠르트 레빈, 로널드 리핏, 랠프 화이트에게 감사를 표해야 할 것이다. '사회심리학'의 창시자로 여겨지는 레빈은 사실 이러한 연구를 통해 자신에게 개인적으로 의미가 있었던 개념을 이해하고자 애쓰고 있었다. 나치 지배하의 독일을 탈출한 유대인이었던 그는 어떻게 한 사회 전체가 홀로코스트(Holocaust, 제2차 세계대전 중 독일의 나치 정권이 자행한 유대인 대학살-옮긴이)가 일어나도록 놔둘 수 있었는지 알고 싶었다. 한 집단의 사람들이 어떻게 대학살의 명백한 증거들에도 불구하고 모든 것이 괜찮다고 믿을 수 있었던 건지 궁금했던 것이다.

그래서 레빈과 그의 동료 심리학자들은 일련의 매우 흥미로운 실험을 설계했다. 그들은 교사들이 세 가지 리더십 스타일을 사용하여 가르칠 때 10세 남자아이들의 집단이 어떻게 행동하는지 살펴보았다.

- 권위주의적 리더십: 교사가 행동을 지시하고 아이들은 발언권이 없는 경우. "내가 점프하라고 하면 '얼마나 높이 뛸까요?'라고만 물어라"라고 말하는 교관형 부모와 비슷하다.
- 자유방임적 리더십: 교사는 간섭하지 않고 아이들이 스스로 모든 결정을 내리는 경우. 아이가 조용히 있도록 아이패드를 손에 쥐어 주는 수동적인 부모와 비슷하다.

- *민주적 리더십*: 교사는 조력자, 촉진자 역할을 하고 아이들이 의사 결정에 기여하는 경우. 아이들이 대부분의 결정을 스스로 내리도록 허용하지만 안전 유지를 위해 필요할 때는 개입하는 컨설턴트형 부모와 비슷하다.

결과는 어땠을까? 권위주의적인 교사가 가르친 집단의 생산성이 70퍼센트로 가장 높았다. 독재자는 매우 위협적일 수 있으며, 특히 무언가를 하라고 지시하면서 "안 그러면 알지?"라는 식으로 으를 때 더욱 그렇다는 점을 고려하면 놀랍지 않은 결과다. 하지만 레빈과 다른 심리학자들이 더 궁금했던 것은 교사가 없을 때 어떤 일이 일어나는지였다. 권위주의적인 교사가 자리를 비우자 학생들의 생산성은 30퍼센트 가까이로 급락했다. 아이들로서는 파티가 열린 셈이었다. 자유방임적 교사와 함께한 아이들의 생산성은 교사가 자리에 있는지 여부와 관계없이 33퍼센트로 가장 낮은 수준이었는데, 아이들이 기본적으로 항상 통제 불능 상태였으므로 예상할 수 있는 결과였다. 민주적인 교사와 함께한 아이들은 어땠을까? 이들은 50퍼센트의 생산성을 기록했지만 교사가 교실을 떠나도 그 수치가 46퍼센트로, 거의 떨어지지 않았다. 이들은 스스로 의사를 결정하는 경험을 하면서 정신적 힘의 핵심 요소인 자제력과 자발적 동기 부여(자기 동기 부여)를 충분히 발달시켰기 때문에, 교사가 없을 때에도 생산성을 발휘할 수 있었다.

어떤 리더십 스타일이 자제력을 가르치는가?

리더십 스타일	교사가 있을 때의 생산성	교사가 부재 중일 때의 생산성
권위주의적	70%	29%
자유방임적	33%	33%
민주적	50%	46%

레빈은 실험 결과를 요약하면서, 인간은 자동차나 매트리스 내부에서 볼

수 있는 물리적 스프링(용수철)과 같다는 결론을 내렸다. 이게 무슨 뜻일까? 아이가 반발력 있는 코일 스프링과 같다고 상상해 보라. 부모는 그 강력한 스프링을 꾹 눌러서 일시적으로 압축할 수는 있지만, 결국은 지치거나, 일로 출장을 가거나, '스프링'을 대학에 보내게 될 것이다. 부모가 가하던 압력이 갑자기 사라지면, 스프링은 처음에 그걸 압축했던 힘과 같은 크기의 힘으로 튀어 오를 것이다. 아이는 통제 불능 상태가 될 것이다.

부모로서 여러분은 훈육의 정의가 첫 번째 것과 같다고 오해하고 아이를 권위주의적인 방식으로 양육하고 있지는 않은지 스스로에게 물어볼 필요가 있다. 만약 그렇다면, 여러분의 아이는 부모 앞에서는 잘 행동하지만 나이가 들면서 집에서 벗어나 있는 시간이 많아지고 더 어려운 결정들, 유혹들에 직면하게 될 때 자기 자신을 관리할 준비가 되어 있지 않을 수 있다. 우리의 시간을 외부에서 아이를 통제하는 데 쏟아붓기보다, 아이가 잘 행동하는 법을 자기 내면에서부터 배우도록 돕는 데 쓰는 편이 낫지 않을까?

혹시 여러분의 양육 방식이 이와는 반대편에 있는 것은 아닌지, 그래서 아이에게 제한을 충분히 설정해 시행하지 못하고 있는 것은 아닌지도 솔직하게 돌아보자. 너무 허용적이거나 자유방임적인 태도를 취하고 있지는 않은가? 저자들 자신도 부모이기에, 적절한 균형을 찾는 것이 결코 쉽지 않다는 걸 잘 알고 있다. 그러니, 앞서 언급한 다음의 명제를 반드시 명심하라.

효과적인 부모는 아이에게 애정이 있는 동시에 단호하다.

여러분이 믿는 훈육의 정의는 무엇인가?

거울을 유심히 들여다보면서, 훈육의 사전적 정의 두 가지 중 어느 것을 믿는지 스스로에게 물어보라. 뭐라고 답하든, 부끄러워할 필요는 없다. 많은 사람이 자신의 부모님에게서 받은 양육을 그대로 따라 한다. 혹은 부모님과 정반대의 극단으로 치닫는 경우도 있다. 훈육의 스펙트럼에서 어디에 속하든, 자신이 어떤 철학을 채택하고 있는지 파악하고, 필요한 경우 조정하는 것이 중요하다.

1. 훈육은 주로 규칙을 시행하고 처벌을 하는 것이라고 생각하는가? 이는 독재적인 부모 밑에서 자랐고, 부모와 사랑의 유대감보다는 두려움을 기반으로 한 관계를 맺은 사람들에게서 자주 볼 수 있는 믿음이다. 다음 문항 가운데 하나라도 공감이 간다면 여러분도 여기에 해당할 수 있다.

- 냉랭하고 까다로운 부모님 밑에서 자랐다.
- 부모님이 매우 엄격하셨다.
- 사랑받고 있다고 느낀 적이 없다.
- 항상 뭔가 말썽을 부린 것처럼 느꼈다.
- 곤경에 빠지는 걸 피하려고 살얼음판을 조심조심 걷는 기분이었다.
- 내 삶에 대한 발언권이 없다고 느꼈다.

여러분이 겪은 유년기가 이러했다면, 그 아픔에 공감과 위로를 보낸다. 그 같은 환경에서 자라는 것은 여러 모로 힘들다. 이런 사람들은 자신의 아이만큼은 전혀 다른 방식으로 양육하고 싶다는 마음에서, 조금이라도 벌을 주는 느낌이 들거나 아이에게 약간의 심적 괴로움이라도 유발할 수 있는 것은 뭐든 피하려 들기도 한다. 우리는 일을 하면서 이런 이들을 자주 본다. 균형추가 반대쪽으로 넘어가 버린 것이다. 이 같은 일은 개인뿐 아니라 사회적인 차원에서도 발생한다. 이른바 '관용의 물결'이 그 좋은 예다.

관용의 물결 운동은 1960년대 말과 1970년대 초에, 아마도 어린 시절에 권위주의적인 부모에게서 상처를 받은 사람들에 의해 시작되었다. 이들의 반항은 자기 부모와 같은 독재적인 양육을 거부하고, 아이에게 제한이나 규칙 없이 완전한 자유를 허용하는 자유방임적인 태도를 취하는 것으로 귀결됐다. 관용의 물결 운동이 일어난 후 이처럼 자유분방하고 아이에게 아무것도 금지하지 않는 철학을 수용한 수많은 육아 서적이 출간되었고, 결과적으로 이런 리더십 유형은 더욱 보편화되었다.

하지만 유감스럽게도 관용의 물결 운동은 결과적으로 대실패였다. 허용적인 부모 밑에서 자라 성인이 된 자녀들은 절대로 자기 아이를 감독 없이 풀어두지 않겠다고 다짐했고, 균형추는 다시 반대편으로 넘어갔다. 그리하여 아이가 더이상 부모에게 비난이나 허튼소리를 못 하게 하는 방법, 아이를 통제하고 벌을 주는 방법 등등을 알려주겠다고 약속하는 새로운 책들이 쏟아져 나왔다.

이것은 수십 년을 주기로 계속 작동하고 있는 사회적 차원의 '죄책감의 순환고리'다.

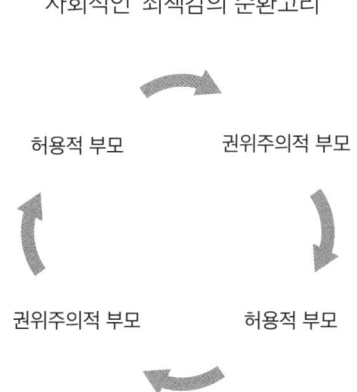

사회적인 '죄책감의 순환고리'

2. 아이가 잘못된 결정을 내렸을 때 유감이나 후회를 느끼게 하고 상당한 심적 고통을 겪게 하는 것이 부모의 일이라고 생각하는가? 이것도 부모들

사이에서 흔한 믿음인데, 이 역시 골치 아픈 결과를 낳을 수 있다. 아이를 훈육하는 방법이 고함치고 위협하고 엉덩이를 때리는 것(spanking)이라면 문제는 더욱 심각해진다. 수십 년에 걸친 연구 결과에 따르면 체벌, 특히 엉덩이를 때리는 것은 아이의 인지 기능, 사회성 및 정서 발달, 자제력에 해로운 영향을 미치며[52] 아이의 정신적 힘을 약화시키는 것으로 나타났다. 이러한 증거들에 더하여, 2021년 《아동 발달(Child Development)》지에 보고된 뇌 영상 연구에 따르면 엉덩이 때리기는 아동의 뇌에 변화를 일으켜 공포와 위협 반응에 관여하는 영역들을 활성화하는 것으로 나타났다.[53] 위협에 대한 인식을 높이는 이같은 신경 변화가 심각한 학대를 경험한 아동에게 나타나는 것과 동일하다는 사실이 더욱 경각심을 일으킨다. 이는 아이의 뇌가 엉덩이를 철썩 얻어맞는 것을 그보다 더 극단적인 형태의 학대와 비슷하게 해석한다는 얘기다.

동물 조련사들조차도 체벌이 얼마나 해로울 수 있는지 알고 있다. 오래전에 에이멘 박사는 캘리포니아주 북부에 있었던 수중 동물 테마파크인 마린월드에 가서 고래 쇼를 관람한 적이 있다. 그런데 고래 한 마리는 놀라운 묘기를 부리는 반면, 다른 한 마리는 조련사의 뚜껑이 열리게끔 행동했다. 조련사는 이 고래가 자신이 원하는 대로 행동하지 않는다는 것을 알아차리고, 수영

장의 다른 구역으로 데려가서 타임아웃을 시켰다. 쇼가 끝날 무렵, 조련사가 관객들에게 질문이 있는지 물었다. 에이멘 박사가 손을 들고 물었다. 그는 조련사가 어째서 말을 듣지 않는 고래를 찰싹 때리거나 회초리를 쓰지 않았는지 궁금하다고 말했다. 아이가 잘못 행동하면 많은 부모들이 그러지 않는가. 조련사는 못 들을 말을 들었다는 표정을 짓다가, 문득 그가 장난을 치고 있다는 것을 깨닫고 답했다. "만약 제가 녀석을 때렸다면, 녀석은 다시는 저를 위해 재주를 부리지 않을 거예요. 왜냐하면 저를 믿을 수 없고, 저 때문에 스트레스를 받았을 테니까요." 우리는 동물 조련사들로부터 많은 것을 배울 수 있다.

일부 부모들이 이 개념을 이해 못 하는 이유는 무엇일까? 자신의 부모가 아이를 체벌하거나 아주 심한 대가를 치르게 하는 것을 보고 배웠을 수 있다. 또는 학교 등에서 배운 대로 훈육하는 것이 '올바른' 방법이라고 생각했을 수도 있다. 혹은 그런 식으로 양육하고 싶지는 않지만, 반드시 해야 하는 일이라고 느낄 수도 있다. 마치 벌을 주는 것이 부모의 의무인 것처럼 말이다. 다음 질문 중 하나라도 '예'라고 대답한다면 여러분도 이에 해당할 수 있다.

- 벌을 주면서 죄책감과 스트레스를 느끼지만, 이런 식으로 양육하지 않으면 아이의 기대를 저버리는 셈이 되리라고 생각한 적이 있는가?
- 아이와의 관계가 지금보다 나았으면 좋겠다고 생각할 때가 있는가?
- 아이가 반항할 것이 걱정되는가? 특히 아이가 성인이 되어 집을 떠난 후가 우려스러운가?
- 더 나은 방법이 있었으면 하는가?

3. '훈육'은 아이의 창의성과 자유를 침해하는 나쁜 단어라고 생각하는가? '훈육'이라는 단어를 들으면 왠지 기분이 나쁜가? 가혹하게 훈육하는 권위주의적인 부모 밑에서 자랐기 때문에, 자신의 아이에게는 절대로 그렇게 하

지 않겠다고 다짐했을 수도 있다. 아니면 훈육이 현대의 자녀 양육에는 맞지 않는 구시대적인 개념이라고 생각할 수도 있다. 이런 생각을 하는 사람들은 다음처럼 자유방임적인 양육 스타일을 보이는 경향이 있다.

- 아이가 규칙 없이 생활하도록 허용한다.
- 제한을 강요하지 않는다.
- 부모가 아이에게 무엇을 기대하는지 말해 주지 않는다.
- 아이의 잘못된 행동을 바로잡지 않고 방치한다.
- 가족 전체의 집단적 이익보다 개인주의를 장려한다.

일반적으로, '훈육' 혹은 '규율'이라는 단어를 경멸하는 사람들이 이렇게 행동하는 것은 아이를 사랑하는 마음에서다. 아이의 창의성과 자유를 키워주려는 마음은 굴뚝같다. 그러나 교육적인 규율이 부족하면 도리어 역효과가 일어나 아이의 자존감과 행복감을 낮추고 이기심을 부추기게 된다.

4. 훈육은 처벌을 하려는 게 아니라 아이에게 자제력을 기르는 법을 가르치는 수단이라고 생각하는가? 훈육을 처벌이 아닌 교육적 도구로 생각하면 양육이 훨씬 쉬워진다. 축하한다! 다음 질문들에 '예'라고 답할 수 있다면, 자신이 이처럼 운 좋은 부모에 속한다고 여겨도 된다.

- 부모에 대한 아이의 사랑과 존중을 해치지 않는 방식으로 훈육할 수 있다고 생각하는가?
- 새로운 것을 배우고 그 길에서 벗어나지 않기 위해서는 반복이 중요하다는 것을 알고 있기 때문에 이 책을 읽고 있는가?

이 관점이 새롭게 느껴진다면, 좋은 소식이 있다. 우리는 이 책에서 여러분과 아이에게 도움이 될, 다른 것들보다 나은 방법을 보여주려 한다. 균형추가 양극단을 오갈 필요는 없다. 반응적인 부모가 아니라, 민주적이거나 컨설턴트형인 리더십으로 아이를 이끄는 능동적이고 선제적인 부모가 되면, 스펙트럼 양쪽 끝의 장점을 모두 누릴 수 있다. 애정을 주면서도 아이를 훈육할 수 있는 것이다. 앞서 언급했듯, 애정이 깃든 단호한 양육은 아이의 정신적 힘을 키우는 데 큰 도움이 된다. 이는 양육에 대한 실용 신경심리학 접근법의 초석이기도 하다.

사랑의 훈육은 일찍 시작해야 한다

짐 페이가 사람들에게 종종 들려주는 이야기로, 유치원 교사가 한 아이를 효과적으로 훈육한 감동적인 일화가 있다. 이 이야기를 읽으면서 훈육은 처벌이 아니라 제자를 키워내는 것, 즉 가르침이라는 것을 기억하기 바란다. 우리가 가르치는 많은 기술이 가정, 학교 교실, 어린이집을 비롯해 다양한 환경에서 좋은 효과를 보인다. 이 사례의 주인공인 여섯 살 어린이 맥스는 심한 완벽주의로 인해 이따금 분노를 폭발시키는 모습을 보였다. 맥스는 모든 것이 항상 딱 맞게 되어야만 직성이 풀렸다. 색칠을 할 때에도 선을 넘지 않으려고 대단히 노력했다. 그러다가 어느 날 일이 터졌다. 맥스는 찰나의 실수로 크레파스를 잘못 칠했고, 지울 수 없다는 걸 깨달은 순간 좌절한 나머지 크레파스들을 집어 들고 조각조각 부러뜨려 버렸다.

선생님은 맥스에게 다가갔다. 그 순간 선생님은 굳이 훈계의 말을 늘어놓을 필요 없이 아이에게 공감해 주면 아이가 자연스럽게 상황에서 배울 수 있으리라는 것을 깨닫고 이렇게 말했다. "맥스, 정말 힘든 날인가 보네."

맥스는 답했다. "이 멍청한 크레파스가 싫어요."

선생님은 부드럽게 물었다. "그 크레파스들을 어떻게 할 거니?"

맥스는 아랫입술을 떨면서 소리쳤다. "몰라요." 그러고는 책상에 고개를 박고 울기 시작했다.

이윽고 쉬는 시간 종이 울리자 맥스는 자리에서 벌떡 일어났다. 하지만 선생님은 맥스가 다른 아이들과 함께 밖으로 나가지 못하게 막으며 물었다. "아직 부러진 크레파스 문제를 해결하지 못했구나. 어떻게 고칠 수 있는지 아이디어를 줄까?"

맥스는 "싫어요!"라고 외치고는 자리에 앉아 다시 책상에 고개를 박았다.

선생님은 많이 심란했지만, 입을 꾹 다물고 맥스를 기다려주었다. 잠시 후 맥스가 고개를 들더니 물었다. "테이프 있어요?"

"그래, 있어." 선생님은 그에게 테이프를 건네주며 말했다. 마음속에는 이런 생각이 떠올랐다. '이걸로 안 될 텐데.' 하지만 아이가 어떻게 배우던가? 아이는 수많은 시행착오를 통해 배운다. 그래서 선생님은 맥스에게 스카치테이프를 줬다. 여섯 살짜리 아이의 손에 스카치테이프를 쥐어 주면 어떤 일이 벌어질지 잠깐 상상해 보라. 아이의 손가락에 테이프가 붙었고, 바닥에는 작은 공처럼 말린 스카치테이프가 온통 나뒹굴었다. 맥스는 다시 화가 났고 다시 울기 시작했다. 선생님은 말했다. "답답하겠구나. 하지만 누군가 할 수 있는 일이라면, 너도 할 수 있어."

얼마 지나지 않아 맥스는 테이프를 사용하는 요령을 터득하고, 크레파스 하나를 붙이는 데 성공했다. 그 순간 맥스의 얼굴에 환한 미소가 번졌다. 맥스는 크레파스 하나를 붙이고 나서 다음 크레파스, 그리고 또 다른 크레파스로 넘어갔다. 결국 맥스는 자신이 부러뜨린 크레파스를 모두 테이프로 붙이고 상자에 다시 넣었다. 드디어 크레파스를 다 손보고 밖에 나갈 수 있어서 신이 난 기색이었다. 그런데 그 순간 종이 울렸고, 아이들은 모두 교실로 우르르 돌아왔다.

선생님은 맥스가 대단히 낙담할 거라고 생각했지만, 맥스는 오히려 자신이 해낸 일에 만족한 표정이었다. 그래도 선생님은 맥스가 쉬는 시간을 놓친 것이 하루 종일 어쩔 수 없이 마음에 걸렸다. 그런데 놀랍게도 그날 수업이 다 끝났을 때, 맥스는 교실을 뛰쳐나갔다가 다시 뛰어 들어와 선생님을 꼭 안아 주었다. 처음 있는 일이었다.

부모가 한발 물러서서 아이가 스스로 문제를 해결하도록 내버려둘 때, 아이 대신 문제를 해결해 주기보다 코칭만 해줄 때, 부모는 아이가 주인공 즉 영웅이 되게 해주는 것이다. 그리고 아이가 직접 문제를 해결하도록 허용했기 때문에 부모 자신도 공동 주인공이 된다. 이것은 모든 사람이 '윈윈' 하는 훈육 방식으로, 이를 활용하면 4~5세 무렵부터 아이에게 책임감을 가르칠 수 있다. 10대 청소년, 청년, 여러분의 연로하신 부모님에게도 효과적으로 적용할 수 있는 방법이다.

훈육의 다섯 가지 목표

훈육이 곧 가르치는 것이라면, 우리는 아이가 그걸 통해 무엇을 배우기를 바라는가? 훈육의 다섯 가지 목표를 설명하기 전에, 2장에서 설명한 목표의 중요성에 대해 다시 한번 생각해 보자. 부모가 목표를 달성하는 데 훈육이 어떻게 도움이 되는지 알아보기 위해, 지금 자신의 목표를 되살펴 보기를 권한다. 이 책 70쪽과 78쪽으로 돌아가서 그 내용을 아래에 다시 적으라.

한 페이지의 기적
〈부모용〉

부모로서 내 삶에서 무엇을 원하는가?
그것을 실현하기 위해 무엇을 하고 있는가?

관계

배우자/파트너: _____
_____

아이: _____
_____

일/재정

_____
_____
_____

나 자신

신체적: _____
감정적: _____
정신적: _____
영적: _____

한 페이지의 기적
〈자녀용〉

내 삶에서 무엇을 원하는가?
그것을 실현하기 위해 무엇을 할 수 있을까?

관계
부모님: _____
형제자매: _____
친구: _____

학교/일
학교: _____
선생님: _____
일/집안일: _____

나 자신
신체적: _____
감정적: _____
정신적: _____
영적: _____

대부분의 경우, 부모가 자신과 아이를 위해 세운 목표들은 다음의 다섯 가지 훈육 목표와 잘 맞아떨어진다. 자신이 적은 목표들을 생각하면서 아래의 훈육 목표들을 살펴보기 바란다.

훈육 목표 #1. 아이가 무엇이 현명하고 친절한 행동이며, 무엇이 어리석고 배려심 없는 행동인지 분별할 수 있도록 돕는다. 훈육의 첫째 목표는 아이가 옳고 그름, 선과 악을 구분할 수 있도록 돕는 것이다. 이것은 기본적인 상식이다. '사랑과 논리'에서는 그 방법을 다음 세 항목의 영문 첫 글자를 따서 'MAP'이라고 부른다.

- *건강한 행동의 모범을 보인다*(Model healthy behavior): 어느 부부의 상담 세션에서, 남편은 친구들과 함께하는 사냥에 10대 아들을 데려간 것에 대해 아내에게 사과했다. 다른 어른들은 내내 술을 마시고 욕설을 내뱉었고, 아빠는 아이를 그런 환경에 데려온 것이 미안했다. 하지만 치료사는 그 아빠가 술을 마시거나 욕을 하지 않았다는 점을 지적했다. 오히려 10대 아들이 아빠를 롤 모델로 볼 수 있는 좋은 기회가 되었으리라는 거였다. 이것이 훈육의 요체다. 훈육이란 부모가 좋은 행동의 본보기를 보임으로써 아이를 가르치는 것이니까.
- *안전한 실수를 허용한다*(Allow safe mistakes): 맥스가 크레파스를 부러뜨린 사건에서처럼 아이가 경험을 하고, 자기 행동의 결과를 감당하고, 스스로 문제를 해결토록 하는 것은 훈육에서 대단히 중요한 요소다.
- *공감해 준다*(Provide empathy): 맥스의 선생님이 그랬듯, 아이의 감정에 대해 신경 쓴다는 것을 보여주면 아이는 자신이 존중받고 있다고 느낀다. 그러면 훈육할 때 아이가 부모의 말에 귀를 기울일 가능성이 커진다.

훈육 목표 #2. 아이가 아직 어리고 실수에 대해 치러야 할 대가가 작을 때 배우도록 돕는다. 자꾸만 같은 소리를 반복하는 것 같아 미안하지만, 그만큼 이 개념은 성공적인 양육의 기본이다. 핵심은 아이가 크레파스를 부러뜨리거나, 쉬는 시간을 놓치거나, 과제에서 낮은 성적을 받는 등 크지 않은 대가를 치르면서 뭔가를 배우도록 돕는 것이다. 본질적으로 훈육이란 아이가 성인으로 성장하는 과정에서 자기 삶에 고통을 덜 자초하도록 돕는 일이다. 평화로움으로 가는 길을 닦아주는 거라고 생각해도 좋다. 일찍부터 훈육을 하면, 아이가 더 많은 평화와 생산성을 누릴 수 있다.

아이가 악을 쓰며 울거나, 성질을 막 부리거나, 여러분에게 세상에서 제일 나쁜 부모라고 할 때마다 이 같은 사실을 상기하라. 지금 하고 있는 일은 훗날 아이에게 도움이 될 가르침을 주는 일이라고 스스로에게 말하라. 잠시 동안 약간의 불편함을 감수하면 나중에 훨씬 큰 평화를 누릴 수 있다.

안타깝게도 헬리콥터 부모나 교관 부모 성향인 사람들은 이 개념을 놓치기 쉽다. 이들 양육 스타일은 우리가 얘기한 장기적인 목표에 계속 집중하기보다는 단기적인 불편함을 피하는 데 중점을 둔다. 그리고 솔직히 말해서, 이런 경우 부모가 피하려고 하는 것은 대개 아이의 불편함이 아니라 부모 자신의 불편함이다. 그래서 마트에서 아이가 생떼를 부릴 때 이를 교육, 즉 훈육을 할 기회로 삼기보다는 아이 손에 아이패드를 쥐어 주어 달래려고 할 것이다. 이 같은 회피의 많은 부분은 대개의 부모가 겉보기에 어수선한 것보다 깔끔한 것을 선호하는 데에 기인한다. 무슨 뜻인지 설명하겠다.

깔끔한 접근법: 여러분은 모든 것이 깨끗하고 정돈된 상태이기를 바라는 유형인가? 물티슈로 간편하게 먼지를 닦듯이 어질러진 삶도 깨끗이 닦아낼 수 있으면 좋을 거라고 생각하는가? 베니의 부모가 그랬다. 두 사람 모두 직장에 나갔기 때문에 세 살짜리 베니는 매일 어린이집에 다녔다. 아이를 어린이집에 데려다주는 일은 쉽지 않았다. 아이들은 비행기와 같아서, 이착륙할 때 문제가 생기는 경향이 있다. 즉 아이들에게는 아침과 취침 시간이 힘들다. 베니에겐 특히 이륙이 힘들었다. 아침에 일어나면 꾸물거리고, 보채고, 바닥에 쓰러져 울기 일쑤였다. 부모는 베니를 일으켜 어렵사리 옷을 입히고 아침을 먹인 후 차에 태우곤 했다. 그러는 내내 베니는 아무것도 하지 않았다. 자, 뭐가 문제였는지 보이는가? 베니의 부모는 베니에게, 떼를 쓰면 부모가 모든 것을 다 해준다고 가르치고 있었다. 베니가 젊은 성인이 되어 직장에 다니게 되었을

때, 이러한 가르침이 베니에게 어떻게 작용할 것이라고 생각하는가?

어수선한 접근법: 실용 신경심리학을 활용하는 부모는 훈육이 깔끔하지 않고 어수선할 수 있다는 것을 인정한다. 이들의 목표는 부모가 개입해서 아이의 상황을 완벽하게 만드는 것이 아니라, 아이가 스스로 책임을 지도록 하는 것이다. 베니의 부모는 이 같은 접근법을 시도하기로 결정하고 아이에게 말했다. "베니, 좋은 아침이야! 오늘 학교에 갈 시간이 되기 전에 네가 스스로 옷을 입으면 정말 좋겠구나. 뭐, 그럴 수 없다 해도 별 문제는 없어. 옷을 몸에 걸치고 가지 않겠다면 가방에 넣고 등교해도 되니까. 아, 그건 그렇고, 아침을 먹고 배부르게 가고 싶은지 빈속으로 가고 싶은지 궁금하구나. 그것도 네가 결정하렴."

어떻게 되었을까? 평소처럼 베니는 아무것도 하지 않았다. 그래서 베니는 잠옷 차림으로 '리틀 프레셔스 원스(작은 보물단지들)' 어린이집에 갔다. (여담이지만, 어린이집에는 항상 이처럼 그럴듯한 이름이 붙어 있다. '리틀 타이런트[꼬마 폭군들]'나 '탠트럼 센트럴[생떼의 중심]' 같은 이름이 붙지는 않는다는 것, 눈치챘는가?) 베니의 부모는 미리 어린이집에 전화를 걸어 자신들의 계획을 알려주었고, 도착하자 베니에게 옷을 건네주며 짤막하게 말했다. "좋은 하루 보내렴!" 베니는 30초 정도 몹시 성이 난 표정을 짓다가 선생님에게 물었다. "점심은 뭐예요? 나 배고파!" 그 후 몇 주 동안 베니는 집을 나서기 전에 아침을 먹고 옷을 입는 등 몇 가지 결정을 스스로 내리기 시작했다. 부모님은 베니를 혼내거나 잔소리를 할 필요는 없었지만, 한동안은 상황이 조금 어수선해도 참아야 했다.

자문해 보라. 여러분과 아이가 나중에 어수선하고 골치 아픈 일을 덜 겪도록, 지금 약간의 어수선함을 기꺼이 감당할 수 있겠는가?

훈육 목표 #3. 아이가 자유를 경험할 수 있도록 자제력을 키우는 것을 돕는다. 우리가 좀 자란 어린이와 그 이후 10대의 아이들로부터 가장 많이 듣는 말 중 하나는 더 많은 자유를 원한다는 것이다. 대부분의 아이들은 자유가 그냥 주어져야 한다고 생각한다. 그들은 자유에는 대가가 따른다는 사실을 깨닫지 못한다. 사회적 차원에서 자유의 대가는 나라를 지키는 많은 용감한 남성과 여성의 희생이다. 보다 개인적인 차원에서는 자제력과 책임감이라는 대가가 필요하다. 우리는 내담자로 만나는 청소년들에게, 더 많은 자유를 얻는 비결은 일일이 관리와 통제를 받을 필요가 없는 사람이 되는 것이라고 말한다. 자신이 책임감 있고, 남을 존중하며, 회복탄력성이 있는 사람임을 증명할 때 자유의 문은 활짝 열릴 것이다.

훈육 목표 #4. 고난이 닥쳐도 정신의 힘을 유지하는 방법을 아이가 배우도록 돕는다. 훈육은 아이가 어려운 상황에 대처하는 방법을 배우는 데 도움이 된다. 뒤의 8장에서 이 주제를 상세히 다루겠지만, 여기서 일단 그 개념을 간략히 소개하겠다. 정신이 강한 아이로 키우는 방법에 대해 생각할 때, 신선함이 유지되도록 진공 밀봉을 한 커피 캡슐을 떠올리라. 진공 상태는 커피에는 이상적일 수 있지만, 여러분은 아이의 삶을 진공으로 밀봉하여 아이가 실망스러운 상황이나 어려운 결정, 규율 등을 다루는 경험을 평생 하지 않도록 만들고 싶지는 않을 테다. 고난을 겪지 않도록 마냥 보호받는다면 아이는 우리가 바라는 것처럼 용기 있고 유능하며 인품이 충만한 사람으로 자라나지 못한다. 도리어 곤경에서 스스로 빠져나오는 데 필요한 상식이나 투지가 없는 성인으로 자랄 수도 있다.

훈육 목표 #5. 부모가 분별력을 잃지 않고, 아이와 좋은 관계를 유지한다. 훈육의 최종 목표는 부모와 아이의 관계를 굳건히 다지고 부모 자신의 삶을 더 편하게 만드는 것이다. 애정 어린 훈육을 받지 못하고 자란 아이는 대체로 부모를 원망하게 되고, 부모는 자식이 성인이 되어 집을 떠날 날만 손꼽아 기다리게 된다. 안타깝게도 그런 아이들은 대부분 완전히 성숙하지 못하고, 부모에게서 진정 독립하지도 못한 채, 평생 분한 마음과 혼란 속에서 살아가기도 한다.

아이와 부모가 건강한 관계를 쌓는 일에 꼭 필요한 것은 적절한 제한과 건강한 책임성의 온전한 발달인데, 이 두 가지는 실용 신경심리학의 두 가지 근본적 측면이기도 하다.

가족을 위한 훈육 내비게이션 만들기

훈육을 잘하려면, 우리가 어려운 상황을 헤쳐 나가도록 도와줄 성능 좋은 내비게이션 장치를 만드는 것이 필요하다. 여기에는 기본적으로 시스템 기반 접근법과 원칙 기반 접근법이라는 두 가지 선택지가 있다. 두 접근법의 차이를 살펴보자.

- **시스템 기반 접근법**: 이 접근법에서는 확고부동한 절차를 매번 그대로 따라야 한다. 이런 식이다.
  1단계: 아이가 이렇게 행동한다.
  2단계: 부모가 이렇게 행동한다.
  3단계: 아이가 반응한다.
  4단계: 부모가 이렇게 행동한다.

효과가 얼마나 있을 것 같은가? 단언컨대 이 방법은 현실성이 없다! 이 접근법의 문제점 하나는 성격과 학습 스타일, 정신 건강 상태, 뇌 발달 단계, 그 밖의 조건들이 제각기 다른 아이들을 천편일률적인 방식으로 대하도록 강요한다는 것이다. 우리의 경험에 따르면 아이는 이 시스템을 시험하고, 부모는 서로를 비난하게 되며, 결국 아이는 필요한 훈육을 받지 못하는 결말에 이르기 쉽다.

- **원칙 기반 접근법:** 더 나은 방법은 훈육에 관해 의사 결정을 내릴 때 지침으로 삼을 핵심 원칙들을 세우는 것이다. 그러면 아이의 성격에 따라 다르게 대처할 수 있다(물론 아이가 핵심 원칙을 잘 지킨다는 전제하에 말이다). 또한 각 아이에게 특유한 필요와 욕구, 그리고 개별 상황에 맞추어진 훈육을 할 수 있다. 그렇게 하면 아이가 부모를 시험하거나 조종하려 들 여지가 적어지고, 부모는 불안감이 크게 줄어들며, 아이는 단순히 시스템을 따르기보다 유연하게 문제를 해결하는 방법을 배우게 된다. 결과적으로 가정은 이전보다 평온해진다. 이는 마치 운전자 개개인의 선호 경로와 운전 습관을 파악하고 있는 자동차 내비게이션과 같다. 이쪽이 더 낫지 않겠는가?

타협 불가능한 훈육의 다섯 가지 핵심 원칙

원칙을 기반으로 한 훈육 시스템을 설계할 때, 다음 원칙들을 포함시키기를 권한다.

1. 부모가 바람직한 행동의 모범을 보임으로써 가르친다. 아이들은 스스로 실수를 저지르고 그 결과를 처리하면서 배울 뿐만 아니라, 일이 잘못되었을 때 어른들이 어떻게 행동하는지를 보면서 통찰을 얻기도 한다. 한 남성이 우리에게, 아버지가 다른 사람들을 너그럽게 대하고 실수를 용서하는 모습을 보여주었던 일화를 들려준 적이 있다. 그는 아버지와 장을 보고 식료품점을 떠나고 있었다. 그런데 두 사람이 차에 타자마자 다른 운전자가 후진하다가 그들의 차를 세게 들이받았다. "너무 화가 났어요." 그가 당시를 회상하며 말했다. "골이 몹시 나서, 아빠가 상대방에게 본때를 보여주길 바랐죠. 하지만 아버지는 차에서 내려 침착하게 말씀하셨습니다. '이봐요, 별일 아니에요. 아무도 안 다쳤고, 조금 긁힌 것뿐이에요. 걱정은 내려두세요.'"

2. 아이가 감당할 수 있는 실수를 많이 하도록 허용한다. 치러야 하는 대가가 아직 작을 때는 아이가 실수하도록 내버려두는 것이 장기적으로는 더 좋은 결과를 낳는다. 열세 살 손녀를 키우던 어느 할머니는 손녀에게서 새 학기에 입을 옷을 살 돈이 필요하다는 말을 들었다. 할머니는 아이에게 돈을 좀 주며 "이걸로 학용품, 과외활동비, 옷값을 모두 충당해야 한다"라고 단서를 달았다. 그러나 아이는 가게에 가서 비싼 옷 두 벌을 사는 데 돈을 다 써버렸다. 학교에서 아이들은 "너는 입을 옷이 그 두 벌뿐이니?" 하며 놀리기 시작했다. 아이는 할머니에게 가서 돈을 더 달라고 청했지만, 할머니는 돈을 주지 않고 물었다. "어떻게 하면 그 돈을 벌 수 있을 것 같니?" 아이는 다른 옷을 살 돈을 벌기 위해 집안일을 많이 해야 했다. 이 경험은 아이의 마음속에 쉽사리 잊히지 않을 교훈으로 새겨졌다.

어렸을 때 이런 교훈을 배우면 성인이 되어서도 돈을 더 현명하게 다룰 수 있다. 예를 들어, 불필요한 일에 월급을 날려버리고 집세를 내지 못해 쫓겨나거나 다시 부모님 집으로 들어가야 하는 것 같은 심각한 결과를 맞게 될 가능성이 줄어들 것이다.

3. 아이가 실수를 했을 때 분노, 훈계, 위협, 빈정거림이 아니라 공감을 해준다. 언제나 침착한 태도로 아이에게 공감해 주는 것은 부모의 필수 덕목이다. 페이 박사가 자신의 가정에서 발생한 문제에 어떻게 대처했는지 알아보자. 박사의 아들 코디는 아끼는 장난감인 해적 인형들을 바닥에 온통 흩어놓은 채 내버려두는 버릇이 있었다. 페이 박사는 아들에게 몇 번이고 잔소리를 늘어놓다가, 마침내 그게 아무런 효과가 없다는 걸 깨달았다. 그래서 어느 날 페이 박사는 장난감을 모두 주워서 그가 '장난감의 버뮤다 삼각지대'라고 부르는 곳(모든 가정에 이런 장소가 있어야 할 것이다)에 놓아두었다. 이윽고 집에 돌아온 아들은 해적들이 어디 있냐고 물었다. 페이 박사는, 장난감을 아무 데나 놓고 가면 아빠가 기꺼이 다 치워주겠지만 그 대신 장난감들이 돌아

오지는 않을 거라고 설명했다. 다음번에 아들이 또 장난감을 내버려두었을 때 페이 박사는 아빠가 대신 주워주길 바라는지 물었고, 아들은 "아니, 잃어버리기 싫어!" 하며 서둘러 장난감을 치웠다.

때로는 말을 아낄수록 좋다. 행동이 말보다 더 큰 힘을 발휘할 수 있다. 이렇게 하면 아이에게 경고를 거듭하지 않아도 되고, 훈계나 협박을 할 필요도 없어진다.

4. 가능하면 아이에게 문제를 해결할 기회를 준다. 부모가 섣불리 아이를 구조하러 나서기 전에 먼저 아이 스스로 문제를 해결하려고 노력해 보도록 하는 것이 언제나 좋다. 열다섯 살 난 아들이 한 선생님과 어려움을 겪고 있던 어느 아빠의 사례를 보자.

> 10대: "콘래드 선생님에게 완전히 찍혔어요. 제가 뭘 하든 불만이세요."
>
> 부모: *(공감하며)* "그것 참 맥 빠지겠구나."
>
> 10대: "저도 그 선생님 때문에 맨날 화가 나거든요. 금요일에 숙제를 내주는 건 그 선생님뿐이에요."
>
> 부모: "네가 어떻게 할 수 있는 방법이 없겠니?"
>
> 10대: "무슨 말이에요? 제가요?"
>
> 부모: "그래. 콘래드 선생님과 문제를 해결하기 위해 네가 뭔가 할 수 있지 않을까?"
>
> 10대: "에이. 말도 안 돼요."
>
> 부모: "이런 종류의 일은 풀어내기가 쉽지 않은 법이야. 혹시 다른 사람들이 어떻게 상황을 해결했는지 내가 그동안 봐온 걸 듣고 싶으면 알려주렴."

이 간단한 예에서 무엇을 배울 수 있을까? 아이가, 특히 청소년이 어려움에 직면했을 때, 그걸 극복하기 위해 자기가 의당 해야 할 만큼의 노력을 기울이도록 해야 그 과정에서 아이가 배우고 성장하게 된다. 아이가 스스로 해결책을 찾도록 하면, 아이의 자존감이 높아지며 독립심과 회복탄력성도 덩달아 키워진다.

5. 벌을 주는 게 필요한 경우, 아이의 잘못된 행동이나 좋지 않은 결정과 어떤 식으로든 논리적으로 연관되는 것을 택한다. 지금까지 소개한 사례들에서 보았듯이, 뭔가를 잘못한 아이로 하여금 치르게 하는 응분의 대가, 즉 벌은 대개 잘못된 행동 자체와 어느 정도 연관성이 있다. 전등을 깨뜨렸으니 그 값을 내야 한다거나, 장난감들을 방바닥에서 치우지 않았으니 장난감을 잃게 되는 것처럼 말이다. 그런데 이처럼 논리적으로 따라오는 벌이 생각나지 않을 때는 어떻게 해야 할까? 머릿속에 언뜻 떠오르는 것을 아이에게 불쑥 말해 버리기보다, 우리의 친구 포스터 클라인 박사가 개발하고 오랜 세월 동안 검증된, 우선 생각할 시간을 버는 전략을 사용해 보자. 그는 훈육 차원에서 어떻게 해야 좋을지 모르겠을 때 사용하는 이 기법에 '에너지 고갈'이라는 이름을 붙였다.⁵⁴ 에너지 고갈 기법이 트레이시라는 엄마에게 어떻게 도움이 되었는지 살펴보자.

어느 날 트레이시가 운전을 하고 있는데 뒷좌석에서 두 아들이 서로 밀쳐대고 소란을 피우며 심하게 싸웠다. 트레이시는 돌아버릴 지경이었다. 아이들에게 어떤 대가를 치르게 해야 할지 논리적으로 생각할 수도 없었다. 그래서 트레이시는 슬프고 지친 목소리로 말했다. "아휴, 너희가 이렇게 싸울 때면 엄마는 에너지가 진짜 바닥나 버려."

이때 트레이시는 아이들에게 죄책감을 유발할 수 있는 어조를 사용하지 않고, 두 아이를 사랑하지만 그들의 다툼 때문에 기운이 쭉 빠진다고 말했다. 이게 진실일까? 아이들의 이런저런 잘못된 행동이 부모의 에너지를 고갈시킨다고 말하는 것이 정확하고 때로는 적절하기도 할까?

집에 도착한 트레이시는 잠시 쉬면서 생각할 시간을 가진 다음, 아이들에게 말했다. "너희가 차 안에서 말다툼하고 싸워대는 바람에 바닥나 버린 내 기운을 어떻게 채워줄 수 있을 것 같니?" 아이들이 아무런 방법도 떠올리지 못하자, 트레이시가 먼저 몇 가지 아이디어를 내놓았다. "어떤 아이들은 예정됐던 외부 활동을 하지 않고 집에 머무는 걸로 부모에게 에너지를 돌려주기도 해. 그러면 부모가 좀 쉴 수 있을 테니까. 집안일을 대신 해주어서 부모의 에너지를 채워주는 아이들도 있어. 또 어떤 아이들은 자원봉사를 하는데, 아이가 세상을 더 나은 곳으로 만드는 데 도움을 주고 있으니 부모의 기분이 좋아지거든."

그녀의 두 아들은 심하게 불평했지만, 그 말을 따르지 않으면 엄마의 에너지가 더욱 고갈되리라는 걸 알았기 때문에 힘을 모아 화장실 청소를 해냈다. 엄마의 에너지가 완전히 바닥나면 어떤 대가를 치르게 될지 모를 일이었다. 몇 주 후, 트레이시는 아이들을 어딘가로 데려다주던 중 아이들이 또 싸우기 시작하자 손을 들고 말하기 시작했다. "엄마 정말 지치는 느낌이 들어…" 하지만 트레이시가 말을 채 잇기도 전에 두 아이가 동시에 그녀의 말문을 막았다. "우리 그만 싸우자. 안 그러면 엄마가 너무 피곤해져서 우리한테 집안일을 시킬 거야."

아이에게 어떤 대가를 치르게 할지 즉시 떠오르지 않을 때, '에너지 고갈' 기법을 활용하라. 그러면 아이의 잘못된 행동과 논리적으로 연관된 적절한 대가를 생각해 낼 시간을 벌 수 있다. 잘못된 행동이 부모의 에너지를 고갈시킨다는, 즉 기운이 쑥 빠지게 한다는 데엔 대부분의 사람이 동의할 것이다. 이 기술의 또 다른 장점은 연령대에 맞춰 적절히 조절만 하면 아이가 다섯 살이든 105세이든 두루 사용할 수 있다는 것이다.

이러한 핵심 원칙들을 실천함으로써, 아이에게 애정을 담아 공감하는 방식으로 훈육하는 법을 익히고, 그로써 아이와의 관계를 강화하는 동시에 아이가 자제력을 키우는 걸 도울 수 있다.

실천 단계

- 아이가 어렸을 때 저지르는 모든 실수는 나중에 더 큰 실수를 덜 저지르게 도와줄 기술들을 갈고닦을 기회라는 것을 늘 기억한다.
- 일주일에 한 번 이상, 이메일이나 문자 메시지로 부모 자신에게 이런 문장을 보낸다. "부모가 애정과 단호함으로 다가갈 때, 아이에겐 모든 실수가 배움의 기회다."
- 훈육의 다섯 가지 목표를 실천한다.
    a. 아이가 무엇이 현명하고 친절한 행동이며, 무엇이 어리석고 배려심 없는 행동인지 분별할 수 있도록 돕는다.
    b. 아이가 아직 어리고 실수에 대해 치러야 할 대가가 작을 때 배우도록 돕는다.
    c. 아이가 자유를 경험할 수 있도록 자제력을 키우는 것을 돕는다.
    d. 고난이 닥쳐도 정신의 힘을 유지하는 방법을 아이가 배우도록 돕는다.
    e. 부모가 분별력을 잃지 않고, 아이와 좋은 관계를 유지한다.

- 다섯 가지 타협 불가능한 핵심 원칙을 기반으로 한 접근법에 따라 훈육한다.
    a. 부모가 바람직한 행동의 모범을 보임으로써 가르친다.
    b. 아이가 감당할 수 있는 실수를 많이 하도록 허용한다.
    c. 아이가 실수를 했을 때 분노, 훈계, 위협, 빈정거림이 아니라 공감을 해준다.
    d. 가능하면 아이에게 문제를 해결할 기회를 준다.
    f. 벌을 주는 게 필요한 경우, 아이의 잘못된 행동이나 좋지 않은 결정과 어떤 식으로든 논리적으로 연관되는 것을 택한다. 논리적으로 따라오는 벌이 금방 생각나지 않는다면 '에너지 고갈'을 언급하고, 아이에게 부과할 대가, 즉 벌은 차차 생각한다.

제7장

부모와 아이 모두 지켜야 할 정신 위생

자신의 생각을 소독하고, 아이에게도 그렇게 하는 방법을 가르치라.

생각에는 아주 강력한 힘이 있다. 부정적 자동사고(automatic negative thoughts, ANTs)가 부모 자신의 마음속에 들끓도록 놓아두면 불안과 의심, 그리고 일관성 없는 양육 태도를 부추기게 된다. 아이들도 나이가 몇이든 부정적 자동사고에서 자유롭지 못하다. 에이멘 박사가 '부정적 자동사고'라는 용어를 만든 건 1990년대 초의 어느 날이었다. 진료실에서 자살 충동을 느끼는 환자 네 명, 10대 가출 청소년 두 명, 갈등이 심하고 서로 앙심을 품은 부부 두 쌍을 만나 힘든 하루를 보낸 에이멘 박사는 밤에 집에 돌아와서 부엌 전등을 켜고는 식겁했다. 개미가 부엌을 뒤덮고 있었다. 조리대, 싱크대에, 찬장 안의 음식에까지 온 사방에 그 작은 곤충들이 들끓고 있었다.

이를 보면서 문득 'ANTs'라는 말, 즉 '부정적 자동사고'의 두문자어가 그의 머리에 떠올랐다(자동적으로 떠오르는 부정적 사고라는 개념은 인지요법의 아버지로 불리는 미국의 정신의학자 에런 T. 벡이 1960년대에 정립한 것이다.–옮긴이). 그는 개미들(ants)이 자신의 부엌에 침입한 것과 같은 방식으로 부정적 자동사고가 환자들의 마음을 잠식하여 행복을 앗아가고 일상을 망치고 있다는 사실을 깨달았다.[55] 또한 부정적 자동사고가 어린아이와 부모를 포함하여 모든 나이의 모든 사람에게 영향을 미칠 수 있다는 것도 깨달았다. 이 개념은 이미 에이멘 박사의 여러 저서에서 소개되었지만, 이 장에서 우리는 부정적 자동사고가 어떻게 부모의 효과적인 양육을 가로막고, 어떻게 아이의 정신적 힘을 앗아갈 수 있는지 보여주려 한다. 더 중요하게는, 정신의 힘을 키우기 위해 마음을 소독하여 개미떼 같은 부정적 자동사고를 없애는 방법을 알려주겠다.

앨리슨의 사례를 보자. 다섯 살이 채 안 된 아이 셋을 둔 젊은 엄마 앨리슨은 부정적 자동사고에 물들어 있었지만, 한 번도 자신의 생각에 의문을 제기해 본 적이 없었다. 그녀는 에이멘 박사에게 말했다. "저는 엄마로서 자격 미달이에요. 집을 깨끗하게 관리하지 못하고, 매사에 뒤처져 있죠. 아이들에게 필요한 것들을 다 해줄 시간도 항상 부족하고요." 앨리슨은 엄마로서 자신의 능력에 대해 좋은 점을 전혀 찾을 수 없었다. 이러한 생각이 그녀와 아이들의 관계를 해치고 있는 것이 분명했다.

앨리슨에게 필요한 것은 자신의 생각에 대해 생각해 보기 시작하는 거였다. 정신 위생을 실천하고 생각을 소독하는 것은 앨리슨뿐 아니라 모든 부모에게-그리고 아이에게-필요하고 이로운 일이다.

가장 흔한 아홉 가지 부정적 자동사고 알아보기

뇌를 떠도는 부정적인 생각들을 반박하지 않으면 무의식은 자동적으로 그 생각을 믿게 된다. 그러면 하루를 망치는 건 시간 문제다. 소풍에서 만나는 개미 한 마리처럼, 한 번의 부정적인 사고는 큰 문제가 되지 않는다. 소풍에서 개미 두세 마리를 만날 때처럼 부정적인 생각이 두세 번 반복되면 조금 더 짜증이 난다. 열 개에서 스무 개의 부정적인 생각은 현실적인 문제를 일으킬 수 있다.[56] 여러분이 머릿속을 떠도는 생각들을 알아차리고 바로잡아야 하는 것은 이 때문이다. 그래야만 부모로서 논리적이고 명확하게 생각할 수 있고, 아이에게 부정적 자동사고를 발견하고 없애는 방법을 가르쳐서 정신의 힘을 키워줄 수 있다.

상황을 왜곡하고 부모와 아이에게 영향을 미칠 수 있는 아홉 가지 부정적 자동사고를 소개한다.

1. 나쁜 것만 보는 부정적 자동사고: 부정적인 필터를 장착하면 같은 상황에서도 나쁜 것만 보게 된다. 예전에 에이멘 박사의 환자 중 가족과 함께 이사를 한 지 얼마 안 된 사람이 있었다. 이사 후 그 시점까지 그는 이삿짐의 80퍼센트를 풀어서 제자리에 배치했다. 하지만 그가 초점을 맞춘 건 다른 부분이었다. 그는 오로지 정리하지 못한 20퍼센트에 대해서만 생각했다. 그는 에이멘 박사에게 자신이 100퍼센트 부족하고, 100퍼센트 열등하며, 100퍼센트 무계획적인 사람이라고 말했다. 그는 아내가 160킬로미터 떨어진 마을에서 그동안 해오던 일을 마무리하는 동안 새 집에서 세 명의 어린 자녀를 돌보고 있었지만, 자신이 해놓은 일보다는 하지 않은 일에만 집착했다.

이렇듯 부정적인 필터를 장착했을 때는 성공이나 긍정적인 경험은 무시해버리는 수가 많다. 평소 다루기 힘들었던 아이가 어느 날 아무 문제 없이 행동했을 때, 부모들은 흔히 그 경험을 평가절하 하고 상황이 금방 다시 나빠질 것이라고 예상한다. 사람이든 경험이든 대부분은 긍정적인 부분도 있고 부정적인 부분도 있다. 마음을 잘 훈련하면, 긍정적인 부분에 집중하는 동시에 부정적인 부분에서도 가치 있는 무언가를 찾아낼 수 있다.

페이 박사는 아이에게 이런저런 동기나 기술이 부족하다며 속상해하는 많은 부모들이 아주 흔한 오해에 빠져 있음을 발견했다. 이런 부모들은 선의에서 아이의 잘못을 계속 지적한다. 그것이 자신의 임무라고 생각하기 때문이다. 그들이 대는 근거는 이러하다. "내가 열심히 아이를 도와 약점을 고치게 하지 않으면, 그 애는 결코 성공할 수 없을 거야." 잘못된 점들을 끊임없이 교정하지 않으면 아이가 실패하고, 무책임해지고, 무례해질까 봐 걱정하는 것이다. 그래서 이런 부모들은 아이를 도우려는 마음에서 끊임없이 비판적인 피드백을 준다.

특히 교관형 부모들이 이러한 부정적 자동사고에 지배당하는 경우가 많다. 실제로 이들 중 상당수가, 부정적인 것에 집중해야 아이가 더 나은 사람으로 발전할 수 있을 거라고 믿는다. 과연 그들의 믿음이 옳을까?

상사, 동료, 또는 배우자가 이런 믿음에서 여러분이 무언가 잘못했을 때만 피드백을 준다고 상상해 보라. 안타깝게도 어떤 이들은 이미 일상적으로 겪고 있는 일일지도 모르겠다. 이러한 접근 방식은 상대에게 성장할 밑거름을 주기는커녕, 분노와 좌절감, 심지어 절망을 안겨줄 따름이다. 부정적 피드백은 관계를 개선하기보다 오히려 파괴할 수 있다. 부정적인 행동에 지속적으로 초점을 맞추었다가는 어린이, 청소년, 청년들의 머릿속에 부정적 자동사고 덩어리를 심어주고 자기회의, 불안, 우울증 등으로 밀어 넣을 수 있다.

사람들은 주변에 있는 이들이 자신이 잘한 일에 주로 집중해 줄 때 성장하고 배울 가능성이 훨씬 커진다. 또한 자신의 강점이 높이 평가받는다고 느껴야 자신의 약점을 보완하는 데 필요한 노력을 할 가능성이 훨씬 커진다. 이는 어떤 나이에서든 비슷하다.

양육 팁: 아이가 자신의 어려움에 스스로 대처할 수 있다는 건강한 믿음을 갖도록 도우려면, 오랜 세월 검증된 다음의 진리를 따르라. 아이의 강점들을 칭찬하고 격려함으로써 아이가 약점들을 극복할 정신의 힘을 기르도록 하라는 것이다.

2. 남을 탓하는 부정적 자동사고: 남 탓하기는 일찍부터 시작된다. 에이멘 박사의 딸 케이틀린이 18개월이었을 때, 자기가 곤란한 상황에 처하기만 하면 열한 살 난 오빠 탓을 하곤 했다. 케이틀린은 오빠를 '디디'라는 별명으로 불렀는데, 오빠가 집에 없을 때에도 "그건 디디가 했어"라고 말하곤 했다. 어느 날 케이틀린은 엄마가 등을 돌린 사이 식탁에 음료를 쏟았다. 엄마가 돌아서서 지저분해진 식탁을 보자 케이틀린은 "디디가 내 음료를 쏟았어"라고 말했다. 엄마가 오빠는 친구 집에 갔다고 말했지만, 케이틀린은 여전히 오빠가 그랬다고 주장했다.⁵⁷

어른이 되어서도 남을 탓하는 건 쉽다. 설령 다른 사람이 실제로 상처를 주는 행동을 했더라도, 남 탓은 자신에게 해롭다. "네가 …만 하지 않았더라면 나는 괜찮았을 거야"라고 말하는 것은 "내 삶에 대한 모든 권한은 너에게 있고 내겐 아무런 힘도 없어"라고 말하는 것과 같다. 자신이 겪고 있는 문제에 대해 다른 사람을 탓할 때마다, 자신은 아무것도 할 수 없는 무력한 존재로 전락한다. 그리고, 누가 그 말을 듣고 있는지 아는가? 바로 여러분의 아이다. 남을 탓하는 대신, 자신이 책임을 지겠다는 마음으로 현 상황에서 할 수 있는 일과 다음으로 하고 싶은 일에 집중하라.

심리학 박사 과정을 밟는 동안 운 좋게도 페이 박사는 놀랍도록 명석한 두 사람, 심리학자 버나드 와이너와 캐럴 드웩의⁵⁸ 학문적 연구물들을 공부하게 되었다. 두 사람의 글을 읽고 페이 박사는 탓하기의 여러 형태 가운데 특히 한 가지가 책임감 결여와 동기 부족에 강력하게 기여한다는 사실을 알게 되었다. 요약하자면, 우리는 누구나 자신과 타인의 행동 이면에 숨겨진 원인들에 매료된다. 흥미롭게도 우리는 자신의 실수와 잘못된 행동을 우리가 통제할 수 없는 요인(예컨대 불운, 물려받은 유전자의 결함, 타인의 지지 부족 등) 때문으로 돌리는 경향이 있다. 반대로 타인의 실수는 준비 부족, 게으름, 고질적인 무책임성, 전반적으로 좋지 않은 성격과 같은 스스로 통제 가능한 요인 탓으로 돌린다. 사회심리학자들이 '근본적 귀인(歸因) 오류(fundamental attribution error)'[59]라고 부르는 이것은 매우 널리 퍼져 있는 부정적 자동사고의 한 유형이다.

이 오류가 고약한 건, 우리가 옴짝달싹할 수 없이 갇혀 있다고 느끼게 만든다는 것이다. "내 삶의 모든 것이 내 통제 밖에 있는데, 도대체 어떻게 내 삶을 조금이라도 개선한단 말인가?"라는 식이다. 또한, 이 오류에 빠진 사람은 다른 사람에 대한 공감 능력이 부족해진다. 다른 사람의 어려움을 무시하는 정신적 습관에 빠지면 스트레스가 크게 늘고, 편협해지기도 쉽다.

이러한 부정적 자동사고를 근절하고 아이도 그렇게 하도록 도우면, 아이는 자신의 삶에 대해, 특히 자신의 행복에 대해 책임지는 법을 배울 수 있다.

남을 탓하는 부정적 자동사고에는 또 다른 측면이 있다. 다른 사람의 문제에 대해 자신을 탓하는 것이다. 특히 여성의 경우 매사에 자신을 탓하며 심하게 마음고생을 하는 경우가 잦다. 대표적인 예로 이런 생각이 있다. "남편이 전화를 하지 않은 걸 보니, 이제 나를 사랑하지 않는 게 틀림없어." 남편이 전화를 하지 않은 이유는 아내와는 아무 관련이 없을 수도 있다. 스트레스를 받았거나, 주의가 흩뜨러진 상태거나, 어떤 위기에 대처하고 있을지도 모른다. 다른 예도 있다. "대학에 다니는 제 딸이 수학 시험을 통과하지 못했어요. 고등학교 때 제가 시간을 내서 딸의 숙제를 더 도와주었어야 해요." 딸의 실패에 대해 자신을 탓하는 것은 훈련되지 않은 마음에서 나오는 행동이다. 딸이 대학에 진학한 시점이면 이미 딸의 공부 습관은 부모가 아닌 딸 자신의 책임이어야 마땅하다. 잘못된 모든 일에 대해 자신을 탓하거나, 다른 사람의 행동이 모두 자기 때문이라고 생각하는 것은 현실을 왜곡하는 부정적 자동사고일 따름이다.

페이 박사는 끊임없는 갈등과 긴장이 일상이 되어버린 수많은 가족을 만나왔다. 이런 안타까운 상황의 근저에는 종종 '부정적 해석'이라는 교활한 부정적 자동사고가 도사리고 있었다. 덴버 대학교의 '결혼생활 및 가족 연구센터'에서는 30년 넘게 이 극도로 해로운 사고 패턴을 연구한 끝에 이혼과 가족 불안정을 유발하는 5대 요인의 하나로 꼽았다.[60] 부정적 해석은 여러 유형의 부정적 자동사고가 조합된 것으로, 타인의 의도가 부정적이며 나 개인을 향한 것이라고 자동적으로 생각하는 정신적 습관을 말한다.

양육 팁: 해결책은 이것이다. 부부가 서로, 그리고 아이와도 서로 '음파 탐지기'를 켜기로 약속하라. 탐지기를 켠다는 건, 다른 사람이 달갑지 않게 행동하는 것은 대부분 우리의 즐거움을 망치려는 계획적인 노력이 아니라 그 사람 개인의 상처로 인한 것이라고 간주하는 습관을 기르는 걸 의미한다. 이는 다시 말해, 우리 자신의 마음을 들여다보며 혹시 다른 사람의 마음을 무시하는 경향은 없는지 살펴보는 것이다. 아이에게 사람이 빙산과 같다고 가르치면 인간관계에 훨씬 더 건강한 태도로 임할 수 있지 않을까? 사람의 깊은 내면은 겉으로 보이는 것 아래에 숨겨져 있다. 그것을 인식하지 못하면 다른 사람과 상호작용을 하다가 부딪쳐 침몰하게 된다. 생각해 보라. 타이타닉호에 치명적인 구멍을 낸 게 빙산의 어느 부분이었겠는가? 북대서양을 항해하는 현대의 선박은 수중 음파 탐지기를 이용해 그 같은 위험에 대한 경고를 받는다.

음파 탐지기에 관한 이야기 하나

페이 박사는 어렸을 때 누나들과 자동차 뒷자리에 앉아 있다가, 부모님이 각자의 일상 이야기를 나누는 걸 흘려듣게 되었다. 그 이야기의 많은 부분은 페이 박사를 비롯한 자녀들이 평생 다른 사람들을 더 건강한 방식으로 바라보는 데 도움이 되었다. 이것이야말로 아이들에게 건강한 방식으로 생각하는 법을 배우도록 하는 강력한 방법 아닐까?

페이 박사가 타인을 보는 시각에 특히 큰 영향을 미친 것은 아버지가 꺼낸 이야기였다.

"오늘 직장에서 회의가 있었어." 아버지가 어머니에게 말했다. "참석자 중 한 사람이 앉아서 바닥만 쳐다보며 내가 무슨 말을 할 때마다 숨을 씩씩대더라고. 쉬는 시간이 되었을 때, 그 사람에게 왜 그러냐고 따지기로 결심했지. 한 소리 제대로 해주려다가 문득, '이 사람이 삶에 무슨 일이 있어서 저렇게 행동하는 게 아닐까' 하는 생각이 들었어. 그래서 못된 말을 하는 대신 이렇게 물었지. '오늘 아침 힘들어 보이네요. 제가 도울 수 있는 일이 없을까요?' 그랬더니 그 남자가 당혹스러운 표정으로 답하더군. '아니에요, 짐. 당신의 아이디어는 마음에 들어요. 근데 어젯밤에 제 개가 하늘나라로 갔거든요. 13년 동안 키운 개여서 충격이 꽤 커요. 물어봐 줘서 정말 감사합니다.'"

성공에 대한 아이의 신념 형성하기

아이가 성공은 자신이 통제할 수 없는 요인들의 결과라고 믿게 되면, 성공에 필요한 요소들인 노력, 인내, 연습에 힘쓸 가능성이 크게 낮아진다.

아래와 같은 과정을 통해, 노력이 성취의 열쇠라는 것을 아이가 깨닫도록 도우라.

1. 아이가 무언가를 잘했을 때는 칭찬하지 말고 잘한 일을 묘사한다.

"수학 워크지에서 9번 문제를 맞혔구나."

2. 아이에게 묻는다.

"어떻게 해낸 거니?"

3. 세 가지 선택지를 준다.

"열심히 노력했니?"

"힘들어도 참고 계속 풀어보려 했니?"

"그동안 연습을 했었니?"

이 세 가지 선택지는 모두 정확한 생각을 담고 있는 것이라서, 무력감을 주는 유형의 부정적 자동사고를 쫓아내는 데 유용하다.

4. 말하는 것은 현실이 되기 쉬우므로, 아이가 크게 소리 내어 말하도록 하라. 아이가 입 밖으로 내는 말은 아이의 현실이 될 가능성이 더 크다.

5. 아이가 위의 질문에 대답하길 어려워하거나 모르겠다고 하면 미소를 지으며 다음과 같이 물으라.

"네가 만약 안다면, 셋 중 무엇일 것 같니?"

3. 흑백논리의 부정적 자동사고: '항상, 절대로, 아무도, 모든 사람, 매번, 모든 것' 따위의 말들을 특징으로 하는 절대적 사고는 일시적인 상황을 앞으로도 변하지 않을 현실처럼 둔갑시킨다. 이러한 생각에 빠져 있을 때는 어떤 상황이 완전히 좋거나, 완전히 나쁘게만 보인다. 그 사이에는 아무것도 없다. 모든 것을 흑백으로 보게 되는 것이다.

여러분의 아이가 "놀 게 하나도 없어!"라고 말할 때, 그 바탕에 바로 이런 식의 생각이 깔려 있다. 아이가 이렇게 말하는 건 기분이 우울하거나, 지루하거나, 의욕이 없다는 뜻이다. 흑백논리에는 다음과 같은 예도 있다. "아빠는 내 말을 전혀 듣지 않아." "난 항상 엄마가 원하는 대로만 해야 하잖아." 부모의 경우는 아이가 말대꾸를 하면, '쟤는 항상 입만 살았어'라고 생각할 수 있다. 또는 아이가 집안일을 하지 않으면 '내가 하라는 대로 하는 법이 없어'라고 생각할 수 있다. 하지만 이런 생각은 이성적이지 않다. 더도 아니고 덜도 아닌, 그저 생각일 뿐이다. 이 복잡한 세상에서 그렇게 단순명료하게 말할 수 있는 상황은 드물다.

48세의 설레스트는 다섯 아이를 둔 엄마였고 남편과는 이혼했다. 그녀가 에이멘 박사를 찾아온 건 우울감과 자신이 부족하다는 느낌을 도무지 떨쳐버릴 수 없어서였다. 5년 전 남편과 이혼한 이래 그녀는 슬픔과 외로움에 젖어 살았고 자신이 사랑받을 가치가 없다고 느꼈다. 누군가와 친밀한 관계를 맺는 데에서 기쁨을 느끼는 그녀에게 이혼은 정서적으로 충격과 혼란을 안겨 주었다. 그녀는 에이멘 박사에게 말했다. "아이 다섯을 둔 '나이 든' 여자를 원하는 사람은 아무도 없을 거예요!"

이러한 부정적 자동사고는 다른 가능성들에 대해 마음을 닫고 부정적인 것에만 집중하게 만들어 불안과 우울을 심화시킬 따름이다. 이런 상태에 놓인 사람은 실제 상황보다는 자신이 생각하고 믿는 바에 따라 행동하게 된다. 아이가 항상 자신을 말로 이겨먹으려 든다고 정말로 믿는 부모는, 아이가 말대꾸를 할 때 심하게 화를 낼 가능성이 높다. 실제로 그 애가 말대꾸를 하는 상황은 전체의 5~10퍼센트일 뿐이라 해도 그렇다.

양육 팁: "네가 마지막으로 …라고 [아이가 절대적인 표현으로 불평하는 내용] 한 게 언제였니?" "…했던[불평 내용과 반대되는 일] 때 기어 안 나니?"라고 질문해서 아이의 부정적 자동사고를 반박하라. 예컨대 "나는 맨날 차 뒷좌석에만 앉아. 앞의 동승석에 앉을 기회가 없어"라고 불평하면, "네가 마지막으로 앞좌석에 앉았던 게 언제였지? 우리가 …했던 때잖아. 기억나지 않니?"라고 물으라.

4. 미래를 점치는 부정적 자동사고: 미래를 점치려 들 때는 제멋대로 최악의 상황을 예측하게 된다. 확실한 증거가 없더라도 부정적인 그림을 그리게 되는 것이다. 그래서 미래를 점치는 사고는 즉각 스트레스를 증가시킨다. 심장이 더 빨리 뛰고, 호흡이 빨라지고 얕아지며, 부신에서 코르티솔과 아드레날린을 쏟아내기 시작한다. 양육을 예로 들면, 아이가 특정한 상황에서 말을 듣지 않을 것이라고 예상하고는 집을 나서기도 전에 아이에게 화가 나는 경우가 있다. 그러나 세상의 누구도 미래를 내다볼 수는 없다. 그리고 계약 전문 변호사가 아니라면, 굳이 최악의 상황을 예측하는 데 집중할 이유가 없다.

더 나쁜 것은, 좋지 않은 일을 예측하는 것은 그 일이 실현되는 걸 실제로 조장할 수 있다는 점이다. 예를 들어, 아이가 설거지를 제대로 하지 않을 것이라고 예측하고 아이에게 잔소리를 퍼부으면, 아이는 화가 나서 부모의 신경을 긁기 위해 진짜로 설거지를 엉망으로 해버릴지도 모른다. 아이와 보내는 하루가 순탄치 않을 거라고 확신하고 있으면, 뭐든 안 좋은 일이 생겼을 때 곧바로 기분이 확 나빠지고 그날 하루는 죽 내리막길을 걷게 될 테다.

양육 팁: 아이로 하여금, 자신이 미래를 점치려 들 때면 그 부정적 자동사고를 스스로 반박하도록 가르쳐라. 좀 더 합리적이고 현실적인 말들을 하거나 쓰게 하라. 예를 들어, 아이가 공부를 열심히 했으면서도 다음번 시험에서 실패할 것이라고 확신하는 경우, 다음과 같은 문장을 쓰거나 말하게 하라. "나는 이번 시험을 위해 준비했으니 잘할 수 있을 거야. 만약 잘되지 않으면, 다음 시험 때는 선생님이나 엄마에게 공부를 도와달라고 부탁할 거야."

5. 죄책감을 주는 부정적 자동사고: 죄책감을 주는 사고는 '…해야 마땅하다', '반드시 …해야 한다' '…하지 않으면 안 된다' 같은 말들로 자신을 몰아붙일 때 생겨난다. 많은 부모들에게 널리 퍼져 있는 이러한 부정적 자동사고는 한결같이 파괴적이다. 위와 같은 말들은 기분을 보다 긍정적으로 바꾸거나 아이와 유대감을 형성하는 데에는 눈곱만큼도 도움이 되지 않는다. '…해야 한다'류의 말들을 '…하면 나에게 도움이 될 것이다', '…하는 게 우리 아이에게 가장 좋다', '…하는 것이 더 나은 관계를 맺으려는 내 목표에 부합한다' 같은 표현으로 대체하는 것이 훨씬 낫다.

특히 엄마들은 다른 사람들의 필요를 우선시하도록 학습되어 있기 일쑤라서, 자기 자신을 내세우거나 스트레스를 해소하는 시간을 가질 때 죄책감을 느끼는 경우가 잦다. 이 유형의 부정적 자동사고는 부모들이 앞서 언급한 죄책감의 순환고리라는 함정-아이에게 화를 내고, 죄책감을 느끼고, 아이를 구조해 주는 것-에 빠지는 데에도 한 역할을 한다. 죄책감을 주는 생각을 재구성해서, 자신이 진정으로 원하는 것에 대한 진술로 바꾸라. "아이 학교에서 자원봉사를 해야 해" 대신에, 그 행동이 자신의 목표와 스케줄에 맞는지 스스로에게 물으라. 대답이 '아니요'라면 자원봉사에 대해서는 그만 생각하라. 죄책감을 주는 부정적 자동사고에서 벗어나는 과정을 거치면, 머릿속의 소음을 가라앉혀 더 나은 선택을 할 수 있다.

양육 팁: 죄책감은 우리에게 도움이 되지 않는 감정이다. 아이가 "나는 …해야 해"라고 말하는 것을 들으면 그걸 "나는 …하고 싶어" 또는 "내 목표에

맞는 것은 …하는 거야"라고 바꾸어 말하도록 도우라. 예를 들어, 아이가 "채소를 먹어야 해"라고 말하면 "채소가 나를 건강하게 해주니까 채소를 먹고 싶어"라고 바꾸어 말하도록 도우라는 것이다. 아이가 "숙제를 해야 해"라고 말하면 "학교 공부를 잘하고 싶기 때문에 숙제를 하는 게 내 목표에 맞아"라고 말하도록 지도하라.

6. 꼬리표를 붙이는 부정적 자동사고: 이것은 특히 어린아이에게 매우 해로운 사고다. 많은 부모들이 에너지가 넘치거나 주의력이 부족하거나 ADHD를 가진 아이에게 부정적인 꼬리표를 붙이면서, 자신이 실은 그 애가 더 '힘든' 아이가 되도록 무의식적으로 프로그래밍 하고 있다는 사실을 깨닫지 못한다. 예를 들어, 자녀를 버릇없는 아이, 혹은 지저분한 게으름뱅이라고 부르는 부모는 그 아이를 자신이 알고 있는 모든 '버릇없는 아이', '지저분한 게으름뱅이'들과 한데 묶어버리는 셈이다. 그렇게 하면 아이를 현실적으로 바라보는 능력이 저해된다. 아이에게 부정적인 꼬리표를 붙이는 일은 피하라. 그리고 설사 아이가 정말로 '버릇없는 아이'라 해도, 그건 아이의 잘못이라기보다 그 애를 버릇없게 키운 부모 자신의 잘못임을 인식하라. 꼬리표를 붙이는 것은 특정한 문제를 해결하거나 부모 자신 또는 아이에 대해 정확한 판단을 내리는 데 도움이 되지 않는다.

양육 팁: 아이가 자신이나 다른 아이에게 무슨 꼬리표를 붙이는 걸 발견하면, 누군가가 실수를 하거나 해로운 행동을 했다고 해서 그 사람이 나쁘거나 멍청한 것은 아니라는 점을 부드럽게 상기시키라. 그런 다음 그 애가 그렇게

행동한 이유가 무엇일지 함께 브레인스토밍을 해보라. 이것은 부모와 아이가 공감대를 형성하는 데에도 도움이 될 수 있다.

7. 마음을 읽는 부정적 자동사고: 미래를 점치는 사고와 비슷하게, 아이의 생각을 직접 확인하지도 않고 멋대로 예측하는 사고다. 사실 아이들은 자기가 어떤 행동을 하는 이유를 스스로도 잘 모를 때가 많다. 그럼에도 부모들은 아이가 잘못된 행동을 할 때 그 애에게 부정적인 동기가 있을 거라고 함부로 짐작한다. "우리 아들이 나를 난처하게 만들려고 해요. 자기가 뭘 하고 있는지 알면서 그러는 거죠. 그리고 내가 화를 내면 좋아해요." 누구도 다른 사람의 마음을 읽지 못한다. 아이는 자신의 마음을 읽는 것만도 충분히 벅차다.

도움이 되는 직관과 독이 되는 마음 읽기 사이에 정확한 선을 긋는 것이 항상 쉬운 일은 아니다. 하지만 일단 남의 마음을 읽는 부정적 자동사고를 없애는 법을 배우면, 인간관계와 기분이 개선될 가능성이 높다.

양육 팁: 이 문제는 뒤의 15장에서 다룰 형제자매 간의 대립에서 자주 불거질 수 있다. 일단은 아이에게, 다른 사람에 대해 함부로 추정하는 것은 소통 오류와 오해를 불러일으키기 쉽다고 가르쳐라. "모르면 모른다고 말하자"라는 좋은 말을 아이에게 알려줘서, 이 유형의 부정적 자동사고를 피하도록 도와줄 재미있는 규칙으로 삼으라. 이 말은 다른 사람이 무얼 생각하는지, 어떤 행동을 왜 했는지 잘 모를 경우, 비난하는 어조가 아닌 호기심 어린 어조로 물어보라는 뜻이다. 화보다 호기심이 낫다는 말도 있지 않은가.

8. 부족하다고 느끼는 부정적 자동사고: 다른 사람과 자신을 부정적인 방식으로 비교할 때마다 여러분은 부정적 자동사고가 자신의 마음을 휘어잡고 자존감을 깎아내리도록 허용하는 것이다. 소셜 미디어의 부상과 더불어 우리 사회는 부정적 자동사고의 침공을 제대로 경험하고 있다. 연령을 불문하고 모든 사람들이, 고도로 선별되고 디지털 기술로 화질이 향상된 타인의 이미지와 자신을 비교하는 데 많은 시간을 보내며, 결과적으로 자신이 부족하다는 느낌에 시달리고 있다. 이는 특히 10대와 그 직전 청소년들의 비현실적 기대와 끔찍한 압박감을 부추기는 원인이지만, 이 유형의 부정적 자동사고는 성인인 부모에게도 큰 영향을 줄 수 있다.

말리의 예를 보자. 말리는 52세의 싱글맘으로, 은행 업계에서 고위직으로 일하고 있었다. 직장에서 성공했고 아이들도 잘해 나가고 있었지만, 말리는 자신이 어딘가 부족하다는 염려에 사로잡혀 있었다. 그녀는, 지적이고 능력 있지만 마음이 단련되지 않았고 온갖 생각과 걱정에 끊임없이 시달리는 여성의 전형적인 예였다. 그녀는 항상 자신이 능력자인 척하는 가짜, 혹은 사기꾼 같다고 느꼈기 때문에 스스로 더 완벽한 사람이 되고자 부단히 노력했다. 그렇게 하면 다른 사람들이 자기를 '꿰뚫어 보고' 어떻게든 자신의 지위를 무너뜨리는 것을 막을 수 있지 않을까 바라면서.

말리를 가장 괴롭힌 부정적 자동사고는 '마음 읽기'와 '부족하다는 느낌'이었다. 그녀는 항상 자신이 동네의 다른 엄마들과 어울릴 자격이 없다고 생각했다. 그들이 자기를 좋아하지 않고, 뒷담화를 하며, 자기가 다른 동네로 이사 가기를 바란다고 믿었다. 말리는 다른 엄마들이 공원에 모여 아이들끼리 놀게 할 때 그녀와 아이들을 의도적으로 따돌린다고 확신했지만, 사실 다른 엄마들은 말리가 항상 바빠 보였기에 아이들의 놀이 같은 데는 관심이 없다고 잘못 생각하고 있었다. 이처럼 말리는 부정적 자동사고로 인해 불필요하게 불행, 불안, 동요에 시달려야 했다.

양육 팁: 완벽한 삶 같은 건 세상에 존재하지 않는다. 다른 사람과 자신을 비교하지 말고, 아이가 남들을 부러워하거나 소외감을 느낄 때에도 그런 비교를 그만두도록 도우라. 누구에게나 우리가 모르는 부분이 더 많기 마련이며, 부러움은 분개심과 자기연민 같은 또 다른 부정적 자동사고들을 낳을 뿐이다. 아이가 다른 사람과 자신을 비교하는 것을 멈추게 하려면 혹시 여러분에게 아이를 친구나 같은 반 아이들과 비교하는 습관은 없는지 먼저 확인하라. 아이에게 '최고'가 되려고 노력하는 것보다 자신의 '최선'을 다하는 것이 더 건강한 자세라는 사실을 상기시키라.

9. 행복에 조건을 거는 부정적 자동사고: 이 부정적 자동사고에는 과거와 쓸데없이 씨름하거나 가상의 미래를 동경하는 것이 포함된다. 과거에 일어난 일을 곱씹으며 후회해 봤자 좌절감만 커질 따름이다. 삶에 긍정적 변화를 일으킬 계획은 세우지 않고, 과거에 무언가 달랐더라면 지금 삶이 얼마나 더 나았을지에만 집중하는 사고방식은 자기패배적이다. 또한 현재에 대한 불만을 불러일으키고 의욕을 떨어뜨린다.

양육 팁: 이 유형의 부정적 자동사고에 대한 확실한 해독제는 감사하는 것이다. 감사하는 마음을 가지면 수많은 부정적 생각과 감정에 맞서 싸우고 이

길 수 있다. 매일 감사를 실천하고 가정에서 감사를 습관화하라.

대중문화 속의 부정적 자동사고—우리 아이를 보호하고 대비시키는 방법

누구나 '컴퓨터 버그'라는 용어를 들어보았을 것이다(버그[bug]란 컴퓨터 프로그램이나 시스템의 착오, 또는 시스템 오작동의 원인이 되는 프로그램의 잘못을 말한다.-옮긴이). 오늘날 우리가 사용하는 거의 모든 기기, 특히 텔레비전, 휴대폰을 비롯한 디지털 기기에는 한 개 이상의 칩이 들어 있다. 이런 기기는 표면상 잘 작동할 때도 많은 버그가 잠복해 있기 마련이다. 그리고 알고 보면 우리 문화에도 버그와 같은-이 책의 맥락에선 '개미'와 같다고 할-부정적 자동사고들(ANTs)이 들끓고 있다.

오늘날 우리가 소비하는 음악, 소셜 미디어, 게임, 영화, 기타 미디어들은 부정적 자동사고의 노다지라 할 만하다. 이들의 회로 자체에는 문제가 없다. 그 회로들은 인류가 태초부터 벌여온 정서적, 영적인 싸움들을 들여다보는 창구 역할을 할 뿐이다. 전자기기 노출을 제한하고, 관리 감독을 잘하고, 보호 장치들을 마련하여 아이를 지켜주는 것은 현명하다. 그러나 아이를 지나치게 보호하느라 적절하게 *준비시키지* 않으면 아이는 스스로를 보호할 능력을 갖추지 못하게 된다.

부모로서 우리는 부정적 자동사고가 무엇인지 인식하고 아이와 이에 대해 논의함으로써, 아이가 부정적 사고에 저항할 수 있도록 준비시킬 수 있다. 이러한 토론이 일방적인 훈계의 형태를 띨 필요는 없다. 그보다는 부정적 자동사고가 우리 모두에게 어떤 영향을 미치는지 함께 탐구할 기회로 삼는 것이 좋다. 부모와의 대화를 통해 아이는 미디어에서 아주 흔히 깔아놓는 부정적 자동사고의 길을 따라 비틀거리며 나아가는 신세를 면하고, 자신만의 긍정적인 길을 선택할 기회를 얻을 수 있다. 다음은 페이 박사가 대중문화에서 발견한 부정적 자동사고의 네 가지 추가 유형이다. 여러분 스스로도 더 많은 유형을 발견할 수 있을 것이다.

1. 자신의 마음을 믿으라는 부정적 자동사고: 이 유형은 우리가 느끼는 게 곧 진실이라고 믿도록 부추긴다. 감정은 생각만큼이나 우리를 잘못 이끌 수 있으므로, 감정이 무엇을 말하는지, 그게 과연 사실인지에 꼭 주의를 기울여야 한다.

양육 팁: 감정 자체는 인정하되, 그 감정이 진실된 것을 말하고 있는지, 아니면 우리를 오도하고 있는지 의문을 제기하도록 자신과 아이를 독려하라.

2. 가지지 못한 것을 원하라는 부정적 자동사고: 새롭고 값비싼 것을 많이 소유해야만 만족감을 얻을 수 있다는 메시지가 그 어느 때보다도 범람하고 있다.

양육 팁: 부모가 만족하기를 실천하면서 자신이 가진 것을 즐기면 아이도 부모의 모범을 따를 것이다.

3. 복수하라는 부정적 자동사고: 때때로 페이 박사는 자신을 부당하게 대우한 누군가를 똑같이, 혹은 더 나쁘게 대함으로써 이 유형의 부정적 자동사고를 품어 키우고 있는 스스로를 발견한다고 한다. 복수라는 테마는 흥미진진한 영화와 끝없는 소셜 미디어 드라마의 보고이며, 보는 사람에게 일시적인 권력감을 안겨주기도 한다. 그러나 실생활에서 복수는 알코올과 비슷하게 작용한다. 숙취에 시달릴 게 뻔하므로, 굳이 선택할 가치가 없다.

양육 팁: 아이에게 "악에 지지 말고 선으로 악을 이기라"(로마서 12:21)라는 진리를 말해 주라. 가족 안에서는 상대에게 받은 대우보다 더 낫게 상대를 대우하는 것을 목표로 삼으라.

4. 기분 좋은 건 당장 하라는 부정적 자동사고: 자제력, 인내, 이타심, 봉사가 사람들을 비참하게 만들기 위해 개발된 낡고 고상 떠는 개념이라고? 대중문화를 접하면서 아이는 이런 거짓말을 너무 자주 듣게 된다. 그러나 누구나 알다시피 이는 진실과는 정반대다. 오히려 이러한 인격적 자질들이야말로 -그것이 행동으로 옮겨질 때-행복감을 느끼는 데 필수적이며, 다른 사람을

돕는 것에 초점을 둘 때 특히 그렇다. 타인을 돕는 행동을 하면 도파민, 세로토닌, 옥시토신 수치가 증가하여 기분이 좋아지고 사회적 유대감이 높아지는 등의 신경학적 효과를 누릴 수 있다는 사실도 연구로 밝혀지고 있다.[61]

양육 팁: 자신이든 아이든 기분 좋은 뭔가를 당장 하려 들 경우, "그러면 어떻게 될까?"라는 질문을 던지라. 그 질문을 몇 차례 더 함으로써, 지금 기분을 좋게 만드는 듯한 선택이 나중에도 기분 좋고 뇌에도 좋을지 확인해 보게끔 하라.

부정적 자동사고 없애기

뇌를 거쳐 가는 모든 생각을 그대로 믿을 필요는 없다. 마음을 건강하게 유지하려면, 자기 삶의 나쁜 부분들보다 좋은 부분들에 더 집중하는 것이 중요하다. 부정적 자동사고를 제거하는 일은 어렵지 않다. 자신의 인식이나 사고 패턴을 바꾸기 위한 첫 단계는, 자신이 생각하는 *방식*을 파악하는 것이다. 지금 소개하는 연습은 너무 간단해서 그게 위력 있다는 걸 믿기 어려울 수도 있지만, 에이멘 박사는 이 연습을 통해 자신을 비롯해 많은 사람의 삶이 달라지는 걸 목격했다. 이 방법을 익혀서 우선 자신을 위해 써보고, 아이가 부정적 자동사고에 사로잡히는 게 보이면 아이와 함께 해보라. 여러분 자신부터 괴로움을 덜 느끼고, 더 건강하고 행복해질 것이다. 다음 절에서는 어린아이에게 사용할 버전도 소개하겠다. 여러 연구 결과, 이 기법은 불안, 우울증, 섭식장애를 다스리는 데 있어 항우울제만큼이나 효과적이고 강력한 것으로 밝혀졌다.

1단계. 마음속에 자기비판적이거나 왜곡된 생각이 든다 싶을 때마다, 또는 슬프거나 화가 나거나 초조하거나 통제 불능 상태가 될 때마다, 이를 인지해서 글로 적는다. 생각을 글로 적는 행위는 성가신 침입자를 머릿속에서 쫓아내는 데 도움이 된다.

2단계. 앞에 나온 부정적 자동사고 유형 설명을 참조하여 현재 사로잡힌 부정적 자동사고의 유형을 식별하고 그걸 글로 적는다.

부정적 자동사고	유형
내 아이는 절대 말을 듣지 않아.	미래를 점치기
나는 부모로서 실패자야.	꼬리표 붙이기
아이가 잘못한 거야!	남을 탓하기
나는 더 나은 부모가 되어야 해.	죄책감 주기
우리 아이는 제대로 하는 게 하나도 없어.	흑백논리

3단계. 부정적 자동사고를 반박한다. 여러분도 에이멘 박사와 비슷하다면, 10대 시절에 부모님에게 말대꾸를 많이 했을 것이다. 만일 여러분에게 10대 아이가 있다면, 그 잘하는 말대꾸를 부정적 자동사고에 대고 하도록 권하라. 마찬가지로 여러분도 스스로에게 하는 거짓말을 효과적으로 반박하는 법을 배워야 한다. 그 생각이 말이 되는지, 사실이긴 한 건지 스스로에게 물으라. 그러기 위한 좋은 방법은 내 친구이자 작가인 바이런 케이티가 제시한 네 가지 질문에 답하고, 뒤집기 진술을 찾아내는 것이다.[62] 우리의 목표는 정확하게 생각하는 것이다.

질문 #1: 그게 사실인가? (스트레스를 주거나 부정적인 생각이 사실인가?)
질문 #2: 정말로 사실인가? 어떻게 100퍼센트 확실하게 알 수 있는가?
질문 #3: 그 생각을 믿을 때 기분이 어떤가?
질문 #4: 그 생각을 하지 않았다면 기분이 어떨까?
뒤집기: 원래의 생각을 정반대로 뒤집은 다음, 이 새로운 버전이 사실이거나 원래의 생각보다 더 사실에 가까울 수 있다고 스스로에게 말하라.

젊은 엄마 앨리슨이 이 연습을 어떻게 했는지 살펴보자.

부정적 자동사고: 나는 부족한 사람이야.

유형: 나쁜 것만 보기

1. 그게 사실인가? 그렇다.
2. 정말로, 100퍼센트 확실하게 사실인가? 글쎄, 내가 정말 엄마로서의 '기준'에 부합하지 못하는지를 실제로 알 수 있는 방법은 없다.
3. 그 생각을 믿을 때 기분이 어떤가? 우울하고, 불안하고, 스트레스를 받고, 좌절감을 느낀다.
4. 그 생각을 하지 않았다면 기분이 어떨까? 나는 훨씬 편하고 차분해진 마음으로 하루를 보낼 수 있을 것이다. 아이들과의 시간을 더 즐기고, 할 일 목록을 완수하는 것에 대해서도 덜 걱정할 것이다.
5. **원래의 생각을 정반대로 뒤집은 다음, 이 새로운 버전이 사실이거나 원래의 생각보다 사실에 가까울 수 있다고 스스로에게 말하라.** 나는 부족하지 않다. 나는 그저 최선을 다하는 여느 엄마들과 다르지 않다.

이 마지막 생각에 다다르자 앨리슨은 눈물을 흘렸다. 앨리슨은 자신이 엄마로서 부족하다는 생각에 계속 빠져 있으면 늘 패배감을 느끼는 게 당연하다는 것을 깨달았다. 하지만 자신이 부족하지 않다고 생각하고, 그 생각이 처음에 했던 생각보다 더 사실에 가깝다고 믿으면, 자신감 있고 확신에 찬 엄마로서 행동하고 살아갈 수 있을 것이다. 부정적 자동사고를 반박하는 이 방법은 왜곡된 인식을 바로잡는 데 유용할 뿐 아니라, 부모 여러분의 기분과 자존감을 북돋고 아이를 보다 합리적이고 효과적으로 대하도록 도울 것이다.

어린아이에게 부정적 자동사고에 대해 가르치기

부모들이나 10대 청소년과 마찬가지로, 네 살짜리 어린이도 부정적인 사고들에 사로잡혀 힘들어할 수 있다. 어린아이들이 두려움이나 불안을 느낄 수 있는 영역은 가족, 학업, 친구 관계, 외모 등이다.

다음은 아이들이 가질 수 있는 몇 가지 일반적인 부정적 자동사고다.

부정적 자동사고	유형
아무도 나를 좋아하지 않아.	흑백논리
쪽지 시험 열 문제 중 하나를 틀렸어. 끔찍해.	나쁜 것만 보기
나는 멍청해.	꼬리표 붙이기
엄마가 나를 보고 웃지 않았어. 나한테 화났나 봐.	마음 읽기
내 잘못이 아니야. 시작은 엄마가 했어!	남을 탓하기

아이가 네 살 즈음부터 자신의 생각을 반박하도록 훈련시키는 것은 매우 중요하다. 지금 상황을 망치고 있는 부정적 자동사고가 어떤 유형인지 알아내는 것을 놀이로 만들어보라. 그로써 아이는 머릿속에 떠오르는 모든 생각에 의문을 제기하는 습관을 기를 수 있다.

부정적 자동사고를 없애는 것은 어렵지 않아서, 어린아이도 수월하게 해낼 수 있다. 에이멘 박사도 자주 보는 일이다. 언젠가 그는 우울증에 걸린 아이를 도운 적이 있다. 처음에 그 아이는 자신에게 일어난 부정적인 일들에만 집중하고 있었다. 가족이 막 이사를 했는데 새로운 친구를 사귀지 못할 거라고 아이는 말했다(친구가 이미 여럿 있었는데도). 새 학교에서는 (대체로 성적이 좋았음에도) 공부를 못할 것이며, (새 집 근처에 바다가 휘어 들어와 있고 놀이공원이 있는데도) 아무 재미도 없을 거라고 생각했다. 새로운 상황의 부정적인 면에 집중하다 보니, 적응이 어려웠다. 긍정적인 여러 면에도 같이 집중했더라면 아이의 사정은 훨씬 나아졌을 것이다. 3주에 걸쳐 부정적 자동사고 치료를 받은 뒤, 아이는 "내 머릿속의 부정적인 생각들이 이제는 모두 떠났어요"라고 말했다.[63] 일반적으로 어린아이에게는 앞에서 소개한 네 가지 질문과 하나의 뒤집기보다, 대단히 강력한 두 가지 질문만 던지는 것이 가장 좋다.

1. [아이의 부정적 진술]이 사실이니?
2. 그게 사실이라고 100퍼센트 확신하니? 그걸 어떻게 아니?

청소년의 부정적 자동사고를 함께 해결하는 몇 가지 사례를 살펴보자.

부정적 자동사고: 아무도 나랑 놀지 않아.
1. 그게 사실이니? 글쎄요, 아마도요. 지금은 아무도 저랑 놀고 싶어 하지 않아요.
2. 그 생각이 사실이고 정말 아무도 너랑 놀아주지 않는다고 100퍼센트 확신하니? 음, 물론 아니죠. 바로 오늘 아침 쉬는 시간에 친구들과 놀았는데, 정말 재미있었어요.

부정적 자동사고: 지루해. 할 일이 하나도 없어.
1. 그게 사실이니? 네! 정말 지루해요. 할 일이 아무것도 생각나지 않아요!
2. 그 생각이 사실이고 네가 할 수 있는 일이 정말 *아무것도 없다*고 100퍼센트 확신하니? 물론 아니죠. 수납장에 장난감이 그득한 상자가 있고, 공작용 점토랑 그림을 그릴 종이와 펜, 그 밖의 것들도 많아요. 뭔가 할 일을 찾을 수 있을 것 같아요.

어린아이에게 자신의 생각을 검토하는 방법을 가르치면, 발달 중인 뇌에 새로운 신경 경로들이 생겨나서 마음을 관리하는 데 평생 도움이 된다. 하지만 이 중요한 기술을 배우기 시작하기에 늦은 때란 없다. 나이에 상관없이 생각을 '소독'하는 방법을 배우면 마음가짐에 극적인 변화가 일어날 수 있으며, 양육과 가정생활도 긍정적인 영향을 받게 된다.

최악의 생각들을 반박하기

에이멘 박사가 자신의 환자, 내담자들에게 연령을 불문하고 가장 먼저 시키는 연습 중 하나는 각자가 지닌 최악의 부정적 자동사고 100가지를 적도록 하는 것이다. 그다음에 그들로 하여금 그 같은 사고를 하나하나 제거하는 단계들을 밟도록 한다. 이 과정을 성실히 수행하면, 정서적 고통이 줄어들고 자기패배적인 생각을 끝낼 수 있다.

뇌는 반복을 통해 학습한다. 아래의 제거 연습을 100번 반복하면 제멋대로 일어나는 생각들을 없애고 정신 위생을 개선하는 데 도움이 된다. 루틴이 형성되는 것은 장기강화(long-term potentiation)라는 과정을 통해서다. 즉, 함께 발화하는 뉴런들이 서로 연결되어 자동적인 습관을 만드는 것이다(신경세포의 발화[發火]란 전기 자극 또는 신경전달물질을 통해 다른 신경세포들에 신호를, 즉 메시지를 보내는 것을 말한다. -옮긴이). 시간을 내어 100가지 부정적 자동사고를 조사하고 없앰으로써, 오래된 부정적 사고 습관에서 벗어나 좀 더 합리적인 사고 패턴을 만들어낼 수 있다.

여러분도 우선 아래의 '부정적 자동사고 제거기' 양식을 채워보라.

부정적 자동사고 제거기

부정적 자동사고: _____
_____

그 유형: _____
_____

1. 그게 사실인가? _____

2. 100퍼센트 사실인가? _____

3. 그 생각을 믿을 때 기분이 어떤가? _____

4. 그 생각을 하지 않았다면 기분이 어떨까? _____

5. 뒤집은 생각: 정반대로 뒤집은 버전이 사실이거나 원래의 생각보다 사실에 더 가까울 수 있는가? _____

숙고해 볼 새로운 생각: _____

에이멘 박사는 사람들에게 뇌가 올바르게 작동하면 사람도 올바르게 작동한다는 사실을 자주 상기시킨다. 역으로, 뇌에 문제가 생기면 인생에 문제가 생길 가능성도 훨씬 커진다. 아이가 자신의 마음에 침범하여 문제를 일으키려 드는 부정적 자동사고들과 싸우는 방법을 익히면 뇌가 더 튼튼해지고, 타인을 더 긍정적으로 대하며, 신경화학적 이점을 누릴 수 있다. 그러니 아이가 자신의 사고 패턴에 대해 생각해 보고 마음을 관리하는 방법을 배우도록 격려하라. 물론 여러분 자신도 함께하라. 매일 실천하는 정신 위생은 정신의 힘을 키우기 위한 필수 요소다.

실천 단계

- 이제부터는 머릿속에 떠오르는 생각들에 의문을 제기하고, 아이에게도 그렇게 하도록 가르친다.
- 마음에 출몰하는 가장 흔한 부정적 자동사고가 무엇인지 파악한다.
- 부정적 자동사고를 제거하는 데 도움이 되는 세 단계를 익힌다.
- 최악의 생각 100가지를 적고 반박하는 일을 시작한다.
- 아이에게 부정적 자동사고와 이를 제거하는 방법에 대해 가르친다.

제8장

강하고 유능한 아이로 키우려면

아이는 시련과 고난을 겪어보도록 허용될 때 그것에 대처하는 법을 배운다.
우리의 역할은 아이에게 지혜롭게 사랑과 격려와 제안을 해주는 것이다.
꼭 필요할 때가 아니면 아이를 구해 주지 않는다.

고전 동화 「아기 돼지 삼형제」는 아이를 강하게 키우는 방법을 강력한 은유로 보여준다. 아기 돼지 하나는 나뭇가지로, 하나는 짚으로, 다른 하나는 벽돌로 집을 지었다. 처음 두 집은 튼튼하지 않은 재료를 써서 날림으로 지었기 때문에 못된 늑대가 손쉽게 무너뜨릴 수 있었다. 장기적인 안정성보다는 단기적인 만족에 우선순위를 두었을 때, 늑대가 입김 한 번만 세게 불어도 날아가는 엉성한 집이 만들어진 것이다. 훨씬 많은 시간과 비용을 들여 지은 세 번째 집만이 늑대의 입김에 무너지지 않고 버텨서, 집을 지은 돼지와 그 집으로 도망친 다른 두 돼지를 보호해 주었다.

무엇이든 강하게 지으려면, 약하게 짓는 것보다 훨씬 큰 노력과 희생이 필요하다. 아이를 강하고 유능하게 키우려면, 그 애를 항상 행복하고 편안하게 해주고 싶다는 욕심부터 내려놓아야 한다. 온실과는 딴판인 현실 세계에 대비시켜야 한다는 뜻이다.

고용주이기도 한 페이 박사는 직원 부모들이 자신의 사무실로 찾아와 '우리 아이'에게 더 좋은 기회와 높은 급여를 달라고 청하는 일까지 겪었다. 아이가 시련에 처했을 때 자격의식, 이기심, 게으름이나 나약함을 드러내도록 키우려 드는 부모는 없을 것이다. 하지만 현실 사회와 요즘 가족생활의 경향들은 산들바람에도 휘청거리고 어려움 앞에서 쉬이 무너져 버리는 사람들을 예전보다 많이 키워내도록 부추기고 있다. 이들은 안타깝게도 어릴 적에 인생의 폭풍우를 이겨내는 데 필요한 자신감, 인성, 기술을 기르지 못하고 성인이 되었다. 2010년에 심리학자인 케네스 스튜어트와 폴 번하트는 여러 해 전에 조사했던 청년들에 비해 당시 조사한 청년들의 심리적 건강, 학업 기술, 충동 조절 능력, 자신감이 현저히 떨어졌다는 것을 발견했다.[64] 반면 나르시시즘(자기애)의 비율은 높이 치솟아 있었다. 또 다른 심리학 연구자이자 대학교수인 시민 바지어와 데이비드 C. 펀더도 비슷한 경향을 발견했다.[65] 오늘날 대학교수들은 아이의 성적을 다시 매겨달라고 캠퍼스를 찾아오는 학부모와 마주하는 일이 일상다반사다.

이렇게 많은 부모가 이렇게 자주 아이를 구조해 주면, 자신이 어려움에 처했을 때 구조받을 자격이 있다고 생각하는 아이의 수도 그만큼 늘어난다. 이렇게 우리 사회는 자기중심적이고, 누군가 자신의 의견에 반대하면 즉시 발끈하며, 곤경 앞에서 나약해지는 사람으로 채워지고 있다.

그야말로 비상 상황 아닌가!

이건 우리의 상상 속에서 벌어지는 일이 아니다. 실제로 덴버, 엘리펀트 뷰트, 엘크 스프링스, 뉴욕, 베미지, 보스턴, 피어, 마운트플레전트, 그랜트, 그랜드래피즈를 포함해 미국의 대도시부터 작은 마을까지 온갖 지역이 같은 문제로 몸살을 앓고 있다. 그러니, 상황이 더이상 악화되지 않도록 막으려면 어떻게 해야 할까?

희망을 잃지는 말자. 여전히 우리 사회에는 엄청 재능 있고 성숙하며 헌신적인 청년들이 많다. 다음에 그런 청년을 마주치면, 여러분의 아이도 그렇게 키울 수 있다는 걸 기억하라. 그들의 정신력을 보면서, 여러분의 아이가 유혹 앞에서 흔들리지 않고, 힘든 시기를 버텨내고, 어려운 사람들로 가득한 세상을 헤쳐나갈 근성을 갖춘 청년으로 자라나도록 돕겠다는 결의를 다지라. 그들의 성숙함을 보면서, 여러분의 아이에게 회복탄력성, 목적의식, 올바른 직업윤리, 좋은 수완, 탄탄한 문제 해결 능력, 자제력, 공감 능력과 같은 선물을 주면 아이가 세상살이에서 대단히 유리해진다는 걸 상기하라.

아이가 강해질지 약해질지는 부모에게 달렸다

에리카의 부모는 딸에게 무얼 아무리 잘해줘도 지나치지 않다고 믿었다. 그래서 딸에게 최고의 옷, 최고의 장난감, 최고의 과외 교사, 그리고 그들이 해줄 수 있는 최고의 양육을 제공하려 애썼다. 에리카의 어머니인 데비에게 최고의 양육이란 아이를 자극이 되고 재미있는 활동에 끊임없이 참여시키는 것을 의미했다. 아이가 언제나 관심의 초점이 되고, 항상 자신이 특별하다고 느끼도록 해주는 것을 의미했다. 아이에게 많은 것을 요구하는 교사나 코치를 두지 않는 것을 의미했다. 한마디로 데비의 양육은 에리카에게 세상을 살아갈 준비를 시키는 것이 아니라, 에리카를 위해 세상을 준비시키는 것이었다.

에리카의 아버지인 스티븐은 이런 양육 방식이 옳은지 확신이 서지 않았다. 어느 시점에 그는 데비에게, 중학생이 된 딸이 숙제를 어려워하니 그 문제에 관해 선생님 한 분과 직접 대화해 보라고 하는 게 좋겠다고 제안했다. 데비는 동의했지만, 그 주에는 아이를 돕기 위해 학교에 갈 시간이 없다고 했다. 그 한마디에 스티븐은 버럭 화를 냈다. "세상에, 걘 벌써 열세 살이야. 당신이 없어도 충분히 해낼 수 있다고!"

그러나 스티븐은 이내 감정을 폭발시킨 것이 미안해졌고, 아이와 선생님의 대화가 잘 진행될 수 있도록 자기가 휴가를 내는 데 바로 동의했다.

10대가 된 에리카가 가게에서 절도를 한 혐의로 체포되자, 데비는 즉시 최고의 변호사를 고용했다. 가족에게 상당한 부담이 되는 비용이었지만 데비는 스티븐에게, 딸에겐 아무리 좋은 것만 해줘도 부족하지 않으냐고 상기시켰다. 스티븐은 마지못해 에리카가 저지른 일의 뒤처리를 돕겠다고 동의하면서, 분노와 죄책감이 뒤섞인 느낌이 들었다(에리카가 말썽을 빚은 게 처음도 아니었다).

이렇게 자란 에리카는 강해지고 좋은 성품을 갖게 되었을까, 아니면 점점 더 통제 불능이 되고 불행해졌을까?

대학 1학년 때 에리카는 부모의 돈 수만 달러를 순식간에 탕진했다. 평균 학점은 1.7이었다. 에리카가 헤로인에 중독되었음이 분명해졌을 때, 스티븐은 이제 더는 문제를 조장하는 역할을 하지 않겠다고 선언했다. 그리고 한탄했다. "우리가 애를 너무 많이 구해 줘서, 정말로 남의 구조가 필요한 사람이 됐잖아. 오래전에 전문가의 도움을 받았어야 해!"

치료사는 금세 에리카 가족의 행동 패턴을 파악하고 스티븐과 데비에게 다소 직설적으로 말했다. "두 분은 따님의 삶을 위해 따님 본인보다 훨씬 더 열심히 노력해 왔군요. 따님이 헤로인 중독을 극복하고 자기 존재의 존엄성에 대한 의식을 키우려면, 부모님이 나서서 따님을 구해 주는 일은 이제 그만둬야 합니다. 부모가 도와주지 않아도 스스로 삶을 살아갈 수 있다는 것을 따님이 깨달아야 해요. 그래야만 자기 삶을 바로 세우는 데 필요한 자신감과 힘을 기를 기회를 갖게 됩니다. 두 분이 지금까지와는 다르게 행동하려고 진심으로 노력하는 모습을 보여주셔야 제가 두 분과 함께 일할 수 있어요."

데비는 우리에게 이 이야기를 들려주면서 자신의 과오를 인정했다. "저희가 과잉보호로 딸을 못쓰게 만들었다는 사실을 깨닫고 정신을 차리기 시작했어요. 저희도 여러 해 동안 노력해야 했고, 에리카는 훨씬 더 많이 노력해야 했죠. 그러다 에리카는 자신의 힘을 느끼기 시작했고 기분이 좋아지는 유일한 방법은 좋은 일을 하는 것임을 깨달으면서 치유되기 시작했습니다. 그래도 에리카는 남은 평생을 이 문제로 인해 힘들어할 거예요. 저희는 다른 사람들이 같은 실수를 하지 않도록 이 이야기를 공유하고 있습니다."

아이가 자신의 문제를 인정하고 해결하도록 지도하기
—짐 페이의 다섯 단계

1단계: 마음 깊이 공감해 준다.
"정말 힘들겠구나"라고 말한다.
2단계: 애정을 담아 아이에게 문제를 되돌려준다.
"어떻게 할 생각이니?"라고 물어본다.
3단계: 아이가 "모르겠어요"라고 대답하면 '다른 아이들'이 이런 상황에서 어떻게 하기로 결정했는지 들려줘도 되겠느냐고 허락을 구한다.
"이럴 때 다른 아이들은 어떻게 하는지 들어볼래?"라고 묻는다.
4단계: 두세 가지 선택지를 공유한다.
"이럴 때 어떤 아이들은 _____하기로 해. _____하거나 _____해 보는 아이들도 있고. 이중 어떤 방법이 너한테 좋겠니?"라고 말한다.
5단계: 아이가 자신에게 적절하다고 생각하는 대로 문제를 해결하도록 허용한다. 단, 위의 과정은 생사가 걸린 문제가 아닐 때에만 사용해야 한다는 점에 유념한다.
"네가 어떤 결정을 내릴지 정말 궁금하구나. 나는 너를 믿어!"라고 말한다.

아이의 힘을 키워주는 건 시련, 지지, 기술이다

페이 박사는 강한 부모님 아래서 자랄 수 있어서 행운이었다. 그의 부모님은 강인했기에 자연스럽게 아이에 대해 단호하고도 애정 어린 태도를 유지할 수 있었다. 열 살 무렵, 페이 박사는 그의 마음속에 회복탄력성의 가치를 영원히 새겨놓은 슬픈 사건을 경험했다. 페이 박사는 종종 이 사건을 떠올리며 우리가 시련에 놓여야만, 그리고 그때 기술과 강인함과 연민을 모범으로 보이며 우리를 이끌어주는 사람이 있어야만 우리가 힘을 키울 수 있다는 과학적 사실을 상기한다.[66] 그의 이야기를 들어보자.

"이 사건에는 우리 가족이 발견해서 키우게 된 꾀죄죄한 유기견 한 마리가 등장합니다. 그때 우리는 이 딱한 녀석에게 이름을 지어주었어요. '버스터'라고요. 다정하고 충성심이 강했던 버스터는 아마 보더콜리와 다른 종 목양견의 즉흥적 만남으로 태어난 것 같았어요. 돌보는 무리와 함께 있어야 한다는 본능 때문인지, 움직이는 건 무엇이든 쫓아다니려 했습니다. 자동차도 예외가 아니었죠. 어느 날 오후 아버지와 저는 아버지가 늘 '인격 형성 경험'이라고 부르던 일에 나설 준비를 하고 있었습니다. 그날 할 경험은, 제가 지역의 엘크스 클럽(19세기 후반 미국에서 설립된 친목 및 봉사 단체로, 사슴의 일종인 엘크를 상징으로 사용한다. -옮긴이) 만찬에서 트롬본 솔로 연주를 하는 거였죠. 아버지에 따르면, 다른 사람을 돕는 어려운 일을 하면 좋은 인성이 가꿔진다고 하더군요(탄탄한 심리학 연구 결과로도 뒷받침되는 주장입니다). 마지못해 자동차 트렁크에 트롬본을 넣고 있는데, 주변 시야에 무언가가 휙 스쳐 지나갔습니다.

그건 도로를 달리는 자동차를 향해 질주하는 버스터였습니다. 차가 방향을 틀었지만 버스터는 그냥 직진했어요. 그 바람에 버스터는 심하게 다쳤고, 비틀거리며 가까스로 제게 왔어요. 이윽고 버스터는 제 발치에서 숨을 거뒀습니다.

아빠와 저는 함께 울었어요. 아빠는 든든한 팔로 저를 꼭 안아주며 사랑한다고 말했어요. 저는 아빠가 저를 사랑한다는 걸 확신했고, 아빠가 버스터 역시 사랑한다고 굳게 믿었습니다. 그리고 아빠가 말했습니다. '찰리, 이제 가야겠다. 일을 마치고 돌아와서 버스터를 돌봐주자꾸나.'

그래요, 아빠는 제가 엘크스 클럽 회원들을 즐겁게 해주기로 한 약속을 지키기를 바란 겁니다. 저는 솔로 연주를 하면서 사랑과 연민이 배어나는 아빠의 얼굴에 집중했습니다. 아빠가 시련을 겪은 것은 이번이 처음이 아니었고, 마지막도 아니었습니다. 아빠는 뛰어난 공감 능력과 강인함과 지혜를 발휘해서, 예측할 수 없게 일어나고 종종 다루기 어려운 사건들에 대처하며 살아가는 방법을 제게 차근차근 가르쳐 주셨습니다. 여러분의 아이들도 같은 가르침을 받고 있나요? 아니면 나쁜 일이 일어나면 그 순간 모든 것이 끝장난다고 생각하나요?

'쇼는 계속되어야 한다'라는 오래된 표현은 19세기 후반 서커스 업계에서 유래했습니다. 설령 공연 중 뭔가 문제가 발생하더라도 쇼는 즉시 재개되어야 한다는 뜻입니다. 그 이후로 이 표현은 연예계와 비즈니스를 비롯해 삶의 여러 영역으로 확장되어, 고난이 우리의 책임, 관계, 희망을 완전히 허물어뜨리게 놔두지 말라는 의미를 갖게 되었습니다. 여기서 핵심은, 어려운 상황에 처했을 때는 지지와 공감이 있어야겠지만 그런 가운데도 가능한 한 원래의 기대에 계속 부응하려고 노력하는 것입니다. 물론, 긴급 상황이나 시련의 여파로 인해 계획을 변경해야 할 때도 있다는 건 이해해야 합니다(예를 들어 다리가 부러지면 아이 자신의 스포츠 시즌은 끝나겠지만, 그래도 그 애는 벤치에 앉아 팀을 응원할 수 있습니다).

이 원칙을 잘 보여주는 예는 음악을 배우는 것입니다. 제 아버지는 원래 직업적 음악가였습니다. 1950년대와 60년대에 아버지는 서커스와 프로 로데오 서킷(순회 대회)을 포함한 여러 무대에서 꾸준히 공연을 했습니다. 음악 레슨도 하셨는데, 주요 제자 중 하나가 저였죠. 아버지는 음악이 지능과 회복탄력성을 키워준다고 믿었고, 연구 결과 그의 직감이 옳았다는 것이 밝혀졌습니다. 긍정적 인간발달에 관한 선도적인 전문가로 꼽히는 서치 인스티튜트(Search Institute)의 고(故) 피터 벤슨 박사는 음악이 아주 중요한 발달자산(developmental asset)으로서, 특히 청소년이 삶을 성공적으로 살아가도록 돕는 일에서 강력한 역할을 한다는 사실을 밝혀냈습니다.[67]

아버지는 말씀하곤 했어요. '밴드와 연주를 하다가 어려운 대목에 이르거나 실수를 하더라도 멈추지 마라. 최대한 빨리 따라잡아서 연주를 계속해라. 잘하고 있는 부분에 더 집중하면, 실수나 힘든 부분에서 배우도록 뇌가 저절로 도와줄 거야.' 이 기본 원칙은 3학년 때 밴드 활동을 하던 저에게 큰 도움이 되었습니다. 이 원칙은 인생에도 마찬가지로 적용됩니다. 시행착오를 겪을 때마다 그냥 멈춰서 실수를 곱씹으면, 우리의 삶은 망가져 버릴 겁니다. 그러나 연주를 계속하면 배우고, 성장하고, 더 강해질 수 있습니다."

섬김의 태도를 만드는 것도 시련, 지지, 기술이다

세상에는 열심히 일하는 사람들이 많다. 군대, 경찰, 소방서, 병원에서 일하는 남녀. 트럭 운전사, 배관공, 전기 기사, 전선 작업자, 냉난방 기술자. 식료품점의 선반을 채우고, 거리에서 제설 작업을 하고, 쓰레기 수거차를 운전하고, 자동차에 타이어를 장착해 주는 사람들. 그 밖에도 숱한 어려운 일들을 하면서 우리 모두를 살아가게 해주고 우리 경제를 돌아가게 해주는 많은 이들. 이 사람들의 공통점은 섬김의 태도를 갖고 있어서, 어렵거나 위험한 상황에 굴하지 않고 일을 완수할 동기가 부여돼 있다는 것이다.

이 책을 쓰면서 우리는 이 같은 중요한 일들을 기꺼이 수행하려 드는 강인한 사람들이 사회에 심각하게 부족하다는 걸 새삼 느꼈다. 이것이 바로 우리가 '쇼는 계속되어야 한다'는 태도를 장착한 강하고 유능한 아이를 키워내는 양육 방식에 열정을 쏟는 이유의 하나다. 우리가 이 문제에 대해 보이는 열정의 또 다른 이유는, 목적의식이 없는 사람은 결국 길을 잃기 때문이다. 누군가는 좋은 삶의 정의를 물으면 책임질 것이 없고, 요구받는 게 없고, 좌절이나 실패가 없는 삶을 떠올릴 것이다. 그러나 사실 인간의 뇌가 온전히 발달하고 잘 기능하기 위해서는 타인의 행복과 이익을 위해 노력하는 일과 연관되는 도전과 시련, 사회적 연계, 그리고 인간적 품위가 필요하다. 이 같은 목적의식이 결여되면 사람들은 절망, 단절, 무력감의 패턴에 빠지게 된다. 우울감과 불안감을 느끼고 동기와 집중력이 부족해질 가능성이 높아지며, 약물 남용, 좀도둑질, 폭력 범죄, 전반적 불안과 동요의 발생률도 증가한다.[68]

정신 건강 문제로 어려움을 겪다가 에이멘 박사를 찾아오는 사람들 중 상당수가 삶의 목적의식이 부족하다. 에이멘 박사는 그들에게 삶의 의미를 찾는 것(정신력의 네 번째 원)이 정신 건강에 강력한 영향을 미칠 수 있다고 알려준다. 목적의식이 삶에 미치는 영향을 살펴본 한 중요한 연구에서는 거의 7년간 1,000명 가까운 사람들을 추적 관찰한 끝에, 목적의식이 강한 사람들은 다음과 같은 결과를 얻었다는 결론에 이르렀다.[69]

- 덜 우울함
- 더 행복함
- 더 자기수용적임
- 자신의 삶에 더 만족함
- 개인적 성장에 더 개방적임
- 정신적, 정서적으로 더 건강함
- 잠을 더 잘 잠
- 더 오래 살 가능성이 높음

목적의식이 강하면, 자신의 게시물에 나쁜 댓글이 달리거나 '좋아요' 개수 또는 팔로워 수가 적다는 등 부정적인 소셜 미디어 문제가 자존감에 영향을 줄 확률도 낮아진다.[70] 에이멘 박사는 환자들과 목적에 대해 이야기할 때마다 정신과 의사로서 홀로코스트를 겪고 살아남은 『죽음의 수용소에서』의 저자 빅터 프랭클을 언급한다.[71] "삶이 견딜 수 없게 되는 건 결코 환경 때문이 아니며, 오로지 의미와 목적의 결여 때문이다"라고 말한 것으로 알려진 프랭클은 목적의 세 가지 원천을 다음과 같이 짚는다.

- 생산적인 활동이나 목적 있는 일을 하는 것. 여기엔 "내가 있어서 세상이 더 나은 곳이 되는 이유는 뭔가?" 또는 "내가 무엇을 기여하는가?"와 같은 질

문을 스스로에게 던지는 일이 수반된다.
- 다른 사람을 사랑하고 배려하는 것.
- 난관 앞에서 용기를 갖는 것. 삶의 어려움에 잘 대처하고, 다른 사람들이 자신의 어려움에 대처할 수 있도록 돕는 것.

아이가 열심히 노력하는 법을 배우고, 자신의 재능을 파악하고, 그 재능을 다른 사람을 돕는 데 사용할 길을 찾음으로써 자기 삶에서 의미를 찾도록 돕는 것은 대단히 중요하다. 아이가 자신의 목적을 발견하도록 도우려면, 부모가 먼저 자신의 목적을 알아야 한다. 2장에서 소개한 '한 페이지의 기적' 연습을 다시 살펴보라.

아이가 목적의식을 갖도록 돕는 방법

아이가 자신의 목표를 찾도록 도울 수 있듯이(2장), 아이가 목적의식을 갖도록 북돋을 수도 있다. 아래 활동은 청소년과 청년에게 가장 적합하지만, 어린아이와도 목적이 있는 삶에 대한 이야기를 시작할 수 있다. 그 다섯 단계는 다음과 같다.

1. 부모 자신이 어디서 목적의식을 느끼는지 이야기한다: 아이는 부모로부터 배우기 때문에 부모가 자신의 일과 자원봉사 활동에 대해, 그리고 거기서 어떻게 삶의 의미를 얻는지에 대해 터놓고 이야기하는 것이 중요하다.
2. 질문한다: 아이에게 무엇을 중요하다고 느끼는지 물어본다.
3. 지지해 준다: 아이가 열정을 보이는 것에 대해 부모가 성원해 주고, 멘토가 될 만한 다른 어른을 소개하여 아이가 그 관심을 발전시킬 수 있도록 돕는다.
4. 아이의 영향력을 강조한다: 10대 청소년이거나 젊은 청년인 아이가 자신의 노력이 다른 사람들에게 어떤 영향을 미치는지 이해하도록 돕는다. 아이가 좋아하는 일을 하면 누가 혜택을 받는지 묻는다.

5. 목적 차트를 작성하기: 아이가 '한 페이지의 기적'과 더불어 매일 볼 수 있도록 종이에 자기 삶의 목적을 적도록 한다. 이 목적 차트에는 먼저 가운데에 큰 원이나 네모를 그리고, 그 둘레에 네 개의 원이나 네모를 더 그린다. 그 네 개 안에 각각 다음 질문에 대한 답을 적는다.

- 나는 무엇에 관심이 있는가?
- 나의 재능은 무엇인가?
- 나의 재능이 다른 사람들에게 어떻게 도움이 되는가?
- 나는 사회/세상을 어떻게 바꾸고 싶은가?

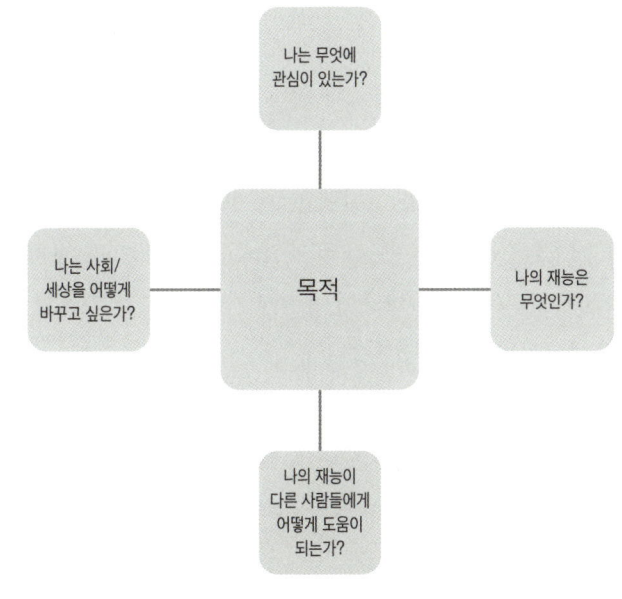

튼튼한 집을 지으려면 지푸라기가 아닌 벽돌을 써야 한다

아이가 어릴 때부터 부모가 취할 수 있는 간단한 행동과 조치들은 아이가 강인한 성품을 쌓아 올릴 벽돌들이 되어준다(그러나 아이가 아직 부모님과 한 지붕 아래 사는 한, 시작하기에 늦은 때란 없다). 이런 벽돌들을 모아 단단한 성품을 쌓아 올린 아이는 힘든 일이 닥쳐도 꺾이지 않고 나아가게 해주는 내적 강인함(즉 배짱)을 가진 사람으로 자라난다. 일단 벽돌을 잘 쌓고 나면, 양육도 한결 쉬워진다.

벽돌 #1: 일을 해내는 방법을 가르친다. 심리학적 서술에서 이런 맥락의 '일'이란 아이가 해냈을 때 스스로 강해졌다고 느끼는 일상적인 일들을 일컫는다. 또한 집, 자동차, 업무 관계를 비롯해 이런저런 책임과 관련된 온갖 문제들을 남에게 의존하지 않고 스스로 해결하는 유능하고 자유로운 사람이 되게 해주는 일련의 기술들을 가리키기도 한다. 일을 수습하고 바로잡을 줄 아는 사람은 그럴 줄 모르는 사람보다 훨씬 더 행복한 삶을 살아간다.

우리의 세미나에 참석한 한 어머니는 고백했다. "저는 열세 살까지는 깡통 따개로 수프 캔을 여는 방법을 몰랐어요. 어머니가 자식들과 아버지를 위해 모든 걸 다 해주셨거든요. 어머니가 교통사고로 돌아가시자 우리는 완전히 속수무책이었어요. 그때 저는 나중에 혹 아이가 생기면 가능한 한 일찍 자립적이 되도록 가르치겠다고 결심했습니다."

훌륭한 부모는 훌륭한 리더이기도 하다. 이런 이들은 자기가 없더라도 일이 잘 돌아가게 하려고 항상 노력한다. 그들은 자기 아래에 있는 사람들을 가르치고 권한을 주어 자신이 더이상 필요하지 않게끔 하는 데 거의 강박적으로 집중한다. 이렇게 행동하는 리더는 더 높은 수준의 리더십을 발휘할 수 있다. 부모가 이렇게 하면 아이는 무력한 추종자로 전락하지 않고 스스로 리더가 된다.

우리는 배짱이라는 기술을 보다 의도적으로 가르치는 방법을 고안했고, 여기에 '시련과 스트레스 앞에서 *끄떡없기*(Great Under Trials and Stress)', 약칭 'GUTS'라는 이름을 붙였다(보통명사 'guts'는 '배짱, 용기'라는 뜻이다.—옮긴이).

아이에게 GUTS 가르치기

아이에게 GUTS를 가르치려면, 먼저 자신에게 다음과 같은 질문들을 던져보라.

- 우리 가정이 잘 돌아가도록 내가 하는 일은 구체적으로 어떤 것들인가? 예를 들면 요리, 청소, 빨래, 공과금 등 각종 청구서 처리 따위가 있다.
- 우리 아이가 이런 일들을 배울 수 있는가? 그렇다. 옆에서 올바르게 하는지 봐주기만 하면, 아이도 공과금 등의 납부를 도울 수 있다. 페이 박사의 아들들도 글을 쓸 수 있게 되자마자 수표 작성을 돕기 시작했다. 페이 박사는 종종 '내 수표의 서명이 나머지 부분의 글씨와 많이 다르다는 걸 눈치채는 사람이 있을까?' 하고 궁금해했다. 아마 있었겠지만, 누구도 불평하지 않았다.
- 어떻게 가르칠까? 그 일을 하는 자신의 모습을 머릿속으로 그려보라. 어떤 단계들을 밟아야 하는가? 그 단계들을 종이에 적고, 아이와 함께 차근차근 따라 해보라. 예를 들어, 18개월 된 아이는 작은 물건들을 쓰레기통에 넣으라는 지시를 쉽게 따를 수 있다.
- 어떻게 하면 아이가 자발적으로 배우고 잘 기억하게 할 수 있을까? 예상치 못한 순간에 마주치는 교훈이야말로 마음속 깊이 새겨지곤 한다. 또한, 너무 진지하기보다는 장난스럽거나 엉뚱한 방식으로 배운 것들이 더 오래 기억에 남는다. 우리의 한 친구는 아버지가 펑크 난 타이어 교체 방법을 어떻게 가르쳤는지 이야기해 주었다.

"그 일은 평생 잊을 수 없을 거예요. 어느 따뜻한 여름날 오후, 우리는 가게에 갔다가 집으로 돌아오고 있었어요. 그런데 아버지가 갑자기 활짝 미소 지으며 말했어요. '아, 그래! 어디 안전한 곳을 찾아서 차를 세우렴. 타이어를 하나 갈아야 할 것 같아.' 저는 초보 운전자였고, 제가 느끼기엔 차가 잘 굴러가는 것 같아서 상당히 당황스러웠어요. 우리는 차에서 내려 완전히 멀쩡한

타이어를 교체했어요. 아무 문제도 없는 걸 말이죠. 접지면도 괜찮고 공기압도 충분해서, 아버지에게 왜 이런 쓸데없는 일을 하시는 거냐고 물어봤죠. 그러자 아버지가 웃으며 답하시더군요. '그래야 네가 타이어를 갈 수 있다는 걸 알 테니까.'"

이런 경우, 아이가 노력하고 도운 공을 반드시 언급하고 넘어가라.

- **아이를 가르치는 데 투자하는 시간과 노력이 그만한 가치가 있다는 걸 나 자신에게 어떻게 상기시킬 수 있을까?** 아이를 지켜보면서, 아이가 여러분이 가르친 일에 성공했을 때 얼마나 큰 만족감과 자부심을 느끼는지에 주목하라. 이 이미지를 머릿속에 소중히 간직하고 자주 떠올리라. 또한, 아이가 10대가 되고 청년으로 자라나면서 또래 친구들은 상상조차 할 수 없는 일을 해내는 걸 보게 되면 얼마나 멋질지 상상해 보라. 아이가 할 수 있는 일은 스스로 해야 한다는 점을 명심하는 것도 도움이 된다.

벽돌 #2: 아이가 뭔가를 옮기는 일보다 만드는 일에 더 많은 시간을 할애하기를 기대한다. 고용주로서 페이 박사는 직원들을 두 가지 유형으로 분류할 수 있음을 알게 되었다. 두 유형 모두 똑똑했다. 두 유형 모두 유능했다. 그런데 첫 번째 유형의 직원들은 대부분의 시간을 다른 사람이 만들어낸 것들을 이리저리 옮기는 데 보냈다. 상자, 제품, 컴퓨터 프로그램, 공급업체 계약서, 서류, 심지어 아이디어까지 말이다. 그들은 겉보기엔 열심히 일하는 것 같았지만, 페이 박사는 이들이 가시적인 무언가를 거의 창출하지 못하고 새로운 일을 시도하지도 않는다는 걸 깨달았다.

두 번째 유형의 직원들은 새롭고 실행 가능한 어떤 절차, 제품, 시스템 등을 만들어 회사가 앞으로 나아가도록 했다. 이 경험을 통해 페이 박사는, 어떤 사람은 남이 만든 걸 이리저리 옮기는 사람이 되도록 배우며 자라난 반면(그는 이런 이들을 스케이터[skater]라고 부른다), 어떤 사람은 창조자

(creator)가 되게 해주고 새로운 기술의 학습을 두려워하지 않게 해주는 기량과 태도를 키우며 자라났다고 믿게 되었다. 물론 무언가를 옮겨서 그게 있어야 할 곳에 배치하는 사람도 필요하다. 그러나 그들이 하는 일의 수준과 가치는, 자신의 안전지대(comfort zone, 어떠한 일이나 사물이 친근한 느낌을 주는 심리적인 상태로, 여기서 사람들은 걱정과 스트레스를 별로 안 느끼며 환경을 통제할 수 있다.-옮긴이)를 벗어나 새것을 창조해 내는 성향의 사람들이 제공하는 가치에 비하면 미미하다.

페이 박사가 이러한 차이를 처음 발견하던 무렵, 그는 꽤 호화로운 소규모 사립대학에서 대단히 존경받는 교육학 교수를 우연히 만났다. 그녀는 어린 학생들이 훗날 들어가기 어려운 대학에 입학할 확률을 높이도록 돕는 사업도 하고 있었다. 페이 박사는 그녀에게 물었다. "아이의 대입 준비를 돕기 위해 부모가 할 수 있는 가장 중요한 일은 무엇일까요? 아이가 대학에 입학한 후에도 잘하길 원한다면 아이에게 어떤 준비를 시켜야 할까요?"

그녀는 망설임 없이 대답했다. "어려운 일을 하는 법을 가능한 한 많이 배우도록 해야 합니다." 이어서 그녀는 일화 하나를 얘기했다. "제 내담자 중에 대단히 똑똑한 초등학교 6학년 여학생과 그 부모님이 있었어요. 그 학생은 몇 개 수업에서 어려움을 겪고 있었고, 더 높은 수준의 공부를 해내기 위한 근면성이 부족한 것 같았어요. 저는 학생의 부모님에게 아이가 요리를 배우거나, 지역사회에서 다른 사람들을 돕거나, 미술 프로젝트를 만들어 수행하거나, 집 안팎에서 물건을 고치는 방법을 익히거나, 차량 정비를 배우거나, 자신의 육체적 한계에 도전하거나, 다른 힘들거나 새로운 일을 함으로써 부모님을 돕고 있는지 물었습니다. 부모님은 단박에 혼란스러운 표정이 되더군요. 보아하니 아이는 모든 시간을 책을 읽는 데 쓰고 있었습니다. 부모님은 대부분의 사람이 매우 중요하다고 여기는 독서 활동을 제한하는 걸 꺼리고 있었고요."

분명히 해두자. 누구에게나 휴식의 시간은 필요하다. 누구나 '스케이터'들처럼 그리 어렵지 않은 일을 하면서 정신적, 정서적, 육체적 배터리를 재충전할 시간이 필요하다. 독서는 순전히 재미를 위해 할 수도 있는 훌륭한 활동이다. 심지어 아무 생각 없이 영화나 기타 엔터테인먼트를 즐기는 시간도 약간은 필요하다. 그러나 청소년이나 젊은 성인의 생활이 불균형해진 나머지 창의력과 투지에 관련된 뉴런을 단련할 기회가 부족해지는 지경에 이르면, 마냥 '스케이팅'만 하는 건 문제가 된다.

새로운 것을 하거나 배우는 일을 멈출 때 뇌는 굳어버린다. 새로운 신경 경로를 만들고 강화하려면 안전지대를 벗어나서 행동해야 한다. 학습은 뇌 안의 연결을 증가시킨다. 뇌 안의 연결이 많아진다는 건 뇌가 더 강해진다는 것이다. 학습을 평생 지속하면 나이가 몇 살이든 뇌가 강하게 유지된다는 연구 결과가 있다.[72] 매일 15분씩만 새로운 것을 배워도 그리된다는 얨이다. 새로운 학습이 뇌에 주는 이점에 대해서는 다음 장에서 더 자세히 설명하겠다.

뭔가를 그저 옮기고만 있는가, 아니면 만들어내고 있는가?

매주 한 번씩 다음 다섯 개의 질문에 답해 보라.

- 아이가 의미 있는 방식으로 다른 사람을 돕기 위해 시간, 에너지 또는 다른 자원을 희생한 적이 있는가? 여기에는 예컨대 지역사회에서 자원봉사를 하거나, 동생이 참여하는 운동 경기나 다른 활동에 가서 응원하거나, 이웃집 앞에 던져진 신문을 문 앞까지 가져다 놓는 것과 같은 일들이 포함될 수 있다.
- 아이가 구글 검색에만 기대지 않고 생각과 창의력을 발휘해 무언가를 만들어본 적이 있는가? 부모는 아이에게 "어떻게 하면 이 물건이 더 잘 작동하게 할 수 있을까?" 또는 "개똥을 더 빨리 치울 수 있는 도구로 어떤 게 있을까? 생각나는 형태가 있으면 스케치로 보여주렴." 같은 질문을 던질 수 있다.

- **아이가 어떤 방법으로 대근육을 단련했는가?** 운동은 뇌 건강에 좋으며, 밖에서 놀거나, 달리거나, (뇌를 보호하기 위해 헬멧을 쓰고) 자전거를 타거나, 스포츠를 즐기는 아이는 가만히 앉아서 기기의 화면만 쳐다보는 아이에 비해 창의적으로 문제를 해결하는 사람이 될 가능성이 높다. 운동을 하면 새로운 뇌세포가 생성되고 도파민(쾌락의 메시지를 전달하는 뇌 화학물질) 수치가 증가한다.
- **이번 주에 아이가 스스로 잘하리라 생각하지 않은 새로운 것을 시도한 적이 있는가?** 안전지대에서 벗어나 새로운 것들을 시도하도록 격려받는 아이는 유연하고 적응력이 뛰어난 사람으로 성장할 가능성이 높다.
- **아이가 새로운 것을 시도할 때 적절한 수준의 노력을 기울였는가, 아니면 바로 포기했는가?** 어려움에 직면해도 계속 노력하는 아이는 자신감과 끈기를 키우게 된다. 반면, 상황이 힘들다고 쉽게 포기하는 아이는 불안해하고, 거부를 두려워하고, 완벽주의에 물들고, 건설적인 비판을 받아들이기 어려워하게 될 가능성이 크다.

벽돌 #3: 아이가 집안일을 완수하기를 기대한다. 부모의 잔소리나 보상이 없이도 제 몫의 집안일을 완수하는 아이는 그러지 않는 아이보다 훨씬 행복하고 학교생활도 성공적으로 해낸다. 어느 교사는 말했다. "부모가 아이에게 더러운 그릇을 식탁에서 식기세척기까지 옮기는 일을 시키지 못한다면, 그 아이가 학교에서 선생님 지시에 따라 과제를 끝까지 해낼 확률이 얼마나 되겠어요?" 집안일을 잘하는 아이가 학교에서 성공할 가능성이 더 높다.[73] 과학으로 증명된 사실이다.

　집안일은 벌이 아니다. 집안일은 아이가 실질적이고 의미 있는 방식으로 가족에게 기여할 기회다. 집안일은 아이가 가족 구성원으로서 지니는 목적과 연결되는 방식의 일부인 것이다. 집안일을 하면서 아이는 건실성을 키우고, 가족과 그 가치에 대해 유대감을 쌓게 된다. 정말이다. 어떤 팀에서든 필요하고 소중한 구성원으로 대우받을 때 우리는 그 팀의 가치를 내면화한다. 따라서 집에서 대충 놀며 지내도록(즉 '스케이터'로 살도록) 허용되는 아이는 또래의 압력에 저항하는 데 필요한 단단한 뿌리가 부족해지기 쉽다. 가치관을 부모와 가족에게서 배우는 대신 또래 친구, 대중음악, 여타 신뢰할 수 없는 출처들에서 배우기 때문이다.

　'사랑과 논리' 접근법에서는 지난 수십 년 동안 부모들에게 '집안일'이라는 말 대신 '가족에 대한 기여'라는 용어를 사용하도록 장려해 왔다. 기여에 초점을 맞추면 아이는 집안일을 부모가 멋대로 부과하는 벌로 여길 가능성이 낮아진다. 또한 인생의 주요한 기쁨 하나가 다른 사람의 행복과 이익에 보탬이 되는 것임을 결국은 이해하게 될 가능성이 커진다. 다음은 아이가 가족에 기여하는 법을 배우도록 돕는 여섯 가지 방법이다.

1. 부모가 가족에 대한 기여의 모범을 보인다. 아이에게 부모가 일을 끝까지 해내는 모습을 보여주라. 물론, 이럴 때 아이는 부모가 그 일을 기꺼이

하고 있는지 여부를 금방 알아차릴 수 있다는 점을 명심해야 한다. 부모가 즐겁게 일하는 모습을 보면, 아이도 집안일을 도울 가능성이 커진다.

2. 함께 일한다. 같이 일하면서 부모가 유머와 즐거움을 보일 때, 아이는 가족에 대한 기여를 좋은 감정과 연관시킬 가능성이 높아진다. 함께 일하는 것은 유대감을 형성할 훌륭한 기회이기도 하다. 이것은 5장에서 아이가 집안일을 거부했을 때 함께 해주겠다고 제안하지 말라고 한 지침과는 맥락이 다르다는 점에 유의하라. "저녁에 같이 샐러드 만들어 먹자"라고 말하는 것과 "네가 샐러드 만들기를 거부했으니 내가 같이 만들어 줄게"라고 말하는 것은 전혀 다르다.

3. 가정을 잘 유지하는 데 필요한 모든 것을 목록으로 작성한다. 이 일을 아이와 함께 하되, 어른들만이 할 수 있는 임무도 포함시키라. 돈을 벌기 위해 일하기, 운전하기, 공과금 등 각종 청구서 처리하기, 가구 먼지 털기, 고양이 밥 주기, 바닥에 떨어진 시리얼 조각들을 청소기로 빨아들이기, 잔디 깎기, 집 앞에 쌓인 눈 치우기 등을 목록에 넣어서 살림살이의 큰 그림을 아이에게 보여주라.

4. 부모가 앞장선다. 어떤 집안일을 할지 선택한다는 건, "내가 우리 가족을 위해 이 일을 할 수 있어 자랑스럽다"라는 뜻이다. 목록의 해당 임무 옆에 자신의 이름을 적는다.

5. 합리적인 범위 내에서, 아이에게 자신이 담당할 집안일을 선택하게 한다. 아이가 아무것도 선택하지 않는다면 당연히 몇 가지 임무 옆에 아이의 이름을 적고 각기 언제까지 해야 하는지를 덧붙여 쓰라. 가족 중 누구에게도 문제가 되지 않는 한, 아이들끼리 이따금 할 일을 바꾸는 건 괜찮다.

6. 아이가 집안일을 잊어도 일단 그냥 두라. 그러고는 아이에게 공감을 보여주고 대가를 치르게 함으로써 아이가 자연스럽게 교훈을 얻는 걸 기대하라. 아이에게 잔소리하거나, 할 일을 상기시키거나, 반복해서 경고하지 말라. 부모가 자꾸 잔소리를 하고 상기시키면 아이는 거기에 의존하게 된다. 그러면 부모는 잔소리를 점점 더 많이 해야 할 것이다. 그런 함정에 빠지지 말라. 잔소리를 비롯해 부모의 손길 없이도 맡은 일을 끝마치는 법을 배우면, 아이는 인생을 살아가면서 큰 이점을 누릴 수 있다. 자기가 맡은 일을 잊고 결국 하지 않으면, 책임을 물으라. 아이에게 진심으로 공감해 주되, 어떤 방식으로든 합리적인 대가를 치르게 하라. 여기에는 부모의 일 중 일부를 대신 하라고 시키거나, 아이가 가고 싶어 하는 곳에 보내주지 않고 집에 있도록 하거나, 잊은 일을 가족 외의 사람에게 맡기고 그 애가 돈을 내게 하는 등의 방법이 포함될 수 있다.

최근에 어느 부모가 우리에게, 여섯 살 난 아이가 마당의 낙엽을 긁어모으는 일을 까맣게 잊어버렸을 때의 이야기를 들려주었다. 마당은 아이 혼자 충분히 치울 수 있을 만큼 좁았다. "그 애가 자기 할 일을 잊었을 때, 저는 아무 말도 하지 않았어요. 대신 옆집의 10대 아이에게 돈을 주고 치우라고 했죠. 아이가 왜 옆집 형이 자기 일을 하고 있냐고 물었을 때, 저는 최대한 공감을 담아 답했습니다. '아, 안타까운 일이야. 네가 가족을 위해 해야 하는 일을 잊었잖니. 나는 너를 너무 사랑해서, 잔소리를 하거나 싸우고 싶지 않아. 그래서 시오에게 돈을 주고 대신 해달라고 했어. 20달러 정도 줘야 할 거야. 그 돈을 나한테 어떻게 갚을지 생각해 보려무나.' 아이는 울고 소리를 지르면서 저를 못됐다고 비난했어요. 그 순간은 참아내기가 좀 힘들었지만, 아이가 성공하는 데 필요한 책임감 없이 자라는 것보다는 분명히 낫겠죠."

기억해야 할 중요한 사실은, 실수에 따라붙는 '가격표'는 하루하루 높아진다는 것이다. 아이들이 이런저런 교훈을 어릴 때 배우는 것이 훨씬 덜 고통스럽다.

집안일에 대한 반항에 대처하기

아이가 몇 살이든, 집안일에 소극적으로 저항하거나 "안 할래! 억지로 시키지 마!" 같은 말을 할 때는 다음과 같은 단계를 밟아 대응해 보라.

1단계: "알겠어. 나는 너를 너무 사랑해서 이 문제로 싸우고 싶지 않아. 내가 알아서 할게"라고 말한다. 이때 차분하고 느긋한 어조를 유지한다. 아이로 하여금 자신이 저항하거나 거역한 걸 부모가 봐주고 넘어갔다고 믿게 한다. 이렇게 하면 계획을 세울 시간을 벌 수 있다.

2단계: 어떤 대가를 감당케 할지 고민한다. 아이가 좋아하는 활동에 차로 데려다주는 대신 집에 머무르게 하기, 아이가 했어야 할 집안일을 다른 사람에게 부탁하고 그 값을 치르게 하기, 아이가 소중히 여기는 다른 특전을 빼앗기 등이 있다.

3단계: 진심 어린 공감을 보여주되 저항의 대가를 부과함으로써 아이가 교훈을 얻게 한다. 예컨대 "정말 안타깝구나. 네가 화장실 청소를 거부해서 내가 할 수밖에 없었어. 이제 너무 피곤해서 널 농구 연습장에 데려다줄 수 없어"라고 말한다.

벽돌 #4: 오락반장 노릇을 그만둔다. 과거에는 아이가 지루해하는 걸 자기 책임으로 느끼며 오락반장을 자처하는 부모가 드물었다. 오늘날에는 너무나 많은 선의의 부모들이 아이가 한순간도 지루함을 느끼지 않게 하려고 온갖 수고를 다 한다. 이런 변화를 불러온 요인은 여러 가지다. 어떤 부모들은 자식의 욕구와 필요를 채워주지 않는 차갑고 무관심한 부모 밑에서 자랐기에, 자신의 아이에게는 그런 상처를 주고 싶지 않다는 마음에서 뭐든 오냐

오냐하는 쪽으로 이끌리게 된다. 또 어떤 부모들은 아이가 겪은 어떤 좋지 않은 일에 대한 미안함과 죄책감에 사로잡혀 있다. 이들은 아이를 사랑하고 안쓰러워하는 나머지, 아이에게 오락을 제공하는 것으로 보상하고자 한다. 또 어떤 부모는 주위의 부모들이 다들 이렇게 양육하고 있으니 이것이 정상적이고 건강한 행동이라고 생각하기도 한다. 원인이 무엇이든, 오락반장 노릇을 하는 부모는 자신이 아이에게 과도한 일정을 부과하고 관심을 너무 쏟음으로써 아이가 자격의식과 만성적 불행감을 키울 계기를 마련하고 있다는 사실을 인식하지 못한다. 다행히도, 변화를 시도하기에 늦은 때는 없다.

지루함 훈련 세션 진행 중

오락반장 노릇을 하는 대신, 부모는 아이가 때때로 할 일이 없다는 불편함과 씨름하도록 놔두는 편이 현명하다. 인류의 위대한 예술 작품과 과학적 발견, 발명품 가운데 아주 많은 것들이, 사람들이 생각하고, 궁금해하고, 더 나은 것을 상상할 시간이 있었던 덕분에 가능해지지 않았는가. 지루함 속에는 창의성의 씨앗이 숨어 있다. 지루함이라는 비옥한 토양은 방해를 받으면 열매를 만들어내지 못한다. 그렇기 때문에 페이 박사는 부모가 아이에게 가끔씩 의도적으로 '지루함 훈련 세션(Boredom Training Session, BTS)'을 제공할 것을 권한다. 지루함 훈련 세션을 최대한 활용하려면 다음 단계들을 따르라.

- 종이, 펜, 크레파스, 자투리 목재나 폐목재 및 목공 도구, 점토, 고장 난 토

스터기, 낡은 커피포트 등 배터리나 전원 코드가 필요 없는 도구와 재료들을 충분히 준비한다. 그렇다, 폐물들도 얼마든지 교육적일 수 있다.
- 일주일에 한 번 이상, 최소 한 시간씩은 디지털 기기와 TV, 놀이모임, 기타 아이를 들뜨게 만드는 물건이나 활동을 허용하지 않는 '오락 없는 시간'을 계획한다.
- 아이가 지루하다고 불평하면 이렇게 대답한다. "기분이 꽤나 좋지 않은 것 같구나. 어떻게 하면 좋을 것 같니?" 이때 부모가 문제 해결의 책임을 떠맡지 않고 아이에게 넘겨준다는 점에 주목하라.
- 아이가 "몰라, 너무너무 심심해"라고 대답하면 이렇게 응수한다. "어떤 아이들은 그런 기분이 들 때 무언가를 만들어보거나 낡은 커피포트의 내부가 어떻게 생겼는지 뜯어보는 것 따위의 실험을 하기도 해. 네가 뭘 하기로 결정할지 정말 궁금하구나."
- 아이가 버릇없이 굴거나 성질을 부리더라도 신경 쓰지 말고, 굽히지 않는다. 대신 빠르게 공감을 표현하고, 아이가 준비가 되면 몇 가지 아이디어를 탐색하는 걸 돕겠다고 제안한다.

부모가 아이를 차갑게, 못되게, 또는 소홀하게 대하는 걸 우리가 용납한다는 건 절대 아니다. 그러나 우리는 아이가 지루함을 해소하는 최선의 전략이 부정적인 감정을 행동으로 표출하거나 극적 상황을 연출하는 것이라고 믿는 어른들이 많다는 게 걱정스럽다. 이 같은 불건전한 대처 전략을 기꺼이 참아줄 사람이 없어지면 그들의 삶은 얼마나 딱해질까? 우리는 여러분의 아이가 지루함을 느낄 틈이 없을 만큼 왕성한 상상력과 재치 및 수완을 갖추고 어른으로 성장하길 바란다.

벽돌 #5. 아이가 자신에게 '안 돼'라고 말하도록 가르친다. 정신적으로 강한 아이가 되려면 자제력이 필요하다. 아이가 다섯 살이든 열다섯, 스물다섯 살이든, 인생에서 가장 어려운 일의 하나는 장기적인 이익을 위해 단기간의 희생을 감수하는 것이다. 반세기도 더 전에 시작된 일련의 실험들은 '만족지연(delayed gratification)'이라는 개념이 강인한 정신의 중요한 요소임을 보여준다. 심리학자 월터 미셸은 스탠퍼드 대학교에서 미취학 아동 수백 명과 맛있는 간식인 마시멜로(경우에 따라선 미니 프레츨, 박하사탕, 쿠키 등 다른 간식)가 등장하는 대단히 유명한 실험을 벌였다.[74]

아이들은 방에 들어가서 책상에 놓인 먹음직스러운 마시멜로를 마주하고 앉았다. 연구자는 아이들에게 어려운 선택지를 제시했다. 지금 마시멜로 하나를 먹든지, 아니면 먹지 않고 20분 동안 혼자 방에서 기다렸다가 마시멜로 하나를 더 얻으라는 것이었다. 다수의 어린이는 눈앞의 마시멜로를 바로 먹어치웠지만, 3분의 1가량은 이 유혹적인 간식에서 자신의 주의를 돌리기 위해 창의적인 방법들을 찾았다. 어떤 아이들은 손뼉을 쳤고, 어떤 아이들은 마시멜로가 보이지 않도록 의자를 돌렸고, 어떤 아이들은 "안 돼"라고 반복해서 혼잣말을 했다.

12년쯤 후, 미셸은 이제 10대가 된 아이들과 접촉해 현재의 모습을 확인했다. 마시멜로를 즉시 입에 집어넣은 아이들은 상대적으로 더 우유부단했고, 쉽게 좌절했으며, 체계적이지 못한 모습을 보였다. 반면 만족을 뒤로 미룰 수 있었던 아이들은 주의가 쉽게 흐트러지지 않아 집중력이 좋았으며, 장애물이 있어도 목표를 포기할 가능성이 낮았다. 또한 이들은 기다리지 못한 또래들에 비해 SAT(수학능력평가시험)에서 평균 210점 더 높은 점수를 받았다. 아이들이 25~30세가 되었을 때, 마시멜로를 먹지 않고 자제력을 발휘한 아이들은 회복탄력성이 더 높았고, 목표를 달성하는 데 성공했으며, 약물 사용 가능성이 낮고 체질량 지수도 낮았으며, 인간관계가 더 돈독한 것으로 나타났다. 이런 차이들은 중년기까지 이어졌는데, 두 집단의 기능적 뇌 스캔을 해본 결과 판단, 사전 숙고, 충동 조절에 관여하는 전전두피질의 활동이 만족지연을 할 수 있었던 집단에서 더 활발한 것으로 나타났다. 반면 마시멜로를 곧바로 먹은 집단에서는 비만 및 중독과 관련된 뇌의 보상 및 쾌락 중추들이 더 활성화되어 있었다.

이러한 결과는 마시멜로를 먹고 싶다는 욕구를 제어할 수 없었던 아이들에겐 가혹해 보일 수 있지만, 미셸이 설계한 몇 개의 후속 실험을 통해 이들에게도 희망이 있다는 게 밝혀졌다. 미셸은 어른들을 실험에 참여시켜 일부 아이들에게 마시멜로를 당장 먹고 싶은 욕구에서 주의를 돌릴 수 있는 다양한 전략을 시범해 주도록 했다. 그러자 더 큰 보상을 기다리지 못했던 아이들 가운데 일부는 유혹을 견뎌내고 마시멜로를 하나 더 얻을 수 있었다. 아이가 자신에게 안 된다고 하는 법을 배우도록 도우려면 다음과 같은 주의 분산 기술을 가르쳐주라.

- 노래 부르기
- 눈길을 다른 데로 돌리기
- 기다리는 게 더 좋은 이유를 스스로에게 얘기하며 되새기기
- 산책하기
- 즐거운 추억 생각하기
- 게임하기

아이가 자신에게 좋지 않은 행동을-예를 들어 구명조끼를 입지 않고 수영하기, 헬멧을 쓰지 않고 스케이트보드 타기, 아이스크림 한 통을 앉은자리에서 다 먹기 등등을-하겠다고 할 때마다 부모가 안 된다고 하면, 아이는 스스로에게 안 된다고 말하는 법을 배우게 된다. 아이가 어릴 때부터 유혹을 뿌리치도록 도우면 정신의 힘을 키워줄 수 있으며, 이는 아이의 평생에 걸쳐 더 큰 보상과 이득으로 돌아올 것이다.

* * *

어떤 생명체든 성장하고 잠재력을 온전히 발휘하려면 감당할 만한 시련이 필요하다. 페이 박사는 자신이 살던 시골의 전력회사에서 송전선을 교체하던 때 그 좋은 예를 목격했다. 기존의 송전선은 60년 넘게 극심한 바람과 온도 변화를 겪어냈었다. 페이 박사가 사는 마을은 고도가 해발 3,000미터 이상이라서, 겨울철이면 시속 130킬로미터에 이르는 돌풍을 자주 경험했다. 그리고 숲이 울창해서, 건조한 여름철에는 번개나 방치된 캠프파이어, 끊어진 전선 등의 위험 요소로 인해 산불이 빈발하는 지역이기도 했다.

전선을 교체하기 위해 직원들은 헬리콥터를 이용해 오래된 거목들을 제거하고 바위투성이 땅에서 낡은 전봇대를 뽑아낸 후 튼튼한 새 전봇대로 교체했다. 그 일대를 온통 황량하게 만들어선 안 될 일이라, 보다 어리고 작은 나무들은 그대로 두었다. 그리고 얼마 지나지 않아 다시 겨울이 찾아왔고, 매서운 칼바람이 불기 시작했다. 한바탕 돌풍이 불자마자 작은 나무들은 대부분 뿌리가 뽑혀버렸다. 그제야 그것들 대부분이 뿌리가 거의 발달하지 않아서 자기 무게도 가까스로 지탱하고 있었다는 게 드러났다.

마을 사람들은 큰 나무가 보호막을 드리워 작고 어린 나무들이 잘 버티게 해주는 동시에, 그것들이 얼마간 악조건에 노출되도록 놔둔다는 사실을 알게 되었다. 버팀목이 없는 역경은 여러분의 아이를 압도하여(트라우마 상황에서 흔히 일어나는 일이다) 완전히 뿌리를 뽑아버릴 수 있다. 반면 버팀목이 있는 역경은 아이가 강하고 큰 사람으로 성장할 수 있게 해준다. 핵심은 어린 나무를 지나치게 보호하지 않되 지나치게 노출되지도 않도록 적절한 수준으로 지지해 주는 것이다. 선택은 부모인 여러분의 몫이다. 아이가 삶을 살아가며 어려움에 맞서 싸우도록 내버려두면서도 그 애를 지속적으로 지지해 준다면, 여러분의 아이는 세상살이라는 거친 바람을 견뎌낼 힘을 기를 수 있을 것이다.

실천 단계

- 아이가 자신의 문제를 인정하고 스스로 해결하도록 지도하는 다섯 단계를 실천한다.
- 강인함을 키워주고 섬김의 태도를 갖게 해주는 시련과 지지, 기술을 아이가 경험하게 한다.
- 아이에게 '일을 해내는' 방법을 가르친다.
- 아이가 남이 만든 걸 이리저리 옮기는 일(즉 '스케이팅')보다 스스로 뭔가를 창조하는 데 더 많은 시간을 보내기를 기대한다.
- 아이가 자신이 맡은 집안일을 가족을 위한 기여로 여겨 끝까지 해낼 것을 기대한다.
- 오락반장 노릇은 그만두고, 아이를 지루함 훈련 세션에 참여시킨다.
- 자기 자신에게 안 된다고 말하는 법을 아이에게 가르친다.

제9장

건강한 몸에 강인한 정신이 깃들도록 돕기

최선을 다해 아이의 미래를 보호하라.

아이가 남을 존중하고, 책임감 있고, 회복탄력성을 갖춘 사람으로 자라나기를 원하는가? *(이건 모든 부모의 소망일 테다.)* 그렇게 되려면 양육 기법도 중요하지만, 건강한 뇌와 신체를 키워줄 생물학적 선택들도 중요하다. 아이가 잘 살기 위해 필요한 건강의 기초를 다질 수 있도록 다음 세 가지를 가르치라.

- 자신의 뇌와 신체를 사랑하라.
- 뇌와 신체에 해로운 것을 피하라.
- 뇌와 신체에 이로운 것을 하라.

1장에서 뇌와 정신, 그리고 신체에 해롭고 건강 문제를 일으킬 수 있는 열한 가지 주요 위험 요인('BRIGHT MINDS')을 간략하게 소개한 바 있다. 이러한 위험 요소를 최소화하여 뇌와 신체 건강을 개선하는 데 쓸 수 있는 몇 가지 간단한 전략도 미리 엿보았다. 이 장에서는 그 위험 요소들 중 아이의 삶에 가장 큰 영향을 미칠 수 있는 몇 가지와 일상에서 실천 가능한 몇몇 전략에 대해 더 자세히 알아볼 것이다.

부모가 아이를 위해 해줄 수 있는 일들 가운데 여러모로 제일 좋은 건, 건강한 사람들과 함께 시간을 보내도록 하는 것이다. 에이멘 박사는 종종 말하기를, 건강해지는 가장 **빠른** 방법은 자신이 찾을 수 있는 가장 건강한 사람들을 만나서 최대한 많은 시간을 보내는 것이라고 했다. 아이가 친구를 선택할 때도 같은 방식으로 생각하도록 장려하라. 저 친구는 어떤 사람이 되고 싶어 하는가? 저 친구가 자신의 인생에서 원하는 것은 무엇인가?

여러분이 세운 목표를 활용하여, 일상에서 건강한 활동을 하기 쉬운 환경을 만들라. 아이의 집중력, 에너지, 주의력, 의사 결정 능력이 좋아지기를 바라는가? 아이가 학교에서 성공하기를 원하는가? 아이가 좋은 인간관계를 맺었으면 하는가? 그렇다면 음식을 잘 선택하고, 신체 활동을 적절히 하며, 충분히 잠을 자고, 뇌를 쓰는 놀이를 하고, 스트레스를 관리하게 하라.

멘탈 강한 아이를 만들기 위한 음식 규칙 아홉 가지

여러분이 제공하는 음식이 아이를 정신적, 육체적으로 더 강하거나 약하게 만들 수 있다는 사실을 아는가? 음식은 여러분의 가족을 마음 편하고 행복하며 집중력 있게 만들 수도 있고, 피곤하고 울적하고 부주의하게 만들 수도 있다. 여기서 흥미롭고 신나는 소식은, 올바른 식습관을 오랫동안 일관되게 유지하는 것이 뇌와 신체를 건강하게 유지하는 최고의 방법이라는 것이다. 올바르게 생각하려면 먼저 올바르게 먹으라.

올바르게 생각하려면
올바르게 먹어야 해.

한 연구에 따르면 섭취하는 과일과 채소의 양이 행복감에 영향을 미친다고 한다. 과일과 채소를 많이 먹을수록 더 행복해진다(하루 24시간을 기준으로, 최대 8인분까지).[75] 세상의 어떤 항우울제도 이렇게 효과가 빠르지는 않다!

아이에게 식습관을 가르치는 일에 적극적으로 나서라. 어떤 음식을 좋아한다고 해서 그 음식이 꼭 몸에 좋은 것은 아님을 아이가 이해하도록 도우라. 그러니 가족들이 좋아하고, 가족들에게 좋은 음식을 찾아보라. 여러분에게 나쁘게 구는 음식은 뭐든 멀리하라. 음식과의 관계를 이야기할 때, 여러분 삶의 다른 인간관계들처럼 묘사하라. 에이멘 박사가 네 명의 10대 자녀와 그들의 숱한 친구들을 겪어본 바에 따르면, 적절한 가르침을 주고, 맛있고 건강한 선택지를 제공하면서 올바른 방향으로 부드럽게 신호를 주면 아이는 자연스레 더 나은 선택을 하게 된다. 물론 아이가 마음을 여는 데에는 시간이 걸릴 수 있으므로 끈기를 발휘하라.

몇 년 전, 에이멘 박사의 딸 클로이는 "나는 절대 아빠만큼 매사에 진지하게 살지 않을 거예요"라고 선포했다. 아빠가 건강과 영양에 지나치게 신경을 쓴다고 생각한 것이다. 하지만 사춘기가 시작되고 피부 트러블이 생기고 체중이 늘자, 클로이는 곧바로 아빠를 찾아와서는 "어떻게 해야 돼요?"라고 물었다.

에이멘 박사는 대답했다. "같이 건강식품 가게에 가자. 제품 라벨 읽는 법을 가르쳐줄게. 우리 함께 보물찾기를 떠나는 거지. 네가 할 일은 네가 좋아하면서 네게 좋기도 한 음식 열 가지를 찾는 거야." 그 뒤로 클로이는 식품을 선택할 때 먼저 라벨을 읽는 습관을 들였고, 자신이 입 안에 넣는 음식에 대해 신중하게 생각하게 되었다. 어릴 때부터 부모님이 자신의 뇌를 (그리고 몸을) 사랑하도록 훈련했기 때문에 클로이는 문제가 생겼을 때 누구에게 도움을 청해야 할지 알고 있었던 것이다.

다음은 정신이 강한 아이가 되기 위한 중요한 음식 규칙[76]이다.

1. 멘탈 강한 아이는 단백질을 충분히 섭취한다. 단백질은 정신적, 육체적 힘의 원천이다. 단백질은 집중력을 향상시키고, 뇌와 신체의 건강에 필수적인 생물학적 구성 요소들을 제공한다. 단백질의 훌륭한 공급원으로는 생선, 껍질을 벗긴 가금류, 콩, 견과류, 브로콜리와 시금치 같은 고단백 채소 등이 있다. 끼니마다 소량씩 섭취하라. 가족이 일주일에 한 번씩 그릴이나 오븐에 구운 생선을 먹으면 모두의 뇌에 회백질 즉 뇌세포가 늘어난다.

2. 멘탈 강한 아이는 질 좋은 칼로리를 추구한다. 부모와 아이가 먹는 음식의 질은 중요하다. 어쩌면 양보다 더 중요할 수 있다. 치즈케이크 한 조각에서 얻는 500칼로리와, 닭고기, 버섯, 비트, 호두가 들어간 시금치 샐러드에서 얻는 500칼로리를 비교해 보자. 치즈케이크는 잠깐은 기분을 좋게 해줄지언정, 그 후에는 에너지와 집중력을 떨어뜨린다. 반면 영양이 풍부한 샐러드는 포만감이 오래가고 두뇌 능력을 향상시키며, 학교나 직장에 가고, 집안일을 하고, 즐거이 놀 수 있도록 몸에 활력을 불어넣어 준다.

3. 멘탈 강한 아이는 혈당 수치를 안정시키기 위해 자주 먹는다. 아이가 정신적으로 강해지려면, 하루 종일 혈당이 안정되어 있어야 한다. 왜 그럴까? 낮은 혈당은 불안, 짜증, 집중력 저하, 올바른 의사 결정의 어려움을 낳기 쉽다. 연구에 따르면 낮은 혈당은 자기통제 실패와도 관련된다고 한다.[77] 반면

에, 만성적으로 높은 혈당은 젊은 층에서 급증하고 있는 제2형 당뇨병의 위험을 높이는 것으로 알려졌다. 미국 질병통제예방센터(CDC)에 따르면, 2001년부터 2017년 사이에 20세 미만에서 제2형 당뇨병의 발병률이 95퍼센트 증가했다.[78] 아이의 혈당을 안정화하려면 끼니마다 단백질을 섭취토록 권장하고, 숙제나 집안일 전에 삶은 달걀이나 견과류 같은 단백질 간식을 먹도록 하라. 일반적으로 아이에게 하루 세 끼 소량의 식사와 최소 두 번의 간식을 먹게 하면 된다.

아이에게 아주 좋은 간식

고구마

후무스

과카몰리

사과와 배

복숭아

베리류

냉동 바나나

견과류, 말린 과일, 코코넛, 씨앗 등이 들어간 트레일 믹스(하이킹이나 등산용 간식)

삶은 달걀

무화과

망고와 파인애플

오렌지와 탄제린

그릴이나 오븐에 구운 닭 날개나 닭고기 텐더

포도

견과류와 너트버터(견과류로 만든 버터)

4. 멘탈 강한 아이는 설탕과 인공 감미료를 멀리한다. 정신이 강한 아이를 키우는 데 있어, 달콤한 것은 달콤한 결과를 낳지 못한다. 아이의 식단에서 설탕이 첨가된 음식을 줄이거나 없애면 숙제, 집안일, 일상생활에서 아이가 크게 나아지는 모습을 보게 될 것이다. 모든 형태의 설탕은 혈당을 급격히 높여서 바로 앞 규칙에서 본 것처럼 뇌, 정신, 신체 건강에 부정적인 영향을 미친다. 가공되지 않은 설탕은 그나마 독성이 덜하다. 생꿀과 원당은 화학 처리와 표백을 하지 않은 것이다. 여과하지 않은 생꿀에는 미량의 미네랄과 비타민이 함유되어 있으며, (소량을 섭취할 경우) 환경성 알레르기를 치료하는 데 어느 정도 효과를 보이는 것으로 나타났다. (유의할 점: 아직 첫돌이 지나지 않은 아기에게는 꿀을 먹이지 말라. 특히 여과하지 않은 생꿀은 절대 안 된다. 박테리아가 아기에게 보툴리누스 중독을 유발할 수 있다.)

설탕을 대체할 만한 좋은 천연 식품으로 스테비아가 있다(스테비아는 국화과에 속하는 여러해살이풀로, 잎에 스테비오사이드 등이 함유되어 설탕을 대체하는 감미료로 사용된다.-옮긴이). 에이멘 박사는 대체 감미료 가운데 문제가 가장 적고 건강상의 효능은 가장 많은 것으로 보고된 스테비아를 선호한다. 스테비아 추출물의 단맛은 설탕보다 200~300배나 높기 때문에 너무 많이 사용하면 쓴맛이 날 수 있다. 스테비아는 설탕과 달리 혈당에 영향을 미치지 않지만, 미각이 단맛에 중독될 수 있으므로 제한된 양만 사용하는 것이 좋다.

설탕을 인공 감미료로 대체하는 건 어떨까? 언뜻 합리적으로 보이지만, 인공 감미료는 건강에 해로운 것으로 밝혀졌다. 인공 감미료는 뇌에 "단맛이 오고 있다"라는 신호를 보내므로 혈당을 급격히 높이지는 않지만 일관되게 인슐린 분비를 증가시켜 심장병, 당뇨병, 대사 증후군, 알츠하이머병, 기타 건강 문제가 발생할 위험을 높인다. 대부분의 인공 감미료를 만들 때 제조업체들이 인체에 안전하지 않고 장기적으로 어떤 영향을 미치는지 알 수 없는 화학물질들을 넣는다는 점도 문제다.

5. 멘탈 강한 아이는 수분을 충분히 섭취한다. 뇌는 80퍼센트가 수분으로 이루어져 있다. 뇌에 수분을 충분히 공급하면 정신의 힘은 최적화된다. 약간의 탈수만 있어도 불안, 슬픔, 짜증이 늘고 에너지와 집중력이 떨어질 수 있다.[79] 반면 아이가 물을 충분히 마시면 사고력이 향상되고, 기분이 좋아지며, 신체적으로도 더 강해진다. 일반적으로 가족 모두가 하루에 자기 체중에 32.5를 곱한 숫자에 해당하는 밀리리터의 물을 마시는 것이 좋다(예를 들어 아이의 체중이 20킬로그램이라면 하루에 마실 물은 650밀리리터 정도다. 60킬로그램, 즉 132파운드일 경우엔 1,950밀리리터가 된다. 활동량이 많은 사람이나 운동선수를 위한 기준은 따로 있으며, 다이어트를 하는 이나 임산부, 환자 등 특수한 상황에 있을 때도 별도의 고려를 해야 한다.-옮긴이). 아이가 운동이나 놀이를 하느라 땀을 흘렸을 때는 반드시 수분을 보충해 주라. 수분을 충분히 섭취하면 과식 예방에도 도움이 된다. 아이는 배가 고프다고 생각하지만, 실제로는 목이 마른 경우가 많다.

에이멘 박사가 가장 좋아하는 음료는 물에 약간의 레몬즙과 스테비아 추출물을 섞은 것이다. 레모네이드 맛이 나며 칼로리는 거의 없다. 그의 환자들은 오이, 레몬 또는 딸기 조각을 몇 개 넣은 '스파 워터(spa water)'를 만들어 마시기도 한다.

6. 멘탈 강한 아이는 건강한 지방을 먹는다. 아이의 뇌, 정신, 신체가 잘 기능하려면 식단에 지방이 필요하다. 뇌에서 수분을 모두 제거했을 때 남는 무게의 60퍼센트를 지방이 차지한다. 오메가-3 지방산은 특히 신체와 뇌, 정신의 건강에 중요한데, 이것의 결핍은 우울증, ADHD, 비만 등과 관련되기 때문이다.[80] 그러나 트랜스 지방(라벨에는 대개 '수소 첨가[hydrogenated] 지

방'이라고 적혀 있다)과 같은 나쁜 지방은 식단에서 퇴출시키는 것이 옳다.

좋은 지방

아보카도

코코아 버터

코코넛

생선: 멸치, 북극 곤들매기, 메기, 청어, 킹크랩, 고등어, 자연산 연어, 정어리, 농어, 도미, 가자미, 송어, 참치

해산물: 조개, 홍합, 굴, 가리비

육류: 목초를 먹여 기른 소의 고기, 들소 고기, 양고기, 친환경 사육 가금류 고기

견과류

올리브

씨앗

건강한 오일(라벨에서 '유기농/친환경 사육[organic], 비정제[unrefined], 압착기 추출[expeller-pressed] 또는 냉압착[cold-pressed]' 같은 말들을 찾으라.)

올리브유

코코넛오일

아보카도오일

아마씨유

마카다미아오일

참기름

호두기름

---

7. 멘탈 강한 아이는 비타민을 섭취한다. 아이들은 신체와 정신 모두 대단히 활동적이다. 그들의 발달 중인 정신과 성장 중인 신체는 여러 가지 필수 영양소를 요구한다. 만약 아이가 완벽한 식단으로 식사를 한다면, 필요한 영양소를 두루 섭취할 수 있을지 모른다. 아이에게 늘 이렇게 말할 수 있다면 얼마나 좋을까. "얘들아, 저녁 시간이야. 너희가 좋아하는 정어리, 비트, 방울양배추, 고구마로 차렸어. 이제 맛있게 먹자!" 그러나 대부분의 아이들은 건강한 식단을 좋아하지 않기 때문에, 필요한 영양소를 충분히 섭취하지 못할 가능성이 크다. 여러분이 가족을 위해 늘 최선을 다하여 건강한 식사를 준비한다 하더라도, 생일 파티나 친구네에서 하룻밤 자기, 스포츠 행사를 비롯해 어린이 친화적인 각종 활동에 참여하면서 좋은 식습관을 잃기 쉽다.

급하게 먹거나 편식하는 아이의 식단에 종합비타민제를 추가하면, 뇌에도 신체에도 이롭다. 아이에게 각종 비타민과 미네랄의 일일 권장량을 100퍼센트 제공하는 종합비타민을 먹여라. 에이멘 박사는 여기에 EPA(에이코사펜타엔산)와 DHA(도코사헥사엔산)가 균형 있게 함유된 오메가-3 보충제를 추가하라고 권한다. 어린이에게 권장하는 양은 하루 1,000~2,000mg이다. 그가 모든 환자에게 추천하는 세 번째 보충제는 비타민 D다(그러니 비타민 D가 함유된 종합비타민제를 찾아보라). 비타민 D는 뇌 건강, 기분, 기억력, 체중 관리에 필수적인데, 대부분의 미국인은 이 비타민이 부족하다.

8. 멘탈 강한 아이는 탄수화물을 영리하게 먹는다. 탄수화물은 우리의 적이 아니다. 탄수화물은 여러분의 아이가 생명을 이어나가는 데 필수적인 영양소다. 아이의 몸에는 탄수화물이 꼭 필요하다. 그러나 영양가가 전혀 없는 나쁜 탄수화물은 적대시해야 마땅하다. 중요한 원칙은, 무지개색으로 먹는 것이다. 잠깐, 알록달록한 색소를 입힌 스키틀즈나 젤리빈, M&M을 먹으라는 뜻이 아니다. 다채로운 색깔의 식물성 식품들은 건강에 필요한 온갖 영양소, 효소, 비타민, 미네랄을 제공한다. 채소, 과일, 콩류(콩과 완두콩)에는

몸에 이로운 식이섬유가 풍부하다. 탄수화물은 혈당을 너무 많이 또는 너무 빨리 올리지 않도록 섬유질이 많은 저(低)당지수 식품으로 섭취하라('당지수[glycemic index, GI]' 또는 '혈당지수'란 어떤 음식물이 소화·흡수되는 과정에서 혈당이 상승하는 속도를 나타내는 지수다. -옮긴이). 밥이나 파스타를 한 그릇 먹는 것은 설탕 한 그릇을 먹는 것과 같다고 생각하고, 아이에게도 그렇게 생각하도록 가르치라. 그렇다고 해서 밥이나 파스타 따위를 아예 먹지 말라는 뜻은 아니다. 아주 가끔은 먹어도 괜찮은데, 정제 탄수화물 식품 대신 병아리콩 파스타나 흑미와 같이 단백질과 섬유질이 함유된 종류를 선택할 것을 권한다(정제 탄수화물이란 인공적으로 합성하거나 도정이나 정제를 거친 곡류로, 대표적인 것은 설탕, 흰 밀가루, 백미 따위다. -옮긴이).

9. 멘탈 강한 아이는 농약이나 식품 첨가물을 멀리한다. 가능하면 유기농법으로 재배한 식물과 친환경적으로 사육한 동물에서 온 식품을 섭취토록 하라. 상업적 농업에 사용되는 농약은 뇌와 신체에 축적될 수 있다. 개개 식품에 함유된 농약 성분은 얼마 안 될지 몰라도 말이다. 미국의 비영리 환경단체인 인바이어런먼털 워킹 그룹(Environmental Working Group)에서는 매년 잔류 농약이 많이 검출되는 식품과 적게 검출되는 식품의 목록을 작성한다. 그들의 사이트(ewg.org)에서 최신 정보를 확인할 수 있다. 또한 아이가 성장호르몬이나 항생제를 사용하지 않고 방목하거나 풀을 먹여 키운 가축의 고기를 섭취토록 하라. 우리가 먹는 음식이 곧 우리이기도 하지만, 우리가 먹은 동물들이 먹은 것 또한 우리다. 장을 볼 때는 라벨을 읽는 습관을 들이라. 아이와 함께 매장에서 뇌 건강에 가장 좋은 식품을 찾는 게임을 하고, 식품 첨가물, 방부제(보존제), 인공 색소, 첨가당, 인공 감미료가 들어 있는 식품은 구매하지 말라.

적색 40호 식용색소가 정신을 약하게 만든다고?

에이멘 박사와 일하는 한 간호사의 아들은 일곱 살쯤부터 각종 틱과 이상한 신경학적 증상들을 나타내기 시작했다. 아이는 특히 밝은 빨간색 음식을 먹거나 빨간색 슬러시를 마실 때마다 더 공격적이고 적대적으로 돌변했다. 쉽게 울었고, 발끈해서 쿵쾅거리며 뛰쳐나가거나 물건을 던지기도 했다. 어머니는 아이의 식단에서 이러한 음식을 최소화하려고 노력했지만, 아이는 학교에서 치토스, 도리토스, 과일 펀치, 레드 바인스, 막대 사탕 등 빨간색 간식을 자주 사 먹었다.

어머니가 몰랐던 것은 딸기 요거트, 딸기 통곡물 바, 심지어 집에서 아이에게 먹이는 통조림 파스타 소스와 케첩에도 위의 빨간색 식품들에 공통적으로 들어가는 '적색 40호(Red 40)' 식용색소가 쓰인다는 사실이었다.

아들이 열네 살이 되었을 때, 부모는 그 애를 에이멘 클리닉에 데려왔다. 아이가 이 식품 첨가물에 반응해서 그러는 게 아닌가 하는 의심을 확인하기 위해서였다. 아이의 뇌 SPECT(단일광자방출 컴퓨터단층촬영) 스캔 결과, 적색 40호 식용색소에 노출된 후에 전반적으로 현저한 활동 증가가 나타났다. 그런 결과를 본 후, 아이의 부모는 모든 식품 라벨을 꼼꼼히 읽는 습관을 들였고, 아이에게도 식품 라벨 읽는 방법을 가르쳐 인공 식용색소를 피할 수 있도록 했다. 식단에서 문제의 식용색소를 제거하자 아이는 기분과 행동이 개선되었고 전보다 현명한 결정을 내릴 수 있게 되었다.

반찬 투정 극복하기

뭐, 앞에서 한 말들이 다 좋고 맞는 소리긴 한데, 아이가 저녁 식탁에서 반찬 투정을 하면 현실적으로 어떻게 대응해야 할지 궁금해졌을지도 모르겠다.

많은 부모들이 아이의 식습관 때문에 속을 태운다. 아이가 먹고 싶어 하는 것은 정크 푸드뿐이고, 음식을 둘러싼 다툼이 반복되면서 식탁에는 긴장감이 감돌곤 한다. 부모는 이렇게 말하기 일쑤다. "이거 먹어. 저거도 먹어봐. 채소를 먹어야지. 조금만 더 먹어봐. 준 거 다 먹을 때까지는 일어나면 안 돼!" 그러면 아이는 대꾸한다. "싫어! 싫다고요. 그거 먹으면 토할 것 같아! 배가 불러요(겨우 두 입을 먹고는 말이다). 다른 거 먹고 싶어요." 식탁에 있는 모든 사람의 기분이 상하고, 함께 하는 식사를 누구도 즐기지 않게 된다.

에이멘 박사도 이런 식탁 위의 전쟁을 겪은 적이 있다. 큰아들 앤터니가 유아 시절에 음식을 뭐든 먹지 않으려 해서 저녁 식탁에서 매일같이 전쟁이 벌어졌다. 식사 시간은 끔찍했고, 저녁 내내 모두의 기분을 망쳐놓았다. 에이멘 박사의 이야기를 들어보자.

"그런데, 소아 정신과 수련을 받는 동안 나를 지도하던 의사 한 분의 도움 덕분에 이런 고역에서 벗어날 수 있었습니다. 그녀는 우리 부부에게, 아들이 아무리 그래도 굶어 죽지는 않을 거라고 말했지요. 그 애는 발달 단계에서 정상적인 반항기를 겪고 있는 것뿐인데, 우리와 음식을 놓고 계속 싸우다 보면 나중에 모종의 섭식장애를 앓게 될 수도 있다고 했어요. 그 선생님은 아이들이 건강한 습관을 기르도록 해주는 다음과 같은 식사 시간 규칙을 따라보라고 권했습니다.

1. 식사 메뉴는 부모가 결정한다. 단, 그 과정에서 아이의 의견을 충분히 반영한다.
2. 아이는 자기 접시에 주어진 음식을 얼마나 먹을지 스스로 결정한다.
3. 아이가 편식하는 경우, 접시에 음식을 조금씩만 담아 준다.
4. 아이가 전혀 먹지 않는다고 해서 '특별 메뉴'를 준비하지는 않는다.
5. 냉장고와 식료품 저장실을 건강한 음식으로 채운다.

그녀의 기본 메시지는 음식과 관련된 다툼에서 벗어나라는 것이었습니다. 놀랍게도 우리가 그녀의 규칙을 따르면서 아들이 식사 시간에 먹는 양을 스스로 조절하도록 허용하자, 반찬 투정은 거짓말처럼 끝났습니다. 아이는 체중이 늘었고 식사 시간은 다시 즐거워졌습니다."

부모가 어떤 음식을 선택하고 집에서 어떤 음식을 주는지는 아이에게 어떤 음식을 좋아하고 선택해야 할지를 가르쳐준다. 아이가 부모 곁에 있지 않을 때에도 올바른 음식을 좋아하고 적절한 선택을 하게 되도록 다양한 종류의 건강한 음식에 노출시키라.

뇌 건강에 좋은 식습관을 들이는 건, 자신과 아이에게 보일 수 있는 가장 강력한 애정 표현의 하나다. 가족을 진정으로 사랑하고 아낀다면, 부지런히 가족의 몸에 건강한 연료를 공급하라. 장기적으로는 가족 모두가 더 행복해지고, 건강해지며, 뇌 건강에 좋은 다른 활동들을 더 잘 선택할 수 있게 될 것이다.

멘탈 강한 아이는 열심히 놀고 푹 쉰다

멘탈 강한 아이가 되는 데 필요한 또 다른 두 가지 중요한 요소는 운동과 수면이다. 아이에게는 이 두 가지가 모두 필요하다. 아이의 몸은 움직이도록 만들어졌으며, 휴식도 반드시 필요하다.

아이가 잠드는 데 어려움을 겪는다면, 꿈나라로 쉽게 떠날 수 있도록 도

와주라. 규칙적인 수면 스케줄을 만들어서 주말에도 지키게 하라. 매일 밤 같은 시간에 잠자리에 들게 하고, 매일 아침 같은 시간에 일어나게 하라. 아이의 잠자리를 시원하고 어둡고 소음이 없는 환경으로 꾸며주라. 밤잠은 7~10시간 정도 자도록 하라. 아침이 오면 아이가 자연스럽게 깨어날 수 있도록 최선을 다하라. 그러려면 취침 시간을 조정해야 할 수도 있다. 아이마다 다르기 때문에, 한 아이에게 효과 있는 방법이 다른 아이에게는 효과가 없을 수도 있다. 가장 알맞은 루틴을 찾을 때까지 새로운 기법들을 계속 시도하라.

아이를 더 잘 재우는 팁

1. 잠자리에 들기 적어도 한 시간 전에는 전자기기와 TV를 끈다.
2. 아이를 재우기 전에 감정이나 관계의 문제를 해결한다.
3. 편안한 저녁 루틴을 만든다. 따뜻한 목욕이나 샤워, 명상, 기도, 또는 부드러운 마사지 등으로 긴장을 완화하고 수면을 유도한다.
4. 잠자리에 들기 전에 책이나 짧은 이야기를 읽게 하거나 읽어준다. 내용에 액션이 너무 많이 들어가 있는 자극적인 것은 피하라. (잠자리에 들기 직전에는 아이가 스크린으로 책을 읽지 못하게 하라. 뇌를 자극하여 각성시킨다). 어린 자녀들이 부정적 사고에서 벗어나게 이끌어주는 에이멘 박사의 책 『캡틴 스나우트와 초능력 질문들(Captain Snout and the Super Power Questions)』[81]을 추천한다.
5. 마음을 달래어 평화로운 분위기를 유도하고 스르르 잠이 오게 해줄 소리를 들려준다. 자연의 소리, 풍경(風磬, wind chimes) 소리, 선풍기 소리, 부드러운 음악 등을 고려해 보라. 연구에 따르면 느린 클래식 음악이나, 어떤 종류든 분당 60~80박자 정도로 리듬이 느린 음악이 수면을 도울 수 있다고 한다.[82]
6. 최면 또는 심상 유도(guided imagery)를 해본다. 이는 아이의 마음 상태를

보다 편안하게 만드는 데 도움이 된다. 3~8세 어린이를 위한 최면성의 취침용 동화로 『잠잘 시간이야, 졸린 아이야(Time for Bed, Sleepyhead)』가 있다.

7. 라벤더 오일 한 방울을 코 아래 인중에 떨어뜨려 준다.

8. 아이가 양말을 신고 잠자리에 들게 한다.

9. 걱정을 많이 하는 아이를 위해서는 5-HTP(5-하이드록시트립토판)나 사프란과 같은 보충제가 어떨지 검토해 본다.

아이가 낮에 깨어 있을 때 많이 움직이고 잘 놀도록 하라. 신체 활동은 아이의 에너지를 소모시켜서 밤에 잠들기 쉽게 만들어준다.

운동에는 다른 이점도 많다. 매일 신체 활동을 하면 신진대사가 촉진되고, 혈류가 늘어나며, 뇌를 행복하게 해주는 기분 좋은 신경전달물질들이 많이 분비된다. 에이멘 박사의 딸 클로이는 자라면서 긴 산책을 하고 스피닝(음악에 맞추어 율동 따위를 하면서 고정식 자전거의 페달을 빠르게 돌리는 운동 –옮긴이)과 복싱 수업 다니는 걸 좋아하게 되었다. 실제로 아빠에게 "[운동을 하고 나면] 일을 더 빨리 끝내요"라고 말하기도 했다. 클로이가 느낀 뇌와 운동의 상관관계는 착각이 아니었다. 연구에 따르면 신체적 건강은 뇌 기능을 개선하고 학업 성취도를 높이며,[83] 정신력의 구성 요소인 기분, 집중력, 자신감을 향상시키는 것으로 나타났다. 심지어 한 연구에서는 운동을 하는 소년들은 성인이 되어 돈을 더 많이 번다는 결과도 나왔다.[84] 운동은 기억력을 보호하고 우울증 증상을 완화한다. 21건의 무작위 대조 시험을 대상으로 한 2022년의 리뷰 논문에 따르면, 운동은 경증에서 중등도 우울증 환자의 우울 증상을 완화하는 데 항우울제만큼 효과가 있었다.[85] 신체 활동은 불안과 공황발작도 완화할 수 있다.

　건강하고 즐거운 스포츠의 대부분이 아이의 뇌 건강과 미래에 해롭지 않다. 테니스, 탁구(에이멘 박사가 개인적으로 좋아하는 운동이다), 피클볼, 수영, 농구, 배구, 발레, 다른 종류의 무용 등은 모두 성장하는 신체를 단련하는 훌륭하고 안전한 방법이다. 아이가 자신에게 좋은 활동을 즐겁게 하도록 장려하라. 아이가 움직이고 놀고 뛰어다니게 하라. 그러면 아이의 뇌와 정신은 더 강해지고, 유연해지며, 빨라질 것이다.

정신의 힘을 키워주는 뇌 운동

　신체 활동은 뇌와 신체에 도움이 되지만, 정신 활동으로도 뇌를 운동시킬 수 있다. 최고의 뇌 운동 중 하나는 매일 새로운 뭔가를 배우는 것인데, 이는 어린 시절에 가장 쉽다.

아인슈타인은 (특정 주제에 관해) 매일 15분씩 새로운 것을 배우면 불과 1년 만에 그 주제의 전문가가 될 거라고 말했다고 한다. 그러니 아이가 학교에서 배우는 것들을 실생활에 어떻게 적용할 수 있는지 찾아보도록 격려하라. 새로운 것을 배우면 뇌는 새로운 연결을 형성하고, 덜 사용되는 뇌 영역들의 기능을 유지하고 향상시킨다.[86]

근력 운동을 하겠다며 헬스장에 가서 왼쪽 다리로만 런지 동작을 하지는 않을 것이다. 아이가 다양한 방법으로 뇌를 훈련토록 하라. 다음과 같은 활동을 꾸준히 장려하라.

- 관심 분야가 아닌 수업에 등록시키기
- 악기 하나를 골라 연주하는 법을 배우도록 유도하기
- 관심 있는 것들을 더 깊이 파고들도록 격려하기
- 새로운 게임(예컨대 낱말 놀이, 카드놀이와 보드게임, 기억력 및 수학 게임)을 부모와 아이가 함께 하기
- 새로운 레시피로 요리하기
- 비슷한 것들 간의 유사점과 차이점을 살펴보는 놀이를 만들어서 하기(예를 들면, 야구 투수들이 커브볼을 던지는 방식, 그림들의 색과 이미지, 다양한 향신료의 맛 등을 놓고 뭐가 같고 다른지를 찾아 얘기한다.)
- 아이가 다양한 관점에 노출될 수 있도록 다양한 친구를 사귀게 하기
- 많이 웃기
- 저글링, 탁구, 댄스, 요가와 같은 활동으로 신체의 협응력(coordination)을 높이기
- 교차훈련 하기(다른 스포츠 포지션이나 다른 사람이 맡은 집안일을 해보기)
- 부정적 자동사고 없애기(7장 참조)

멀티태스킹을 권장하지 말라

멀티태스킹은 뇌에 좋지 않다. 놀랐는가? 멀티태스킹은 아이의 생산성을 높이는 게 아니라 오히려 주의를 더 산만하게 만들 수 있다. 멀티태스킹은 실제로 시간을 비효율적으로 활용하고 성과를 저하시킨다(성인도 마찬가지다). 멀티태스킹을 과도하게 하면 뇌의 회백질(뇌 활동이 많이 일어나는 뇌세포들)이 줄어들기까지 한다. 그러니 아이가 한 번에 한 가지 작업에만 집중하도록 권장하라. 그러면 아이는 무엇을 하든 훨씬 더 잘 해낼 수 있고, 성공은 자신감을 북돋아 더 큰 성공을 거두게 해준다.

아이가 새로운 기술이나 활동을 배울 때는 완벽하게 연습하도록 격려하라. 시간을 들여 정확히 반복하게 하라. 연습이 완벽을 낳는다는 말이 있지만, 그러려면 완벽하게 연습해야 한다.

아이에게 열심히 노력하라고 격려할 때는 최종 결과가 아니라 그 과정에서의 바람직한 행동을 칭찬하라. 똑똑한 걸 가지고 아이들을 칭찬하면 아이들은 더 성과 지향적이 되고, 지능은 타고나는 것이라 더 높일 수 없다고 생각하게 된다. 이런 생각은 아이의 의욕을 떨어뜨리고 실패에 대한 두려움을 부추길 수 있는데, 이 같은 두려움은 장차 인생의 발목을 잡을 수 있다. 하지만 열심히 노력한 것을 알아주는 칭찬은 뇌에 아주 깊은 영향을 준다. 아이는 노력을 즐기게 되고, 끈기가 늘며, 새로운 전략들을 활용하면 자신이 더 똑똑해질 수 있다고 생각하게 된다. 이것이 정신이 강한 아이로 자라나는 징후들이다.

에이멘 박사의 아내인 타나는 일찍이 어머니인 메리에게서 이 교훈을 배웠다. 메리는 생계를 꾸려나가기 위해 투잡, 스리잡을 뛰어야 하는 싱글 워킹맘이었다. 당시 여성은 초과 근무를 8시간 이상 할 수 없었고, 고등학교도 다니지 못한 메리는 보수가 좋은 일자리를 찾기가 어려웠다. 집 열쇠를 목에 걸고 빈집으로 하교해야 했던 어린 타나는 엄마가 집에 없는 게 너무 싫었다. 메리는 자신이 꿈꾸는 타나의 미래를 이야기하며 타나를 위로하려고 노력했다. 메리는 타나와 자신이 지금 있는 곳에서 원하는 곳까지 가려면 많은 노력이 필요하다고 설명했다.

하루는 기진맥진한 메리를 보고 삶에 별 야심이 없는 친구 하나가 입에 담배를 물고 말했다. "그렇게 애쓰는 건 이제 그만두지 그래. 그냥 정부 지원을 받고 아이와 집에서 지내면 되잖아." 메리는 아홉 살 난 타나가 구석에서 그 말을 듣고 있는 것을 보고, 타나는 엄마가 집에 더 오래 있을 수만 있다면 뭐든 좋다고 생각할 거라고 추측했다. 그녀의 짐작은 맞았다. 메리는 듣고 있는 타나를 의식해서 신중하게 단어를 고르며 친구에게 답했다. "정부든 누구든, 내 삶이나 운명을 그 정도까지 통제하도록 허용하지 않을 거야. 내가 하는 노력은 분명히 보상을 받을 거야. 지금 힘든 건 잠깐이지만, 쉬운 길을 택했다간 더 오래 힘들고 괴로워질 거야. 이 지옥 구덩이에 영원히 갇히게 될 거라고. 지금 내가 피해자 노릇을 선택하고 포기하면, 영영 승자가 될 수 없어. 피해자는 이길 수 없는 법이거든. 다른 누군가에게 통제받으니까."

타나는 평생 그 대화를 마음에 품었다. 열심히 노력하고 그 성과를 보아야 한다는 교훈이 마음에 새겨졌다. 그녀의 어머니는 (차고에서) 자신의 사업을 시작했고, 이후 30년 동안 성공적인 회사로 운영했다.

멘탈 강한 아이는 스트레스에 잘 대처한다

스트레스는 아이의 정신력을 강화할 수도 있고, 약화할 수도 있다. 긍정적인 스트레스는 어린이에게 숙제를 할 동기를, 청소년에게 취업을 할 동기를 준다. 긍정적인 스트레스는 면역체계를 강화한다. 뇌와 신체가 스트레스를 처리하는 방법을 배우도록, 누구나 적당한 수준의 스트레스가 필요하다. 하지만 아이가 과도한 스트레스의 징후를 보인다면 긴장을 풀도록 도와줄 도구가 필요하다. 여기 몇 가지 간단한 방법이 있다.

- 아이의 손을 따뜻하게 해주기: 아이의 손을 잡아주거나, 따뜻한 음료를 주어 손에 쥐고 마시게 하거나, 난방 기구 옆에 앉히거나, 햇볕 좋은 해변에 있다는 상상을 하게 한다.
- 배꼽 아래 단전(丹田)에서부터 천천히 심호흡하기: 스트레스를 받거나 화가 나거나 불안하거나 매우 당황했을 때마다 (즉 우리가 호흡을 멈추거나 숨이 얕아질 때마다) 이렇게 심호흡을 하라고 가르친다.
- 기도나 명상 하기: 마음속으로 또는 소리 내어 기도문을 암송하면 마음이 편안해질 수 있다. 명상 중에는 간단한 형태의 것도 많다. 아이에게 명상하는 법을 가르친다. 눈을 감고 호흡과 생각에 집중하라고 알려준다.
- 시각화하기: 반려동물, 휴가, 특정한 사람 등, 아이를 행복하고 차분하

고 평화롭게 만드는 장소나 사물, 사안, 사람을 떠올리도록 도와준다.
- 목적의식과 감사, 올바른 인식과 인정(認定)으로 하루를 시작하기(이 책 앞부분에서 설정토록 한 나날의 목표에 이미 포함돼 있어야 할 사항이다): 에이멘 박사의 집에서는 아침 식사 시간에 "오늘은 멋진 하루가 될 거야"라고 말하며 하루를 시작하고, 저녁 식사나 취침 시간에는 "오늘 잘된 일이 뭔가"를 이야기한다.[87] 이는 자신의 삶에서 문제인 것보다 좋은 것에 집중하는 데 도움이 된다.

기억할 게 하나 있다. 뇌와 신체의 건강을 증진하기 위해 가정 내에서 어떤 변화를 꾀하든, 효과를 거두려면 먼저 관심과 눈 맞춤, 스킨십, 놀이로 가득한 애정 넘치고 매력적인 환경이 조성되어야 한다. 가족이 하는 모든 행동이 아이의 뇌와 신체, 정신력에 이롭거나 해롭다. 뇌와 신체가 건강하면 정신의 힘이 자라기 마련이며, 아이가 더 나은 결정을 내려서 더 나은 삶을 살 수 있다. 아이와 함께, 혹은 아이 주변에서 뇌와 신체 건강에 대해 더 많이 이야기하고 행동으로 본보기를 보일수록, 아이는 자연스럽게 뇌와 신체의 건강을 늘 의식하며 살게 될 것이다.

실천 단계

- 아이가 좋아하고 아이에게 좋기도 한 음식을 먹인다.
- 집의 냉장고와 식품 저장실을 건강한 음식으로만 채운다.
- 아이가 먹는 양을 스스로 결정하게 한다.
- 아이와 함께 신체 단련이나 스포츠를 하는 습관을 기른다.
- 가족 모두에게 수면을 우선 사항으로 삼도록 한다.
- 아이의 호기심을 장려하고, 새로운 것들을 배우도록 북돋는다.
- 아이에게 간단한 스트레스 해소 기술을 가르친다.

제10장

부모 간에 양육 방식이 다를 때
둘이 원팀을 이루는 방법

부모가 양육에 대해 합의하지 못하면,
그 결과는 아이의 불안과 혼란이다.

　로즈와 안토넬리는 선한 마음을 가진 사람들이었고 기본적으로 좋은 부모였다. 이들은 사랑스러운 네 자녀-11개월, 두 살, 일곱 살짜리, 그리고 곧 열여섯 살이 될 아이-를 관리하는 데 도움을 받기 위해 '사랑과 논리' 코치를 찾아왔다. 도움을 청한 주된 원인은 일곱 살인 크리스였다. 크리스는 1년 동안 두 번이나 정학을 당했고, 평소 자격의식과 무례한 태도로 똘똘 뭉쳐 있었다.

　두 번째 코칭 세션에서 로즈는 말했다. "재미있는 부모 역할은 안토넬리가 맡고 있어요. 아이들과 맞서지 않죠. 아이들이 자기를 좋아하는지 아닌지 늘 걱정하고요."

　당연히 남편은 자신의 양육 스타일에 대한 아내의 묘사가 마음에 들지 않았다. "그건 사실이 아니에요. 로즈, 당신은 너무 비판적이잖아. 애들뿐만 아니라 나한테도. 지난주에 '당신, 제발 줏대 좀 세워! 그렇게 남자답지 못해서야 아이들을 어떻게 키우겠어'라고 말했던 거 기억해?"

　'사랑과 논리' 프로그램을 시작하고 3주째가 되었을 때 큰딸은 여전히 모범생이었고 크리스는 여전히 말썽을 부렸다. 두 살 난 셋째는 유아용 변기에

응가를 하려 들지 않았으며, 막내는 음식을 뱉곤 했다. 달라진 건 아무것도 없었다. 아이들을 위해 최선을 다하려는 마음은 굴뚝같지만 그 방법을 합의하지 못하는 두 선량한 부모의 대격돌에서 아이들이 불안한 관중 역을 맡고 있다는 사실만 분명해졌을 뿐이다.

페이 박사는 이러한 시나리오가 펼쳐지는 것을 수없이 보아왔다. 집에 '문제아'가 있다며 부부가 그를 찾아온다. 한두 번의 상담 끝에 페이 박사는 부부의 인식에 문제가 있음을 발견한다. 두 사람이 서로를 '진짜 문제아'로 믿고 있는 것이다. 부모가 이처럼 서로 손가락질을 하면, 둘 사이에 쌓인 긴장은 일반적으로 아이들의 행동을 통해 표출된다. 끓는 찻주전자에서 피어오르는 수증기처럼, 이러한 갈등은 흔히 안타까운 방식으로 드러난다. 아이 중 적어도 한 명은 행동화 등으로 말썽을 부리고, 다른 아이는 흔히 가정의 안정을 위해 완벽해지려고 노력하며, 또 다른 아이들은 이런 역할들을 나름대로 변주한다('행동화[acting out]'란 자신의 억눌린 고통이나 감정을 파괴적이거나 부적절한 행동을 통해 표현하는 감정 해소의 한 방법이다.—옮긴이).

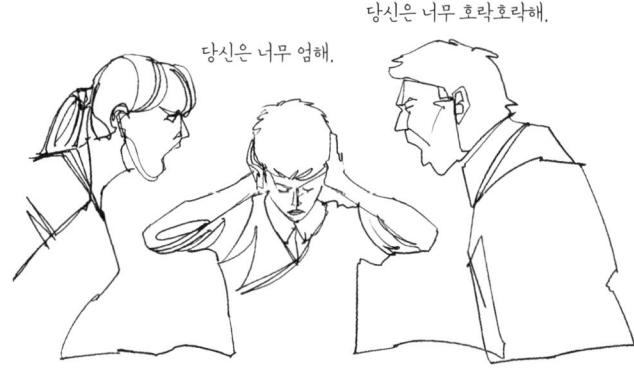

자기네가 원하는 변화는 자신들의 내면에서 찾아야 한다는 것을 부모가 깨닫기 시작하면, 아이의 행동은 물론이고 배우자와의 관계도 크게 개선되는 일이 잦다. 부모 간의 줄다리기가 끝났을 때 아이가 느끼는 안도감은 엄청나

다. 안토넬리와 로즈는 말한다. "어느 세션에서 우리 둘은 거의 동시에 깨달았습니다. 서로 다른 양육 스타일 자체보다, 서로의 양육 스타일에 대한 비난과 다툼이 훨씬 더 해로웠다는 것을 말이죠."

잠시 멈추어 이 말을 곱씹어 보기 바란다.

서로 다른 양육 스타일 자체보다,
양육 스타일의 차이를 둘러싼 갈등이 훨씬 더 해롭다.

서로 아끼던 부부가 어떻게 갈등에 빠지는가

서로 성격이 다른 또 하나의 부부 사이에서 양육 스타일의 차이와 그로 인한 갈등이 어떻게 전개되는지를 살펴보자. 여기서 보듯이, 역할들 자체는 대개 비슷하더라도 각 역할을 수행하는 사람, 갈등의 정도, 그 외의 많은 세부 사항은 가족마다 천차만별이다.

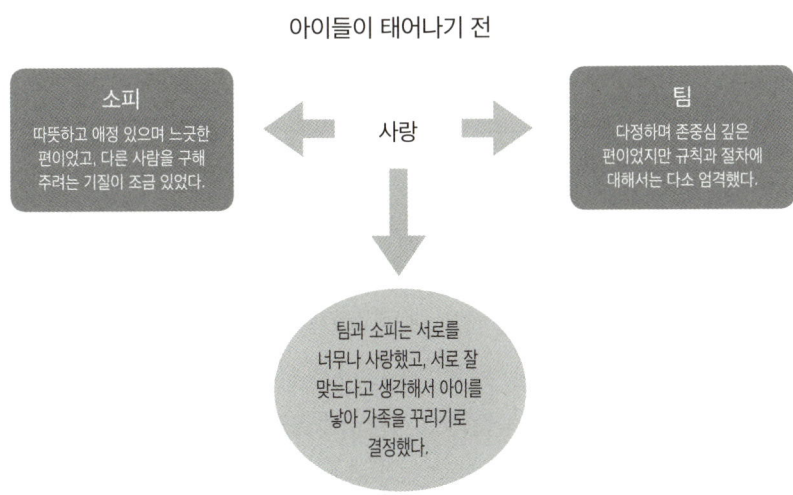

아이들이 태어나기 전, 소피와 팀 사이의 상호작용은 사랑과 존중을 주된 특징으로 했다. 도표의 중앙에 있는 긴 화살표에 주목하라. 이는 두 사람의 개인적 스타일 자체의 영향이 아니라 상호작용의 영향을 가리킨다. 두 가지 모두 그들의 행복에 중요한 역할을 했고, 앞으로 다가올 갈등과 불행에도 중요한 역할을 할 것이다.

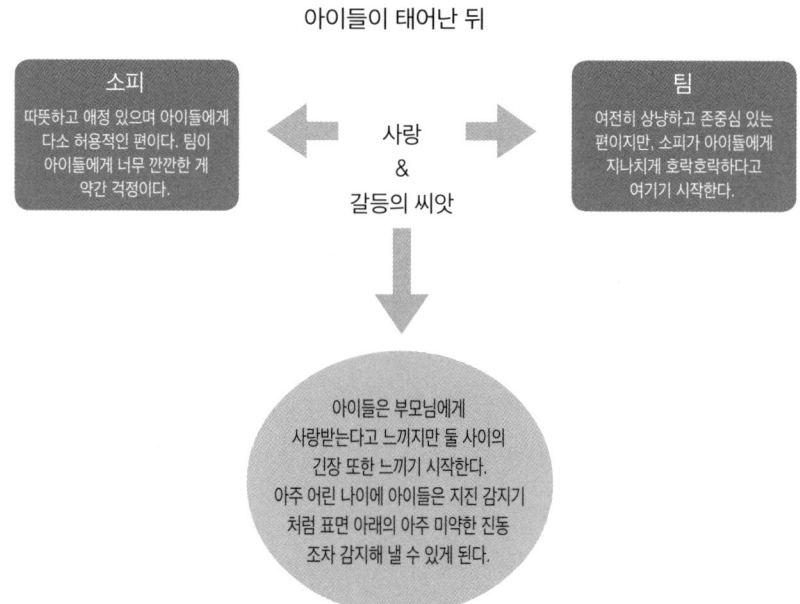

소피와 팀은 여전히 서로를 열렬히 사랑하지만, 전보다 자주 서로에게 화를 낸다. 자신과는 다른 상대의 양육 스타일에서 아이들을 구하려다 보니 갈등이 생긴다. 부모의 싸움으로 인해 아이들은 점점 불안감이 커지기 시작했다.

초등학교 때 식초 한 병, 베이킹소다 한 통, 빈 유리병, 코르크를 가지고 기초적인 과학 실험을 해본 적이 있는가? 따로 있을 땐 아무 일도 없던 두 재료가, 선생님이 병에 한데 넣어 섞고 코르크로 막자 이내 쉭쉭대며 거품을 일으키더니 결국은 코르크 마개를 하늘 높이 날려버렸다. 서로 다른 성격과 다른 양육 스타일의 조합이 꼭 이러하다.

코르크 마개를 날린 건 베이킹소다가 아니었다. 식초도 아니었다. 병 내부에서 강한 압력을 만들어 폭발적 효과를 낸 건 둘의 조합이었다. 다음과 같은 개념을 마음에 새겨두길 바란다. 가족의 문제가 항상 어느 문제적 인물의 잘못으로 인해 발생하는 건 아니며, 선한 사람들이 서로를 비난하고, 서로를 변화시켜야 한다는 압박감을 느끼고, 새로운 사고방식과 대응 방식을 배우지 못할 때 발생하는 일도 많다.

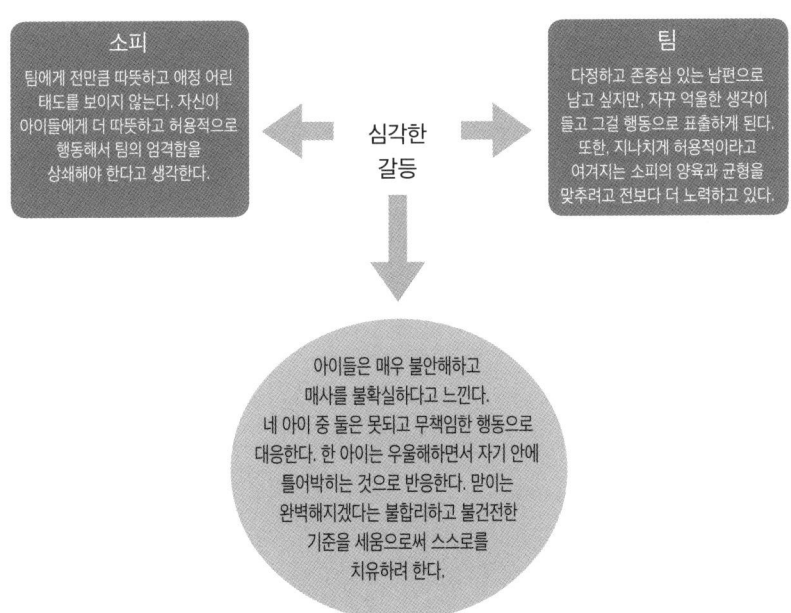

팀과 소피는 이제 자신들이 왜 멀어졌는지 궁금하다. 두 사람 사이에 친밀감은 거의 바닥났다. 아이들을 어떻게 양육할지를 두고 끊임없는 다툼만 벌일 뿐이다. 소피는 팀을 본격적인 교관 아빠로 생각하고, 팀은 소피를 고출력 헬리콥터 엄마로 여긴다. 아이들은 어려운 상황에서 버텨내기 위해 나름대로 최선을 다하고 있지만, 부모들은 자기들끼리 권력 다툼에 정신이 팔려 있다.

사실 팀과 소피는 여전히 선한 사람들이고 그들의 관계도, 아이들도, 앞으로 잘 풀릴 여지가 충분히 있다. 이들이 처한 어려움의 핵심에는 자신들의 상호작용이 문제가 아니라 상대방 자체가 문제라고 여기는 습관이 있다. 그 결과, 이들은 상대가 배우고 성장하도록 놓아두기보다 상대를 통제하려는 함정에 빠졌다. 상대방의 양육 스타일이 아이들에게 해가 될 것이라는 두려움은 자기실현적 예언이 되어, 실제로 아이들은 고통을 받고 있다.

통제권 싸움은 대개 두려움이라는 씨앗에서 자라난다.
두려움은 많은 경우 우리에게 가장 무서운 적이다.

지금부터, 영리하고 배려심 깊은 많은 부모들을 괴롭히는 두려움, 갈등, 해로운 의견 차이를 예방하거나 해결하기 위한 계획을 소개하겠다. 양육을 두고 고질적으로 의견 차이를 보이는 부모는 아무리 선의에서 그런다 해도, 두려움과 걱정이 자신의 삶을 통제하도록 내버려두는 셈이다. 다른 사람을 통제한다는 것은 어디까지나 환상이라는 걸 부디 기억하라. 진정한 변화를 일으키는 방법은 우선 자신의 부정적 자동사고를 없애는 것이다. 배우자와 협력하지 못하게 방해하고 부정적인 생각과 갈등을 지속시키는 자동사고들을 먼저 제거하고, 다음에서 소개하는 단계들을 차근히 밟아나가라.

유의할 점: 두려움이 유용한 감정일 때도 있다. 학대, 방치, 기타 위험한 행동과 관련된 상황들은 두려워하고 통제해야 마땅하다. 이는 자신과 아이, 그리고 다른 사람들을 위험으로부터 보호하기 위해 필요한 모든 조치를 취해야 한다는 뜻이다. 자격을 갖춘 전문가의 도움을 구하고 그에 따라야 한다는 뜻이기도 하다.

1단계: 경청하는 법 배우기

대부분의 사람은 남의 말에 효과적으로 귀 기울이는 법을 배운 적이 없다. 그래서 대화 상대가 자신의 감정, 의견, 욕구를 충분히 표현하도록 놔두는 대신, 끊임없이 끼어들어 자기 얘기를 한다. 그 결과 가정의 분위기를 좌절, 분노, 상처, 결속감 부족이 지배하게 된다.

경청을 받는다는 것은 워낙 기본적인 정서적 욕구라서, 그 욕구를 채워주기 전에는 다른 어떤 것도 상대에게 효과가 없다. 부부 중 한 명이라도 의식적으로 말을 아끼고 상대의 이야기에 귀를 열려고 노력하지 않는다면, 아무리 천하의 묘책이 있어도 눈길조차 못 받고 버려질 테다. 경청은 마음만으로 되는 게 아니다. 다음과 같은 기술이 필요하다.

- 어떤 상대든 여러분이 그에게 얼마나 마음을 쓰는지를 알기 전에는, 여러분이 얼마나 많이 아는지 신경 쓰지 않는다. 진부한 표현으로 느껴질지 모르지만, 이는 검증된 사실이다. 먼저 배우자가 자신의 희망, 꿈, 두려움, 좌절감을 마음껏 표현할 수 있도록 (설령 여러분이 발끈하는 부분을 건드린다고 느낄 때에도) 방해하지 말고 놔둔다.
- 경청하고 있다는 걸 확실히 보여준다. 꿔다놓은 보릿자루처럼 멀뚱히 앉아만 있으면, 상대방은 여러분이 자기 말을 관심 있게 듣고 있는지 알 도리가 없다. 경청을 잘하는 사람은 간간이 짤막하게 공감을 표현하고, 상대가 표출한 감정을 반사해 주며, 이따금 상대방의 말을 반복함으로써 자신이 이해했음을 전달한다.
- 보디랭귀지에 유의한다. 얼굴을 찡그리거나, 못 믿겠다는 듯 눈을 굴리거나, 휴대폰을 확인하는 등 미성숙하고 수동공격적인 행동을 하지 않는다 (수동공격적 행동[passive-aggressive behavior]이란 언뜻 순응하는 듯 보이지만 사실상 반항적인 태도를 취하는 행동으로, 흔히 간접적이고 소극적인 방식으로 자신의 불만이나 적대감을 표현하는 형태를 보인다.−옮긴이). 친밀감

을 표현하고 애정 어린 손길을 보내고 건강한 눈 맞춤을 유지할 수 있는 위치에 자리를 잡는다. 둘만의 대화 시간을 가질 수 있게 일정을 조절해야 할 수도 있다. 휴대폰을 끄고, 받기보다는 주겠다는 마음의 태도를 준비한다.
- 대화하는 내내, 상대방의 말을 경청하는 사람의 행동이 그 어떤 그럴듯한 심리학 도구를 활용하는 것보다 가족이 잘 살아가는 데에 더 큰 영향을 미친다는 사실을 자신에게 상기시킨다. 경청은 정말로 중요하다.

이 단계가 실제로 어떻게 진행되는지 살펴보자. 다음과 같이 시작되는 대화가 있다.

어머니: 아이들이 온 집안에 물건들을 흩뜨려 놓는 게 지긋지긋해. 물건을 절대 제자리에 갖다 놓지 않잖아.
아버지: 그건 당신이 애들한테 정돈을 시키는 걸 일관성 있게 하지 않아서 그래. 그 애들이 어지럽힌 걸 당신이 맨날 치워주니까 그러지.

그만!

어떻게 하면 안 되는지를 보여주기 위해 간단한 예를 들었다. 여기에 더 나은 대화법이 있다.

어머니: 아이들이 온 집안에 물건들을 흩뜨려 놓는 게 지긋지긋해. 물건을 절대 제자리에 갖다 놓지 않잖아. 정말 지쳤어.
아버지: *(해결 방법에 대한 자기 의견을 제시하고 싶은 충동을 참으며)* 지칠 만도 하지.

어머니: 매일매일 너무 힘들어! 그리고 당신은 전혀 도움이 안 되고.

아버지: *(여기서 그는 경청 능력을 진정으로 시험받는다! 그는 공감을 사용하여 이 시험을 통과한다)* 정말 힘들겠군. 내가 도와주면 좋겠다는 거지?

어머니: 그래! 당신도 애들한테 그러면 안 된다고 말 좀 해줘.

아버지: 그렇게 할게. 또 뭘 하면 좋을지 다른 아이디어도 있어?

어머니: 우리 부모님이 애들한테 쓸데없는 물건을 너무 많이 주셔. 물건이 너무 많아서 애들이 어떻게 해야 할지조차 모르는 것 같아.

아버지: 그러니까 애들이 가지고 있는 물건이 너무 많은 것도 문제네?

어머니: 응! 정말 말도 안 되게 많아!

아버지: 자, 다시 확인할게. 당신은 아이들이 집안을 계속 어지럽혀서 너무 지치고 짜증이 났어. 내가 해줬으면 하는 일은 아이들에게 물건 정리에 대해 더 확실하게 제한을 설정하는 거야. 또, 당신은 자기 부모님이 아이들에게 필요 없는 물건을 너무 많이 주시는 것도 문제라고 생각하는 것 같네. 내가 당신 말을 제대로 들은 것 맞아?

대부분의 사람들에게, 적극적 경청 기술을 제대로 배우는 것은 길고 어려운 과정이다. 자신의 성장기에 부모님이 이러한 기술을 사용하지 않았다면 특히 그렇다. 모든 종류의 대화에서, 특히 격한 감정이 섞이지 않은 대화를 나눌 때 경청하는 기술을 연습하라. 그러면 경청 습관을 들이는 데 도움이 될 것이다. 전문 상담사와 함께 연습하거나, 관련 서적을 읽거나, 배우자 및 아이와 예행연습을 하거나, 관계에 관한 수업을 듣는 방법도 있다.

2단계: 부부가 권력 다툼을 벌일 때 두 사람의 견해차는 더 벌어진다는 걸 이해하기

많은 책과 기사, 블로그, 팟캐스트, 세미나 들이 아내와 남편이 부모로서 '같은 생각을 하게 되는 것'에 초점을 맞추고 있다. 이는 아이가 잘 가꾸어진

정원에서 장미처럼 꽃을 활짝 피울 수 있도록 부모 두 사람이 일관되게 같은 방식으로 양육해야 한다는 의미를 함축한다. 이것은 분명 고귀한 목표이긴 하지만, 많은 사람이 자신의 양육 기술을 향상시키는 데 심혈을 기울이면서 안타깝게도 배우자의 기술과 태도 역시 완벽하게 교정하려고 노력해 왔다.

누구나 알겠지만, 여러분의 단점을 고쳐주려고 끊임없이 애쓰는 사람과 함께 있는 건 늘 즐겁다. 심리적으로, 사회적으로, 도덕적으로 더 유익하게 행동하라는 말을 줄곧 듣는 것처럼 기분 좋은 일도 없다. 누군가가 여러분의 잘못된 행동과 태도를 고치는 데 도움이 될 책이나 웹 링크를 제공한다면 더더욱 좋다…. 일부러 비꼬아 말해 보았는데, 알아차렸는가?

부모 중 한 사람이, 또는 두 사람 모두가 상대방을 개선하거나 통제하려고 노력하다가 망가진 관계가 얼마나 많을까? 이러한 사태의 핵심에는 5장과 7장에서 논의한 부정적 자동사고(ANTs)가 있다. 부정적 자동사고의 흔한 유형 중 하나는 대략 다음과 같은 구조를 지닌다. '내가 …로 하여금 …하도록 할 수만 있다면 아이들은 …하게 될 것이다.' 이런 식의 생각을 쉽게 떨쳐 버릴 수 없는 것은 아마 그게 사실에 부합하는 경우가 많기 때문일 테다. 배우자가 정말 바뀌어야 하는 경우도 많다는 얘기다. 너무 허용적이거나, 일관성이 없거나, 비판하는 말을 잘하거나, 깡패들이나 쓸 법한 거친 언어를 사용하거나, 아이를 지나치게 세세히 통제하거나, 다른 민망한 습관을 갖고 있을 수도 있다.

그런데 이 유형의 부정적 자동사고의 본질적인 문제는 설령 그 생각이 타당하다 하더라도 현실적으로 아무짝에도 도움이 되지 않는다는 데에 있다. 그런 생각이 마음을 잠식하도록 놔두면 두려움과 좌절감에 사로잡힌 나머지 역효과를 일으키기 쉬운 통제 행동을 시작할 가능성이 높아진다. 그러면 통제의 대상이 된 배우자는 자신의 통제력을 회복할 방도들을-거의 무의식적으로-궁리하게 된다. 그래서 예컨대 갑자기 귀가 잘 안 들린다고 하는 등 이런저런 수동적 저항 행동을 보이고, 억울해하고 원망하는 마음을 품으며, 자신의 양육 방식에 더욱 집착하게 된다.

우리가 하는 교육에 참석 중이던 리아나는 남편 에디가 아이들에게 제한을 설정하지 않는 것에 대해 엄청난 좌절감을 느꼈다고 말했다. "우리는 여러 차례 교육을 받았고, 선생님의 책도 읽었고, 상담사를 만나기까지 했어요. 남편은 항상 더 단호해질 거라고 말하는데, 결심이 오래 지속되지는 않아요. 헐뜯고 싶진 않지만 그이는 꼭 어린아이 같아요."

그녀가 토로하는 감정에 귀 기울이고 그걸 인정해 주는 데 최선을 다하고 나서 페이 박사는 물었다. "다소 개인적인 질문을 해도 괜찮을까요?"

그녀는 답했다. "괜찮아요. 주실 수 있는 어떤 도움이든 제겐 절실하거든요."

페이 박사는 에디가 선량하고 다정한 사람 같다고 느끼면서, 리아나를 떠보려고 짐짓 도발적인 질문을 던졌다. "그럼 에디가 당신과 아이들에게 전혀 신경을 쓰지 않고 무책임하기 짝이 없다는 말인가요? 내 말은, 지금 들은 바로는 에디가 꽤나 못된 사람 같거든요."

리아나는 갑자기 에디를 변호하기 시작했다. "아뇨! 에디는 아주 친절하고 책임감 있는 사람이에요. 그런 게 아니에요. 그냥 아이들에게 비디오 게임을 너무 많이 허락하고, 반찬 투정을 받아주고, 취침 시간에 대해 일관성이 없을 뿐이죠. 그게 다예요."

"그러면… 그가 당신과 아이들을 사랑하는 정말 좋은 사람이라는 뜻인가요?" 페이 박사가 명확히 물었다.

리아나는 고개를 끄덕였다. "네, 물론이죠. 좋은 사람이에요."

"에디 본인에게도 그런 말을 자주 하나요?" 페이 박사가 물었다.

그녀는 멋쩍은 미소를 지으며 대답했다. "무슨 말씀이신지 알 것 같아요."

페이 박사와 대화를 계속하면서 리아나는, 자신이 에디의 결점이라고 여기는 것들에 지나치게 집중한 나머지 에디에게서 더 강한 아버지가 되겠다는 의욕을 진정으로 불러일으킬 요인, 즉 아내가 그의 진가를 잘 알고 있으며 그를 존중한다는 걸 알려주는 데에는 너무나 소홀했음을 인정했다. 또한 그녀는 남편을 통제하려는 자신의 시도가 남편으로 하여금 적절치 못한 양육 방식을 더욱 고집하게 만든다는 사실도 깨닫기 시작했다.

사실, 완벽한 사람은 없다. 누구든지 더 성장해야 할 부분이 남아 있다. 우리에게 변화하려는 동기와 의욕이 생기는 것은 바뀌어야 한다며 통제를 받을 때인가? 아니면 우리를 사랑하고 존중하며 건강한 행동의 모범이 되어주는 다른 사람들과 함께하면서 자극을 받을 때인가? 다시 말하지만, 긍정적인 관계가 없다면 무얼 해도 소용이 없다.

변화에 대한 관점을 바꾸기

변화는 원래 어렵지만, 그 어려움을 조금이나마 덜어줄 방법을 몇 가지 소개한다.

- **10 대 1 규칙을 따르기**: 배우자의 부정적인 점 하나를 말할 때마다 긍정적인 점 열 가지를 덧붙인다. 설령 배우자가 변하지 않더라도, 그를 더 긍정적인 시각으로 바라보게 되리라는 장점이 있다.
- **실수해도 안전하다고 느끼게 하기**: 실수를 하면 안전치 못해지는 상황이라면 사람들이 성장에 불가피한 위험들을 감수할 리 없다. 또한, 자신의 단점에 대한 좌절감에서 헤어나지 못하기 십상이다.
- **공감, 용서, 무조건적인 사랑을 보여주기**: 사람들은 이러한 선물을 주는 상대를 위해서라면 거의 무엇이든 할 것이다. 설사 배우자가 여러분이 원하는 방식으로 반응하지 않더라도, 여러분의 마음은 배우자를 용서하지 않는 괴로움에서 벗어날 수 있다.
- **두려움에 맞서기**: 다른 사람과의 관계가 두려움에 의해 좌지우지되도록 놔

두지 않으면, 다른 사람을 통제하려고 애쓰지 않을 때 상황이 오히려 잘 풀리는 경우가 많다는 것을 알게 된다.

3단계: 권력 다툼을 나부터 그만두기

헤어진 아내에 대한 질문을 받고 조엘은 이렇게 구시렁댔다. "아기를 병원에서 집으로 데려오는 날부터 내내 양육 문제로 다퉜어요. 저는 아내에게 에번스가(街) 가는 것이 가장 빠르고 안전한 길이라고 말했어요. 그런데 아내는 제 말을 듣지 않고 햄프턴 대로를 타고 유니버시티 대로로 갔어요. 믿어지세요?"

그의 치료사는 물었다. "그래서 계속 전 아내분과 다퉈오신 건가요?"

조엘은 고개를 끄덕였다. "아내는 항상 제가 최선이라고 생각하는 것과는 정반대로 행동하거든요."

"그래서 전 아내분에게 무언가를 시킬 때마다 싸움이 시작되나요?" 치료사가 이어서 물었다.

조엘은 입술을 앙다물고 조용히 고개를 끄덕였다.

"싸움이 시작될 걸 알면서 왜 계속 그렇게 행동하시나요?" 치료사가 물었다.

여러분이 통제할 수 있는 유일한 사람이 누구인가? 두말할 필요도 없이, 자기 자신이다. 여러분이 스스로를 통제한다고 해서 반드시 다른 사람이 (여러분이 바라는 만큼) 빠르게 변화하는 건 아니지만, 이 같은 행동 방침을 한결같이 지키는 것이 장기적으로는 더 이로운 결과를 낳는다.

앞서 등장했던 리아나는 남편 에디와 방해받지 않고 대화를 나눌 수 있는 조용한 시간을 만들었다. 둘 사이의 권력 다툼을 끝내는 일에 자신이 앞장서야 한다는 것을 깨달은 그녀는 남편의 손을 잡고 눈을 맞추며 사과하는 것부터 시작했다. "에디, 정말 미안해. 당신을 너무너무 사랑하는데 당신이 얼마나 좋은 사람인지 인정하는 것엔 소홀했어."

리아나의 갑작스러운 말에 놀랐는지 에디는 묵묵히 듣고만 있었다.

리아나가 말을 이었다. "나는 당신이 아이들을 양육하는 방법을 바꾸려는 데 급급해서, 당신이 아이들과 나를 얼마나 아끼는지는 무시했어."

에디는 아직 아내의 말을 얼마나 믿어야 할지 확신하지 못한 듯 중얼거렸다. "괜찮아. 나도 당신을 사랑해."

아내는 답했다. "에디, 괜찮지 않아. 나는 당신의 행동을 통제하려 애쓰는 걸 그만두고, 내가 잘하는 데 집중해야 해. 당신은 훌륭한 사람이고 우리 아이들을 사랑하잖아. 당신이 일부러 아이들에게 상처 주는 일을 하지 않으리라는 것도 알고, 우리의 양육 방식이 다르다는 것 자체보다 우리가 서로 다투는 것이 아이들에게 더 해롭다는 것도 알아. 나는 이제부터 당신을 통제하려 들기보다 내가 하는 걸 개선하는 데 집중할 거야."

에디의 마음이 조금은 부드러워졌을까? 그의 변화 여부와 상관없이 리아나는 권력 다툼을 끝냈고, 자기 자신에게 집중했다.

권력 다툼에서 자신이 해온 역할을 끝내는 일의 어려움은, 우리를 갈등에서 헤어나지 못하게 묶어두는 두려움과 걱정, 그에 연관된 분노가 심할수록 더 커지는 게 보통이다.

두려움과 걱정―문제 해결과 자유의 적들

문제: 연구에 따르면 건강치 못한 수준의 두려움과 걱정은 뇌와 문제 해결 능력에 다음과 같은 부정적 영향을 미치는 것이 확실하다.[88]

- 주의가 산만해짐
- 충동적이 됨
- 상황이나 타인을 통제하려는 헛된 시도로 인해 상호작용의 질이 떨어짐
- 단기 기억력을 비롯한 인지 능력 저하

- 효과적인 해결책을 찾지 못함
- 해결책을 실행할 때 자신감이 부족해짐

아이는 주변 어른들로부터 감정적 신호를 받기 때문에, 건강치 못한 두려움과 걱정을 목격하는 것에서도 바로 영향을 받는다.

해결책: 건강치 못한 두려움과 걱정의 부정적인 영향은 다음의 방법으로 크게 줄일 수 있다.
- 목표를 확인하고 집중하기
- 문제가 아니라 해결책에 집중하기
- 걱정을 부추기는 부정적 자동사고를 더 정확한 생각으로 대체하기. "사노라면 이런저런 문제를 겪기 마련이야. 우린 이 문제를 해결할 수 있어."
- 의도적으로 천천히 심호흡하기
- 어떤 해결책이 효과적일지 곰곰 생각만 하기보다 행동에 나서서 해결책들을 실행해 보기

심리학 연구자인 샌드라 예라와 미셸 뉴먼은 최근, 위의 단계들이 사람들로 하여금 더 효과적인 해결책을 개발하고 그것들에 대해 더 큰 자신감과 만족감을 느끼도록 돕는다는 사실을 입증했다.[89]

도전 과제: 여러분이 두려움과 걱정에 휘둘리고 있다면, 자신과 아이에게 큰 선물을 주라. 삶을 좀먹는 부정적 자동사고로부터 여러분이 자유로워지도록 도와줄 검증된 정신 건강 전문가를 찾아가라.

인류가 처음 등장한 태곳적부터, 불완전한 부모들이 아이를 책임감 있고

선한 마음을 지닌 성인으로 키워왔다는 사실을 명심하라. 일반적으로, 통제력을 되찾는 가장 좋은 방법은 통제하려는 마음을 내려놓는 것이다. 분노와 원한을 놓지 못할 때, 우리가 간절히 바라는 신체적, 정서적, 사회적, 영적 건강(정신력의 네 원)은 망가지고 만다. 그런 함정에서 벗어나는 유일한 방법은 용서다. 스스로에게 다음과 같은 쉽지 않은 질문을 던져보는 것도 도움이 될 수 있다. "그게 아이들의 마음을 다치게 한다는 걸 알면서도 내 분노와 상처를 붙들고 있어야 할까?"

4단계: 정신적 스트레칭으로 사랑의 리더십 발휘하기

대부분의 사람은 운동 전 스트레칭이 부상을 예방하는 데 큰 도움이 된다는 사실을 알고 있다. 정신적 스트레칭은 인간관계를 개선하고, 아이에게 사랑을 보이고, 자신의 뇌를 강화하는 데 가장 유용한 방법의 하나이기도 하다. 여기에는 다른 사람들과 건강하고 다정하게 관계를 맺지 못하도록 방해하는 자신만의 안전지대들에서 의도적으로, 그러나 서서히 벗어나는 것이 수반된다. 이것이 어떤 의미인지 다음 사례를 통해 살펴보자.

숀은 어릴 적 다소 거친 유머를 일삼던 가정에서 자랐다. 가족 사이에 오가는 농담의 대부분은 상대를 놀리고 비꼬는 내용이었다. 그는 이렇게 회상한다. "아빠가 제 머리를 헝클어뜨리고 꽉 끌어안으며 '이 얼굴을 엄마 말고 누가 또 사랑해 주겠어' 같은 말을 할 때, 저희는 사랑받고 있다고 느끼곤 했죠. 믿기 어렵겠지만, 저희는 그런 소소한 헐뜯음에 기분이 나빠진 적이 전혀 없었습니다. 그냥 가족의 전통이었어요."

비꼬는 말투는 숀에게는 편안한 안전지대였다. 하지만 그의 아내 니나와 아이들에게는 그렇지 않았고, 여기서 많은 상처와 갈등이 촉발되었다. 숀은 이에 당황하고 좌절한 나머지 오랜 친구에게 불만을 털어놓았다. "우리 가족들은 내 농담을 도통 안 받아줘. 왜 그렇게 예민할까?"

친구는 답했다. "네가 못되게 굴어서 그럴지도 모르지."

거친 말투에 익숙한 숀조차 그 말에 약간 상처를 받았다. "그게 무슨 헛소리야?" 그는 반박했다.

친구는 단호한 목소리로 말을 이었다. "진짜 친구니까 솔직하게 얘기하는 거야. 네가 어렸을 때는 그런 농담을 들어도 괜찮았지만, 니나와 아이들은 너랑은 다른 사람이잖아. 그들이 너를 웃긴다고 생각하지 않는다면, 넌 웃기지 않는 거야. 네가 가족을 사랑하는 건 알지만, 너는 지금 그들과의 관계를 망치고 있어. 널 아끼는 마음에서 하는 소리야. 그러니까 니나랑 애들한테 못되게 굴지 마. 네 소중한 가족을 망가뜨리지 말라고."

숀과 그의 아내 니나 사이에 갈등이 불거진 건 단순히 숀의 비뚤어진 유머 감각 때문만은 아니었다. 아이들에 대한 아내의 지나친 애정도 불을 지폈다. 아내가 아이들을 애지중지하고 응석을 받아줄수록 숀은 자기식의 거친 농담을 던지며 아이들을 강하게 키우려 했다. 아이들이 그러는 숀에게서 상처를 받을수록 니나는 아이들을 더 과보호하고, 너무 많은 걸 주려 했다.

마지못해 숀은 정신적 스트레칭으로 안전지대를 벗어나기로 결심하고, 니나에게 자신의 새 목표를 알려주었다. "당신과 아이들을 놀리고 비꼬는 게 못된 짓이라는 걸 미처 몰랐어. 미안해. 상처를 주려는 건 아니었어."

여러분이 일으킬 수 있는 변화의 초점은 다른 사람을 여러분이 원하는 대로 행동하도록 조종하는 데 있지 않다. 오로지 자신의 역할을 다함으로써 옳은 일을 하는 데에 있다. 그 결과로 다른 사람이 달라진다면 그것은 단지 반가운 부수 효과일 뿐, 여러분의 노력이 기대한 보상이 아니다.

정신에는 스트레칭도 도움이 되지만 꾸준한 운동 역시 필요하다. 숀에게 필요한 정신적 운동은 부정적 자동사고를 다른 생각으로 대체하는 것이었다. 그는 '애들이 강해져서 농담을 받아들이는 법을 배워야 해'라는 생각을 '농담은 두 사람이 모두 즐길 때만 재미있는 법이야'라는 훨씬 생산적인 생각으로 바꾸는 연습을 시작했다.

> 옳은 일을 하는 것은 그게 다른 사람의 행동을 개선하는지 여부와 관계없이 항상 옳다.
> 옳은 일을 하는 목적은 다른 사람을 통제하기 위해서가 아니라,
> 우리 자신의 좋은 모습을 지키고 건강해지기 위해서다.

5단계: 목표를 돌아보기

어떤 목표를 달성하고자 할 때 사람들은 '효과적인 방법은 단 하나뿐'이라고 생각하는 함정에 빠지기 쉽다. 이것이 바로 컬트(cult), 즉 사이비 종교 집단 같은 것들이 만들어지는 방식이다. 컬트에는 모든 사람이 같은 방식으로 엄격하게 따라야 하는 규칙과 절차가 있다. 따라서 컬트는 사람들에게서 스스로 생각하는 방법을 빼앗는다. 건강한 관계, 창의성, 각자의 다양한 재능을 상찬하기는커녕 처벌을 가한다.

양육을 할 때, 무언가를 할 방법을 두고 입씨름을 하느라 제대로 된 결과를 얻지 못하는 일이 드물지 않다. 아래를 읽기 전에 잠시 시간을 내어 여러분이 세운 목표를 다시 검토해 보라(2장 참조). 삶의 목표는 사이비 종교의 교리와는 다르다. 건강한 가정이 건강한 상태를 유지하는 이유 하나는, 목표를 달성하는 방법은 여러 가지가 있다는 걸 알기 때문이다. 예를 들어 아이가 거짓말을 했을 때, 부모 중 한 사람은 아이가 정직하고 상대를 존중한다고 느껴질 때에만 축구 연습에 데려다줄 거라고 차분하면서도 단호하게 알려줄 수 있다. 이에 비해 다른 쪽 부모는 같은 문제를 다룰 때 아이가 집안일을 더 하는 것으로 거짓말한 것을 보상해야 한다고 단호하면서 차분하게 통고할 수도 있다.

부모는 엄격하게 준수할 목표들을 함께 설정하고, 어느 한쪽이 목표에 반하는 행동을 할 경우 다른 쪽이 건설적으로 따져 물으라. 반면, 목표를 달성하는 '방법'에 관해서는 여유를 보이라. 두 사람이 각자의 성격, 기술 및 능력,

전후 사정에 따라 상황을 다르게 처리할 수 있다는 사실을 적극적으로 받아들이라. 각자가 아이에게 독특하고 긍정적인 영향을 미칠 수 있도록 서로에게 충분한 자유를 주라. 많은 유용한 리더십 서적들이 이처럼 '엄격하면서도 느슨한' 리더십의 개념을 다루고 있다. 더 자세히 알고 싶은 이들에겐 『행동으로 배우기(Learning by Doing)』라는 책을 추천한다(리처드 듀퍼 등 여섯 명이 함께 쓴 이 책은 아직 국내 번역본이 나오지 않았다. –옮긴이).

"이게 맞는가?"라는 훌륭한 질문은 이러한 리더십의 본질을 구현한다. 이 질문은 방향을 제시하면서, 그와 동시에 문제 상황에 창의적으로 대처할 유연성을 허용한다. 또한 배우자와 불필요하며 이길 수 없는 통제권 다툼의 구렁텅이에 빠지지 않도록 막아준다.

6단계: 가장 흔한 갈등에 대처할 계획 세우기

부부 사이에서 가장 빈번한 갈등은 다음과 같은 유의 상황에서 발생한다.

- 아이가 부모 한쪽에게 "아빠가 허락했거든요", "엄마가 괜찮다고 했어요", "우리 아빠는 왜 항상 그렇게 못되게 굴어요?" 같은 말을 할 때
- 아이가 억눌렀던 감정들을 부적절한 행동으로 표출하고 있으며, 이에 대처할 방법을 두고 부부 간에 의견이 갈릴 때

티나와 짐의 결혼 생활이 위태로워진 주된 이유는 그들의 두 자녀, 10대 하나와 어린아이 하나가, 부모를 서로 대립시키면 자기들이 집안을 맘대로 주무를 수 있다는 사실을 깨달았기 때문이었다. 엄마와 아빠는 이런저런 문제를 놓고 서로 다투는 데 정신이 팔려서 진짜 해결해야 할 과제, 즉 아이들에게 남을 조종하려 드는 건 누구에게도 이득이 되지 않는다는 점을 가르치는 데는 신경을 쓰지 못했다. 툭하면 드라마 같은 상황을 연출하느라 지쳐버려서, 아이들에게 필수적인 제한들을 설정하고 시행할 기운도 없었다.

페이 박사가 온라인에 올린 짧은 글을 읽고 티나와 짐은 자신들이 맨날 서로에게 화를 내느라 아이들이 엄마와 아빠의 견해 차이에 적응하기를 바라고 이끄는 데에는 너무 소홀했다는 사실을 깨달았다. 10대 딸이 "아빠가 허락했어요"라고 말할 때 티나는 남편보다 딸을 믿고, 딸의 눈에 '공평'해 보이려고 지나치게 애쓰는 두 가지 나쁜 습관으로 대응하곤 했다. 어린아이인 둘째가 "엄마가 못되게 굴어요"라고 투덜거리면 짐은 딸이 안쓰러운 나머지 요구를 그냥 들어주곤 했다. 그는 딸이 피해자 시늉을 하면서 자신의 동정심을 이용했다는 사실을 뒤늦게 깨달았다.

티나와 짐의 갈등 양상에 변화가 일어난 것은 아이들에게서 많은 사람이 빠져드는 고약한 습관을 발견하고 나서였다. 그게 뭔가 하면, A라는 사람이 B라는 사람과 문제가 생겼을 때 C에게 불평하는 것이었다.

티나와 짐은 이러한 패턴을 그냥 두지 않고, 다음과 같은 새로운 규칙을 실시하기로 약속했다.

- A가 B와 문제가 있을 때, A는 B와 직접 문제를 얘기해 해결한다.
- C는 가끔 상담이나 조언을 해주는 것 외에는 둘 사이의 문제에 관여하지 않는다.

두 사람은 아이들이 부모 간의 차이점을 이용해 두 사람을 이간질할 때 어떻게 대처할 것인지 논의했다. 그들이 결정한 대응 방식을 아래의 예시로 살펴보자.

예시

아이: 엄마가 못되게 굴어요.

아빠: 네가 엄마랑 문제가 있는 것 같구나. 엄마는 널 사랑하니까 네가 어떤 기분인지 얘기하면 분명히 잘 들어줄 거야.

예시

아이: 근데, 아빠는 허락했거든요.

엄마: 내가 뭐라고 했지?

아이: 안 된다고 하긴 했는데….

엄마: 내가 뭐랬지? 안 된다고 했잖아.

예시

아이: 엄마가 방금 안 된다고 했어요.

아빠: 엄마랑 아빠는 서로 다른 사람이고, 때로는 상황도 다르곤 하니까, 우리의 대답이 다를 수 있어. 너희 엄마는 현명한 사람이고 나는 엄마를 믿어. 이건 너와 엄마 사이의 문제인 것 같구나.

예시

아이: 용돈 좀 주세요. 아빠는 너무 인색해요.

엄마: 내가 너희 아빠랑 결혼한 이유 하나는, 너희 아빠가 사리분별에 뛰어나기 때문이야. 해야 하는 집안일이 좀 있는데, 네가 하면 용돈을 주마.

아이: 하지만 지금 당장 필요한걸요!

엄마: 정말 힘들겠구나. 내 제안은 아직 유효하단다.

아이의 잘못된 행동 패턴이 부모가 단합해 대응해야 하는 유형의 것이라면, 부부 사이의 잠재적 갈등을 어떻게 해결해야 할까? 여러분도 언젠가는 그런 상황에 놓일 것이다. 서로 DNA도 다르고 살아온 경험도 다른 두 사람이 이런 상황에 어떻게 대처할 수 있을까? 성공의 열쇠는 2장을 읽으며 여러분이 세운 양육 목표에 있다.

예를 들어, 아이가 무례하게 굴고 때로는 반항까지 하는 습관이 생겼다고 가정해 보자. 이때 부부가 제일 먼저 논의해야 할 건 아이의 무례함이나 반항이 아니라 두 사람이 세운 양육의 목표다. 의사 결정권자들이 전략에 대한 의견 차이로 인해 수렁에 빠지는 경우가 너무나 많은데, 이는 목표에 대한 당초의 합의를 새로이 확인하는 일이 먼저 이루어지지 않았기 때문이다. 문제에 집중하면 중압감을 받게 되고, 해결책을 찾는 데 방해가 되는 유형의 두려움과 걱정을 키우게 된다. 반면 해결책에 집중하면 우리의 뇌를 생존 모드에서 문제 해결 모드로 전환시키는 데 도움이 된다.

다음으로, 가능한 대응책이 뭘지 부부가 함께 브레인스토밍을 하라.

- 아이를 야단치고, 휴대폰을 빼앗겠다고 위협할 수 있어.
- 소리를 좀 지르면서, 너는 아직 아이이고 우리는 부모라는 사실을 상기시킬 수도 있겠지.
- 아이가 우리를 논쟁에 끌어들이려고 할 때 차분하게 "나는 너를 너무 사랑하기 때문에 논쟁은 하고 싶지 않아"라고 거듭 말할 수도 있지.
- 봉사 활동에 더 많이 참여하게 해서, 자기보다 타인을 우선시하는 것의 가치를 배우게 할 수도 있을 테고.
- 애정을 담아 "네가 우리를 존중하고 우리가 요청하는 일을 할 때에만 우리 집에서 특전을 얻는 거야"라고 말할 수도 있어.

여유를 가지라. 서두르지 말고, 완벽한 해결책을 찾으려고 하지도 말라. 이 시점에는 아직 아이디어의 질을 평가하기엔 이르다. 그냥 머릿속에 떠오르는 것들을 모조리 쏟아내라. 이 과정에서 부담을 받지 않아야 잠재적으로 효과가 있는 실험적 안들을 더 많이 찾아낼 수 있다. 창의력을 발휘하려면 차분한 두뇌가 필요한 것이다.

마지막 단계에서는 "이중 어떤 것이 우리의 목표에 맞을까?"를 서로에게 물으며 제안들을 실험적으로 실시해 본다.

"어떤 것이 맞을까?"는 "어떤 것이 확실히 효과가 있을까?"와는 다른 얘기다. 다시 말하지만, 우리의 목표는 두려움과 걱정에 사로잡히지 않고 침착하고 객관적인 태도를 유지하는 것이다. 문제 해결을 가장 잘하는 사람들은, 합의를 통해 완벽한 전략을 도출하려다가 분석 마비(analysis paralysis, 어떤 상황을 과도하게 분석하거나 생각하는 바람에 의사 결정이나 앞으로 나아가는 일이 마비되는 것-옮긴이)에 빠지거나 대인관계의 갈등에 휘말리는 일 없이, 단순히 합리적인 해결책들을 실험해 보곤 한다. 실험은 우리를 불필요한 불안과 다른 사람과의 통제권 싸움에서 해방시켜 주는 강력한 수단이다.

페이 박사는 대형 학구(學區)의 특수교육 책임자인 바베 박사와 함께 일한 적이 있다. 교사, 학교 관리자, 학부모들 등 다양한 집단의 수많은 사람들 사이에서 협력을 잘 이끌어내는 것으로 주 전체에서 이름을 날리고 사랑받는 인물이었다. 무슨 수로 그토록 많은 사람들이 서로 협력하도록 만드는지, 그녀의 잇단 성공에 흥미를 느낀 페이 박사가 "바버 박사님, 대체 비결이 뭔가요?"라고 묻자 그녀는 다음과 같은 요지로 대답했다.

"우리는 먼저 공유된 목표를 살펴본 다음 실험을 해나갑니다. 합법적이고 도덕적이며 우리의 핵심 가치와 목표에 위배되지 않는다면, 거의 무엇이든 실험해도 좋습니다. 누군가가 어떤 학생을 위해 제가 보기에 훌륭하진 않지만 해롭지는 않은 아이디어를 제시하면 저는 대개 실험을 해보자고 제안합니다. 그런 다음 저는 가만히 앉아서 필요한 지원을 제공하고, 실험의 결과에서 우리 모두가 배울 수 있도록 합니다. 그 학생에게 일이 잘 풀리면, 우리는 배웁니다. 잘 풀리지 않았을 때에도 우리는 배웁니다. 실험의 결과가 어떻든, 우리는 사람들이 합의할 수 있고 문제의 학생에게 적합한 전략을 찾는 것에 한 걸음 더 다가갑니다. 저에게 가장 큰 과제는, 사람들이 이 어려운 과정을 헤쳐나갈 때 인내심과 공감 능력을 발휘하는 것이 중요하다는 점을 늘 기억하는 겁니다. 보람을 느끼는 부분은, 그 여정을 함께하며 우리가 깊은 유대감을 느끼게 된다는 것이지요."

바버 박사의 지혜를 부부가 자녀 양육에 관한 결정을 내리는 데에 적용한다면 어떤 일이 일어날까? '실수하며 성장하는' 이러한 접근법은 부부가 서로 다투기만 하는 대신 유대감을 형성하고 서로에게서 배우는 데 도움이 될 수 있다.

실천 단계

- 서로 다른 양육 스타일 자체보다 그 차이를 놓고 생겨나는 갈등이 훨씬 더 큰 피해를 준다는 사실을 명심한다.
- 배우자(및 아이)의 이야기를 적극적으로 경청하는 기술을 연습한다.
- 배우자에 대한 자신의 부정적 자동사고가 뭔지 인식하고, 갈등의 요인이 되는 자신의 믿음들에 이의를 제기한다.
- 부부 간의 권력 다툼에서 자신이 해온 역할을 인정한다.
- 자신의 안전지대에서 벗어나, 배우자를 이해하고 둘이 다시 가까워지는 일에 스스로 앞장선다.
- 아이를 위해 세운 공동의 목표들을 다시 검토하고 그 목표에 따라 행동한다.
- 가정에서 다음 규칙을 따르기로 약속한다. 'A가 B와 문제가 있을 때, A는 B와 직접 문제를 얘기하여 해결하고, C는 가끔 상담이나 조언을 해주는 것 외에는 둘 사이의 문제에 관여하지 않는다.'

제11장

성취가 부족한 아이에게 다가가는 법

아이에게 동기가 부족하다면, 화를 내지 말고 궁금해하라.

성취 부족(underachievement)은 아이들과 부모, 학교가 늘 직면하는 가장 복잡한 문제 중 하나이며, 청소년의 자존감과 정신적 힘에 치명적인 영향을 미칠 수 있다(성취 부족은 '저성취, 미성취', 혹은 '학습 부진'이라고도 하며, 아이가 이룩하는 성과가 본인의 잠재력이나 주위의 기대에 못 미치는 것을 말한다.-옮긴이). 너무 많은 부모가, 아이가 공부를 못하는 것은 단지 게을러서라고 일단 가정한다. 그런 부모들은 나름대로 아이를 위하는 마음에서 흔히 다음과 같은 관행들에 기대는데, 이는 문제를 더 악화시키기 일쑤다.

- 위협, 훈계, 뭔가를 재촉하거나 상기시키는 잔소리
- 벌주기
- 강점을 키워주는 것보다 약점을 바로잡는 데 지나치게 집중하기
- 아이로 하여금 통상적인 사회적, 신체적 활동의 제한이라는 대가를 치르게 하기

부모와 교사들이 수십 년 동안 사용해 온 이러한 접근 방식들은 언뜻 효과가 있을 법해 보이며, 실제 단기적으로는 일부 긍정적 결과를 낳기도 한다. 하지만 장기적으로는 아이에게서 원망, 의존, 자격의식, 불안, 절망감 따위를 키워서 성취 부족을 도리어 악화시킬 수 있다. 이 방식들은 또한 아이의 자기효능감을 저하시키는데, 학습이나 가족 및 또래 관계, 정신 건강 같은 데서 이미 심각한 어려움을 겪고 있는 아이의 경우에 특히 그렇다. 자기효능감이 낮아지면 덩달아 성취 동기도 낮아지고 사회적·정서적 건강도 손상된다.

페이 박사는 여러 해 전에 데이비드 A. 수자 박사의 저서 『뇌는 어떻게 학습하는가(How the Brain Learns)』[90]에 깊은 영향을 받았다. 이 책을 읽고 페이 박사는 수십 년 동안 자기 아이와 자신이 가르친 많은 학생들에게서 목격한 것을 떠올렸다. 본질적으로 인간은 탐구하고, 배우고, 숙달하려는 욕구(즉 호기심)와, 그런 호기심 및 숙달이 일어날 경우 보상받는 시스템을 내장하고 태어난다. 유아(幼兒)가 놀이 방법을 찾아내는 모습을 생각해 보라. 예컨대, 블록 세트를 발견하면 쌓기 시작한다. 쌓은 게 무너지면 다시 시도할 것이다. 누구도 그러라고 시킨 적 없다. 아이는 단지 성취와 완성에 대한 뇌의 욕구에 반응했을 뿐이다. "내가 이걸 할 수 있을까?"라는 궁금증이 아이의 마음을 지배하기 시작한다.

우리 누구나 '궁금해하는' 사고방식을 가지고 태어나며, 이에 따라 세상이 어떻게 돌아가는지에 대해 계속 자연스러운 호기심을 보이게 된다. 아이가 안전한 환경에서 학습하고 탐구하도록 해주면 호기심과 실험, 혁신, 그리고 성공에서 오는 기쁨을 더욱 북돋을 수 있다. 아이의 뇌는 기분을 좋게 하는 다양한 화학물질들, 그중에서도 주로 도파민을 분비하여 노력에 대한 보상을 제공한다. 그렇게 호기심이 성취와 기쁨을 낳는다는 것을 아이가 자연스럽게 깨닫기 시작하면서, 호기심은 마치 군주처럼 마음을 지배하게 된다. 심리학자 에이브러햄 매슬로는 현대 뇌 영상 기술의 도움 없이 이런 사실을 발견해 내고 1954년 그에 관한 책을 펴냈다.[91] 그는 수십 년 동안 수천 명의 사람들을 관찰하면서, 학업 성취나 창의성, 혁신(모두 '자아실현'으로 분류된다)을 경험하려면 그 전에 자신이 충분히 안전하다고 느끼게 해줄 특정한 욕구들이 충족되어야 한다는 탄탄한 이론을 개발했다(인간의 다양한 욕구에는 위계가 있다는 '매슬로의 욕구단계이론[Maslow's hierarchy of needs]'을 말한다. 이후의 연구자들은 이 단계들을 대개 피라미드 형태로 표현한다.-옮긴이) 페이 박사는 매슬로의 욕구의 피라미드에서 제시된 단계들은 그대로 받아들이면서, 오늘날 어린이와 청소년에게 이러한 욕구가 어떻게 충족되어야 하는지를 보다 긴밀히 반영하도록 설명을 조절했다. 피라미드의 맨 아래에는 가장 기본적인 욕구가 있다. 이 첫 단계의 욕구가 충족되면 뇌는 다음 단계의 욕구로 이동한다. 다음 단계로 넘어가기 위해서는 그 전 단계의 욕구가 빠짐없이 충족되어야 한다.

아이가 태어나는 순간부터 부모는 아이의 가장 기본적인 욕구, 즉 신체적 욕구와 안전에 대한 욕구를 충족시켜 주고, 사랑과 수용으로써 아이와 유대감을 형성하기 시작한다. 이를 통해 아이가 호기심을 발휘하고 학습을 해나갈 기반이 마련된다. 하지만 안타깝게도 너무 많은 아이들이 성장하면서 내재적 동기를 잃어버린다. 가족 내 문제, 위험한 거주 지역, 신체적 질병, 허용적 양육 방식, 가혹한 교육 방법, 트라우마, 그 밖의 이런저런 어려움에서 비롯되는 불안, 자신감 부족, 두려움은 아이에게서 배움의 즐거움을 앗아갈 수 있다. 뇌에 신체적·정신적·정서적 생존과 관련된 도전이 주어지면 타고난 학습 욕구는 더 시급한 생존 욕구에 의해 뒷전으로 밀려난다. 이런 상황에서 아이는 '호기심-학습-보상'이라는 자연스러운 순환 과정을 중단하고 자기보존 모드로 전환할 수 있다. 무서운 이야기로 들릴지도 모르겠다. 그래서 아이의 욕구가 어떻게 진전되는지를 이해하는 것이 양육에 큰 도움이 된다. 아이가 불안, 자신감 부족, 두려움에 굴복하는 사람으로 커갈지, 아니면 자신감과 역량으로 난관에 맞서는 사람으로 커갈지는 가정에서 부모가 어떻게 노력하느냐에 큰 영향을 받는다.

자아실현의 욕구
도덕성, 창의성, 자발성, 문제 해결력, 편견의 부재, 영적 집중 및 성장

존중의 욕구
노력과 성취의 관련성에 대한 건강한 믿음, 자신감, 성취 동기, 자신과 타인에 대한 존중

애정과 소속의 욕구
부모의 애정, 격려, 가족에 기여할 기회, 결정을 내릴 기회, 자유를 경험할 기회, 애정을 담은 훈육

안전의 욕구
신체적 보호, 감독과 제한 및 적절한 경계 설정을 통한 정서적 보호, 소셜 미디어의 유해한 영향으로부터의 보호

생리적 욕구
깨끗한 물, 건강한 음식, 살 곳, 질병과 독소 및 스크린에 대한 과도한 노출로부터의 보호, 그리고 의복 등등

불안과 뇌

뇌의 깊은 곳에는 편도체(扁桃體, amygdala)와 기저핵(基底核, basal ganglia)이라는 중요한 구조물들이 있는데, 그 여러 기능 가운데 하나는 신체의 불안 수준 설정에 관여하는 것이다. 에이멘 클리닉의 뇌 영상 연구 결과, 이 부위들이 과도한 활동을 보이는 사람은 많이 불안해하고, 긴장하고, 초조해하며, 두려움을 느끼는 경향이 있다. 이들은 또한 스트레스가 큰 상황에서 경직되기 쉬우

며, 갈등을 피하고, 타인의 비판이나 평가를 지나치게 두려워할 가능성이 높다. 수면 부족, 고혈당 식단(예컨대 설탕이 든 아침 시리얼, 사탕, 감자칩 등 기름에 튀긴 스낵), 카페인, 알코올, 마리화나, 끼니를 거르는 것, 부정적인 생각을 의심 없이 그대로 믿는 것도 불안감을 악화시킬 수 있다. 13장에서 여러분의 뇌나 불안해하는 아이의 뇌를 진정시키는 자연스러운 방법들을 확인하라.

안정적으로 학습하며 의욕이 넘치는 아이로 키우기 위한 팁 아홉 가지

팁 #1: 통제권 다툼을 끝내라

부모와 아이 사이에서 통제권 다툼이 시작되면, 아이는 금방 불안감이 커지고 학업 동기가 저하된다. 그런 힘겨루기가 시작되는 순간 부모와 아이의 유대감은 약해진다. 욕구의 피라미드를 다시 보면, 통제권 다툼이 아이 발달의 여러 측면을 어떻게 해칠지 쉽게 알 수 있다. 학습을 둘러싸고 부모와 아이 사이에 벌어지는 전쟁을 끝낼 방법을 생각해 보자. 다음 대화는 초등학교 저학년 아이에서부터 성인 자녀에게까지 두루 효과가 좋다는 점에 유념하기 바란다. 물론 아이의 나이와 능력에 따라 표현은 좀 바꿔도 좋다. 또한 이 대화는 '한 번으로 끝나는' 것이 아니라, 모두에게 상처만 남기는 통제권 다툼을 그만두기 위한 더 넓은 프로그램의 시작일 뿐이다.

부모: 아들, 네게 사과해야겠어.
아이: 뭐 때문에요?
부모: 널 너무 사랑해서, 네가 어떤 삶을 살지 결정할 수 있는 사람은 너 자신뿐이라는 사실을 잊고 있었어.

아이: 무슨 뜻이죠?

부모: 네가 어른이 되어 삶을 더 순조롭게 살아가는 데 필요한 지식과 기술을 갖출 수 있도록, 다른 사람이 너를 억지로 학교에 보낼 수 있니?

아이: 아니요.

부모: 맞아. 결정하는 사람은 너야. 그동안 나는 네가 더 쉬운 삶을 선택하게 만들 수 있다고 생각하는 실수를 저질렀어. 그래서 우리는 참 많이 다퉜지. 정말 미안해.

아이: 엄마[아빠]는 맨날 공부하라고 잔소리를 하잖아요.

부모: 그래. 전에는 잔소리가 너무 많았지. 이제 나는 깨달았어. 내 역할은 네게 좋은 성적을 받으라고 강요하는 게 아니라 도움을 주는 거라는 걸 말이야. 네가 학교를 잘 활용해서 인생을 더 편하게 해줄 것들을 배우든, 그러지 않아서 더 어려운 삶을 살게 되든, 나는 똑같이 너를 사랑할 거야. 네가 어느 쪽을 택하든 상관없이 너를 사랑할 거야. 내가 너를 어떻게 도울 수 있는지 알려주렴.

잠시 시간을 내어, 이 대화에서 엄마 또는 아빠가 아이의 기본적인 욕구(애정과 존중)를 어떻게 충족시켰는지 생각해 보자. 이 가정의 전반적인 분위기는 어떻게 달라졌을까? 불안감이 크게 줄지 않았을까?

이 대화의 부모는 통제권을 많이 내려놓는 것처럼 보일 수 있다. 그러나 사실, 여기서 부모가 포기하고 있는 권력은 애초에 그가 가진 적 없는 것이었다.

팁 #2: 학습에 대한 책임을 아이에게 넘기라

우리가 얘기하고 있는 학습은 누구의 학습인가? 여러분의? 아니면 아이의? 말할 필요도 없이, 부모가 아이를 위해 학교 공부를 대신 해줄 수는 없다. 그럼에도 많은 부모가 아이의 학습에 대해 아이보다 더 큰 주인의식을 갖는다. 혹시 여러분도 선의로 무장하고 아이의 교육을 위해 아이 본인보다 더 열심히 노력하는 많은 부모에 속하는가? 이런 실수를 할 때, 부모가 은연중에 아이에게 어떤 강력한 메시지를 보내고 있는지 아는가? 이 메시지는, '너에겐 능력이 없어. 다른 사람이 대신 책임져 줄 테니 너는 자신의 문제에 대해 책임을 질 필요가 없어'라는 것이다. 이같이 해로운 패턴은 가급적 아이가 초등학교 저학년일 때 버려야 마땅하다. 이 패턴이 오래 지속될수록 부모와 아이 모두 더욱 힘들어진다. 아래에서 소개하는 부모·자녀 간 대화는 많은 부모들이 길잡이로 삼고 있는 것이다. 이 책의 다른 많은 예시에서처럼, 아이의 나이와 능력에 따라 구체적 표현을 조절하여 사용하라.

아이: 엄마[아빠]가 선생님께 이메일을 보내서 제가 이번 주말까지 이 숙제를 도저히 다 끝낼 수 없다고 말씀드려 줘야 해요.

부모: 네가 정말 부담스러워하는 것 같구나.

아이: 네! 당연하잖아요.

부모: 어떻게 할 생각이니? 아이디어 좀 줄까?

아이: 엄마[아빠]가 선생님이랑 얘기해 봐요.

부모: 글쎄다, 이게 누구 숙제더라? 내 숙제니, 네 숙제니?

아이: 그래도요…. 저는 감당 못 하겠어요.

부모: 네가 선생님과 이 문제에 대해 어떻게 이야기할 수 있을지 몇 가지 아이디어를 말해 줄 수 있어. 필요하면 선생님과 얘기할 때 나도 기꺼이 같이 가주마.

아이: 제가 어떡해야 할까요?

부모: 아이일 때는 힘든 일이 많지. 나도 이해해. 네 공부를 위해 나보다 네가 더 열심히 노력하고 있다고 느껴지면, 언제든 기꺼이 도와주마. 어떻게 할지 결정하면 알려주렴. 다른 사람들이 어떻게 했는지 알고 싶으면 물어봐도 좋아.

이 대화의 부모는, 현명하지만 흔히 두렵기도 한 도약을 해냈다. 이때 부모가 무엇을 예상해야 할까? 실수다. 당연하지 않은가? 새롭고 중요한 책임이 지워진 아이가 이전보다 더 실수를 저지르는 건 자연스럽다. 그러니 아이가 실수한다고 해서 당황하지 말라. 그것은 아이가 배워나가고, 부모와 사고를 공유하는 과정의 일부다. 아이에게 학습에 대한 일차적인 책임을 맡기면 아이는 감당할 만한 실수를 꽤나 저지르겠지만, 놀랍도록 훌륭한 결정들을 적잖이 내릴 자유도 얻게 될 것이다. 이는 아이가 존중의 욕구와 자아실현의 욕구를 많은 부분 충족시키고 (통제를 공유하는 것에서 오는) 자유를 느끼게 해준다. 실수를 해도 그로부터 배울 수 있다는 것을 깨달을 때, 아이는 유능감을 느끼지 않을까? 부모가 아이의 실수에 분노가 아닌 공감으로 반응하는 걸 잊지 않을 때, 아이는 애정과 가족에 대한 소속감을 느끼지 않을까?

팁 #3: 공감을 보이면서, 합당하고 논리적인 대가를 치르게 하는 방식으로 대응하라

분노는 배움의 문을 굳게 닫아버린다. 반면 공감은 배움의 문을 활짝 열어준다. 분노는 눈앞의 문제가 부모인 여러분의 문제라고 암시한다. 공감은 그 문제를 아이의 몫으로 둘 수 있게 해준다. 공감은 그 자체로도 애정과 소속감에 대한 욕구의 대부분을 충족시키는 데 도움이 된다. 아이의 불안을 진정시키고, 부모가 아이의 감정을 이해한다는 걸 알리는 데에도 도움이 된다. 다음 예에서 공감을 어떻게 실천하는지 살펴보자.

    부모: 성적표를 보여줘서 고마워. 네가 얼마나 실망스러울지 짐작조차 못 하겠구나.
    아이: 저한테 화나신 거죠!
    부모: 그렇지 않다는 걸 알아줬으면 좋겠어. 그냥 네가 속상해하니 안타까울 뿐이야.

아이: 정말 불공평해요. 선생님들은 다들 제멋대로예요…. 저한테는 관심도 없어요.

부모: 내가 어떻게 도와줄 수 있는지 알려주렴. 네가 성적이 좋든 나쁘든 상관없이 나는 항상 널 사랑할 거야. 꼭 기억하렴.

진심 어린 공감은 부모와 아이의 관계에 반드시 필요하다. 합당하고 논리적인 책임을 묻는 것도 마찬가지로 필수적이다. 아이에게 책임감을 키워주려는 부모에게는 각기 다른 동기에 바탕을 둔 두 개의 선택지가 있다. 그 하나는 아이의 잘못이나 부진에 대해 부과하는 대가를 처벌의 수단으로 활용하고, 그걸 통해 아이를 더 나은 학생으로 만들고자 하는 것이며, 다른 하나는 아이가 삶의 어려움들과 그 극복 방법에 대해 정확한 관점을 키우도록 도와주기만 하려는 것이다. 첫째 선택지는 아이와의 관계를 손상할 뿐 아니라 부모에게 결국 실망을 안기게 될 것이다. 둘째 선택지는 부모가 아이와 좋은 관계를 유지케 해주는 한편, 아이에겐 자신이 초래한 문제들을 스스로 해결할 능력이 있음을 깨달을 기회를 제공한다. 아래에서 부모와 아이의 짧은 대화 두 가지를 보며 각각의 특징을 살펴보자.

부모: 이 성적은 도저히 용납할 수 없구나. 대체 어떡해야 네가 진지하게 공부를 하게 만들 수 있을까? 성적이 오를 때까지 비디오 게임은 금지야.

이 부모의 기본적 접근법은 합리적으로 보일 수 있지만, 말의 분위기를 살펴보면 부모는 온통 자신의 분노와 상황 통제 욕구만을 표출하고 있다. 부모가 적이 아닌 우군의 입장을 취할 때 이 상황이 어떻게 전개될 수 있는지를 보자.

부모: 이번 성적에 대해 어떻게 생각하니?

아이: 모르겠어요. 신경 안 써요.

부모: 너무 낙담해서 인정하기 어려운 것 같구나. 내가 도와주고 싶은데.

아이: 어떻게 도와줄 수 있는데요?

부모: 나는 요즘 기기 사용이 미치는 영향에 대해 공부하고 있는데, 비디오 게임이나 소셜 미디어 같은 걸 하면서 스크린 보는 데 시간을 많이 쓰는 아이들은 학교생활을 잘 해내는 데 어려움을 겪는다고 하더라.

아이: 아, 그래요! 맘대로 하세요. 그냥 다 없애버리려는 거죠?

부모: 네가 각종 기기들에 쓰는 시간을 줄이면 도움이 되는지 실험해 보고 싶어. 시간을 어느 정도 줄일지 내가 결정해 줄까, 아니면 네게도 생각이 있니? 있으면 듣고 싶어.

아이: 그냥 벌주는 거잖아요!

부모: 그렇게 느낄 수도 있겠구나. 하지만 벌주려는 게 아냐. 널 돕고 싶은 게 내 진심이라는 걸 알아줬으면 좋겠어. 널 위하는 마음이지, 네 삶을 끔찍하게 만들려는 게 아니란 것도…. 사랑해.

여기서 부모는 아이에게 책임을 지우면서, 동시에 친절하게 대하고 있다. 이 경우에 아이는 문제 해결에 자신도 참여하게 되므로, 벌을 받는 것으로 책임을 지는 아이에 비해 유능감을 키울 가능성이 크게 높아진다. 해결 실험에 참여한 아이가 그 과정에서 자기효능감과 지혜를 키워줄 발견들을 할 가능성도 있다. 자신이 유능하다고 느끼는 아이는 더 큰 희망을 품게 되고, 다가드는 다른 도전 과제들에 적극적으로 대처할 동기도 부여받게 된다.

팁 #4: 숙제를 도와줄 때는 몇 가지 지침을 따르라

성공적인 부모는 아이가 학교에서 받은 숙제에 관심을 갖고, 생산적인 방식으로 아이를 돕기 위해 몇 가지 기본 지침을 따른다.

지침 1: 아이가 원하는 경우에만 도와준다. 부모가 아이에게 거절할 선택권을 주지 않고 일방적으로 도와주는 일이 비일비재하다. 통제감은 아이에게 중요한 정서적 욕구다. "내가 도와줄까?"라고 물었을 때 아이가 "아니요"라고 대답하면, 아이의 뜻을 존중하되 "마음이 바뀌면 알려줘"라는 말로 문을 열어두라.

지침 2: 아이가 교사의 설명을 잘 들었다는 걸 증명할 수 있을 때만 도와준다. 수업 시간에는 딴청을 부리다가 집에 와서 부모에게 일대일 도움을 받는 경우가 아주 많다. 아이에게 무조건 도움의 손길을 내밀기 전에, 먼저 물으라. "선생님이 이것에 대해 뭐라고 말씀하셨니? 어떻게 설명하셨니?" 아이가 전혀 모르겠다는 반응을 보이면 이렇게 말하라. "선생님이 이걸 하는 방법에 대해 어떻게 설명하셨는지 네가 조금이라도 말해 줄 수 있을 때 도와줄게. 내일 선생님께 물어봐도 되겠구나."

아이가 "하지만 내일이 제출 마감인걸요"라고 대답할지도 모른다. 그러면 부모는 이렇게 말할 수 있다.

"안타깝구나. 누구든 해낼 수 있는 일이니, 너도 할 수 있어."

아이가 몇 차례 숙제를 제대로 제출하지 못하는 대가를 치르더라도, 선생님의 말을 더 주의 깊게 듣는 걸 배울 수 있다면 그만한 가치가 있다. 선생님의 설명이 부족하다고 생각되면, 먼저 아이에게 그 문제에 대해 선생님과 대화하는 방법을 지도하는 것이 좋다. 부모가 개입하여 선생님과 직접 소통하는 것은 최후의 수단이다. 아이가 직면하는 문제의 대부분을 스스로 해결할 수 있도록 도와주면, 정신적으로 강하고 회복탄력성이 큰 사람으로 자라날 수 있다.

지침 3: 아이가 분노나 좌절감을 표출하지 않을 때만 도와준다. 우리의 목표는 아이가 학습에 대해 긍정적인 감정을 키우고 유지하는 것이다. 부모

에게 도움을 받는 중에 아이가 좌절감이나 분노에 사로잡히는 흉한 패턴이 고개를 들면, 지체 없이 말하라. "나는 우리 사이가 좋고 서로 즐거운 시간을 보낼 수 있을 때에만 도울 거야. 이 숙제는 네가 선생님과 직접 상의해 보는 게 좋겠구나." 이 경우 아이가 숙제에서 좋지 않은 성적을 받게 되더라도, 학업과 관련해 부모와 아이 사이에 부정적인 상호작용이 반복되는 패턴을 피하는 것이 우선이다.

지침 4: 아이가 자신이 잘 해내는 모습을 볼 수 있도록, 부분 부분 잠깐씩만 도와준다. 부모나 교사가 아이 옆에 계속 붙어 앉아서 학습을 지도하면, 흥미로운 일이 일어나기 시작한다. 지도를 받은 뒤 학습을 잘 해낼 때마다 아이는 '어른이 나를 도와주었기 때문에 이렇게 기분 좋은 일이 생긴 거야'라고 추론하게 되는 것이다. 이런 일이 단 몇 차례만 반복되어도 아이는 어른이 곁에 있을 때만 잘할 수 있다고 믿게 된다.

더 나은 접근 방식은, 아이를 조금만 지도하고는 자리를 옮겨 다른 일을 하다가 다시 조금 더 지도하고, 또다시 자리를 옮기고는 부모가 곁에 없을 때 아이가 해결책을 찾아내기를 바라는 것이다. 실제로 이런 일이 일어나기 시작하면, 아이는 지속적으로 도움을 받지 않아도 스스로 학습할 수 있다는 것을 깨닫고 내적 동기를 키우게 될 수 있다. 이는 양육의 예술이라고도 하겠는데, 훌륭한 부모는 아이가 언제쯤 '배움의 순간'을 맞을지에 대한 직감을 점진적으로 발전시키며 아이와 알맞은 거리를 둔다.

팁 #5: 학교는 학교고, 집은 집이다

어릴 적에 찰스 페이 박사는 학습장애가 있었으므로, 그의 부모는 초등학교에서 아이의 행동과 과제 미제출에 대한 쪽지와 전화를 무수히 받아야 했다. 그와 함께 찰스는 보충 과제들을 받았고, 학교에서 내릴 수 있는 벌칙에 대한 경고도 받았으며, 학습 문제를 해결하기 위한 추가 활동도 많이 소화해야 했다.

아이에 대한 염려가 많고 규칙에 순응적이었던 찰스의 부모는 학교 측의 권장 사항들을 따르기 위해 최선을 다했다. 찰스는 오후 3시쯤 하교한 다음 3시 10분께는 분주하게 워크북을 펼쳤고, 이내 어머니에게 할 수 있는 게 거의 없다고 불평했다. 어머니는 찰스를 도우려는 마음에서 차분하게 설명을 시작했지만 차츰 치미는 좌절감을 억눌러야 했으며, 결국 오후 5시경에는 평정심을 잃고 눈물을 흘리면서 찰스를 혼냈다. 아버지는 5시 45분쯤 퇴근해서 찰스의 약점이자 학교에서 실시하는 보충 교육 계획의 일부였던 곱셈, 수학 연산법, 문법의 기초 등을 거듭 연습시키기 시작했다. 찰스가 학교에서 수업 중에 수학책을 바닥에 내던지며 "긴 나눗셈 짜증 나!"라고 소리쳤던 문제도 되짚고 넘어가야 했다. 기진맥진한 부모로서는 "학교에서 책을 던지다니. 그 벌로 오늘은 일찍 들어가서 자!"라고 소리치는 것 이상은 무리였었다. 찰스의 가족이 겪어야 했던 이 모든 과정의 유일하게 좋은 결과는, 찰스의 아버지가 더 효과적인 양육 전략을 연구하고 마침내는 '사랑과 논리' 접근법을 개발해 낼 동기를 얻었다는 것이다.

페이 박사의 부모님이 그 옛날 사용했던 전략을 태미에게 적용하면 어떻게 될지 상상해 보자. 태미는 성인이며, 새 직장에 적응하지 못해 상당한 스트레스를 받고 있다. 고된 하루를 마치고 현관문을 열고 들어오는 태미에게 남편 존이 "태미, 사랑해"라고 말한다. 그는 걱정스러운 표정으로 말을 잇는다. "오늘 당신 상사와 얘기했는데, 당신의 컴퓨터 기술이 많이 부족하다고 하더군."

태미는 경악한다. "그가 당신과 얘기했다고? 대체 왜? 말도 안 돼. 그 사람은 내가 뭘 해주기를 바라는지 도통 명확하게 말하질 않아. 다중선형 방정식 계산을 위한 프로그램을 배워야 할 줄은 몰랐다고!"

존이 말을 잇는다. "그렇게 방어적으로 나올 필요는 없어. 우리는 그저 당신을 도우려는 거야. 당신 상사가 부족한 기술을 향상시키는 데 아주 유용할 튜토리얼 링크를 보내줬어. 내가 도와줄 부분이 있는지 같이 봐줄게. 그리고 당신이 보고서 하나를 완성하지 못했다고 말하던데? 우리 이번 주말에는 해변에 가지 못할 것 같네."

두말할 필요 없이, 배우자를 상대로 이렇게 접근해서는 실패할 것이다. 아이를 상대로도 마찬가지다. 집은 아이가 가족과 함께 즐기고, 자신이 잘하는 일을 하면서 재충전하고, 휴식을 취하는 안식처여야 한다. 숙제와 학업 보충은 가정생활에서 상대적으로 적은 비중을 차지해야 마땅하다. 우리는 다른 많은 전문가들처럼, 저녁마다 아이가 속한 학년의 숫자에 10분을 곱한 만큼의 시간을 숙제에 쓴다는 일반적인 지침에 동의한다. 물론 정확히 얼마 동안을 할지는 과목과 아이의 능력에 따라 조금씩 달라질 수 있다. 여기서 가장 중요한 것은, 아이는 자극과 도전을 받되 그로 인해 스트레스를 느끼지는 않을 때 성장한다는 사실을 기억하는 것이다. 아이는 또한 운동, 놀이, 가족 구성원들과의 즐거운 담화, 가족과의 식사, 연령에 맞는 집안일 등 다른 유익한 활동에 참여할 시간이 있을 때 건강하게 발달한다. 더군다나 숙제의 이점에 대한 연구에 따르면, 화학이나 물리, 고급 수학과 같이 더 복잡한 과목을 공부하는 고등학교에 진학하기 전에는 숙제가 학업 성취도에 미치는 긍정적인 영향이 아주 미미하다고 한다.[92]

학교에서 일어나는 일과 가정에서 일어나는 일을 구분하는 것은 홈스쿨링을 하는 부모에게도 중요하다. 부모는 교사 역할에서 벗어나서, 아이는 학생 역할에서 벗어나서 쉴 일정한 시간이 필요하다. 이 같은 시간을 매일 일정에 포함시키고, 수업이 잘 진행되지 않고 아이가 과제를 마치는 데 어려움을 겪는다 해도 그대로 지키라. 페이 박사와 그의 아내 모니카는 첫째와 둘째 아들은 공립학교에 보냈지만 여러 해 터울이 지는 막내 코디는 홈스쿨링을 하기로 했다. 모니카는 코디가 집 밖의 학교에 다니는 것과 비슷하게 일관된 스케줄을 유지하는 것이 중요하다는 점을 일찍감치 깨달았다. 학교는 매일 같은 시간에 끝나니, 홈스쿨링도 마찬가지여야 했다. 코디가 대학생이 된 지금, 페이 박사는 종종 홈스쿨링 시절을 회상하며 당시 아내가 그러한 지혜를 발휘한 것에 대해 깊은 감사를 느낀다. 그는 그 세월 동안 아내에게서 훌륭한 것들을 많이 배웠다고 말한다.

학교에서 일어나는 일과 집에서 일어나는 일 사이에 건전한 경계를 설정하는 것은 현명하지만, 아이에게 숙제를 아예 내주지 않아야 한다거나 숙제를 도와줄 필요가 전혀 없다고 말하는 건 비현실적이다. 아이가 숙제를 너무 많이 내는 교사를 만나지 않으리라고 가정하는 것도 마찬가지다. 혹 그런 교사를 만났을 경우, 그 교사에 대한 아이의 존경심을 떨어뜨릴 수 있는 말이나 행동을 삼가라. 대신, 먼저 그런 선생님과 대화하는 방법을 아이에게 제시하고 함께 연습함으로써 아이가 자신의 입장을 표명하는 방법을 배우도록 도우라. 문제 상황을 아이가 예의 바르게 자신을 옹호하는 법을 배울 기회로 바꾸는 것이다. 아이가 어려서 예컨대 아직 초등학생이라면, 아이와 함께 교사와 면담을 하되 그 자리에서 부모는 아이를 지지하는 역할만 하는 것이 좋다. 즉, 대부분의 대화를 아이가 직접 하도록 하고 부모는 필요할 때 부족한 부분을 채워주는 것이다.

교사는 아주 어려운 직업이며, 대부분의 교사가 인정하듯이 때로는 아이들에게 시간이 너무 오래 걸리는 숙제를 내주는 실수를 저지른다. 아이와 부모가 감사가 깃든 선한 마음으로 정중하게 접근하면, 대부분의 교사는 숙제의 양을 기꺼이 조정해 줄 터이다.

팁 #6: 아이의 강점을 자주 칭찬하라

페이 박사가 자주 언급하듯이, '건설적인 피드백'을 끊임없이 받는 것이야말로 의욕을 떨어뜨리는 최고의 방법이다. 여기서 말하는 '건설적 피드백'이란 비판을 의미한다. 피드백이 정말로 건설적이 되는 건, 그 피드백을 주는 사람이 우리가 신뢰하는 사람, 우리를 믿는 사람일 때, 그리고 우리의 강점이 사랑받고 인정받으면 우리가 새로운 습관을 기르려고 노력할 가능성이 훨씬 커진다는 점을 이해하는 사람일 때뿐이다. 여기서 기본 원칙은 다음과 같다.

아이의 강한 부분을 칭찬하고 격려해 주어서,
약한 부분에서도 기꺼이 위험을 감수하려 들도록 한다.

사람들은 자기가 신뢰하거나 존경하지 않는 사람을 위해서는 위험을 감수하지 않는다. 그러나 "너는 나에게 그 무엇보다도 소중해. 나는 너를 믿어!"라는 메시지를 꾸준히 전해 온 특별한 사람을 위해서는 불구덩이로도 기꺼이 걸어 들어간다.

앞에서 보았듯, 페이 박사는 어렸을 때 학교생활에 어려움을 겪었다. 정말 힘든 시기였다. 사실 그는 어린 시절의 대부분을 플래시카드 복습, 문법 연습, 구구단 복습, 철자법 목록 외우기로 보냈다. 그러나 영 효과가 없었다. 그는 여전히 평균 이하의 학생이었으며 날이 갈수록 의욕이 떨어졌다. 그 무렵, 그의 아버지는 어느 동기 부여 강연을 듣고서 생각을 완전히 바꾸게 되었다. 연사는 말했다. "아이가 하느님이 주신 재능을 발견하도록 도우세요. 그 재능에 가장 집중하세요. 아이가 자신의 약점보다는 재능에 집중할 수 있도록 아이를 훈련시키세요. 삶을 그렇게 살아가도록 가르치세요. 자신의 재능을 다른 사람에게 선물하도록 말이죠. 그러면 아이는 그 일에서 기쁨을 찾을 것입니다."

강연에서 얻은 계시를 통해 찰스의 아버지는 동기 부여, 교육, 양육에 대해 완전히 다른 관점을 취하게 되었다. 어느 날 찰스를 꼭 안아주며, 약점과 싸우는 데는 힘을 훨씬 덜 쓰고 재능을 찾는 데 주력하라고 격려할 정도였다. 찰스의 가장 큰 재능은 고장 난 것이라면 거의 뭐든 고치는 능력이었다. 이 재능을 살려 정비공이 된 그는 고등학교 졸업 후 두어 해 동안 올즈모빌 자동차를 수리하는 일을 했다. (당시 올즈모빌 회사는 품질 관리가 형편없었기 때문에, 불운하게 그 차를 구입한 고객을 돕는 일은 찰스에게 큰 보람을 안겨주었다.)

이를 통해 찰스는 자신이 배울 수 있고 생산적일 수 있다는 것을 깨달았다. 또한 다른 사람을 돕는 일이 깊은 보람을 준다는 사실도 알게 되었다. 세월이 흘러 그는 대학에 가고 대학원에도 진학했으며 둘 다 최상급의 성적으로 졸업했다. 하느님께서 찰스에게 주신 기계에 관한 재능은, 숨겨져 있던 다른 재능의 문도 열어주었다. 예컨대 그는 신경쇠약에 걸리기 일보 직전인 젊은 대학원생들에게 고급 통계학을 설명하는 능력이 뛰어났다. 한 번은 어느 대학원생이 낙담한 나머지 책을 획 밀쳐서 책상 아래로 떨어뜨린 적이 있었다. 페이 박사는 그에게 속삭였다. "어려운 일이지만, 자네에겐 해낼 능력이 있어요." 겸연쩍은 듯 고마움이 묻어나던 그 학생의 놀란 표정을 페이 박사는 영영 잊지 못할 것이다.

재능에 초점을 맞추고 다가가면, 아이는 자신의 재능을 중심으로 삶을 꾸려나가면서 깊은 안도감과 큰 성장을 경험하게 될 가능성이 높다. 바야흐로 아이는 불안감에서 벗어나, 자유롭게 자신의 꿈을 발견하고 추구할 수 있게 될 것이다.

팁 #7: 효과적인 제한을 설정하라

허용적인 부모를 둔 아이는 학교에서 성공할 가능성이 훨씬 낮다.[93] 과학으로 증명된 사실이다. 욕구의 피라미드를 생각해 보고, 제한이 안전을 의미하고 사랑을 의미한다는 점을 기억하면 왜 그런 결과가 나오는지 이해가 갈 것이다. 5장에서 제한에 대해 얘기한 바 있는데, 우리가 말하는 제한은 단순히 학업이나 숙제, 성적과 관련된 제한만이 아니라 존중, 집안일, 부모에게 자신이 어디 있는지 계속 알리는 것, 스포츠나 다른 과외활동에서 허용되는 행동, 음식, 취침 시간, 기타 일상적인 문제들에 대한 제한이기도 하다. 이러한 일상적인 제한은 대부분 학업에 대한 동기 부여와는 상관이 없어 보이지만, 알고 보면 안전과 체계적 기준에 대한 아이의 욕구를 충족시키는 데 큰 역할을 한다.

가장 핵심적인 제한 사항 중 하나는 디지털 기기 사용과 관련된 것으로, 특히 학교생활에 어려움을 겪고 있는 아이에겐 더욱 중요하다. 학교에서 문제가 있는 아이를 두었다면, 집에서 스크린 사용을 최대한 줄일 것을 간곡히 부탁한다. 페이 박사는 학교 측에 인터넷이나 디지털 기기를 사용하지 않는 숙제나 기타 과제를 내줄 것을 요청하라고 부모들에게 제안한다. 손으로 쓰는 에세이가 좋은 예다. 컴퓨터 없이 소형 계산기 정도만 사용하는 수학 과제도 아이들에게 좋다. 그러한 아날로그식 활동은 취약한 학습자가 성취하지 못하도록 방해하는 과도한 자극과 불안을 줄여준다. 이 같은 아이가 어느 정도 성공을 경험하고 뇌가 치유되기 시작하면, 디지털 기술의 보조를 받는 학습법을 점차적으로 다시 도입할 수 있다.

팁 #8: 성취도가 높은 사람처럼 생각하도록 가르치라

미국의 대표적인 사회심리학자 중 하나인 버나드 와이너는 연구를 시작한 초기에 성취도가 높은 연구 대상자(피험자)와 낮은 연구 대상자의 대조적인 사고 패턴에 깊은 흥미를 느꼈다. 그가 관찰한 바, 성취도가 높은 사람들은 자신의 성공과 실패를 모두 자신이 통제할 수 있는 요인으로 돌리는 경우가 많았다.[94] 통제 가능한 요인에는 연습량이나 준비, 노력의 양, 인내하는 정도 등등이 포함되었다. 반대로 성취도가 낮은 사람들은 자신의 결과를 운, 교육의 질, 타고난 능력 수준, 과제 난이도처럼 자신이 통제할 수 없는 요인 탓으로 돌렸다(이처럼 사람들이 자신이나 타인의 성공과 실패의 원인을 어디서 찾는지 설명하는 이론이 귀인이론[歸因理論, attribution theory]이다.-옮긴이). 자신의 성과에 대해 통제할 수 없는 요인을 탓하는 사람들은 자신을 발전시키거나 어려운 과제를 끝까지 해내려는 동기가 없거나 부족하기 마련이다. 반대로 자신의 성과에 영향을 미치는 것이 자신이 바꿀 수 있는 자질들이라고 생각하는 사람은 스스로 발전하고 인내하려는 동기가 훨씬 강할 것이다.

보다 최근에는 스탠퍼드 대학교의 심리학자 캐럴 드웩 박사도 비슷한 패턴을 밝혀내는 한편, 이러한 귀인 방식 자체도 학습될 수 있다는 견해를 뒷받침하는 데이터를 확인했다.[95] 연구를 통해 그녀는 "넌 정말 똑똑해" 또는 "아주 영리하구나"처럼 구체적이지 않은 피드백을 지속적으로 받은 피험자들이 어려운 작업을 포기하거나 회피할 가능성이 더 높다는 사실을 발견했다. 기본적으로 이런 아이들은 자신의 성공이, 흔히 불변의 유전적 요인으로 간주되는 '높은 능력' 덕분이라고 생각하게끔 훈련받았다. 그 결과 이들은 더 나은 기술이 필요한 과제가 주어지면 더이상 할 수 없다고 생각하고 포기했다. 반면, "열심히 했구나" 또는 "계속 노력했구나"와 같이 자신의 노력과 관련된 구체적인 피드백을 받은 피험자들은 이후에 보다 어려운 과제들을 인내심을 갖고 시도할 가능성이 더 높았다. 드웩 박사는 명저 『마인드셋(Mindset)』에서 전자에 해당하는 '고정 마인드셋(fixed mindset)'과 후자에 해당하는 '성장 마인드셋(growth mindset)'을 명확히 구분하여 설명한다.

드웩 박사의 연구와 같은 시기에 우리도 학업 성취도가 낮은 학생들에게서 비슷한 패턴을 발견했다. 성취도가 높은 학생과 낮은 학생에 대한 이러한 관찰 소견들을 바탕으로, 우리는 아이가 '성취도가 높은 학생처럼' 생각하도록 가르치기 위해 다음과 같은 단계들을 개발했다.

- *1단계*: 아이가 잘하는 것을 포착하여 그것을 매우 구체적인 말로 묘사한다.
  예: "수학 9번 문제를 정확하게 풀었구나."
- *2단계*: 아이에게 "어떻게 한 거니?"라고 물어본다.
  중요한 점: "정말 똑똑하구나" 또는 "대단해!"와 같은 말로 아이를 칭찬하고 싶은 충동을 자제하라.
- *3단계*: 아이가 성공한 원인일 수 있는 세 가지를 제시한다.
  1. "열심히 했니?"
  2. "힘들어도 계속 시도했니?"

3. "연습을 많이 했니?"
   참고: 이 세 가지는 모두 성공을 노력에 돌리는 것이므로 아이가 어떤 걸 선택하든 상관없다.
- *4단계*: 아이에게 성공의 원인이 무엇이라고 생각하는지 말해 달라고 청한다.

우리는 아이가 어떤 신념을 직접 입으로 말할 때 그것을 내면화할 가능성이 훨씬 더 커진다고 믿는다. 그렇기 때문에 어떡해서든 아이가 이 세 가지 성공의 원인 중 하나를 선택하고, 소리 내어 말하도록 하는 것이 좋다. 마음이 본 것을 받아들여 현실로 만들 듯이(이는 2장에서 설명했다), 뇌는 들은 것을 현실로 만든다. 페이 박사는 잘 모르겠다고 답하는 아이에게 미소를 지으며 "그래도 네가 만약 답을 안다면, 셋 중 무엇일 것 같니?"라고 물어보기도 했다. 한 영리한 여자아이는 철자법 시험에 합격한 까닭을 알려달라고 청하자 킥킥 웃으며 답했다. "바보 같아요! 세 가지 다 똑같잖아요." 이어서 아이는 "굳이 하나를 꼽으라면 연습을 많이 했기 때문인 것 같아요"라고 말했다.

명석함, 똑똑함, 영재성 등에 초점을 맞춰 칭찬할 때보다 이 방법을 사용할 때 아이는 훨씬 행복해한다. 아마도 전자의 칭찬에는 수행에 대한 압박이 실려 있어서 아이에게 큰 부담을 주기 때문일 것이다. 불안은 동기 부여의 적이라는 걸 기억하라. 아이가 어른의 기대에 부응하지 못하겠다고 느끼기 시작하면, 마음을 닫기까지 그리 오래 걸리지 않는다. 이에 반해, 우리가 있는 그대로의 자신을 사랑한다는 것을 알게 되면, 아이는 자유롭게 탐구하고 실수를 저지르며, 그러한 실수들을 삶을 한결 긍정적으로 변화시킬 배움의 기회로 삼을 수 있다.

팁 #9: 성취도가 낮은 근본 원인을 찾으라

이 장에서 소개한 전략들을 시도해 보았음에도 여전히 아이의 동기나 성취도가 향상되지 않는다면, 자책하거나 아이에게 화를 내지 말라. 분노가 아니라 호기심을 품으라. 원인이 무엇인지 조사하라. 생물학적 상태나 뇌 건강이 문제일 수도 있다. 페이 박사의 경우가 그러했다. 서문에서 언급했듯, 페이 박사는 학교에 막 입학했을 때, 감염된 진드기에 물려 발생하는 세균성 질환인 로키산 홍반열에 걸렸다. 그는 이 질환의 가장 흔한 증상인 발열, 두통, 발진을 모두 겪었으며, 또한 그 병으로 인해 명료한 사고가 전보다 어려워지고 학교 공부가 더 힘들어졌다고 느꼈다. 그의 느낌은 옳았다. 당시에 페이 박사와 그의 부모님은 알지 못했지만, 라임병을 비롯한 진드기 매개 질환은 인지 문제와 심리적 문제를 일으킬 수 있다. 예를 들어, 라임병은 주의력과 집중력 장애, 정신적 처리 속도의 저하, 문제 해결 능력 저하, 우울증, 기타 문제들과 관련된다.[96] 그렇기 때문에 아무리 열심히 코칭하고 유익한 전략을 활용해도 찰스에게는 도움이 되지 않았던 것 같다. 질병의 영향에서 벗어나지 못했기에 찰스의 학업은 계속 제자리걸음을 했다. 건강이 회복된 후에야 찰스는 동기를 되찾아 생산성을 높이고 성공을 거둘 수 있었다.

진드기 매개 질환은 성취도 저하를 유발할 수 있는 건강 문제 중 하나에 불과하다. 다른 문제로는 다음과 같은 것들이 있다.

- ADHD
- 난독증
- 얼렌(Irlen) 증후군(동기 부여가 낮은 어린이와 성인에게서 자주 보이는 시각 처리의 문제)
- 곰팡이 노출
- 만성 코로나19 증후군
- 마취 경험
- 열악한 식생활

이러한 문제들을 진단하고 그에 대처하는 것이 고질적 학습 부진을 극복하는 열쇠가 될 수 있다. 아무것도 효과가 없을 때 뇌 건강 문제를 어떻게 살펴보아야 할지에 관한 자세한 도움말은 13장을 참조하라.

문제는 성품이다

학업에서 만성적인 어려움을 겪고 있는 아이들 가운데, 학습 및 발달을 저해한다고 인정되는 장애 때문인 비율은 기본적인 성격 문제 때문인 비율에 비하면 미미한 수준이다. 여기서 성격 문제란 자제력 부족, 감정 관리의 어려움, 시련과 인내의 경험 부족, 가족과의 연계 및 가족에 대한 기여의 부족, 제한을 받아들이지 못하는 것 등이다. 페이 박사의 맏아들은 초등학교 2학년 때 수학 학습에 어려움을 겪었다. 그의 담임 선생님은 35년 이상의 경력을 가진 현명하고 나이 지긋한 여성이었는데, 페이 박사는 그녀의 말을 평생 잊지 못할 것이다. "마크를 좋은 사람이 되도록 가르치세요. 그게 읽기, 쓰기, 산수보다 훨씬 더 중요합니다. 그렇게 하면 마크는 어떤 상황에서도 성공할 방법을 찾을 거예요."

페이 박사는 선생님의 조언을 받아들여 아들에게 집안일을 열심히 하고, 사람들을 친절하게 대하고, 원하는 것을 진득하게 기다리며, 감사하는 마음을 갖는 법을 가르치는 것을 가장 중점으로 삼았다. 시간이 흐르며 페이 박사는 아들이 여전히 학업에 어려움을 겪고 있긴 해도 친절하고 책임감 있는 사람이 되어가고 있다고 느꼈다. 성인이 된 아들은 아내, 동료, 고객, 그리고 다른 모든 사람을 품위 있게 대하는 것이 곧 성공임을 깨달았다. 다른 사람을 잘 대하고, 하겠다고 한 일은 해내고, 자신의 실수에 대해 책임을 질 줄 아는 사람으로 아이를 키우면 성공은 저절로 따라올 공산이 크다.

실천 단계

- 통제할 수 없는 것을 통제하려는 시도를 포기한다.
- 학습에 대한 책임을 아이에게 넘긴다.
- 아이의 성취도가 낮을 때는 공감으로 반응한다.
- 아이가(특히 나이 어린 아이가) 집에 있을 때는, 요리를 돕고 집안의 물건들을 고치는 방법을 배우는 것 같은 '가정의 일'에, 그리고 다른 재미있는 상호작용 활동들에 집중케 한다.
- 아이의 학교 숙제를 선뜻 도와주기 전에 아이에게 도움을 원하는지부터 물어본다.
- 아이의 단점을 지겹도록 지적하기보다는 아이의 강점에 집중한다.
- 아이가 학교에서 어려움을 겪고 있다면, 스크린 타임을 제한한다.
- 아이가 드디어 성공했을 때는 무엇이 도움이 되었는지-예컨대 열심히 노력해서인지, 포기하지 않고 계속 시도해서인지, 많이 연습해서인지-물어본다.
- 아무것도 효과가 없다면, 생물학적 상태나 뇌 건강 문제에 근본 원인이 있는 건 아닌지 알아본다.

제12장

과학기술의 오용과 중독

세상의 어떤 화면 잠금 장치나 자녀 보호 기능도
부모의 감독만큼 효과적이지는 않다.

좋은 용도로 사용할 때, 과학기술(technology, 흔히 그냥 '기술'이라고도 함.-옮긴이)은 아주 멋진 것이다. 페이 박사는 말한다. "지구상의 거의 모든 곳에서 휴대폰으로 동료나 고객과 회의를 할 수 있다는 사실이 정말 마음에 듭니다. 열여섯 살인 아들이 운전하는 동안, 휴대폰으로 아들의 행방을 확인할 수 있다는 사실도 그렇고요. 제 휴대폰에 상주하면서 어디로 가야 하는지 계속 안내해 주는 여성에게도 정말 감사하고 있습니다. 그녀가 없다면 저는 자주 길을 잃을 겁니다. 과학기술은 정말 경이로운 것이기에, 우리는 그걸 아주 좋아합니다."

그와 동시에, 대부분의 사람은 과학기술이 오용될 경우 끔찍한 결과를 초래할 수 있다는 데 동의한다. 그것은 전기톱과 같아서, 조심스럽게 사용하면 삶을 훨씬 편하게 만들어주지만, 잘못 사용하면 큰 부상을 초래할 수도 있다. 과학기술의 산물인 휴대폰, 인터넷, 소셜 미디어, 비디오 게임 같은 것들의 과도한 사용이 불안, 우울증, 충동성, 물질 남용과 같은 위험의 증가와 관련된다는 연구 결과가 날이 갈수록 많이 나오고 있다.[97]

기술로 인한 문제들을 기술로 모두 해결할 수는 없다

어떤 부모들은 과학기술로 인한 문제들은 추가적인 과학기술로 해결할 수 있다고 생각한다. 예컨대 자녀 보호 기능이나 감시 기능 같은 기술로. 물론 이러한 기술들도 도움이 될 수 있으며, 그래서 우리는 여러분에게 아이의 기기들을 감시하고 제어하기 위해 할 수 있는 모든 조치를 취할 것을 권한다. 페이 박사와 상담한 많은 부모가 아이의 휴대폰, 소셜 미디어, 게임 환경을 완벽히 통제하고 있다고 생각했지만, 알고 보니 아이가 그들 모르게 '대포폰'이나 다른 기기를 구입했다고 한다.

부모들이 직면하는 가장 큰 어려움 중 하나는, 부모보다 아이에게 시간과 에너지가 더 많다는 것이다. 아이는 상근 정규직으로 일하지 않으며, 세금 신고서를 작성하고 자녀를 각종 활동에 데려다주는 등 가정생활을 유지하는 데 필요한 온갖 일들을 하지 않는다. 또한 아이 편에는 감시와 차단 프로그램들을 간단히 우회하는 전문적인 지식을 기꺼이 공유하려는 똑똑한 '컨설턴트'들이 숱하게 있다. 헤아릴 수 없이 많은 블로그와 웹 게시물이 부모가 애써서 설치한 보호 기능을 방해하고 무력화하는 전략을 알려주고 있으며, 아이의 친구들도 그 방면으로는 전문가 뺨친다.

기술적 보호 기능은 바쁜 부모들에게 거짓된 안전감을 제공할 수 있다.

2000년대 초반 항공기 비행 관리 시스템(flight management system, FMS)이 크게 발전해서 조종사들이 실제 항공 기술보다 FMS에 더 의존하기 시작했을 때 비슷한 일이 발생했다. 이 문제는 해가 가면서 중대한 안전 위험 요소로 대두했으며, 2013년에 발생한 아시아나항공 214편의 착륙 사고가 그런 사실을 생생히 일깨워 주었다. 이 항공기는 샌프란시스코 국제공항에 너무 낮은 고도로 접근하다가 활주로 앞 방파제에 부딪혔다. 이 사고로 승객 3명이 사망하고 200명 가까이가 부상을 입었다. 미국 연방교통안전위원회는 조종사들이 "자동화된 시스템을 완전히 이해하지 못한 채 그것에 과도하게 의존했다"라고 결론 내렸다.[98] 이 사고는 이후의 조종사 훈련을 크게 바꿔놓았다.

우리 책의 맥락에서 이 이야기가 주는 교훈은 무엇일까? 기술적인 보호 장치도 훌륭할 수 있지만, 그 무엇도 면밀한 감독과 양육 기술을 대신할 수는 없다는 것이다. 다음은 부모가 아이와 승산 없는 권력 다툼에 휘말리거나 아이의 반항을 유발하지 않고 이런 문제들의 난기류를 헤쳐 나가는 데 도움이 될 여섯 가지 팁이다.

테크 팁 #1: 아이의 전전두피질을 강화하라

강력한 전전두피질은 충동 조절에 필수적이므로, 아이가 전전두피질 기능을 강화해 주는 습관들을 기르도록 하라. 다른 장들에서도 다루고 있지만, 전전두피질 강화에 좋은 것들을 다시 한번 요약해 보자.

- '한 페이지의 기적'을 통한 목표 설정
- 충분한 수면
- 고강도 운동
- 기도 또는 명상(그렇다, 어린아이도 명상하는 법을 배울 수 있다.)
- 매 끼니 단백질이 포함된 건강한 식단
- 삶의 의미와 목적 찾기

테크 팁 #2. 관계를 쌓는 데 집중하라

부모가 아이와 유대감이 강할수록, 아이가 디지털 블랙홀에 빠지지 않도록 더 큰 영향력을 행사할 수 있다. 이 같은 유대감을 형성하는 데는, 부모가 아이와 중독의 원리에 대해 얼마나 논의했는지도 매우 중요하다(뒤 319~328쪽 참조). 우리가 용기를 내어 10대 아이에게 어려운 주제에 대한 얘기를 꺼낼 때, 아이는 우리가 자기를 사랑하며, 깊고 중요한 문제들을 함께 논의할 만큼 자기를 신뢰한다는 메시지를 받게 된다(이것은 통제가 공유되고 있다는 징표다). 우리가 먼저 해야 할 일은, 아이가 하는 말이 모두 진심은 아니라는 걸 알면서, 아이의 의견을 경청하는 것이다. 왜 그런가? 10대 아이에게 주어진 특권 하나는 부모와의 관계에서 신뢰도를 테스트하는 것이다. 우리가 판단을 내리지 않으면서 아이의 말을 경청하면, 테스트를 통과한다. 우리가 명령을 내리거나 논쟁을 벌이기 시작하면, 아이가 뭔가 어리석은 일을 저지를 필요성을 느낄 가능성이 높아진다.

부모: 많은 10대 아이들이 온라인에서 자신에 대한 정보를 너무 많이 공개하는 것 같아. 너는 어떻게 생각하니?

10대: 무슨 말인지 모르겠는데요.

부모: 낯선 사람에게 어디 사는지 말하고, 셀피랑 자기 물건 사진을 올리고, 심지어 주로 어디서 노는지도 이야기하잖니.

10대: 별거 아니에요. 다들 그러잖아요.

부모: *(차분하고 진지하게)* 그러니까 다들 그러고, 별거 아니라는 거네.

10대: 그렇다니깐요.

부모: 온라인에서 10대로 활동하는 사람들 중에는 어른도 섞여 있을지 몰라. 아이들이 어디에 사는지 알아내려고 하는 거지.

10대: 아빠는 매사에 걱정이 너무 많아요.

부모: *(여전히 차분하고 진지하게)* 내가 걱정을 너무 많이 한다고 생각하는

구나.

10대: 그러니까요, 입만 열었다 하면 이런 얘기잖아요.

부모: 내가 왜 그런다고 생각하니? 내가 널 사랑해서 그래? 아니면 널 사랑하지 않아서 그래?

10대: (웃으며) 아빠 진짜 짜증 나.

부모: (웃으며 아이를 안아준다) 고마워. 내겐 아주 중요한 일이란다. 방과 후에 보자.

여기서 아버지와 아들의 대화는 말다툼과 권력 다툼으로 변질될 수도 있었다. 아버지가 논쟁하고 싶은 충동을 억제하고 경청을 선택한 것은 옳은 일이었다. 흥미롭게도, 그렇게 하면 10대 아이는 부모의 관점을 받아들이는 경향이 있다. 부모에게 (심지어 자신에게도) 그걸 인정하지는 못하지만.

테크 팁 #3. 아이가 본받았으면 하는 행동의 모범을 보이라

기기 사용을 제한하는 데 있어 좋은 역할 모델이 되라. 소파에서 아이 옆에 앉아 자신의 소셜 미디어 피드를 스크롤 하는 대신, "전자기기를 쓰지 않는 뭔가를 함께 하자" 같은 말을 하라. 처음에는 아이가 구시렁대고 짜증 난다는 표정을 지을 수도 있다. 하지만 굴하지 말라. 함께 자전거를 타거나(뇌를 보호하기 위해 헬멧을 꼭 착용하라), 공놀이를 하거나, 같이 자동차를 정비하거나, 산책을 하라. 그러는 동안 아이에 대한 사랑을 표현하는 한편, 아이의 불쾌한 태도는 무시하라. 이를 꾸준히 습관화하고 아이가 진정으로 좋아하는 활동을 찾으면, 결국 아이는 세상을 잃은 것처럼 행동하는 걸 그만둘 것이다.

테크 팁 #4. 단호하고 애정 어린 제한을 설정하라

효과적인 제한은 긍정적인 관계를 형성하고 유지하게 해주는 동시에, 아이를 안전하고 건강하게 보호해 주는 경계를 제공한다. 동전의 양면이 모두 중요하다. 아이가 부모의 제한을 받아들이는 법을 배울지 반항하게 될지는 대체로 부모와 아이가 그동안 쌓은 유대감에 달렸다. 부모를 자신과 한편인 동맹으로 여기는 아이는 대놓고 부모를 무시하거나 거짓말을 하고 교활하게 행동할 가능성이 훨씬 낮다.

아이를 대할 때 단호함과 사랑 간의 균형을 유지하는 것은 분명 쉬운 일이 아니다. 첫째, 부모와 아이의 건강한 관계에는 어른이 설정한 경계가 필요하다는 점을 기억하라. 특히 각종 기기의 문제들과 관련해서는 아이가 아무리 항의해도 제한이 필수다. 아이를 사랑한다는 것은 아이가 원하는 대로 행동하도록 허용하는 게 아니라, 아이에게 필요한 것을 주는 걸 의미한다. 둘째, 많은 사람들, 특히 젊은이들은 첨단기술과 기기들을 세상의 무엇보다도 중요하게 여긴다는 사실을 명심하라.

페이 박사는 한 어린 소녀에게 "네 또래들에게 스마트폰이 얼마나 중요하다고 생각하니?"라고 물은 적이 있다.

소녀는 놀란 목소리로 답했다. "공기보다 더 중요하죠!"

이러한 맥락을 염두에 두고, 첨단기술과 기기의 한계에 대해 진지하고 품위 있는 방식으로, 애정을 담아 소통하라. 우리의 소통 내용 대부분은 어조와 손짓, 몸짓, 표정 등을 통해 전달된다. 애정 어린 태도를 보인다고 해서 아이가 뛸 듯이 기뻐하지는 않겠지만, 그 태도는 아이에게 좋은 본보기가 되어 원하는 행동을 이끌어낼 것이며, 아이가 점차 성숙해져 부모를 적이 아닌 아군으로 인식할 가능성이 높아진다.

다음은 기기 사용과 관련된 중요한 제한 사항의 몇 가지 예다. 각각에 담긴 사랑, 염려, 공감의 메시지에 주목하라.

- "사랑해. 내가 기기를 꺼 달라고 부탁할 때 기분 좋게 따라줘야만 그걸 사용할 수 있어."

- "나는 너랑 이야기하고 네 표정을 보는 게 좋아. 저녁 식사를 마칠 때까지 휴대폰을 사용하지 않아 주어서 고마워."
- "누구에게나 관심을 갖고 지켜봐 주는 사람이 필요해. 그러니 내가 비밀번호를 알고 있는 한 기기를 사용해도 된다고 허락할게."
- "많은 사람들이 스크린을 너무 오래 보면 불안하고 예민해지거나 심지어 화가 나는 문제를 겪는다고 해. 너도 비슷한 것 같구나. 그래서 우리가 함께 있는 시간이 즐겁도록 스크린 보는 걸 쉬라고 하는 거야."
- "네가 답답한 건 알겠지만, 나는 아이들이 적어도 열세 살이 넘어서 그 정도는 책임질 준비가 되었다 싶을 때 휴대폰을 허용해야 한다고 생각해."
- "나는 밤새도록 자기 방에서 기기를 자유롭게 사용하는 아이들이 아주 걱정돼. 그래서 네겐 매일 저녁 8시 전에 휴대폰을 내 침대 옆 협탁의 바구니에 넣어두기를 바라는 거야."

다시 말하지만, 이러한 제한들에 사랑을 담았다고 해서 아이가 저항하지 않는 건 아니다. 그럴 때는 일관되게 다음의 말을 차분히 반복하라. "너를 너무 사랑해서 이 문제로 다투고 싶지 않아. 내가 뭐라고 했지?"

테크 팁 #5. 제대로 감독하라

어떤 부모들은 아이가 10대가 되면 첨단기술의 이용과 관련해 웬만한 상황은 이해하고 있으리라 생각하기도 한다. 그건 착각이다! 이 연령대의 아이는 특히 디지털 기기에 관해서는 유아(幼兒)보다도 훨씬 많은 감독이 필요하다. 때때로 방을 뒤지거나 휴대폰을 불시에 점검해야 한다. 아이는 당연히 항의할 것이다. 그럼에도 아이는 부모가 자신을 타인으로부터-그리고 자기 자신으로부터-보호할 만큼 사랑해 주기를 간절히 원한다. 청소년의 깊은 욕구 중 하나는 부모가 제한을 설정하고 그걸 지켜낼 만큼 강하다는 걸 확인하는 것이다.

청소년은 시험관과 같다. 그들은 부모의 의도를 시험하고, 부모가 진실한지 위선적인지 시험하고, 부모가 감독하겠다는 약속을 굳건히 지킬 의지가 있는지 시험한다. 아이의 휴대폰을 추적하라. 자동차를 추적하라(최신 자동차는 추적 기능이 탑재되어 나오지만, 오래된 자동차에도 추적 장치를 장착할 수 있다). 이런 도구들은 아이를 감독하는 데 대단히 도움이 된다. 단, 그것들이 항상 작동 중이라는 사실을 아이에게 분명히 해야 한다.

최근 한 엄마가 공유한 얘기가 있다. 10대 아들이 여자 친구의 집에서 8킬로미터 안에 있을 즈음이면 늘 휴대폰 위치 표시가 갑자기 중단되더라는 것이었다. 듣자 하니 거의 모든 청소년의 전자기기들이 이런 '경미한 결함'을 보이는 모양이다. 그게 뭐든 유혹의 영역에 들어가면 위치 추적 서비스 또는 휴대폰 전체가 꺼지는 것이다. 10대 청소년에 대해서는 잘 알지만 기술에 대해서는 잘 모르는 이 엄마는 아들에게 말했다. "네 휴대폰, 태블릿, 심지어 차도 안전하지 않은 것 같아. 그러니 휴대폰은 내 방에 두고 차는 몰지 않는 게 좋겠구나. 왜 자꾸 고장이 나는지 알아낼 때까지는 말이야."

물론 이 엄마는 결국 아들의 기기에는 아무런 문제가 없으며 주범은 '전전두피질 오류'였다는 것을 '발견'했다.

테크 팁 #6. 사랑으로 책임감을 부여하라

아이가 전자기기에 지나치게 집착하거나, 아이의 전전두피질이 나쁜 선택을 하거나, 아이가 누군가에게 피해를 당하는 것을 보면 개입하라. 예컨대 아래와 같이 대화할 수 있다.

아빠: 아들, 정말 걱정이구나. 네가 휴대폰에 중독된 것 같아. 정말 중독인지 확실히 알려면, 네가 한동안 휴대폰을 갖고 다니지 않는 방법밖에 없어.

아들: 그럴 순 없어요! 불공평해요! 학교에 갖고 가야 한다고요.

아빠: 애야, 내가 뭐라고 말했지?

아들: 언제 돌려받을 수 있어요?

아빠: 잘 모르겠다. 네가 우리 집 규칙을 얼마나 잘 따르는지, 우리를 얼마나 존중하고, 전반적으로 시간을 얼마나 잘 사용하는지에 달렸어.

이런 상황에서 많은 10대가 보이는 자연스러운 반응은 화를 내고, 비난의 화살을 다른 데로 돌리려 들고, 다툼을 벌이는 것이다. 그러더라도 아이를 단호하게, 그리고 친절하게 대한다는 두 가지 목표를 반드시 기억하라.

기술 중독의 기본 원리

기술 기업은 수익을 창출하려는 동기가 강한 대기업이며, 중독의 과학을 연구하고 적용하는 데 막대한 자원을 투자하고 있다. 이들 회사의 기기 등 제품을 사람들이 습관적으로 사용할 때 회사는 재정적 수익을 얻는다. 부모들이 중독의 기본 원리를 이해하면 아이가 중독의 위험성과 중독을 피하는 방법을 배우도록 더 잘 도울 수 있다. 또한 부모 자신의 중독을 알아차리고, 스스로 바라듯이 아이에게 좋은 롤 모델이 되기 위한 조치를 취할 수 있다.

기술 중독은 뇌의 문제다. 에이멘 클리닉에서는 비디오 게임에 중독된 많은 청소년을 치료해 왔다. 한 10대 아이는 부모가 게임을 제한할 때마다 폭력적으로 굴었다. 우리는 그가 비디오 게임을 하던 시점과 한 달 동안 게임을 하지 않은 시점에 그의 뇌를 스캔했다. 스캔 결과는 마치 서로 다른 두 사람의 뇌를 보는 것 같았다. 비디오 게임은 흔히 폭력과 관련되는 뇌 영역인 좌측 측두엽(側頭葉)에서 신경세포(뉴런)의 비정상적인 발화(發火)를 일으켰다. 비디오 게임을 하지 않았을 때, 그는 우리가 만난 가장 다정하고 예의 바른 청년으로 꼽을 만했다.[99]

간단히 말해, 뇌 시스템의 네트워크 중 하나는 우리로 하여금 소셜 미디어를 스크롤 하거나, 핫 퍼지 선디를 먹거나, 개를 쓰다듬는 등 즐거움을 주는 경험을 추구하도록 이끈다. 전전두피질은 우리가 위험한 행동이나 자신에게 도움이 되지 않는 행동을 하려고 할 때 제동을 걸어 건강에 해로운 충동의 억제를 돕는다. 전전두피질이 강하게 발달하면 충동 조절과 올바른 판단력을 통해 갈망과 싸울 수 있다. 문제는 전전두피질은 20대 중후반까지 완전히 성숙하지 않는 반면, 뇌의 충동 시스템들은 이미 발달했다는 것이다. 그러므로 충동 시스템이 우위를 점하고 전전두피질을 제압할 수 있다. 이는 10대와 젊은 청년들이 건강에 해로운 습관과 중독성 있는 행동에 빠지는 데 더 취약하다는 것을 의미하며, 이는 뇌 영상 연구로도 증명되었다.[100]

스릴 추구와 도피. 중독은 몇 가지 식별 가능한 조건에서 발생한다. 첫째, 해당 물질이나 활동이 매우 자극적이거나, 사용자가 삶의 지루하거나 고통스럽다고 느껴지는 부분에서 벗어나게 해줄 때다. 불안, 우울증 또는 관계의 결핍으로 인해 이런 상황에 극도로 취약해진 어린이, 청소년 및 성인이 얼마나 많겠는가? 우리는 임상 진료에서, 게임이나 소셜 미디어 등 디지털 기술을 이용한 다양한 기분전환 활동을 통해 사회생활이나 가정의 고통에서 벗어나려는 사람들을 많이 본다. 이것이 바로 부모가 10대 아이와 가까이 지내며 아이의 감정 흐름을 파악하기 위해 최선을 다하는 게 중요한 여러 이유 중 하나다. 만일 여러분이 가족 내 갈등으로 인해 스트레스를 받거나 불만을 느끼고 있다면, 분명히 아이도 마찬가지일 것이다. 자신의 감정을 무시하지 말라. 아이도 비슷한 감정을 느끼고 있을 가능성이 크니까. 지금 바로 전문가의 도움을 받아, 아이가 디지털 기기들과의 상호작용보다 훨씬 효과적인 다른 방법으로 욕구를 충족할 수 있도록 하라. 그래야만 건강하고 평화로운 가정을 되찾을 수 있다.

예측 불가능성. 또 다른 원리는 사용자가 원하는 스릴이나 도피의 예측 불가능성이다. 이 원리에 따라 작동하는 슬롯머신은 예측할 수 없는 방식으로 사람들에게 돈을 따거나 잃게 한다. 그래서 다음 판은 분명 잭팟을 터뜨릴 거라는 믿음에서 몇 시간씩 머신 앞에 붙어 있는 사람들이 생기는 것이다. 흔히 '도박사의 오류'라고 불리는 이러한 믿음으로 인해 사람들은 자신의 시간과 힘들게 번 돈을 집어삼키는 기계에 감정적으로 속박된다. 다음에 볼 유튜브 동영상이나 인스타그램 게시물이 여러분을 웃게 만들거나 새로운 것을 배우게 해줄까? 이런 예측 불가능성은 여러분을-그리고 완전히 성숙한 여러분의 뇌를-몇 시간이고 인질로 삼아 수많은 헛소리를 듣고 있게끔 한다. 그러니 이것이 아직 미숙한 아이의 뇌 발달에는 얼마나 큰 영향을 미칠지 상상해 보라. 도박사의 오류는 뇌의 건강, 발달 및 의사 결정을 저해할 수 있다. 이 같은 조건화(conditioning, 조건 형성)의 기본 원리를 발견한 사람은 유명한 행동주의 심리학자 B. F. 스키너다. 그는 실험용 동물이 예측할 수 없는 방식으로 보상을 받을 때 학습이 매우 강화될 가능성이 훨씬 높다는 사실을 관찰하고 '간헐적 강화 계획(intermittent reinforcement schedule)'이라는 용어를 만들었다.[101]

FOMO(fear of missing out). FOMO, 즉 '뭔가 좋은 걸 놓치거나 무리에서 소외되는 것에 대한 두려움'은 많은 디지털 기기 사용자를 키보드와 스크린 앞에 붙들어 둔다.[102] FOMO를 일으키는 건 비단 소셜 미디어만이 아니다. 예컨대 간단한 온라인 검색을 할 때조차, 사용자는 대부분 별 관심 없는 콘텐츠를 접하게 된다. 하지만 무작위로 클릭을 거듭하다 보면 언젠가는 흥미롭거나 짜릿한 것을 발견하기 마련이다. 비디오 게임의 설계 방식도 이와 같다. 사용자로 하여금 다음 레벨로 넘어가려면 몇 번이나 이동해야 할지, 시간은 얼마나 걸릴지 계속 궁금해하게 만드는 것이다. 전화와 문자 메시지를 확인하고 응답하는 것도 FOMO의 또 다른 사례다. 청소년과 성인 모두 운전

중에도 바로바로 문자 메시지를 확인해야 하고, 음성 메시지를 들어야 하며, 전화를 받아야 한다는 강박을 느끼기 때문에(즉 FOMO로 인해) 도로에서 큰 사고를 일으키기도 한다.

아이에게 사람들이 왜 이런저런 행동을 하는지, 아이 자신도 어떻게 통제받거나 조종될 수 있는지 가르치라. 그러면 아이는 누가 자기를 대신하여 선택을 내리려 드는지 인식하게 된다. 이에 관한 토론에서 한 영리한 고등학생은 분노에 찬 목소리로 말했다. "저는 누구에게든 통제받는 게 싫어요. 그게 부모님이라 해도요. 부모님이야 뭐 당연히 그러려니 해도, 휴대폰까지 나를 통제하려 든다고요. 그건 전혀 다른 문제죠. 단지 돈을 더 벌기 위해 우리를 실험용 쥐처럼 취급하다니, 정말 짜증 나요."

흥미롭게도, 학대적인 관계 역시 같은 방식으로 작동한다. 가해자들이 언제 평화롭게 행동하고 언제 고통을 줄지 예측할 수 없다(그들은 대부분 이를 인지하지 못하지만). 그래서 피해자들은 자신에게 어떤 일이 닥칠지 알 수 없어 살얼음판을 걷듯이 살아가면서, 가해자의 행동에 숨겨진 암호를 풀 수만 있다면 그 사람이 자신에게 잘해 주게 될 거라고 믿기도 한다. "오늘이 드디어 내가 그의 기대에 부응할 길을 찾아서 인정받는 날이 될지도 몰라"라고 착각하는 것이다. 이러한 잘못된 희망으로 인해 자신에게 해롭고 상처를 주는 관계에서 벗어나지 못하는 수가 많다. 아래에서 이러한 방식으로 작동하는 온라인 관계를 아이가 이해하도록 어떻게 도울지 마저 설명하겠다.

관심받고자 하는 욕구. 남에게 주목을 받을 때에만 자신이 중요하고 가치 있는 사람이 된다고 느낀다면, 소셜 미디어의 강박적이고 건강치 못한 사용에 빠져들기 쉽다. 이런 사람들은 끊임없이 자신의 사진을 올리고, 쉴 새 없이 댓글을 달며, 남들의 관심을 다시 끌기 위해 소란을 피우다가 불쾌한 드라마를 연출하는 경우가 많다.

여러분과 아이는 어디에서 만족감을 느끼는가? 자신을 어느 정도 남들 앞에 드러내고 자기 삶의 흥미진진한 세부 사항을 공유하는 것은 건전하며 타인과의 관계 형성에 도움이 된다. 하지만 이게 과해지면 줄곧 남들의 관심을 독차지하려는, 만족을 모르는 추구가 시작된다. 이처럼 건강치 못한 행동으로 온라인에서 웬만큼 찬사를 받으면 도파민이 분출된다. 이것이 많은 사람들이 관심을 끌려는 행동에 중독되는 이유다. 하지만 얼마 지나지 않아, 그들을 우상화하는 사람들은 의도치 않게 그들을 절망으로 이끌게 된다. 명성에는 대가가 따른다. 어떤 사람은 균형 잡힌 시각으로 그 대가를 감당해 낸다. 그렇지 못한 사람들은 만성적으로 불안하고 우울해진다.

그렇기 때문에 아이가 관심의 초점이 되려고 노력하기보다, 그런 욕구들을 넘어서 자기 삶의 목적을 찾도록 돕는 것이 대단히 중요하다. 만족의 원천은 보다 건강한 것이어야 평생 고갈되지 않는다. 남들의 관심이라는 원천은 당사자의 젊음과 매력이 유지되는 시기, 혹은 사회적으로 매우 의미 있는 사람인 시기가 지나가면 바로 메말라 버린다.

아이가 시야를 넓혀 균형 감각을 갖도록 지도하라. 그러면 지루함을 느끼거나 태블릿의 성능에 실망하는 것 따위는 삶의 위기라 할 수 없다는 사실을 아이가 이해하는 데 도움이 될 것이다. 시야가 넓어지면 아이는 자신에겐 다른 방식으로 의미를 찾아낼 힘이 있으며, 마음의 평화는 자기가 쌓아놓는 물건들이 아니라 자기가 도와서 일어서게 한 사람들로부터 온다는 것을 깨달을 수 있다. 이러한 관점은 감사하는 마음을 기르는 데에도 도움이 된다. 더 큰 그림을 보고 다른 사람의 필요에 관심을 기울이는 습관을 들이면, 자기 삶의 긍정적인 측면들이 더 선명하게 부각될 것이다. 많은 경우, 삶을 이런 관점에서 바라보는 습관은 저절로 생겨나는 게 아니다. 사랑하는 마음으로, 아이가 긍정적인 면에 집중하도록 부드럽되 단호하게 이끌어주는 누군가의 도움과 꾸준한 연습이 필요하다.

사회적 비교에서 비롯하는 욕망. 끝없이 더 많은 것을 원하는 위험한 욕망은 디지털 기술이 생겨나기 훨씬 이전부터 존재했다. 사람들은 눈으로 탐하기 때문에, 욕망이 이는 데는 매력적인 이미지 하나면 충분하다. 아름다운 사람이나 사물, 반짝이는 새 기기, 장난감, 포켓몬 캐릭터, '새롭고 개선된' 특징이나 기능 따위를 보여주는 보정된 이미지들은 모든 연령대의 아이들을 현혹하여 더 많은 물건, 더 많은 아름다움, 더 많은 돈을 원하게 만든다. 남녀 아이 누구나 이미지와 광고를 보고 다른 사람들이 가진 것과 자신이 가진 것을 비교한다. 그러다가 안타깝게도 많은 아이들이 불가능하고 비현실적이며 건강에 해로운 목표들을 추구하는 데 중독된다. 모든 가족이 이 문제에 대해 논의하고, 다음과 같은 중요한 질문을 던져야 한다. 우리는 우리가 가진 것에 만족하고 있는가? 특정 물건을 소유했는지 여부로, 또는 현실과는 동떨어진 기준과의 비교로 우리의 가치와 자존감을 깎아내리고 있지는 않은가?

악. 이 한 글자에는 아주 나쁘고 강력한 의미가 그득하다. 사람들에게 악은 영적인 영역에서의 투쟁을 뜻하기도 한다. 어떤 사람들은 그토록 혐오스러운 것이 실제로 존재할 수는 없다고 믿기도 한다. 하지만 세상에 가학적이고 기회주의적으로 행동하는 사람들이 있다는 데에는 의심의 여지가 없다. 이런 사람들은 특히 청소년을 노리지만, 성인과 노인을 노릴 때도 있다. 온라인 세계는 특성상 이러한 범죄자들에게 노출되기 아주 쉬운 환경이다. 이들은 교묘한 조종을 통해 10대에게 흥분과 희망을 안겨주고, 이어지는 단계에선 수치심과 두려움을 느끼게 한다. 이런 일을 당하면 피해자는 자신이 '조종자를 만족시킬 수 있으며, 그럼으로써 다시 그에게 사랑받고 특별한 존재가 되고 싶다'는 환상에 중독되는 경우가 많다. 가학적인 기회주의자는 피해자를 놓아주지 않기 위해 적당한 수준의 애정과 칭찬으로 노련하게 밀고 당기기를 한다.

이런 악인들은 위장의 달인이며, 10대나 그 직전의 아이들에게는 지금껏 만나본 어떤 사람보다도 매력적으로 보일 수 있다. 따라서 아이가 이러한 조종이 어떤 단계를 거치며 일어나는지 알아차리고, 온라인에서 교류하는 상대를 신중히 고르도록 가르쳐야 한다.

초등학생과 그 이하의 아이는 부모나 신뢰할 수 있는 어른의 감독 없이는 인터넷에 접속하지 못하도록 해야 한다. 아이가 10대 초반이 되어 조금 더 자유를 얻게 되면, 조종이나 약탈적 행동의 징후를 알아차릴 수 있도록 가르치라. 가장 흔한 단서는 조종자가 피해자로 하여금 어떤 식으로든 자신이 특별하다는 느낌을 과도하게 갖도록 만들기 시작하는 것이다. 조종자는 피해자가 올린 음악이나 특정 주제에 대한 생각, 또는 피해자의 패션, 매력, 자동차 등을 칭찬할 수 있다. 그로써 사랑, 소속감, 존중에 대한 피해자의 욕구를 충족시키는 것이다. 가해자가 칭찬을 퍼부을수록 피해자는 그에게 더 많은 관심과 호기심을 갖게 되고, 그러는 사이에 가해자는 점차 태세를 전환하여 피해자에게 상처를 주고 기회주의적인 태도를 취한다. 그렇게 가해자는 남녀노소를 가리지 않고 상대의 존엄성, 돈, 희망, 때로는 목숨까지 빼앗으려는 자신의 계획에 끌어들이기 시작한다.

가해자의 조종에 넘어가 온라인에 자신의 부적절한 사진을 게시한 어린이와 청소년에 대한 뉴스를 읽은 적이 있을 것이다. 가해자는 사건을 조용히 덮어주겠다며 돈을 요구했다. 피해를 입은 청소년은 애처롭게도 죄책감과 수치심에 빠진 나머지 우울감과 두려움에 시달리게 된다.

바로 이번 주에 페이 박사는 열여섯 살 난 아들과 이런 형태의 갈취에 희생된 한 청소년의 비극적인 사례에 대해 이야기를 나눴다. 안타깝게도 상황은 청소년의 자살로 끝났다. 여러분의 아이가 그렇게 될 수도 있었다. 모든 부모는 이러한 위험에 대해 아이와 논의해야 한다. 이런 일이 일어나곤 한다는 것을 알려주어야 하며 더 중요하게는, 아이가 온라인 문제에 휘말려 부모의 도움을 구할 경우 부모가 어떤 상황에서도 한결같이 아이를 사랑해 줄 거라는 믿음을 주어야 한다. 한 가지 유용한 예방 전략은 온라인에서 '청소년 대상 사기'를 검색하는 것이다. 경각심을 널리 일깨워 주는 신뢰성 높은 사이트가 많다. 우리가 좋아하는 사이트 중 하나는 코맨도닷컴(komando.com)이다. 저녁 식탁에 앉아 아이와 함께 관련 정보를 읽고, 아이가 스스로를 보호하기 위해 할 수 있는 일에 대해 이야기하라(사고 공유). 누구에게나 이런 일이 일어날 수 있음을 아는 것이야말로 가장 좋은 예방책이다.

평소와 다른 행동. 중독은 그 사람이 절대 할 리 없다고 생각했던 행동을 하게 만들 수 있다. 그 '절대'의 생각은 예컨대 다음과 같은 것들이다. '설마 우리 아이가 온라인에서 만난 사람이나 그룹에 집착한 나머지 개인 정보를 알려주거나, 생명을 위협하는 도전에 나서거나, 알지도 못하는 사람을 만나기로 약속하는 행동을 할 리 있겠어? 우리 아이가 자신이나 친구들의 신체를 노출하는 사진을 남들과 공유할 리도 없지. 그런 일은 절대 있을 수 없어.'

부정(否定)은 모든 마음의 그늘에 도사리고 있다.
부정은 우리의 마음에도, 여러분의 마음에도 숨어 있다.

'우리 집 10대 아이는 다른 사람들이 자기를 조롱하고 학대하고 괴롭히도록 놔두지 않을 거야. 스스로를 지키기 위해 일어서겠지. 우울증에 빠져 스스로 목숨을 끊으려고 시도하는 일도 없을 테고. 우리 아이는 그런 학대에서 벗어나기 위해 온라인 접속을 딱 끊을 의지력이 있을 거야.'

이것 역시 부정이다.

'우리 부모님은 은행 정보를 업데이트인지 뭔지 해야 한다는 연락을 받고

계좌 번호, 생년월일, 주민등록번호 등 민감한 정보를 온라인 금융 양식에 적어 보내는 일은 없을 거야. 똑똑한 분들이니까.'

또 다른 부정 사례다.

어떤 것에 임상적 중독 상태가 된 사람은 민감한 상황에서 이전보다 훨씬 극단적으로, 심지어 폭력적으로까지 반응할 수 있다. 인디애나주에서는 11세 소년이 자신의 비디오 게임 컬렉션이 압수된 것을 알고 아버지를 총으로 쏴서 다치게 한 사건이 있었다.[103] 또 다른 사건에서는 16세 소년이 폭력적인 비디오 게임을 못하게 하는 부모를 총으로 쏘아 아버지는 다치고 어머니는 사망했다.[104] 이 비극적 사건들은 아이가 (그리고 성인이) 기술 사용에 중독될 때 발생하는 심각한 일들의 예시일 뿐이다. 그렇기 때문에 부모들은 어떤 종류의 반응에든 대처할 준비를 해두어야 한다. 아이에게 심각한 행동 문제와 뇌 건강 문제의 이력이 있는 경우엔 특히 그렇다. 전문적인 상담이 꼭 필요할 수도 있다. 숙련된 상담사는 아이에게 책임성을 키워주는 세션을 계획하고 실행하는 데 귀중한 도움을 제공할 뿐만 아니라, 필요할 경우 입원 및 재택 치료 같은 후속 조치에도 도움을 줄 수 있다. 그렇다, 아이가 디지털 기술에 대한 해로운 의존을 극복하기 위해 행동건강 프로그램(behavioral health program)에 참여해야 할 수도 있다. 좋은 프로그램은 문제 발생과 악화의 기여 요인인 뇌 건강 문제와 심리적 문제를 치유하는 것 또한 돕는다. 우리가 아주 좋아하는 프로그램으로, '사랑과 논리' 접근법에 매우 익숙한 사람들이 운영하는 리스타트(reSTART) 프로그램이 있다. 관심이 간다면 리스타트라이프닷컴(restartlife.com)을 방문하거나 전화(미국 번호 800-682-0670)를 하여 이 유용한 자원에 대해 자세히 알아보길 바란다.

이제 여러분은 아이가 기술에 잡아먹히지 않고 그 세계를 탐색하도록 양육하는 데 있어 아주 유리한 위치에 서게 되었다. 아들이 게임에 중독되었던 한 엄마는 우리에게 이야기했다. "우리가 신뢰하는 심리학자의 조언대로, 아들이 비디오 게임과 온라인 게임에 전혀 접근하지 못하게 차단해야 한다고 생각했습니다. 아들은 격분했죠. 아들의 침실 문을 없애자 그 애는 더 길길이 날뛰었습니다. 아들이 계속 문을 닫고 잠가서 안에서 무슨 일을 하는지 알 수 없었기 때문에 문을 없애야 한다고 생각했던 거예요. 그렇게 몇 달이 지나는 사이, 아들은 서서히 우리가 기억하는 아이로 돌아왔습니다. 외출을 하기 시작했고, 진짜 친구들을 사귀기 시작했어요. 할아버지의 썰렁한 농담에도 웃기 시작했고, 아빠와 함께 낚시를 하러 가기까지 했습니다. 부자는 즐거운 시간을 보냈습니다. 둘의 그런 '즐거운 시간'은 몇 년 만에 처음이었죠. 얼마 전에는 아들이 제게 고맙다더군요. 차를 타고 가다가 이렇게 말하는 거예요. '엄마, 제 게임을 다 뺏어가서 너무 화가 났었어요. 지금은 정말 고마워요. 이제야 그때 제가 통제 불능한 아이였다는 걸 알겠어요. 사랑해요.'"

실천 단계

- 신체 운동을 장려하여 아이의 전전두피질을 강화한다.
- 아이의 말을 판단 없이 경청하며 유대감을 형성하려고 노력한다.
- 아이와 함께 있을 때는 휴대폰을 내려놓는 등 좋은 본보기를 보인다.
- 가족 구성원 모두의 기기 사용 제한에 관한 일반적인 규칙을 정한다.
- 아이를 감독하는 것을 잊지 않는다. 아이의 휴대폰을 수시로 점검한다.
- 아이가 휴대폰에 중독되어 간다면 마음을 굳게 먹고 휴대폰을 빼앗거나 전문가의 도움을 구한다.

제13장

아무것도 효과가 없어 보일 때
뇌 건강을 위한 도움말

정신 건강은 사실은 뇌 건강이다.

　에이멘 박사의 강연이 끝나면, 청중들은 그에게 다가와 개인적인 이야기를 나누곤 한다. 어느 날, 세라라는 이름의 여성이 울먹이면서 에이멘 박사에게 다가왔다. 그녀는 눈물을 흘리며 에이멘 박사에게 10대 아들 윌리엄 때문에 고민이 많다고 털어놓았다. 윌리엄은 여러 해 전에 ADHD 진단을 받았고, 약을 먹으면 나아졌지만 나이가 들자 약을 거부하기 시작했다. 약을 먹어야 한다는 게 싫고 또래의 다른 아이들처럼 평범해지고 싶다는 이유에서였다. 약을 끊은 윌리엄은 고등학교에서 낙제할 위기에 처했고, 그의 방은 방금 태풍이 휩쓸고 간 자리처럼 항상 어수선했으며, 엄마의 신경을 긁으려고 충동적으로 무례한 말을 뱉었고, 엄마 말을 하나도 듣지 않았다. 세라는 어찌할 바를 몰랐다. 자신이 형편없는 부모라는 생각만 들었다.

　세라는 에이멘 박사가 전에 공영방송 TV에 나와 대부분의 사람은 일생 중 어느 시점에든 정신 건강 문제가-정확히 말하면 뇌 건강 문제가-생길 수 있다고 얘기하는 걸 듣고 놀랐다고 했다. 실은 문제가 있는 게 오히려 정상이라는 것으로, 에이멘 박사는 환자들에게 "정상이란 미신일 뿐"이라고 자주 말한다고 했다. 세라는 그 프로그램을 녹화하여 아들에게도 보여주었다. 윌리엄은 정신 건강에 문제가 생기는 게 아주 흔한 일이며, 정신 건강 문제는 사실 마음을 갉아먹는 뇌 건강의 문제라는 것을 깨닫고는 약을 다시 복용하기로 했다. 그러자 윌리엄의 상태는 크게 개선되었고 세라의 양육 전략도 훨씬 잘 먹혔다. 세라는 생활에서 스트레스가 줄었고, 더는 스스로 실패자라고 느끼지 않았으며, 윌리엄과 더 친밀히 지내게 되었다.

이 책에 담긴 양육 개념들을 실천하기 위해 부지런히 노력했는데도 아이가 여전히 잘못되게 행동하고, 갈등을 일으키고, 동기가 부족하고, 할 일을 미루고, 학교 성적이 떨어지고, 친구를 사귀는 데 어려움을 겪고, 혹은 다른 문제가 있다면 그 원인은 아이의 뇌 건강 문제일 수 있다. 정신과적 문제와 학습장애는(이 모두가 실은 뇌 건강 문제다) 7,300만 명이 넘는 미국 0~17세 아이들 사이에서 증가하고 있다.[105] 다음 통계만 보아도 그 사실이 여실히 드러난다.

- 모든 뇌/정신 건강 문제의 75퍼센트는 25세 이전에 시작된다.[106]
- 뇌/정신 건강 문제로 어려움을 겪는 아동의 거의 50퍼센트가 문제를 정식으로 진단받지 않아 치료를 받지 못하고 의료 시스템에 포착되지도 않는다.[107]
- 뇌/정신 건강 문제가 있는 학생의 46퍼센트가 학교를 중퇴한다.[108]
- 교도소나 구치소 10대 수감자의 65~75퍼센트가 뇌 손상을 포함한 뇌/정신 질환을 앓고 있다.[109]
- 2021년에 10대 소녀의 57퍼센트는 지속적으로 슬픔과 절망감을 느낀다고 답했으며(2011년 이후 60퍼센트 가까이 증가한 수치다), 10대 소년의 29퍼센트도 지속적인 슬픔과 절망감을 느낀다고 답했다.[110]
- 자살은 15~19세 청소년의 사망 원인 가운데 사고에 이어 두 번째를 차지한다.[111]
- 2021년에 여고생의 30퍼센트가 직전 한 해 동안 자살을 심각하게 고려했다

고 보고했다.[112]
- 2021년에 여고생의 24퍼센트가 자살 계획을 세웠다.[113]
- 2021년에 여고생의 13퍼센트가 실제로 자살을 시도했다고 말했다.[114]
- 위의 세 수치는 10대 소년들의 해당 수치의 약 두 배쯤 된다.[115]
- 10대 청소년의 86퍼센트가 뇌/정신 건강 문제가 있는 사람을 알고 있다.[116]
- 10대 청소년의 86퍼센트 이상이 정신 건강은 중요한 주제라고 말한다.[117]
- 10대 청소년의 84퍼센트 이상이 정신 건강 문제에는 사회적 낙인이 따른다고 말한다.[118]

모든 뇌/정신 건강 문제의 절반가량이 10대 중반 이전에 나타남에도,[119] 대부분의 아이들은 증상이 처음 발생한 후 몇 년이 지나도록 진단도 치료도 받지 못한다. 대부분의 부모가 '정상' 행동과 '비정상' 행동의 차이를 잘 알지 못하고 정서적 건강과 뇌/정신 건강의 전문가가 아님을 감안하면 놀라운 일은 아니다. 부모가 접하는 아이들은 보통 자신의 아이, 조카, 아이의 친구들로 국한된다. 따라서 아이가 지속적으로 우울해 보이거나 끊임없이 걱정하거나 공격적으로 행동하는 경우에도, 원인은 단순히 아이의 성격이나 태도 문제라고 생각하는 게 당연하다. 근본적으로 뇌/정신 건강 문제인 것을 태도 문제로 오독하는 경우, 부모는 반사적으로 훈육과 처벌을 강화할지 모른다. 그런데 이것은 역효과를 낼 수 있다. 뇌/정신 건강 문제가 있는 많은 아이들은 알고 보면 부모님이 요구하는 것을 하려고 열심히 노력하고 있지만, 뇌가 배선된 방식으로 인해 도저히 그렇게 할 수 없을 뿐이다.

아이가 학교에서 지속적으로 어려움을 겪고 있거나, 일상적으로 다른 사람들과 잘 지내지 못하거나, 자주 화를 낸다면 잠시 짬을 내어 자문하라. '혹시 다른 어떤 문제의 징후는 아닐까?' 아이의 행동, 정서 또는 학습에 문제가 있을지 모른다는 느낌이 들면, 머뭇거리지 말라. 아이가 다니는 소아청소년과 의사나 다른 의료 서비스 제공자를 찾아가, 우려되는 점을 이야기하라.

작은 문제라 해도 치료하지 않고 방치했다가는 곪아서 큰 문제가 될 수 있다. 반면, 조기에 개입하면 원치 않는 문제를 방지하고, 아이의 미래를 개선할 수 있다. 경우에 따라선 간단한 생활 습관 개선이나 영양 보충제 섭취만으로도 아이가 변할 수 있다. 그러니 아이에게서 문제 행동이나 정서적 이슈를 발견했을 때는 아이의 뇌 건강을 위한 프로그램을 빨리 시작하는 게 중요하다.

문제를 치료하지 않고 방치하면 아이는 그 문제들에 평생 영향을 받게 되고, 양육의 난이도도 기하급수적으로 높아질 것이다. 단기적으로 뇌/정신 건강 문제는 가족 간의 불화, 학업 성취도 저하 등을 낳는다. 시간이 흐르고 아이가 성인기로 접어들면서 그 문제들은 학교 중퇴, 교통사고, 물질 남용, 업무 실패 및 실업, 재정 문제, 비만, 이혼, 자살생각(자살사고) 및 자살행동 등의 위험 증가와 관련된다(자살행동에는 자살 시도, 실제 자살, 자살을 위한 준비 행위 등이 포함된다.-옮긴이). 그러므로 흔한 뇌/정신 건강 문제들의 징후와 증상을 알아두고, 필요한 경우 전문가의 도움을 받는 것이 대단히 중요하다. 수천 명의 아이들을 다루어온 우리는, 뇌/정신 건강 및 학습 문제에 대한 치료를 받는 게 부모가 나약하다는 뜻이 아니라, 오히려 강하고 아이를 사랑한다는 증거라고 확실하게 말할 수 있다.

'네 원'은 정신 건강에도 적용된다

1장에서 우리 각자의 정신에 영향을 미치는 생물학적, 심리적, 사회적, 영적 요인들을 알아보는 '정신력의 네 원' 개념을 소개했다. 이 네 원은 당연히 아이의-그리고 부모의-뇌/정신 건강에도 중요한 역할을 한다. 이 네 원이 안정되게 균형을 잡고 있으면 아이는 뇌/정신의 건강이 강화되고, 그와 함께 올바른 결정을 내리고, 가족 내의 규칙을 따르고, 시작한 일을 잘 마무리하고, 다른 사람들과 잘 지낼 능력이 향상된다. 그러나 네 가지 영역 중 어느 하나라도 문제가 있으면 정신의학적 질환이나 행동 문제, 학습장애 등을 겪을 수 있다.

어떤 요인들이 문제를 유발할 수 있는지 간략하게 살펴보자.

생물학적 요인

뇌의 활동이 너무 많거나 너무 적거나 뇌 영역에 손상이 있는 경우, 문제가 발생할 위험이 커진다. 1장에서 언급한 'BRIGHT MINDS' 위험 요인과 같이 뇌를 손상하는 모든 것은 정신 건강에도 부정적인 영향을 미칠 수 있다. 간단한 예로, 뇌 기능에 큰 영향을 미치는 혈당 수치를 보자.[120] 에이멘 박사는 걸핏하면 남들과 싸움이 붙어서 곤경에 빠지는 한 아역 배우를 치료한 적이 있다. 혈액 검사를 해 보니 아이는 평소 혈당 수치가 매우 낮은 것으로 나타났다. 낮은 혈당은 자제력 상실과 연관되며, 불안이나 우울증뿐만 아니라 분노감을 유발할 수도 있다.[121] 에이멘 박사가 아이를 위해 세운 치료 계획에서 중요한 요소는 혈당 균형을 유지하기 위해 하루에 네 번 단백질이 포함된 소량의 식사를 하는 것이었다. 결과는 어땠을까? 아이는 더이상 싸움을 일으키지 않았고, 따라서 곤경에 빠질 일도 없어졌다.

심리적 요인

우리가 생각하고, 스스로에게 말하고, 자신을 바라보는 방식은 우리의 안녕감에 큰 영향을 미친다. 부모님에게 받은 양육, 발달 정도, 성공 또는 실패, 자존감, 자신의 삶에 대한 통제감 같은 다른 심리적 요인들도 중요한 역할을 한다. 이런 요인 중 아이의 정신에 가장 큰 부정적 영향을 미치는 것 중 하나가 트라우마다(다음 페이지 '아동기의 부정적 경험' 참조).

아이가 사랑하는 사람의 죽음이나 험악하게 진행된 부모의 이혼, 혹은 팬데믹하의 암울한 삶같이 트라우마를 주는 경험에 만성적으로 노출되면 뇌에 변화가 일어나 자제력, 감정 조절, 사회기술, 학습 등등에 어려움을 겪을 수 있다. 코로나19 팬데믹은 어린이와 청소년 세대 전체에 큰 영향을 미쳤다. 우려스러운 연구에 따르면 뇌/정신 건강과 관련된 응급실 방문이 5~11세 아이의 경우 24퍼센트, 12~17세 아이의 경우 31퍼센트나 급증한 것으로 나타났다.[122] 놀랍게도, 트라우마의 가족력이 있는 것도 아이에게 문제를 일으킬 수 있다. 부정적 경험이 당사자의 유전자에 변형을 초래하고, 그 유전자가 다음 세대로 전달될 수 있기 때문이다. 이를 세대간 트라우마, 또는 조상 전래 트라우마라고 한다. 예를 들어 조부모가 심각한 트라우마를 겪었거나, 알코올 중독자였거나, 큰 상실을 경험했을 경우, 아이가 정신 건강 문제를 겪을 위험이 커진다.

아동기의 부정적 경험(ACE) 설문지

1995년부터 1997년까지 미국 질병통제예방센터(CDC)와 통합 의료 서비스 컨소시엄인 카이저 퍼머넌테이는 1만 7,000명 이상의 성인이 참여한 대규모 연구를 통해 아동기의 부정적 경험(adverse childhood experiences, ACE)이 얼마나 널리 퍼져 있으며 장기적으로는 어떤 결과를 빚는지 조사했다.[123] 이 획기적인 연구에 따르면 연구 참가자 5명 중 1명가량이 당초 연구에 포함된 8가지 ACE 중 3가지 이상에 노출된 적이 있는 것으로 나타났다. 이후 ACE 설문지는 약간의 수정을 거쳐, 현재는 어린 시절의 부정적이고 충격적인 경험들을 다루는 10개의 문항으로 구성되어 있다.

점수는 0점에서 10점까지이며, 0점은 노출 경험이 없음을, 10점은 18세 이전에 상당한 수준의 트라우마에 노출되었음을 의미한다. 점수가 높을수록 문제의 경험들이 장기적으로 신체적, 정신적 건강에 영향을 미칠 위험이 높다. 다음의 각 문항에 자신의 관점과 아이의 관점에서 '예' 또는 '아니요'로 답하여 트라우마가 정신 건강에 어떤 영향을 미치고 있는지 가늠해 보라.

당신의 18세 생일 이전에

1. 부모 혹은 가정 내의 다른 성인이 자주 또는 매우 자주 당신에게 욕을 하거나, 당신을 모욕하거나, 폄하하거나, 창피를 주었습니까? 혹은 당신이 신체적으로 다치지 않을까 두려워하게 만드는 행동을 했습니까? _____

2. 부모 혹은 가정 내의 다른 성인이 자주 또는 매우 자주 당신을 밀치거나, 꽉 붙잡거나, 손바닥으로 때리거나, 당신에게 물건을 집어 던졌습니까? 혹은 몸에 흔적이 남았거나 부상을 입을 정도로 세게 때린 적이 한 번이라도 있습니까? _____

3. 성인 혹은 당신보다 적어도 5세 이상 나이가 많은 사람이 한 번이라도 당신의 몸을 성적으로 만지거나 애무하거나, 자신의 몸을 성적으로 만지라고 시킨 적이 있습니까? 혹은 구강이나 항문이나 질을 통한 성교를 시도하거나 실행한 적이 있습니까? _____

4. 당신은 자주 또는 매우 자주, 가족 구성원 중 누구도 당신을 사랑하거나, 당신이 중요하거나 특별한 사람이라고 생각지 않는다고 느꼈습니까? 혹은 가족 구성원들이 서로 돌보지 않고, 서로 친밀감을 느끼지 않고, 서로 지지하지 않는다고 느꼈습니까? _____

5. 당신은 자주 또는 매우 자주, 먹을 것이 충분치 않고, 더러운 옷을 입어야 하고, 당신을 보호해 줄 사람이 전혀 없다고 느꼈습니까? 혹은 부모님이 술이나 약에 너무 취해서 당신을 돌보지 못하거나, 필요할 경우에도 당신을 병원에 데려갈 수 없을 거라고 느꼈습니까? _____

6. 한 번이라도 친아버지나 친어머니를 이혼, 유기, 또는 다른 이유로 잃은 적이 있습니까? _____

7. 어머니나 새어머니가 자주 또는 매우 자주 밀쳐지거나 꽉 붙잡히거나, 손바닥으로 맞거나, 그녀에게 물건이 던져지곤 했습니까? 혹은 가끔, 자주, 또는 매우 자주 발로 차이거나, 깨물리거나, 주먹으로 맞거나, 단단한 물체로 맞았습니까? 혹은 한 번이라도 몇 분 이상 반복적으로 구타를 당하거나 총이나 칼

로 위협을 당한 적이 있습니까? _____

8. 음주 문제가 있거나 알코올 중독이거나 마약을 하는 사람과 함께 산 적이 있습니까? _____

9. 가족 구성원 중 우울증이나 정신 질환을 앓거나, 자살을 시도한 사람이 있었습니까? _____

10. 가족 구성원 중 교도소에 간 사람이 있었습니까? _____

점수

'네'라고 답한 문항의 수를 더해서 여기 적으시오: _____. 이것이 당신의 ACE 점수입니다.

사회적 요인

아이가 가족 및 친구들과 강한 유대감을 가지고 있는가, 아니면 다른 사람들과의 깊은 연계가 부족한가? 학교생활이 아이에게 행복감을 주는가, 아니면 압박감이나 문제의 원천인가? 아이의 스트레스 수준이 너무 높지는 않은가? 아이의 일상생활이나 인간관계가 스트레스로 점철되면, 사랑과 소속감에 대한 욕구가 영향을 받고 뇌/정신 건강 문제가 생길 위험이 높아진다. 애정이 있는 관계는 유대감과 신뢰를 강화하는 옥시토신이라는 신경화학물질의 분비를 촉발하여 뇌를 활성화한다. 옥시토신 수치가 높을수록 불안, 스트레스, 두려움을 덜 느끼는 반면, 낮은 옥시토신 수치는 우울증, 자폐증, 기타 정신의학적 문제에 영향을 미칠 수 있다.[124]

영적 요인

영성 개념은 신에 대한 믿음을 넘어, 삶의 의미와 목적에 대한 아이의 의식, 아이의 가치관 및 도덕성까지 아우른다. 아이가 과거(예컨대 조부모), 미래

세대, 지구 및 세계 전체와 연결되어 있다고 느끼는지 여부는 아이의 영적 건강에 영향을 미친다. 어떤 형태로든 영적 연결이 없으면 사람들은 자신의 삶이 무의미하다고 느낄 가능성이 높아지며, 그에 따라 우울증, 중독, 때로는 자살생각과 같은 문제가 발생할 가능성도 높아진다.

아이에게 흔한 뇌/정신 건강 문제의 징후와 증상

이 절에서는 아이에게 흔히 나타나는 정신 건강 문제와 이를 알아차리는 데 도움이 되는 징후 및 증상을 소개한다. 또한 뇌를 지원하고 증상을 개선하는 데 도움이 되는 몇 가지 자연적 전략도 알아볼 것이다.

주의력결핍 과잉행동장애(ADHD)

ADHD의 특징은 주의 지속 시간의 짧음, 산만함, 미루기, 체계 없음, 내적 통제 부족(판단력과 충동 조절에서의 문제 따위) 등이다. 이 다섯 가지 특징적 증상에서 과잉행동이 빠져 있다는 데 유의하라. 과잉행동을 보이지 않는 아이도 ADHD일 수 있으며, 그럴 경우 부모가 알아차리기 어려울 수 있다. 에이멘 클리닉에서는 뇌 영상 연구를 통해 일곱 가지 유형의 ADHD를 식별할 수 있었다. 각 유형에는 그에 알맞은 치료 계획이 필요하다. 예를 들어,

ADHD의 표준 치료법인 각성제 투여는 일부 유형에 도움이 될 수 있는 반면 다른 유형은 오히려 악화시키기도 한다. 가장 효과적인 치료법을 찾으려면 아이의 ADHD 유형을 아는 것이 중요하다. (ADHD의 유형에 대해 더 알고 싶다면 ADD타이프테스트닷컴[ADDtypetest.com]에서 무료로 검사를 받아보라.)

아이들의 ADHD 증상

- 부주의하다.
- 수업을 방해한다.
- 형제자매 또는 학교 친구와 싸움을 벌인다.
- 쉽게 주의가 산만해진다.
- 집안일이나 숙제를 마지막 순간까지 미룬다.
- 마감일을 놓친다.
- 습관적으로 지각한다.
- 방과 책상이 지저분하다.
- 실수에서 배우지 못한다.
- 충동적이다.
- 끊임없이 움직인다.-안절부절못하며 꼼지락거리고, 뛰고, 거칠게 행동한다.

모든 유형의 ADHD에 도움이 되는 자연적 전략

- 가족의 식단에서 인공 색소, 방부제, 감미료를 제거한다.
- 가공식품(상자에 넣어 파는 모든 식품)을 최소화하거나 제거한다.
- 3주 동안 단 음식, 글루텐, 유제품, 옥수수, 콩, 기타 알레르기를 유발할 수 있는 식품을 완전히 뺀 제거식이요법(elimination diet, 배제식이요법)을 시도한다. 그런 다음 한 가지씩 다시 식단에 넣으면서 신체의 반응을 관찰한다. 이렇게 하면 아이가 어떤 음식을 평생 피해야 할지 판단할 수 있다.

- 운동량을 주 4회 45분씩으로 늘린다.
- 수면 시간을 늘리고 좋은 수면 습관을 기른다.
- 스크린을 보는 시간을 줄인다.
- 통합의학 의사와 긴밀히 협력하여 화학적 검사를 통해 페리틴(ferritin), 비타민 D, 마그네슘, 아연, 갑상선 수치 등을 두루 확인하고, 수치가 최적이 아닌 경우 균형을 맞추는 조치를 한다(통합의학[integrative medicine]이란 현대 서양의학과 효과 및 안전성이 검증된 보완대체요법을 병행하여 환자의 전반적인 건강과 안녕을 증진하는 치료 패러다임이다. -옮긴이).
- 뉴로피드백(neurofeedback): 비침습적이고 상호작용을 활용하는 이 치료법은 아이가 집중력을 높일 수 있도록 뇌를 강화하고 재훈련하는 것을 돕는다(뉴로피드백은 환자가 자신의 뇌에서 발생한 뇌파 정보를 활용하여 치료에 유용한 특정 뇌파가 발생하도록 훈련하는 것이다. -옮긴이).
- 개별화 교육 계획(Individualized Education Plan, IEP): 필요한 경우 IEP를 요청하여 학교에서 적절한 지원과 편의를 제공받는다(IEP란 특수교육이 필요한 아이의 능력을 계발하기 위해 장애의 유형 및 특성에 적합한 교육 목표와 방법, 내용, 관련 서비스 등에 관해 세우는 계획이다. 개별화 교육 '프로그램'이라고도 한다. -옮긴이).
- 아이를 조금 늦게 학교에 입학시킨다(반에서 가장 어린 아이들이 ADHD 진단을 받을 가능성이 높다).
- 다음과 같은 영양보충제를 제공한다.
    a. EPA가 풍부한 피시 오일. 체중 18킬로그램당 하루 1,000mg의 EPA+DHA, 최대 3,000mg의 EPA+DHA
    b. 포스파티딜세린(PS) 하루 100~300mg
    c. 아연(구연산 아연 또는 글리신산 아연) 하루 30mg(청소년은 하루 34mg, 아동은 이보다 적게)
    d. 마그네슘(글리신 마그네슘, 구연산 마그네슘 또는 말산염 마그네슘)

하루 100~400mg

아이가 정말로 ADHD를 앓고 있다면, 몇 달 만에 완치되지는 않는다. 수년 또는 수십 년 이어질 수 있는 약물 복용을 시작하기 전에 얼마간 시간을 투자해 뇌 건강, 정신 건강을 최적화하는 데에는 그만한 가치가 있을 것이다. 그런 다음 아이의 ADHD 유형에 맞는 건강기능식품이나 약물을 고려해 보라. (에이멘 박사의 저서 『주의력결핍장애(ADD) 치유하기-ADD의 7가지 유형을 파악하고 치유하게 해주는 획기적인 프로그램(Healing ADD: The Breakthrough Program That Allows You to See and Heal the 7 Types of ADD)』을 참조하라.)

에이멘 박사의 주된 전문 분야 중 하나인 ADHD의 경우, 약물 치료에 대한 부정적 편견이 팽배하다. 박사는 수많은 부모들로부터 이런 말을 들어왔다.

"우리 아이에게 약을 먹이진 않을 거예요."

"이 약을 먹으면 창의력이 떨어질 겁니다."

"이 약을 먹으면 자기다움을 잃을 거예요."

문제는 대부분의 의사가 ADHD를 단일한 질환으로 간주하여, 모든 환자에게 리탈린(Ritalin)이나 애더럴(Adderall)과 같은 각성제를 일률적으로 처방한다는 것이다. 이러한 약물은 많은 ADHD 환자에게 도움이 되지만, 다른 많은 환자에게는 증상을 심하게 악화시키기도 한다. 각성제를 둘러싼 이야기는 기적의 약이라는 간증부터 끔찍한 괴담까지 다양하다. 에이멘 박사의 자녀 중 하나는 활동성이 낮은 전전두피질을 최적화하기 위해 각성제를 복용하면서 평범한 학생에서 10년 동안 전 과목 A를 받는 우등생이 되었고, 세계 최고 수준의 수의과대학에 합격했다. 이 약물은 전두엽(이것의 앞부분을 덮고 있는 것이 전전두피질임)을 자극하여 아이가 자신의 능력을 더 잘 활용하도록 해주었고, 자존감도 높여 주었다. 반면 어떤 환자는 리탈린을 복용하고 자살 충동을 느껴서 에이멘 박사에게 보내졌다. 환자의 뇌는 이미 과다활동

상태였기 때문에 더 자극을 주면 더욱 불안해지고 화가 날 따름이었다. 문제는 의사들이, 증상이 동일하면 뇌 패턴도 동일할 거라고 가정한다는 것이다. 이는 전혀 사실이 아니며, 실패와 좌절을 불러올 뿐이다. 약물 치료가 필요한 경우, ADHD의 유형에 따라 알맞은 약물을 사용해야 제대로 효과를 볼 수 있다.

불안장애

아이들은 누구든지 이따금 불안감을 느낀다. 시험을 앞두었을 때, 학교에서 발표를 할 때, 또는 수업 첫날에 불안감을 느끼는 것은 지극히 정상적인 현상이다. 11장에서 언급했듯이 부모가 관심을 기울여 아이의 기본적인 욕구들을 채워주면 아이의 불안감을 많이 완화할 수 있다. 그러나 불안이 거의 끊임없이 지속되거나, 불안에 압도당한 나머지 아이가 자신의 잠재력을 제대로 발휘하지 못하거나 활동에 참여하지 못할 정도라면, 아이에게 불안장애(anxiety disorder)가 있는 걸지도 모른다. 많은 부모가 아이의 불안이나 그로 인한 신체적 증상을 불평이나 투정으로 오해하고 아이에게 부정적으로 대응해서 문제를 악화시키곤 한다. 불안장애는 미국에서 가장 흔한 정신과적 질환으로 전체 아동의 9퍼센트 이상이 앓고 있으며, 2022년 《JAMA 소아청소년과학》지에 발표된 연구에 따르면 2016년부터 2020년까지 그 수가 29퍼센트 증가했다.[125] 불안을 느끼는 아이들의 비율은 팬데믹으로 인해 더욱 치솟

왔다. 그러니 불안의 징후가 어떤 것들인지 미리 알아두면 양육에 유용할 것이다. 뇌 영상으로 확인하면 불안(및 우울증)에는 일곱 가지 유형이 있는데, 아이가 이중 어떤 유형에 속하는지 아는 것도 중요하다.

아이들의 불안 증상
- 자주 불안이나 초조함을 느낀다.
- 과도하게 걱정한다.
- 쉽게 놀란다.
- 갈등을 피한다.
- 근육 긴장이 증가한다.
- 두통 및 복통이 있다.
- 지나치게 수줍거나 소심하다.
- 쉽게 당황한다.

모든 유형의 불안에 도움이 되는 자연적 전략
- 소량의 식사와 건강에 좋은 간식을 섭취한다: 식사를 거르거나 정제 탄수화물(사탕 등 캔디류나 빵, 과자류 등)을 너무 많이 섭취할 때 발생할 수 있는 저혈당은 불안을 일으키는 흔한 원인이므로, 하루 종일 아이에게 소량의 식사와 건강에 좋은 간식을 주어 혈당 수치가 안정적으로 유지되도록 한다.
- 복식으로 심호흡을 한다: 아이에게 4초 동안 숨을 들이마시고 1초간 유지한 후 8초간 내쉬는 심호흡을 10회 반복하도록 가르치면 스스로 진정하는 방법을 빨리 배울 수 있다.
- 손을 따뜻하게 한다: 아이에게 뜨거운 코코아 한 잔을 손에 들고 있다고 상상하도록 가르치라. 차츰 손이 따뜻해지고, 스트레스가 해소되며, 긴장이 완화될 수 있다.

- 부정적 자동사고(ANTs)를 없앤다: 아이에게 불안하고 걱정스러운 생각들을 반박하도록 가르치라(7장 참조).
- 마음을 진정시키는 운동을 한다: 요가를 하거나 자연 속에서 산책하는 것은 긴장을 완화하는 효과가 있다.
- 최면: 최면은 강력한 진정 효과를 발휘하여 아이의 불안한 마음을 평온하게 다독이는 데 도움이 될 수 있다.
- 뉴로피드백: EEG(뇌전도[腦電圖]) 바이오피드백을 이용하는 이 비침습적 기법은 뇌파를 실시간으로 측정하고 이를 알아보기 쉬운 정보 형태로 만들어 당사자에게 계속 보여주면서 뇌를 재훈련케 함으로써 더 건강하고 균형 잡힌 마음 상태를 만들도록 돕는다. 이 치료법에 관심이 있다면 뉴로피드백 자격증을 소지한 정신 건강 전문가를 찾아보라.
- 다음과 같은 영양보충제를 준다.
    a. 엘테아닌(L-theanine) 100~300mg (테아닌, 엘테아닌은 차와 일부 버섯에 많이 함유되어 있는 천연 유리아미노산으로 신경계 조절에 도움을 준다. -옮긴이)
    b. 감마 아미노뷰티르산(GABA) 125~500g (이는 뇌조직에 많은 아미노산으로, 중추신경계에 작용하는 억제성 신경전달물질이다. -옮긴이)
    c. 아슈와간다(ashwagandha) 125~600mg (아슈와간다는 가짓과의 식물로, 뿌리와 잎이 인체의 면역, 신경, 내분비 등에 작용하는 약재로 사용된다. -옮긴이)
    d. 마그네슘(글리신 마그네슘, 구연산 마그네슘 또는 말산염 마그네슘) 100~400mg

기분 증상과 우울증

아이들은 누구든지 때때로 슬프거나 절망감을 느낀다. 사랑으로 키우던 가족의 반려동물이 죽거나, 학교 친구가 이사를 가거나, 스포츠팀이나 학교 연극에 뽑히지 못했을 때 슬픔, 절망, 무가치감을 느끼는 것은 흔한 일이다. 그러나 우울한 기분이 몇 주 또는 몇 달 동안 지속되면 우울증(depression)의 징후일 수 있다. 앞서 언급한 《JAMA 소아청소년과학》 게재 연구에 따르면 2016년부터 2020년까지 아동 우울증 환자가 27퍼센트 증가했다고 한다.[126] 이는 300만 명 가까운 아이들이 우울증을 겪고 있다는 얘긴데, 팬데믹 이후 그 수는 더욱 늘어났다. 다음은 아이가 우울증일 수 있다는 몇 가지 징후다.

아이들의 우울증 증상
- 슬픔, 절망, 무력감을 느낀다.
- 평소 즐기던 취미나 활동에 대한 관심이 크게 줄거나 없어진다.
- 피로감을 느낀다.
- 식욕에 변화가 있다(평소보다 음식을 상당히 많이 먹거나 적게 먹는다).
- 평소보다 잠을 훨씬 많이 자거나 적게 잔다.
- 집중력이 저하된다.
- 동기가 부족해 보인다.

- 몸살과 통증이 있다.
- 과민하게 군다.
- 자기파괴적 또는 자해적인 행동을 한다(자살생각, 자살행동 포함).

모든 유형의 우울증에 도움이 되는 자연적 전략

- 아이에게 부정적 자동사고를 반박하도록 격려한다(에이멘 박사의 책 『캡틴 스나우트와 초능력 질문들』 참조).
- 자연 속에서 걷거나 밖에서 논다.
- 햇볕을 충분히 쬐고, 겨울철이나 어두운 날에는 밝은 광선치료(light therapy) 램프를 사용한다.
- 식단에 과일과 채소를 충분히 넣는다.
- 통합의학 또는 기능의학(functional medicine) 의사와 협력하여 아이의 갑상선, 엽산, 비타민 D, 기타 수치들을 최적화한다(보완대체의학의 일종인 기능의학은 환자별 맞춤형 치료를 강조하며, 질병의 근본 원인을 찾는 데 중점을 두고 만성질환의 관리, 예방, 전반적인 건강 증진에 주력한다.-옮긴이).
- 가공 식품, 인공 색소, 방부제, 감미료를 제거한다.
- 3주 동안 제거식이요법을 시도한다(자세한 내용은 앞쪽 ADHD 항목을 참조할 것).
- 운동한다.
- 다음과 같은 영양보충제를 섭취한다.

    a. 사프란 10~30mg (사프란은 붓꽃과에 속하는 식물인 사프란 크로커스 꽃의 암술대를 건조시켜 만든 것으로 건위제, 진정제, 향신료로 쓴다.-옮긴이)

    b. 커큐민 100~400mg (커큐민은 인도산 울금, 즉 강황의 덩이뿌리에 주로 포함되어 있는 폴리페놀의 일종이며, 항산화·항염증 등 다양한 건강 효능이 있다.-옮긴이)

    c. 아연(구연산 아연 또는 글리신산 아연) 30mg(청소년의 경우 하루

34mg, 아동은 이보다 적게 섭취)

    d. 오메가-3 지방산 EPA+DHA 1,000~3,000mg

       (에이멘 박사는 이처럼 영양 보충을 해주지 않으면 아이가 약물에 반응할 가능성이 낮아지리라고 확신한다.)

우울증은 심신을 파괴할 수 있는 질환인데도, 먼저 근본적인 원인에 대처하지 않은 채 병원에서 의사를 잠깐 보고는 SSRI(선택적 세로토닌 재흡수 억제제) 처방부터 받게 되는 수가 너무나 많다. SSRI는 끊기가 어려운 경우가 많으며, 일부 아이들에게는 증상을 악화시키는 것으로 나타났다. 앞에서 제시한 일반적 전략이 효과가 없다면, 아이의 우울증 유형을 겨냥한 다른 건강기능식품이나 약물을 시도해 볼 때다(에이멘 박사의 책 『불안과 우울로부터의 힐링(Healing Anxiety and Depression)』 참조).

강박장애(OCD)

흔히 OCD(obsessive-compulsive disorder)라는 약칭으로 부르는 강박장애의 특징은 일상생활을 방해하는 걱정, 수치심, 죄책감, 또는 강박적 충동을 유발하는 원치 않고 불쾌한 생각이 반복적으로 떠오르는 것이다. 가장 흔한 반복행동으로는 숫자 세기, 손 씻기, 확인하기, 만지기 등이 있다. 인구의 1~4퍼센트에서 발생하는 이 장애[127]가 있는 아동은 그러한 행동을 스스로 정한 어떤 규칙에 따라 엄격하거나 경직된 방식으로 수행해야 할 필요성을 느낀다. 예를 들어, 숫자 세기 강박이 있는 어린이는 등굣길에 포장도로의 모든 균열을 세어야 한다는 강박감을 느낄 수 있다. 보통 사람이라면 걸어서 5분 걸리는 거리가 강박장애 아이에게는 한 시간이 걸리는 여행이 될 수 있는 것이다. 이 아이들은 마음속에 '이걸 해야만 한다'는 절박한 감각을 안고 살아간다.

에이멘 박사는 많은 강박장애 환자를 치료해 왔는데, 그중 가장 어린 환자는 다섯 살이었다. 이 아이는 확인하는 강박증이 있어서, 밤에 집의 자물쇠

들이 다 잘 잠겨 있는지 20번에서 30번은 확인해야만 잠들 수 있었다.

아이들의 강박장애 증상
- 강박적인 생각을 한다.
- 숫자를 세거나 과도한 손 씻기 등의 강박적 행동을 한다.
- 과도하거나 무의미한 걱정을 한다.
- 지나치게 집중하는 경향을 보인다.
- 반항적이다. 툭하면 '아니'라고 한다.
- 논쟁을 벌인다.
- 뒤끝이 오래간다.
- 일이 자기 뜻대로 되지 않을 때 매우 속상해하거나 화를 낸다.
- 건강치 못한 완벽주의를 가지고 있다.
- 물건이 제자리에 있지 않으면 속상해하거나 화를 낸다.

모든 유형의 강박장애에 도움이 되는 자연적 전략
- 연쇄상구균 감염, 코로나19 후유증, 또는 라임병과 같은 기저 감염이 있는지 확인한다. '연쇄상구균과 관련된 소아 자가면역 신경정신장애(PANDAS)'나 다른 종류의 감염과 관련된 '소아 급성발병 신경정신병 증후군(PANS)'도 강박장애 증상을 새로이 유발할 수 있다. 다음 항목(PANS와 PANDAS)을 참조하라.
- 복합탄수화물 함량을 더 높인 식단을 짠다. 고구마나 병아리콩 같은 식품은 세로토닌 수치를 높이는 데 도움이 될 수 있다.
- 고단백 식단을 피한다. 집중력을 높여서 강박 증상을 악화시킬 수 있기 때문이다.
- 행동치료를 받는다. 전전두피질을 강화하여 앞대상회의 과다활동을 진정시키는 데 도움이 된다.

- 주의를 분산시킨다. 아이가 걱정이나 어떤 행동에 집착하는 것을 발견하면 함께 노래를 부르거나, 산책을 나가거나, 게임을 하면서 주의를 분산시킨다.
- 다음과 같은 영양보충제가 도움이 될 수 있다.
    a. 5-HTP(5-하이드록시트립토판) 50~300mg (이것은 신경전달물질인 세로토닌의 생합성에 관여하는 화학적 전구체다. -옮긴이)
    b. 사프란 10~30mg
    c. 세인트존스워트(St. John's wort, 서양고추나물) 300~900mg

PANS와 PANDAS

에릭은 다섯 살이 될 때까지만 해도 성격 좋은 아이였다. 그런데 어느 날 갑자기 격렬한 분노와 더불어 어깨를 으쓱거리고 고개를 한쪽으로 휙 돌리곤 하는 이상한 틱 증세를 보이기 시작했다. 부모님은 에릭을 정신과 의사에게 데려갔고, 이후 여러 의사를 전전하며 ADHD, 강박장애, 적대적 반항장애 등등 제각각의 진단을 받는 결과에 이르렀다. 부모님이 에릭을 데리고 에이멘 클리닉을 찾았을 때, 에릭은 수많은 약을 복용하고 있었지만 효과는 없었다. 에이멘 클리닉에서 SPECT 스캔과 실험실 검사를 포함한 종합적인 평가를 한 후, 에릭에겐 다른 진단이 내려졌다. 그의 병명은 PANDAS였다.

'연쇄상구균 감염과 관련된 소아 자가면역 신경정신장애(pediatric autoimmune neuropsychiatric disorders associated with streptococcal infections, PANDAS)'는 '소아 급성발병 신경정신병 증후군(pediatric acute-onset neuropsychiatric syndrome, PANS)'의 부분집합(하위집합)으로 간주되며, 감염 후 갑자기 발생하는 정신 및 행동 문제다. PANS나 PANDAS 개념은 전통적인 정신의학에서는 논란의 여지가 있는 것으로 여겨지나 확실한 실체가 있는 질환으로, 강박장애나 투렛 증후군 진단을 받은 어린이의 약 10퍼센트가 이 증상을 보인다. PANS와 PANDAS의 주된 특징은 신경정신의학적 증상이 급성으로 갑작스럽게 발병하여 아이를 쇠약하게 만든다는 것이다. 다음의 박테리아 및 바이러스 감염이 PANS, PANDAS와 관련된다.

- 연쇄상구균
- 감염성 단핵구증
- 라임병
- 엡스타인-바 바이러스
- 마이코플라스마 폐렴(일반적인 폐렴보다 증상이 가벼워 '걷는 폐렴'이라고도 한다.)

연구자들은 현재 코로나19 감염과 PANS 및 PANDAS 사이에 연관성이 있는지 조사하고 있다. 기저 감염을 치료하는 것은 치유 과정에 매우 중요하다.

아이의 PANS/PANDAS 증상

- 강박증
- 제한적인 식사
- 극심한 불안 및 공황발작 또는 새로운 공포증
- 무관심 또는 과잉행동(병행될 수도 있다.)
- 음성 틱(vocal tic) 또는 운동 틱(motor tic)
- 우울증과 자살생각 및 자살행동
- 분노 또는 공격성
- 반항 행동
- 감각 과민성
- 행동 퇴행
- 수학적 능력과 필기 능력 저하
- 잠을 잘 못 잠

- 야뇨증
- 자폐증과 연관된 증상들
- 정신병
- 학교 성적 저하

PANS/PANDAS에 도움이 되는 자연적 전략
- 뇌 건강에 좋은 식단으로 먹기: 영양이 풍부한 음식으로 뇌에 연료를 공급하면 도움이 된다.
- 독소 노출 줄이기: 뇌에 해를 끼치는 독소를 피하는 것이 중요하다.
- 스트레스 관리: 아이가 스스로 진정하는 방법을 배우도록 돕는다.
(추가적인 전략들에 대해서는 PANS/PANDAS 전문 임상의와 상담하라.)

여기에서 설명한 문제들과 적대적 반항장애, 자폐증, 양극성장애(조울증), 외상후 스트레스장애(PTSD), 조현병, 섭식장애 등을 포함한 뇌/정신 건강 문제들은 치료가 가능하다. 조기 개입은 아이의 삶의 향방에 큰 변화를 가져올 수 있으므로, 증상이 사라지기를 마냥 기다리지 말라. 도움이 필요하면 그 즉시 요청하라.

전문가의 도움을 받아야 할 때

그렇다면, 도움을 구해야 할 때가 언제인지는 어떻게 알 수 있을까? 아이의 태도, 행동, 감정, 생각이 가정생활이나 학교생활을 잘 해내는 데 방해가 될 때, 뇌 건강에 좋은 습관과 '사랑과 논리'의 원리들로도 문제가 나아지지 않을 때 전문가의 도움을 구하라. 또한 아이가 심한 증상으로 인해 일상생활을 제대로 못 하거나, 생산적으로 활동하지 못하거나, 기쁨을 느끼지 못할 때도 도움이 필요하다. 어떤 징후를 살펴야 하는지를 어느 정도 알면, 아이에게 뭔가 문제가 생겼을 때 알아차릴 수 있을 것이다.

유능한 전문가 찾기

아무리 최상의 양육 기술과 뇌 건강에 좋은 습관을 가진 부모라도 뇌/정신 건강 문제가 있는 아이의 일상적인 스트레스 앞에서는 고전할 수 있다. 아이의 행동으로 인해 형제자매는 당혹감을, 부모는 죄책감을 느끼는 수가 많다. 아이와 나머지 가족 모두에게 유익한 결과를 보기 위해서는 전문적인 도움을 받는 것이 대단히 중요하다. 그리고 그보다도 더 중요한 것은 올바른 전문가, 즉 의료 서비스 제공자를 찾는 일이다.

최고의 정신 건강 전문가를 찾는 여덟 단계

1. 찾을 수 있는 최상의 사람을 구하라. 여러분의 관리형 건강보험(보장형 보험에 비해 의료 제공자 선택이 제한되어 있다.-옮긴이)에 그 사람이 의료 서비스 제공자로 가입해 있다거나 수가가 저렴하다는 이유만으로 특정 치료사를 찾아가지 말라. 그 치료사는 여러분이나 아이에게 적합하지 않을 수 있다. 당장은 돈을 절약하는 것처럼 보이지만 장기적으로는 더 많은 비용이 들 수 있다. 올바른 도움을 받는 것이 장기적으로 비용효율적일 뿐만 아니라 불필요한 고통도 줄일 수 있다.

2. 전문의를 찾으라. 뇌 과학은 빠른 속도로 발전하고 있다. 전문의는 자기 분야의 최신 발전 내용을 따라잡으면 되는 반면, 일반의(가정의학과 의사)는 모든 분야의 것을 따라잡으려고 노력해야 한다. 심장에 부정맥이 있다면 일반 내과의보다 심장 전문의에게 진료를 받는 것이 낫지 않겠는가.

3. 여러분의 문제에 대해 잘 알고 있는 사람에게서 추천을 받으라. 때때로 사람들은 좋은 뜻에서 잘못된 정보를 제공한다. 에이멘 박사는 ADHD, 학습장

애 또는 우울증과 같은 뇌 시스템 문제들을 가볍게 여기면서 사람들이 전문가에게 도움받는 걸 말리는 의사와 교사들을 많이 알고 있다. 에이멘 박사의 어느 환자는 한 가정의학과 의사에게서 이런 말을 들었다고 한다. "아, ADHD라는 건 일시적 유행일 뿐이에요. 환자분은 특별히 도움이 필요하지 않아요. 그냥 더 노력하세요." 해당 분야의 전문의, 주요 연구 센터 사람들, 여러분이 당면한 것과 같은 문제에 대한 지지모임의 회원들을 접촉해서 문의하라. 여러분이 사는 지역의 온라인 의료 지지모임을 찾아보라. 지지모임에는 그 지역에서 일하는 전문가의 진료를 받아본 회원들이 있기 마련이며, 이들은 특정 의사 등 의료 제공자의 환자를 대하는 태도, 역량, 환자에 대한 반응성, 일의 체계성 등에 관해 중요한 정보를 줄 수 있다.

4. 자격증을 확인하라. 소정의 필기 및 구두시험을 통과하여 공인 자격증을 받은 의사를 찾아가라. 그 의사는 전문 기술과 지식을 습득하기 위해 자신을 다스리며 성실히 공부했을 것이다. 전문의가 어느 의대나 의학전문대학원을 다녔는지에 지나치게 연연하지 말라. 에이멘 박사가 함께 일한 의사 가운데는 예일대나 하버드대를 나왔지만 환자를 적절하게 치료하는 방법은 전혀 모르는 의사들이 있었는가 하면, 대학 간판은 그에 못 미쳐도 탁월하고 진취적이며 배려심이 깊은 의사들도 있었다.

5. 고려 중인 전문가가 있다면 그에게 치료를 맡기는 게 과연 좋을지 확인하기 위해 면담 일정을 잡으라. 그러려면 보통은 비용을 지불해야 하지만, 믿고 도움을 맡기려는 사람이 자신과 잘 맞는지 확인하는 일은 투자할 가치가 있다. 상담한 사람이 여러분과 잘 맞지 않는다고 생각되면 다른 사람을 찾으라.

6. 많은 전문가들이 글이나 책을 쓰거나, 회의 또는 지역 모임에서 강연을 한다. 가능하면 그들의 글을 읽거나 강연을 직접 들으며 그들이 어떤 사람인지, 무슨 도움을 줄 수 있을지 가늠해 보라.

7. 생각이 열려 있고, 최신 지식과 정보를 잘 알며, 새로운 접근 방식을 기꺼이 시도하는 의료 제공자를 찾으라.

8. 여러분을 존중하고, 여러분의 질문에 귀를 기울이며, 여러분의 요구에 부응하는 의료 제공자를 찾으라. 여러분과 의료 제공자는 서로 협력하고 신뢰하는 관계여야 하기 때문이다.

뇌 생리학에 대한 적절한 교육을 받았으면서 이러한 기준을 모두 충족하는 전문가를 찾는 것은 어려울 수 있다. 하지만 불가능하지는 않다. 끈기를 발휘하라. 아이의 치유를 돕는 데 있어 적절한 전문가는 필수 요소다.

실천 단계
- 뇌/정신 건강 문제가 흔하다는 사실을 받아들인다.
- 정신력의 네 원이 아이의 뇌/정신 건강에 어떻게 부정적 또는 긍정적 영향을 미칠 수 있는지 이해한다.
- 뇌/정신 건강 문제를 치료하지 않으면 아이의 삶에 장기적으로 심각한 영향을 미칠 수 있음을 인식한다.
- 아이들에게 흔히 나타나는 뇌/정신 건강 문제의 징후와 증상을 파악한다.
- 아이들의 뇌/정신 건강 문제는 사실은 뇌 건강 문제임을 인지한다.
- 문제를 발견하면 지체 없이 자연적 전략부터 시도한다.
- 문제가 의심되면 우선 아이의 소아청소년과 의사와 상담한다.
- 치료를 받으려 할 때는 뇌 건강에 정통한 뇌/정신 건강 전문가를 찾는다.

2부

양육의 흔한 난관들을 단단한 성품을 키울 기회로 바꿔줄 팁과 도구들

지혜와 단단한 성품, 믿음으로 향하는 도로는 온통 구덩이투성이다.
가는 길은 고되지만, 목적지는 기쁨 넘치는 곳이다.

　지금까지 아이를 존중심과 책임감이 있으며 뇌가 건강한 사람으로 키우기 위한 검증된 도구와 기법들을 여러분에게 알려드렸다. 이제는 양육에서 흔히 맞닥뜨리는 어려움에 어떻게 대응할지, 간명하고 핵심적인 팁들을 공유하려 한다. 다룰 주제는 배변 훈련, 형제자매 간의 대립, 왕따 등 괴롭힘, 스포츠 참여, 친구 사귀기, 데이트, 이혼, 계부모의 역할 등이다. 올바른 전략을 쓰면 일상의 난관들을 극복할 수 있을 뿐 아니라, 정신력을 키우는 학습 기회로 바꿀 수 있다. 여러분이 뇌를 기반으로 하는 기법들과 '사랑과 논리'를 가지고 그 같은 흔한 문제들에 접근하면 아이는 문제 해결 능력이 커지고, 자존감이 올라가며, '할 수 있다'는 태도를 키울 수 있다. 이렇게 노력해도 효과가 보이지 않거나 근저에 더 심각한 문제가 있는 게 아닌지 의심되는 경우에는 (7장에서 설명했듯) 정신 건강 전문가에게 문의하기를 권한다.

제14장

흔한 난관 1

배변 훈련을 긍정적인 경험으로 만들기

아이에게 변기 사용법을 가르치는 일이 이렇게 재미있을 줄 누가 알았겠는가?

배변 훈련은 부모와 아이 모두에게 힘들고 속 타는 일일 수 있지만, 부모가 다음 세 가지를 이해한다면 대부분의 혼란은 피할 수 있다.

- 몇 살쯤엔 당연히 배변 훈련을 받아야 한다는 흔한 메시지는 건강치 못한 것이라는 점
- 정상적인 발달의 적절한 시기와 경로
- 아이가 배변 훈련을 즐겁게 받을 수 있도록 '사랑과 논리'의 'MAP'을 적용하는 방법(6장 참조)

배변 훈련에 관한 부정확하고 건강치 못한 메시지의 출처는 다른 부모, 소셜 미디어, 블로그, 그리고 자신의 주장을 뒷받침할 만한 자격이나 경험이 없는 소위 양육 '전문가' 등등 다양하다. 가장 해로운 메시지 몇 가지를 따져보자.

- **건강치 못한 메시지 #1: 모든 아이는 똑같다.** 그러나 진실은, 아이들의 생물학적 특성과 발달은 각기 다르다는 것이다. 둘째 아이가 첫째 아이와 같은 시간표에 따라 움직일 것이라고 기대하지 말라. 둘째 아이가 여러분 친구의 아이와 같은 속도로 발달할 것이라고 지레짐작하지도 말라.
- **건강치 못한 메시지 #2: 배변 훈련은 경쟁이다.** 아이의 셔츠에 '기저귀 뗐어요'라고 적힌 스티커를 일종의 훈장처럼 붙이는 엄마들이 있다. 그러나 대부분의 보육 서비스 제공자는 스티커를 붙이지 않아도 아이가 배변 훈련을 마쳤는지 아닌지를 한눈에 알아본다.
- **건강치 못한 메시지 #3: 벌을 잘 주면 된다.** 어떤 부모는 유아에게 충분히 벌을 주기만 하면 방광이 알아서 협조할 것이라고 생각한다.
- **건강치 못한 메시지 #4: 상을 잘 주면 된다.** 때때로 물질적 보상을 활용하는 것은 아이에게서 원하는 행동을 유도해 내는 좋은 방법이 될 수 있다. 그러나 보상이 항상 계획대로 작동하는 것은 아니다. 두 가지를 명심하길 바란다. (1) 보상은 아이가 발달할 준비를 더 빨리 하도록 돕지 못하며, (2) 관계에 관한 긍정적 메시지가 동반되지 않으면 효과를 내는 적이 거의 없다. 아이에게 동기를 부여하는 가장 강력한 요소는 부모의 사랑과 격려, 열의다.

이러한 잘못된 메시지들이 부모와 아이에게 좌절감을 안겨주고 있다.

실제로, 발달 단계-이 경우엔 배변 훈련-의 시기와 경로에서 '정상'의 범위는 상당히 넓다. 미국에서 배변 훈련을 하는 평균 연령은 만 2~3세이지만,[128] 일부 아이들은 그보다 일찍 또는 늦게 배변 훈련에 성공하기 시작한다. 예를 들어, 연구에 따르면 여아가 남아보다 일반적으로 2~3개월 일찍 배변 훈련의 기술들을 익히는 것으로 나타났다.[129] 기억해야 할 점은 아이가 배변 훈련을 할 준비가 되려면 그 전에 신체와 신경 차원에서 엄청나게 많고도 복잡한 성장 단계를 밟아야 한다는 것이다. 부모가 아이의 건강한 발달을 저해하면서까지 그 과정을 서두르려고 한 탓에 아이가 과도한 스트레스를 받은 나머지 오히려 발달이 늦어지는 경우가 많다.

대소변을 가리는 기술이 발달하는 모습은 다른 많은 기술의 경우와 비슷하다. 매끄럽거나 직선적으로 진행되지 않는다는 뜻이다. 아이가 빠르게 발전하다가 정체기를 맞거나 심지어 약간 퇴보할 수도 있다. 이런 현상은 지극히 정상이다. 이를 이해하면 배변 훈련이 정체하거나 후퇴할 때 당황하거나 좌절감을 느끼거나 아이를 꾸짖을 가능성이 크게 줄어든다.

'사랑과 논리'의 MAP을 적용하는 방법을 배우라.

- 건강한 행동의 모범을 보이기
- 안전한 실수를 허용하기
- 공감해 주기

한 싱글맘이 변기 사용을 거부하는 딸과의 대치 상황을 어떻게 반전시켰는지 알아보자. 페이 박사를 찾아온 제시카는 딸을 약간 엄하게 대하는 것을 포함하여 모든 방법을 시도해 보았다고 말했다. 페이 박사는 제시카에게, 그녀 자신은 야단을 맞았을 때 문제의 무언가를 하고 싶어졌는지, 아니면 다른 사람들이 그 일을 즐겁게 하는 걸 보는 게 더 도움이 될지 물었다. 페이 박사는 그녀에게 딸 앞에서 화장실을 재미있게 사용하는 모습을 보여주라고 제안했다.

한 달쯤 후, 페이 박사는 어떻게 되어가고 있는지 물었다. 제시카는 그 새로운 전략이 효과를 보았다고 말했다. 아이를 위해 우스꽝스러운 표정을 짓고 음향 효과까지 추가하다 보니 그녀 자신도 재미있었다고 했다. 화장실 변기를 향해 후진할 때 그녀는 마치 큰 트럭이 후진할 때처럼 '삐, 삐, 삐' 소리를 냈다. 그러자 딸은 킥킥거리며 자기도 해보고 싶다고 말했다는 것이다.

"하지만 문제가 있어요."라고 제시카가 운을 뗐다. "프라이버시 부족이죠. 지금은 제가 화장실에 갈 때마다 딸이 저를 뚫어져라 쳐다보거든요. 뭐 조금씩 나아지고 있긴 해요. 얼마 전에는 딸아이가 '엄마, 프라이버시 필요해요?' 하고 물어서 제가 답했어요. '물어줘서 정말 고맙구나. 그래, 프라이버시가 조금 있으면 좋겠어.' 그러자 딸이 화장실에 들어와서 문을 닫고는 계속 저를 쳐다보더군요."

이 이야기의 교훈은 바쁜 싱글맘인 제시카가, 최적의 발달이 이루어지려면 아이의 신체적·정서적 욕구가 지속적으로 충족되는 환경이 전제되어야 한다는 사실을 깨닫고 배변 훈련을 단순하고 재미있게 진행했다는 것이다. 그녀는 주위에서 들려오는 건강치 못한 메시지들에 휘둘리지 않고, 자신과 딸에게서 스트레스 반응 호르몬인 코르티솔의 분비를 유발하는 행동은 피했다. 대신, 그녀는 딸에게 자신의 행동을 모범으로 보여줬고, 그 결과 둘 사이에는 평생 지속될 신뢰와 애정의 유대가 구축되기 시작했다. 다음은 배변 훈련을 시작하는 데 도움이 될 팁들이다.

- 아이가 만 2~3세가 될 때까지 기다렸다가 시작하라.
- 부모가 본보기를 보이고 재미를 더하라. 노래를 부르거나, 우스운 소리를 내거나, 손뼉을 치는 것을 비롯해, 변기 사용이 얼마나 재미있는지 보여주는 행동들을 하라.
- 인형을 사용하여 변기 사용법을 보여주라.
- 아이가 변기에 앉는 데 성공하면 축하해 주라!
- 아이가 변기를 언제 사용해야 하는지 이해할 수 있도록 일과 중 변기 이용 시간을 정하라.

- 벌을 주지 말라. 아무리 꾸짖어도 아이의 방광은 협조하지 않는다.
- 아이에게 화장실에 가야 할 때 "쉬야" 또는 "응가"라고 말하도록 가르치라.
- 퇴보가 일어나도 대수롭지 않게 넘기라.
- 기저귀에서 배변 훈련용 바지로, 그다음엔 속옷으로 서서히 전환하라.

야뇨증은 어떻게 다루어야 할까? 야간에 침대에 실수를 하는 것을 가리키는 의학 용어인 야뇨증은 심각한 질환은 아니지만 부모의 골치를 썩일 수 있다. 한 연구에 따르면 약 30퍼센트의 어린이가 4세 반이 되어도 여전히 자다가 오줌을 싸고, 9세 반인 어린이 중 거의 10퍼센트도 같은 일을 겪는다고 한다.[130] 이는 어린이에게 죄책감과 수치심을 유발하여 자존감이 낮아지는 문제를 낳을 수 있다. 에이멘 박사 본인도 어렸을 적에 잠결에 오줌을 싸곤 했고, 그로 인해 수치심을 느꼈다. 그는 매일 아침 침대 시트가 젖어 있을까 봐 화들짝 놀라며 잠에서 깨곤 했다. 야뇨증을 일으키는 일반적인 요인은 스트레스와 불안이며, 연구에 따르면 ADHD 아동은 야뇨증을 경험할 가능성이 더 높다.[131] 부모로서는 인내심을 갖고, 야간에 방광을 조절하는 아이의 능력이 스스로 발달하도록 기다리는 것이 요령이다.

아이에게 화를 내거나, 아이가 자기 잘못 같다고, 혹은 자신이 올바르지 못한 행동을 했다고 느끼게 하지 말라. 이는 여러 가지 면에서 해로울 수 있다. 극단적인 경우로, 1997년 4명을 살해한 혐의로 유죄 판결을 받은 루이스 피플스의 사례가 있다.[132] 에이멘 클리닉에서 그의 뇌를 스캔한 결과, 전전두피질에서 약물 남용이나 두부 외상의 결과와 일치하는 비정상적인 활동이 나타났다. 한편 그에겐 10대까지 지속된 야뇨증 병력이 있다는 사실도 밝혀졌다. 그가 침대에 오줌을 싸면 부모님은 젖은 시트로 그를 바깥의 나무에 묶어두었다고 한다. 끔찍한 벌을 받은 게 연쇄 살인을 저지른 핑계가 될 수는 없지만, 그의 뇌 건강에 극히 해로웠던 건 사실일 테다.

야뇨증의 확률을 낮춰줄 전략 몇 가지가 있다. 예를 들면, 아이가 저녁에 음료수를 마시지 않도록 하고 이뇨 작용을 하는 카페인을 피하게끔 하라. 아이가 잠자리에 들기 직전에 꼭 소변을 보도록 하고, 잠들기 전에 어느 정도 시간이 지나면 다시 한번 소변을 보도록 하라. '야뇨 경보기'도 도움이 될 수 있다. 만 7세가 지났는데도 야뇨증이 계속되면 의사와 상담해서 수면 무호흡증이나 변비 등 기저 질환이 있는지 확인하라. 경우에 따라 약물이 도움이 될 수 있다.

실천 단계
- 여러분과 아이에게 가장 효과적인 배변 훈련 팁을 활용하라.
- 아이가 스트레스를 받지 않도록 재미있게 진행하라.
- 훈련이 직선적으로 진전되기를 기대하지 말라. 퇴보는 흔하다.

제15장

흔한 난관 2

형제자매 간의 대립

부모로서 우리는 형제자매가 서로 사랑하게 만들 수는 없지만,
서로 존중하는 방법을 가르칠 수는 있다.

형제자매는 가장 친한 친구가 될 수도 있고, 최악의 앙숙처럼 행동할 수도 있다. 이 중요한 관계는 사회적·정서적 기술과 자신감이 발달하도록 북돋을 수도 있고, 두려움이나 분함, 불안, 우울증을 일으킬 수도 있다. [133] 형제자매의 관계가 바람직하게 풀릴지 여부는, 이 관계가 아이들에게 안전하고 효과적인 훈련의 장이 될 수 있다는 사실을 부모가 얼마나 잘 이해하느냐에 달렸다.

형제자매 간의 경쟁과 대립을 배움의 기회로 보는 부모는, 어떻게든 아이들이 서로를 친절하게 대하도록 가르치려고 속을 끓이는 경향이 덜하다. 사

실, 아이들이 다툼을 통해 삶의 기술을 배우려면 부모가 먼저 아이들이 어떤 단계를 밟으며 배우는지 이해해야 한다. 그 단계는 다음과 같다.

1. 문제나 갈등이 발생한다.
2. 문제나 갈등을 해결하기 위해 노력한다.
3. 어른이 제한을 설정하며 지도해 준다.
4. 난관 극복을 위해 더 많이 노력한다.
5. 투입한 노력 덕분에 결국 성공을 거둔다.

노력, 제한, 지도는 아이들에게 해결책을 개발할 틀을 제공하여 정신력을 키워주고 건강한 관계를 맺게 해준다. 아이들이 스스로 갈등을 해결하도록 허용하면, 결국 서로를 더 존중하게 되는 경향이 있다. (어른도 마찬가지다.) 기억하라. 아이들이 서로 사랑하게 만드는 것은 부모가 할 일이 아니다. 부모의 역할은 아이들이 갈등에 대처하는 방법을 배우고, 자신과는 다른 사람을 대하는 방법을 익히도록 돕는 것이다.

형제자매 관계를 건강하게 만드는 가장 큰 요소는 부모가 다른 사람들을 존중하고 용서하며 아량을 베푸는 모범을 보이는 것이다. 명심하자. 결국 아이들은 우리가 상상하는 것보다 더 많이 우리를 닮아간다. 그렇기 때문에 형제자매 간의 싸움에 대응할 때 부모가 건강한 자기돌봄, 침착함, 좋은 경계 짓기를 본보기로 보여주는 것이 매우 중요하다. 형제자매 간 대립 문제의 해소를 돕는 동시에 부모와 아이들 사이에서 통제의 공유, 생각의 공유가 원활히 일어나도록 하는 방법은 다음과 같다.

1. 각 아이의 고유한 강점을 칭찬한다. 아이들을 비교하지 말라. 아이들은 하나하나가 개별적 존재이며, 부모가 자기들 각자의 고유성을 존중하고 사랑해 주는 모습을 보아야 한다. 여러분은 아이들 또한 서로 그렇게 대

하기를 바랄 테니, 좋은 본보기가 되라. 여러 번 강조했듯이, 부모와 아이가 맺는 관계의 질은 아이가 만나는 다른 모든 관계에 영향을 미친다. 아이들이 부모를 사랑하고 존중하게 되면 결국 서로를 사랑하고 존중하는 법을 배울 가능성이 훨씬 더 커진다.

2. 부모에게 맞서 봤자 효과가 없다는 것을 가르친다. 형제자매 간 라이벌 관계의 많은 사례에서, 진짜 문제는 부모가 싸움을 그만두라고 요청할 때 그 말을 들을 만큼 부모를 존중하지 않는다는 것이다. 여러분의 아이들이 쓰레기 버리기, 자기 방 청소하기, 자신이 사용한 그릇을 설거지하고 찬장에 넣기 같은 간단한 요청을 따르는 법도 배우지 못했다면, 서로 때리거나 소리를 지르지 말라는 요청에 따를 가능성이 얼마나 될까? 아이들이 경청하는 훈련을 받지 않았다면 훈육에 관한 6장을 다시 살펴보라.

3. 부모는 자신을 잘 돌보고, 아이들 사이의 관계 문제는 아이들의 몫으로 남겨둔다. 아이들이 말다툼이나 몸싸움을 할 때 부모는 끼어들어 말리고 싶은 유혹에 빠질 수 있다. 하지만 그렇게 행동하면, 아이들은 다른 사람과 문제가 생기거나 자신이 문제를 일으키면 누군가가 항상 자신을 구조하러 온다고 생각하게 된다. 더 나은 방책은 아이들이 스스로 문제를 해결하도록 내버려두는 것이다. 여러분이 차에 타고 있는데 아이들이 뒷좌석에서 소리를 지르며 난리를 치고, 여러분의 좌석 뒤편을 발로 차기까지 한다고 가정해 보자. 다음과 같이 대화가 이어질 수 있다.

부모: *(이 경우엔 엄마)* 정말 안타깝구나. 너희들은 해결해야 할 문제가 있어. 내게도 문제가 되고 있으니 해결해 줘야겠어. 어떻게 할 거니?

아이들: 네, 하지만 얘가 나를 …라고 놀렸어요. / 내 자리로 넘어왔다고요! / 누나가 꼬집었어요.

부모: 자, 이 문제를 해결하기 위해 어떻게 할 거야? 아이디어가 필요하면 기꺼이 말해 줄게. 너희가 계속 이렇게 행동하면 집에 가서 뭔가 조치를 취해야 할 것 같아.

아이들: 어떻게 하실 건데요?

부모: 생각해 봐야겠지만, 너희들이 좀 더 사이가 좋아지도록 유대감을 쌓는 시간을 가져야 할 것 같구나.

한 아이가 다른 아이에게: 유대감을 쌓는 시간이란 집안일을 함께 한다는 뜻이야.

부모: 그래, 집안일은 유대감을 키우는 데 정말 도움이 되지 않니?

아이들: *(갑자기 서로 껴안으며)* 우린 서로 사랑해요. 우린 유대감 쌓기 같은 것 필요 없어요.

부모: *(웃으며)* 잘됐네. 너희들 사이가 좋아진 걸 보니 정말 기쁘구나.

짐작할 수 있겠지만, 이 아이들이 '사랑과 논리'를 경험한 것은 이때가 처음이 아니었다. 아이들의 첫 경험은 대략 다음과 같았다.

부모: *(차분하게 공감을 담아)* 아휴, 유감스럽구나. 너희들이 계속 이렇게 싸우면, 내가 잃은 에너지를 채워주고 서로 유대감 쌓는 걸 배우도록 집안일을 꽤 많이 해야겠는걸.

한 아이: 그런 게 어딨어요. 안 할 거예요.

다른 아이: 난 누나랑 유대감 따위 쌓고 싶지 않아.

부모: *(여전히 침착하게)* 뭔가 조치를 취해야겠지만 지금은 운전에 집중해야 해서 안 되겠구나. 나중에 얘기하자.

아이들: 어떻게 할 건데요?

부모: 아직은 모르겠어. 나중에 얘기하자.

아이들: 말해 달라고요!

부모: *(침착하면서도 단호하게)* 나중에 얘기하자.

몇 시간 후 집에서.

부모: *(공감을 담아)* 너희가 서로 싸우는 바람에 나는 차 안에서 에너지가 바닥나 버렸어. 너희가 어떻게 내 에너지를 벌충할 수 있을까?

한 아이: 쟤가 짜증나게 굴었어요! 내 잘못이 아니라고요.

다른 아이: 말도 안 돼! 누나가 시작했잖아.

부모: *(두 아이 모두 문제에 책임이 있음을 확신하고, 단호하지만 공감하는 태도로 말한다)* 이런, 정말 속상하구나. 나는 너희 둘을 너무 사랑해서, 너희가 사이좋게 지내려고 노력하지 않을 때 정말 기운이 빠진단다. 이번 주에는 잃어버린 내 에너지를 충전하기 위해, 너희들을 활동 장소에 데려다주지 않고 집에 그냥 있게 할까 싶어. 아니면 너희가 청소기 돌리기, 가구에 쌓인 먼지 털기, 욕실 청소처럼 내가 하던 집안일을 대신 하면서 유대감을 형성하는 방법도 있겠지. 집안일을 함께 하는 것이 사람들 간의 유대감을 높여 더 사이좋게 지내는 데 도움이 된다고 하더구나. 자, 선택은 너희에게 달렸어. 집안일을 하기로 결정한다면 월요일 저녁 6시까지 무얼 해야 하는지 알려줄게.

이 엄마가 아이들과의 싸움에 휘말리지 않고, 자신을 잘 돌본 것에 주목하라. 6장의 '에너지 고갈' 기법을 어떻게 적용했는지도 잘 보라. 여기서 기억해야 할 중요한 점은, 이 기법은 비꼬거나 화를 낼 때 사용하도록 고안된 게 아니며, 아이에게 의도적으로 죄책감을 주는 방식으로 쓰여서도 안 된다는 것이다. 에너지 고갈 기법은 아이들에게 자신의 잘못된 행동이 낳은 결과를 보상할 기회를 주기 위해 사용하는 것이다. 또 다른 장점은 아이들이 그 같은 보상을 한 뒤 스스로를 매우 자랑스럽게 느끼는 수가 많다는 것이다.

4. 누가 시작했는지 알아내려고 하지 않는다. 부모들이 "누가 시작했지?"를 파악하려 들면서 낭비하는 에너지를 모아서 저장할 수 있다면 몇 달, 어쩌면 몇 년 동안 대도시에 연료를 공급할 수도 있을 법하다. 보통은 다툼에 관련된 모든 아이가 '시작'에 기여한다. 어떤 방식, 모양 또는 형태로든 말이다. 언뜻 피해자로 보이는 아이가 고약한 눈길을 던지거나 도발적인 말을 속삭여서 숙적 간의 한판 대결이 시작된 경우도 많다. 의심의 여지 없이 확인할 수 있는 경우가 아니라면, 탐정 놀이는 하지 말라. 안 그러면, 가만히 자기 할 일만 하는 것처럼 보이지만 실은 은밀히 건강치 못한 행동을 하고 있었던 아이의 나쁜 습관을 강화할 수 있다. 어떤 부모도 이러한 행동 패턴이 성인이 되어서도 지속되기를 바라지 않을 것이다.

실천 단계

- 오늘 당장, 아이마다 지닌 고유한 강점을 칭찬할 방법을 찾아본다.
- 아이들이 다투고 있을 때 끼어들지 않는다.
- 아이들에게 그들 사이의 문제를 어떻게 해결할 것인지 묻는다.
- 싸움을 누가 먼저 시작했는지 알아내려 들면서 시간을 낭비하지 않는다.

제16장

흔한 난관 3

아이가 놀림이나 괴롭힘을 당할 때

놀림에 대처하는 법을 가르치는 것은 아이가 몇 살이든 유익할 수 있는 기술이다.

아이가 놀림이나 괴롭힘의 표적이 되었다는 사실을 알게 되는 것보다 부모에게 더 속상하고 화나는 일은 드물다. 당장이라도 달려가 아이를 구해 주고 싶은 마음이 들지만, 그것이 반드시 가장 현명한 방법은 아니다. 적어도 괴롭힘이 학대나 폭행으로 이어지지 않을 때는 그렇다. 최근 페이 박사는 한 가냘픈 남자아이가 스쿨버스에서 목이 졸리고, 주먹과 손바닥으로 맞는 동영상을 보게 되었다. 가해자는 피해자보다 나이가 많아 보였고 덩치도 우람했다. 뉴스 해설자들은 그 행위를 두고 '괴롭힘'이라고 불렀다. 그 말은 틀렸다. 그건 학대였다. 폭행이었다. 학대와 폭행은 모두 법에 위배되는 행위이며, 아이가 이런 피해를 당한 부모는 법적 고발도 불사하며 적극적으로 개입해야 한다.

하지만 놀림이나 괴롭힘을 당하는 아이는 자신이 다른 사람과 갈등을 겪거나 학대를 당할 때면 항상 누군가가 자신을 구해줄 것이라고 믿게 되는 경우가 너무 많다. 이런 일은 정신과 의사인 스티븐 카프먼 박사가 폭넓고 상세하게 논한 '드라마 삼각형(drama triangle)'이 만성적으로 지속될 때 발생한다. [134] 삼각형의 세 꼭짓점, 즉 박해자(persecutor)와 피해자(victim)와 구조자

(rescuer)' 간의 이 역학 관계에서, 학대받는 사람은 위기를 예방하거나 해결하기 위해 스스로 적극 노력할 때보다 그냥 위기를 겪을 때 더 많은 관심과 동정을 받기 때문에 끊임없이 '피해자' 역할을 맡으려 하는 상황이 만들어진다. 한편, 피해자와 구조자 사이에서는 역할이 이상하게 뒤바뀌어 피해자가 구조자에게 자신이 원하는 형태의 구조를 제공하지 못했다며 비난하는 경우가 흔하다. 피해자는 자격의식에 사로잡혀 행동하며, 가해자에게 맹렬한 비난을 퍼붓는 게 정당하다고 느낀다. 제정신이 박힌 사람이라면 누구도 자신의 가정이나 학교에서 이런 혼란스러운 드라마가 펼쳐지길 원치 않을 것이다.

페이 박사는 관찰을 통해, 아이들이 해로운 드라마 삼각형을 피하거나 벗어나도록 돕는 가장 빠른 방법은 피해자에게 힘을 실어주어 감정적으로 피해자 역할을 맡는 일을 방지하거나 최소화하는 것임을 알게 되었다. 그러려면 아이가 단호함, 유머, 침착함 등등의 태도, 즉 자신이 재미있고 짜릿한 목표물이 *아니*라는 것을 괴롭히는 사람에게 보여주는 태도로 상황을 처리하는 법을 배우도록 도와야 한다.

구조자 역할을 너무 자주 함으로써 아이에게서 경험하고 배울 기회를 빼앗지 말자. 그렇게 하면 아이는 자동적으로 피해자 역할에 놓이게 된다. 아이가 정서적으로나 신체적으로 명백한 위험에 처해 있지 않다면, 약간의 괴로움을 겪으면서 평생 유용하게 쓸 멋진 기술을 배우도록 놓아두는 편이 현명할

테다. 스스로 성공을 거둘 때 느끼는 기쁨과 높아지는 자존감에는 그 무엇과도 바꿀 수 없는 가치가 있다. 누구나 알다시피 괴롭힘은 초등학교, 중학교, 고등학교를 졸업한 후에도 멈추지 않는다. 우리 대부분은 성인이 되어서도 괴롭힘을 목격하거나 경험한 적이 있다. 다음은 모든 연령대의 아이를 가르치고 힘을 주기 위한 몇 가지 핵심 지침이다.

1. 괴롭힘을 당하는 것과 의견이 다른 것의 차이를 이해하도록 돕는다. 사소한 의견 차이가 괴롭힘으로 오인되는 다음의 사례를 살펴보자.

- 한 초등학교 2학년 학생이 괴롭힘을 당하고 있다며 눈물을 흘리면서 학교 행정실을 찾아왔다. 무슨 일이 있었냐고 묻자 "에마가 내 신발이 마음에 들지 않는다고 했어요"라고 말했다.
- 한 중학생은 같은 반 친구에게서 자신이 좋아하는 NFL 쿼터백 톰 브레이디가 형편없다는 말을 듣고는 부모님에게 괴롭힘을 당했다고 말했다.

의견 차이가 자동으로 괴롭힘이 되는 건 아니다. 아이에게 이를 설명하는 좋은 방법은, 누구나 다른 사람이 자기 의견에 반대할 때 자신의 반응을 통제하는 내면적 장치를 가지고 있다고 알려주는 것이다. 우리는 이를 '불쾌감 측정기'라고 부른다. 어떤 사람들은 불쾌감 측정기가 매우 예민하게 설정되어 있어 아주 사소한 의견 차이에도 버럭 화를 낸다. 예를 들어, 누군가 그 사람의 셔츠 색깔이 마음에 들지 않는다고 말하면 (쾅!) 그 사람은 불쾌감이 치솟고 하루가 엉망이 된다. 그런 사람들이 참 안쓰럽지 않은가? 불쾌감 측정기가 중간이나 낮은 수준으로 설정된 사람들도 있다. 보통은 낮게 설정된 사람들이 가장 행복하다. 자신이 동의하지 않는 말을 누군가가 하더라도 별달리 신경 쓰지 않기 때문이다. 그들은 그냥 그 말을 훌훌 털어버리고, 계속해서 즐거운 하루를 보낸다.

2. **'침착함의 힘'을 가르친다.** 반복적으로 괴롭힘을 당할 확률을 낮추는 한 가지 효과적인 방법은 괴롭히는 말에 화내거나 당황하지 않는다는 걸 보여주거나, 적어도 그런 척을 하는 것이다. 아이가 이 사실을 이해하도록 도우라. 아이에게, 불쾌감 측정기에 발동이 걸려 화가 나거나 속상하다는 티가 나는 행동이나 말을 하기 시작하면 어떤 일이 일어나는지 설명해 보라고 하라. 그런 다음 "그렇게 하면 괴롭힘을 당할 가능성이 더 낮아지니, 높아지니?"라고 물으라. 많은 아이들의 즉각적인 대답은, 남을 괴롭히는 아이들은 감정이 격해지는 아이들에게 집적거리는 걸 좋아하는 듯하다는 것이다. 그런 아이들은 다른 사람에게 정서적 고통을 주면서 자신에게 힘이 있다고 느낀다. 많은 아이들이 이 사실을 직관적으로 이해하고 있다. 아이가 이 개념을 이해하는 데 어려움을 겪는다면, 괴롭힘을 당하는 사람의 감정적인 반응은 괴롭히는 사람에게 보상과 같다고 부드럽게 설명해주라.

이를 잘 알고 있는 메넨데스 선생님은 자기가 맡은 2학년 아이들에게 누군가가 못된 말을 할 때 침착하게 행동하는 법을 가르쳤다. 수업 시간에 아이들은 불쾌감 측정기에 발동이 걸려도 침착하고 냉정한 척하는 연습을 했다. 메넨데스 선생님은 학생들이 자신의 불쾌감이나 다른 아이들의 말이나 행동에 신경 쓰지 않는 척하는 연습을 충분히 할 수 있도록 도왔다. 그는 이를 "침착함의 힘을 가지는 것"이라고 불렀다.

메넨데스 선생님 반의 남학생인 매니는 복도에서 몇몇 고학년 학생들로부터 놀림을 받고 있었다. 그들은 거의 매일 "너희 엄마는…" 운운하며 매니를 놀려댔다. '침착함의 힘'에 대해 알게 된 후 매니는 화를 내거나 속상해하기를 멈추었다. 대신 미소를 지으며 "그래, 엄마한테 그러지 말라고 여러 번 얘기했는데 내 말을 안 들으시네"라고 답했다. 매니를 괴롭히던 학생들은 더이상 매니를 약 오르게 할 수 없다는 사실을 곧 깨닫고 '침착함의 힘'이 없는 아이를 찾기 시작했다.

3. 괴롭힘을 당하는 것에 대한 부정적 자동사고를 반박하라고 상기시킨다.
어느 상황에서든, 부정적 자동사고(ANTs)는 틀림없이 상황을 악화시킨다는 사실을 기억하자. 놀림을 받거나 괴롭힘을 당하는 상황도 물론 다르지 않다. 사실, 이때야말로 가장 건강한 사고가 필요하다. 놀림 및 괴롭힘과 관련된 일반적인 부정적 자동사고로 다음의 몇 가지가 있다.

- 나는 피해자야.
- 나는 패배자야.
- 그 애들이 나에게 못되게 구는 것은 내 탓이야.
- 나는 그 애들이 싫어. 복수할 거야.
- 내가 할 수 있는 건 아무것도 없어. 가망이 없어.

페이 박사는 텍사스주 휴스턴의 어느 학교를 방문해 괴롭힘에 관한 교내 모임을 진행하고 있었다. 부정적 자동사고에 대처하는 방법을 설명하던 중 한 어린 여학생이 손을 들고 말했다. "아빠가 마법의 문장을 사용하라고 하셨어요. 누군가가 괴롭히거나 뭔가 잘못되었을 때, 스스로에게 들려줄 마법의 문장들 있잖아요. 누구에게나 필요한 거죠." 페이 박사가 예를 들어 달라고 했더니 아이는 답했다. "누군가 괴롭히거나 못되게 굴 때 저는 '악에 굴복하지 말고, 선으로 악을 이겨라'라고 스스로에게 말해요. 항상 저 자신에게 그렇게 얘기하죠. 아빠는 소리 내어 말하지 말고 속으로만 말하라고 했어요." 그 아이는 현명한 아버지를 두어서 정말 행운이었다!

부정적 자동사고가 정확하지 않다고 반박하고 그 생각을 '마법의 문장'과 같이 적절하고 정확한 생각으로 대체함으로써 '남을 괴롭히는 사람은 고통을 주는 사람이라기보다 그 자신이 고통을 받고 있는 사람'이라고 관점을 바꾸는 법을 배울 수 있다. '마법의 문장'은 청소년들에게 다른 사람의 말을 모두 믿을 필요는 없으며, 자기 자신에 대해 드는 생각도 사실이 아닌 한 믿지 않아도 된다는 걸 기억하게 해준다. 한 청소년은 자신이 가장 좋아하는 마법의 문장을 공유했다. "내가 어떤 하루를 보낼지는 나 자신에게 달려 있다." 이 간단한 문구는 그 청소년에게 상황에 어떻게 대응하는지는 전적으로 자신이 통제한다는 사실을 일깨워 주었다. 페이 박사가 코칭을 했던 한 여성은 극도로 비판적인 시어머니에게 괴롭힘을 당할 때 어떤 문장을 사용했는지 알려주었다. "저분의 아들은 성격이 달라서 정말 다행이야." 이 주제에 대한 더 좋은 아이디어가 필요하다면, 샐리 오그던의 놀라우리만큼 유용한 책 『말로는 나를 해치지 못해(Words Will Never Hurt Me)』를 읽어보기 바란다.[135] 대부분의 아이들은 이 책을 직접 읽고 그녀의 제안을 자신의 삶에 알맞게 적용할 수 있을 것이다.

4. 괴롭힘을 유발하거나 지속시키지 않게끔 가르친다. 저명한 괴롭힘 전문가인 댄 올베이어스는 40년 넘게 괴롭힘이 왜 그토록 문제가 되며 어떻게 대처해야 하는지 연구해 왔다. 유용한 저서 『학교에서의 괴롭힘-우리가 아는 것과 우리가 할 수 있는 것(Bullying at School: What We Know and What We Can Do)』에서 그는 자신이 '도발적 피해자(provocative victim)'라고 부르는 아이들에 대해 설명한다.[136] 이들은 무력한 피해자와 비꼬는 선동자의 역할을 아슬아슬하게 오가며 갈등을 조장하고 지속시키면서 스스로 괴롭힘을 당할 빌미를 제공한다. 이들은 조용히 남을 욕하거나, 고약한 눈길을 보내거나, 남을 험담하거나, 가시 돋친 말로 빈정대거나, 다른 아이들과 불필요한 말다툼을 하거나, 남을 놀리거나 너무 거칠게 노는 등의 행동을 자주 한다. 특히 ADHD가 있는 아동은 충동적이고 과잉행동을 하며 감정적으로 흥분하기 쉽기 때문에 괴롭힘을 당할 가능성이 높으며, '도발적 피해자'가 될 수도 있다.[137] 뇌의 앞대상회 활동이 과도한 아이들은 자신이 지고 있는 상황에서도 지나치게 끈질기고 집요하게 다툼을 계속할 수 있다.

학생들에게 '침착함의 힘'을 가르친 메넨데스 선생님은 효과적인 전략을 활용해, 놀림이나 괴롭힘 문제에 휘말리지 않기 위해선 자신이 할 수 있는 모든 일을 해야 한다는 것을 학생들이 깨닫도록 도왔다. 물론 구조가 필요할 때는 선생님이 나서서 학생들을 도와주었지만, 그렇지 않을 때는 학생들을 살짝 옆으로 불러 "놀림과 괴롭힘에 대처하는 기술을 배운 대로 사용하고 있니?"라고 속삭이곤 했다. '침착함의 힘'을 사용하고 다른 사람을 자극하는 행동을 피하는 것도 그런 기술의 중요한 일부였다.

메넨데스 선생님은 어떤 학생들이 '침착함의 힘'을 사용하고 상황을 평화롭게 해결하기 위해 자기 선에서 최대한 노력하고 있는지를 대개 분명히 알 수 있었다. 그런 경우, 그는 좀 더 적극적으로 개입해서 문제를 해결하고 괴롭힘을 중단시켰다. 반대로 학생이 안전한 상황에서 일부러 갈등을 질질 끌면서 극적으로 부풀리고 관심을 유도하는 때도 있었다. 이런 경우 그는 "지금이 네 기술을 사용하기에 좋은 때인 것 같아. 시도해 보고 어떻게 됐는지 알려줘"라고 말하곤 했다. 이런 조언을 들은 학생은 자신의 기술을 사용하여 상황을 해결하기도 한다. 스스로 상황을 헤쳐 나가면, 자존감이 얼마나 높아지겠는가. 그러나 아이가 혼자 대처하지 않거나 못하는 경우에는 문제를 끝내기 위해 어른이 조치를 취해야 할 수도 있다.

5. 아이에게 지지 시스템을 구축하고 사용하는 법을 가르친다. 댄 올베이어스는 괴롭힘 문제에서 (1) 가해자, (2) 피해자, (3) 방관자의 세 집단이 제각기 한 역할을 하고 있다는 사실을 발견했다. 방관자는 괴롭힘을 보고도 개입하는 것을 두려워한다. 학생들이 괴롭힘을 알아차리고 여럿이 함께 개입할 수 있도록 학교 측에서 도와주면 괴롭힘을 크게 줄일 수 있다. 여러분의 아이에게, 놀림이나 괴롭힘을 당하게 되면 천천히 친구나 어른에게 다가가되, 그 순간에는 문제에 대해 아무 말도 하지 말라고 가르치라. 아이가 안전한 지지 시스템을 향해 이동할 때, 괴롭히는 사람을 가리키며

"저 사람이 날 괴롭히고 있어!", "저 사람이 나한테 욕하고 있어!" 같은 말을 하면 보복을 당할 수 있다. 또한 선생님에게 사건을 보고하고, 문제를 예방하기 위해 자신이 무엇을 하고 있는지 설명하라고 가르치라. 아이가 침착하게 신고하고 성숙한 대처 방법을 설명할 수 있다면, 어른들은 상황이 매우 심각하다는 것을 더 잘 이해할 수 있다.

6. 괴롭힘이 계속되거나 악화될 경우 조치를 취한다. 언제 개입하는 것이 좋은지에 관해서는 뾰족한 답이 있는 건 아니지만, 일반적으로 두 가지 원칙이 있다. (1) 학대나 폭행이 발생한 상황에서는 이를 막기 위해 가능한 모든 일을 다 한다는 것, 그리고 (2) 놀림과 괴롭힘이 발생한 상황에서는 최선을 다해서 아이가 우리의 도움 없이도 문제를 스스로 잘 해결할 수 있도록 한다는 것이다. 아이가 해내지 못할 경우, 어른이 개입한다. 구조가 필요한 경우, 부모는 학교 측을 대할 때 아이에게 지속적으로 힘을 실어줄 수 있는 방식을 택해야 한다. 직접 만나거나 전화 통화를 한 뒤, 서면으로 사건을 설명하면서 아이가 문제를 해결할 수 있도록 어떻게 힘을 실어주었는지 자세히 공유하는 후속 조치가 중요하다.

실천 단계
- 아이가 괴롭힘과 단순한 의견 차이가 다르다는 걸 알도록 돕는다.
- 아이에게 '침착함의 힘'을 사용하는 방법을 가르친다.
- 아이가 괴롭힘과 놀림에 대한 부정적 자동사고들을 반박하도록 격려한다.
- 괴롭힘을 조장하지 않으려면 어떡해야 하는지 아이에게 꼭 알려준다.
- 괴롭힘이 발생했을 때 친구와 어른들이 어떻게 지지 시스템 역할을 할 수 있는지 알려준다.
- 아이의 노력에도 불구하고 괴롭힘이 해결되지 않거나 학대 차원으로 악화되면 개입한다.

제17장

흔한 난관 4
스포츠를 재미있고 건강하게 하기

스포츠가 품성을 키워줄 거라고 기대하지 말라.
품성이 스포츠 경험을 향상시키기를 기대하라.

초등학교 무렵부터 스포츠는 아이가 팀워크, 노력의 가치, 목표 설정 등을 배우도록 도와준다. 학업 성적 향상, 자기조절 능력 향상, 신체 건강 증진 등의 이점도 있다.[138] 그러나 경우에 따라선 스포츠 활동을 하면서 정서적 체력, 자기통제력, 성숙성을 시험받기도 한다. 스포츠를 즐기면서 신체적, 정서적 건강을 유지하려면 다음 팁들을 꼭 따르라.

1. 아이의 뇌를 보호한다. 아이는 축구, 미식축구, 또는 다른 스포츠를 하다가 미래를 망치는 부상을 입을 수 있다. 미국에서는 매년 380만 건의 외상성 뇌손상이 발생하며, 그중 10퍼센트가 스포츠 및 레크리에이션 관련 두부 외상 때문인 것으로 추정된다.[139] 두부 외상은 훗날 불안, 우울증, ADHD, 약물 및 알코올 남용, 학습 문제, 공격성 등등 정신 건강 문제를 겪을 위험을 증가시킨다고 알려졌으므로 정신의 힘에는 치명적일 수 있다.

헬멧을 착용하면 어느 정도 보호 효과가 있지만, 뇌는 가벼운 충격에도 부상을 입을 수 있다. 어린이가 어딘가에 머리를 부딪칠 때 뇌는 두개골 안에서 앞뒤로 미끄러지다가 두개골의 날카로운 부분에 부딪혀 손상되기도 한다. 이러한 폐쇄성 두부 손상의 많은 문제 중 하나는 단기적으로 겉보기에는 아무런 해를 입지 않은 것처럼 보이는 수가 많다는 점이다. 그러나 하나하나의 부상이나 반복적인 타격(예를 들어 축구에서 헤딩을 계속하는 것)은 시간이 지나며 누적 효과를 내기도 한다. 우리는 자기통제력, 집중력, 불안, 기분 저하, 분노, 충동적인 의사 결정 등 뇌 외상과 관련될 수 있는 문제들로 심각한 어려움을 겪고 있는 어린이, 청소년 및 성인을 자주 만난다.

2. 아이의 신체를 보호한다. 교내 스포츠나 레크리에이션 스포츠에서 휴식과 올바른 신체 역학을 위한 프로토콜은 지난 10년 동안 눈부시게 발전했다. 많은 코치들이 성장 중인 아이들의 신체를 보호하기 위해, 연습하는 동작의 유형과 반복 횟수에 주의를 기울이고 있다. 그러나 관련 지식이 부족하거나 그냥 이 문제에 관심이 없어서 전혀 신경을 쓰지 않는 코치들도 있다. 아이의 신체 건강을 코치에게 일임하지 말라. 이 주제에 대해 부모가 가능한 한 많은 것을 공부하고, 문제가 있으면 말하라. 페이 박사는 열 살 난 아들의 야구팀 코치가 투구 수와 휴식 시간에 대한 권장 사항을 지키지 않는 것을 보고 아이를 팀에서 탈퇴시켰다.

3. 아이가 항상 책임감과 좋은 품성을 보여주기를 기대한다. 경쟁은 한 사람에게서 최고의 모습뿐 아니라 최악의 모습도 끌어낼 수 있다. 필요한 장비를 정리하고 연습장과 경기장에 가져갈 책임이 누구에게 있는지 아이와 명확히 정하라. 아이가 야구 글러브나 테니스 라켓, 골프화 따위를 챙기는 걸 잊어버렸을 때는, 그 애가 감당할 수 있는 대가를 치르면서 교훈을 얻을 기회라고 생각하라. 경기와 연습 중에 아이가 하는 행동에 대해서도 제한을 두라. 휴대폰 사용, 다른 사람을 비방하는 말, 심판이나 코치와 다투거나 험악한 표정을 짓는 일, 욕설, 게으르거나 무관심한 행동은 모두 금지다. 아이가 많은 프로 선수들보다 훌륭하게 행동하길 기대하라.

페이 박사 부부는 아이들에게, 이런 점들에서 문제를 일으키지 않는 경우에만 스포츠 참여를 허용하겠다고 분명히 밝혔다. 즉, 아이의 태도가 문제가 된다면 어떤 스포츠든 중단시킬 태세가 되어 있었다. 부모에게 그 같은 의지가 있다는 걸 아이가 알면, 부모가 실제로 스포츠를 중단시켜야 할 상황이 생길 가능성이 낮아진다.

4. 부모 자신이 먼저 책임감과 좋은 품성을 보여준다. 아들이 실력 있는 투수로 자라나 고등학교 대표 팀에서 뛰던 시절, 페이 박사는 경기를 지켜보는 동안 침착하게 행동하기가 힘들었다. "다행히도 저에겐 두 개의 전전두피질이 있습니다. 제 두개골 안쪽에 있는 것 하나와 아내의 두개골 안쪽에 있는 것 하나. 그 덕에 우리는 함께 제정신을 유지할 수 있죠." 코치에게 고함을 치거나, 아이에게 소리를 지르거나, 어른답지 못하게 성질을 부리는 등의 고약한 행동은 아이를 창피하게 만들고, 사기를 떨어뜨리며, 형편없는 본보기가 된다. 이런 행동을 목격할 때 아이는 '와, 부모님이 나를 위해 저렇게 들고일어나 주셔서 정말 좋다'라고 생각하지 않는다. 한 선수는 페이 박사에게 이렇게 털어놓았다. "가끔은 제 방망이가 삽이어서 땅에 구멍을 파고 숨을 수 있었으면 해요. 우리 엄마는 정말 통제 불능이에요."

5. 아이의 코치가 아니라 부모의 역할을 한다. 왜 굳이 아이의 코치 노릇을 하려 들어서, 아이도 자신도 경기를 즐기지 못하게 만드는가? 집에서 아이와 그 스포츠를 하면서 즐기는 거야 괜찮지만, 아이의 기술을 다듬어 주거나 바꾸려는 시도는 넣어두라. 게다가 아이는 이미 코치나 트레이너에게서 집중해야 할 특정한 연습 사항이나 세밀한 기술들을 배웠을 가능성이 높다. 여러분이 직접 지도하려고 해봤자 아이에게 혼란만 주기 십상이다. 나아가 아이가 속한 팀을 지도하지도 않는 게 낫다. 코치 역할을 잘 해내는 부모도 있지만, 아이가 크면서 경쟁적인 플레이를 시작하면 상황이 복잡해지며 갈등이 발생하기 일쑤다. 안타깝게도 어떤 부모는 오로지 자신의 아이를 메이저리거로 키우기 위해 코치 역할을 맡기도 한다. 자기 아이에게도 팀의 다른 아이들에게도 불공평한 일이라는 사실은 전혀 안중에 없이 말이다.

6. 문제가 생겼을 때에도, 코치와의 소통은 과하다 싶을 만큼 아이에게 맡긴다. 어린이나 청소년 스포츠의 코치 대부분은 아직 어린 선수들의 건강과 복지를 세심히 살피는 훌륭한 이들이다. 그들은 지도자가 단호하면서도 배려심 있다고 생각할 때 아이들에게 열심히 노력할 동기가 더 생긴다는 것을 잘 알고 있다. 그들은 기준이 높지만, 선수들이 그 기준을 충족하도록 긍정적인 방식으로 돕는다. 이런 코치들에게 경의를 표한다! 부모가 대부분의 문제에 관여하지 않고 아이가 문제를 코치와 직접 논의하도록 놔두면, 아이에게 큰 도움이 된다.

물론 개중에는 '돌아이'처럼 행동하는 코치들도 있다. 이때 '돌아이'란 선수의 건강보다 자신의 통제와 영광에 대한 욕망을 더 중요하게 생각하는 이기적인 사람을 가리키는 일종의 임상 용어다. 때로는 아이가 '하급 돌아이' 코치를 경험해 보는 것도 그리 나쁘지 않다. 이런 코치는 아이가 더 강해지고, 하급 돌아이들이 판치는 세상살이에 대처하는 능력을 키우는 데 도움이 될 수 있다. 이들은 종종 지나치게 소리를 지르거나, 비꼬는 말을 하거나, 편애를 하거나, 경기 관계자들에게 반감을 보이기도 한다. 그렇더라도 코치와 직접 소통할 책임은 어디까지나 아이의 몫으로 남겨두는 것이 현명하다. 아이가 나중에 다른 하급 돌아이들을 상대할 기술을 갖출 수 있도록, 부모는 대부분의 문제에서 손을 떼라.

하급 돌아이보다 훨씬 더 나쁜 '상급 돌아이'는 자기애에 빠진 해로운 깡패로서, 여러분 가족의 가치관에 반하는 모든 행동을 앞장서서 한다. 이들은 아이들을 물리적으로 거칠게 다루고, 경기 관계자에게 툭하면 욕설을 퍼붓고, 사람들에게 소리를 지르고, 물건을 발로 차고 던지며, 대개 특정한 아이를 편애한다. 윗사람 앞에서는 온갖 번지르르한 말과 올바른 행동을 전시하는 속임수의 달인이기도 하다. 운이 나빠 자기와 엮인 선수들로 하여금 부모나 다른 어른들에게 비밀을 지켜야 한다고 느끼게 만들기도 한다. 상황이 바뀌기를 기대하지는 말라. 많은 부모가 상급 돌아이를 두려워하니까. 자기 아이가 경기에서 뛸 수 있도록, 혹은 꿈꿔온 대학에서 입학 제안을 받을 수 있도록, 자기 아이나 다른 아이들이 고통을 겪거나 말거나 모른 체 내버려두는 부모들이 많다. 안타깝게도 많은 학구(學區) 지도자들 역시 교묘하게 남들을 조종하는 이런 유형의 코치들에게 속아 넘어가거나, 실체를 알면서도 손을 놓아버린다. 깡패 같은 코치를 상대하는 건 말벌 집을 들쑤시는 것과 같아서, 감당할 자신이 없기 때문이다.

그렇다면 여러분의 아이가 상급 돌아이 유형의 코치로부터 피해를 입었을 경우 어떻게 해야 할까? 일단 아이가 돌아이를 갱생시킬 수 있을 거라는 기대는 빠르게 내려놓으라. 그리고 부모가 개입해야 할 경우가 생기더라도 너무 속상해하지 말라. 일반적으로 최선의 방책은 팀을 옮기는 것이다. 괴롭고 번거로운 방법이지만 아이의 정신적·신체적 건강을 생각하면 그만한 가치가 있다. 고등학교 운동선수 중 대학에서도 선수로 뛰는 아이의 비율은 약 7퍼센트에 불과하다.[140] 그리고 대학 선수 가운데 프로로 진출하는 사람은 2퍼센트쯤이다. 예컨대 리틀리그 야구 선수 중 메이저리그에 진출하는 비율은 1퍼센트에 훨씬 못 미친다.[141] 부모가 스포츠에 대해 균형 잡힌 시각을 유지해야, 아이의 스포츠 참여를 건전하고 유익한 기회로 만들 수 있다.

실천 단계

- 아이가 머리 부상 위험이 높지 않은 스포츠를 하도록 권장한다.
- 아이가 축구에서는 헤딩을 안 하도록 하고, 신체 접촉이 많은(미식축구) 따위는 피하게 하며, 필요한 경우 꼭 헬멧을 착용토록 한다.
- 아이가 신체적으로 어떤 요구를 받고 있는지에 늘 유의한다.
- 아이에게 좋은 행동을 기대하고, 모든 스포츠 행사에서 스스로 좋은 행동의 모범을 보인다.
- 아이가 선수로 뛰고 있는 스포츠를 함께 하며 즐기되, 이래라저래라 코치하는 것은 자제한다.
- 코치가 아이를 학대한다거나 '상급 돌아이'라고 믿을 만한 이유가 없는 한, 문제가 생길 때마다 부모가 나서서 코치와 대화하는 일은 삼간다. 아이가 코치에게 직접 이야기하도록 격려한다.

제18장

흔한 난관 5
친구 사귀기

부모가 아이와 강한 유대감을 형성하면,
아이는 같은 가치관을 지닌 친구를 선택할 가능성이 높다.
부모와의 유대감이 부족할 경우, 아이는 일부러
부모가 좋게 보지 않을 친구를 사귈 가능성이 높다.

친구는 정신적 힘의 '사회적' 원에 반드시 필요하다. 한두 명이라도 충실한 친구가 있는 아이는 정신 건강 문제, 행동 문제를 겪거나 물질 남용을 할 가능성이 훨씬 낮다.[142] 내향적인 청소년은 흔히 한두 명의 친한 친구면 충분하지만, 외향적인 청소년은 학교의 모든 아이들과 친해지길 원한다. 두 가지 성격 모두 건강하고, 출생 전 태아기부터 형성된 것이며, 나이가 들어도 변하지 않을 가능성이 높다.

우정은 아이의 삶에서 매우 큰 기쁨의 원천이지만, 경우에 따라서는 부모에게 불안감을 안겨준다. 예를 들어, 부모가 보기에 아이에게 이롭지 않다고 생각하는 친구를 사귈 때 부모와 아이 사이에 마찰이 생길 수 있다. 페이 박사는 지나치게 통제적인 교관 부모와 헬리콥터 부모의 가정에서 이러한 현상을 보곤 한다. 이때 아이는 부모에게 반항하기 위해 일부러 부모가 싫어하는 아이와 친구가 되기를 택한다. 부모에게는 문제를 실질적으로 통제할 방법이 없다. 다른 도시로 이사하거나, 아이의 학교를 바꾸거나, 고립된 공동체에서 살거나, 일종의 증인 보호 프로그램에 들어갈 수도 있겠지만, 이런 조치들은 모두 극단적이며 어차피 효과가 없다. 아이는 어디서든 여전히 부모가 좋아하기 어려울 사람을 찾아낼 것이 분명하다. 이런 상황에선 문제를 통제하려 들기보다는 섬세한 기교를 발휘하는 것이 필요하다. 어떤 부모들은 절박한 심정에서, 자신이 미리 설정한 기준에 맞지 않는 친구를 사귀는 것을 아이에게 금지하기도 한다. 너무 많은 부모들이 이 같은 극단적 방법을 시도한다.

  부모: 다시는 잭을 만나면 안 돼!
  아이: 제가 잭을 만나지 못하게 할 수는 없어요.
  부모: 잭은 너에게 나쁜 영향을 미치잖아.
  아이: 잭이 얼마나 괜찮은 앤데요. 알지도 못하면서.
  부모: 걔랑 놀다가 들키면 큰일 날 줄 알아.
  아이: 내가 누구랑 놀든 신경 끄세요.

이러한 유형의 대화는 실용적 효과가 없으며, 아이의 반항심만 더 자극할 가능성이 높다. 부모가 반대한다는 것 자체가 그 친구를 계속 만나야겠다는 아이의 결심을 더욱 굳힐 수 있다. 따지고 보면, 부모가 아이의 친구 관계를 통제하려 드는 건 아이에게 "넌 스스로 생각할 능력이 없어"라는 건강치 못한 메시지를 보내는 셈이다. 이는 부모와 아이 사이에 더 많은 마찰을 불러일으키고 관계를 악화시킬 수 있다. 아이가 여러분이 보기엔 미심쩍은 친구와 어울리는 걸 알게 되었다면, 다른 방식으로 접근하라. 아이에게 믿음과 지지를 표하면서, 아이가 그 친구와 함께 시간을 보내기로 함으로써 겪을 수 있는 잠재적인 문제들을 지적하라. 예를 들면 다음과 같다.

부모: 네가 잭과 어울리는 걸 정말 좋아하는 것 같구나.
아이: 네. 무슨 문제라도 있어요?
부모: 아, 아니야. 잘됐네. 너랑 친구가 되어서 걔는 좋겠어.
아이: 글쎄요, 아빠는 걔를 싫어하는 것 같은데요.
부모: 그건 아니야. 조금 걱정이 들 뿐이지. 걔가 약간 위험하거나 건강치 못해 보이는 일들을 하는 것 같아서 말이야. 다행히 이제 네가 그 애의 친구가 되었으니 걱정이 좀 덜하구나. 잭에게 음주나 마약이나 다른 위험한 일들에 대해 더 나은 결정을 내리는 방법을 알려줄 사람이 필요하다고 생각했거든. 너라면 그런 일을 할 수 있을 거야.
아이: 아빠, 진심이에요?
부모: 그럼. 네 인생을 어떻게 살아야 할지 결정하는 사람이 누구여야 하니? 나야, 아니면 너야? 잭이야, 아니면 너야? 네 엄마와 나는 네게 스스로 결정을 내리는 방법을 꽤 잘 가르쳤다고 생각해. 그래서 네가 이런 종류의 상황을 다루는 데 필요한 자질이 있다고 생각하는 거고.

이 접근법은 아이에 대한 기대가 크다는 메시지를 전달하기 때문에 보다 긍정적이고 실용적이다. 연구에 따르면 기대에는 대단히 강력한 힘이 있다. 아이는 부모의 좋은 기대에 부응하고, 나쁜 기대 역시 저버리지 않는다.[143] 이 전략은 아이의 반항심을 최소로 줄이고, 부모와 아이의 관계를 굳건히 해준다는 장점도 있다. 페이 박사와 함께 작업한 많은 부모들이 이 전략을 시도하고 효과를 보았다. 아이는 대개 그 친구에 대한 관심을 잃기 시작했다. 많은 부모들이 말하기를, 아이는 그 친구가 문제를 너무 많이 일으켜서 같이 놀기에 좋지 않다는 것을 스스로 알아차린다는 것이다.

또 다른 전략은 부모가 직접 그 친구를 만나고, 관계를 구축하는 것이다. 그 애에게 긍정적인 영향을 줄 기회가 생기니 일석이조다. 저녁 식사나 가족 나들이에 친구를 초대하라. 이렇게 함으로써 아이에게 안전한 환경을 제공하고, 배려하는 가족의 모범을 보여줄 수 있다.

종교 유무와 관계없이, 성경에 나오는 예화를 활용하는 것도 나쁘지 않은 생각이다. 성경에는 예수님이 사람들을 어떻게 사랑했는지, 전통적으로 나쁘거나 죄인으로 여겨지는 사람들에게 어떻게 사랑으로 다가갔는지 보여주는 아름다운 이야기들이 실려 있다. 부모들은 "걔랑 놀지 마, 좋지 않은 애야" 같은 말을 너무 쉽게 한다. 이 말에 교회에 다니는 어린이나 청소년은 "예수님도 죄인들과 함께 식사하셨는데 왜 나는 안 돼요?"라고 반박할 수도 있다.

아이의 친구들에게-상처받았거나 뭔가 고통을 겪고 있는 아이에게도-집의 문을 활짝 열어주면, 그들과 건강한 관계를 맺을 수 있다. 어쩌면 여러분이 그 친구에게 긍정적인 영향을 줄 수도 있을 것이다. 그 친구가 여러분의 아이를 잘못된 길로 이끌 가능성이 줄어들 수도 있다. 그 친구가 여러분의 눈길이 닿지 않는 곳보다는 집 안에서 여러분의 아이와 교유하도록 하는 편이 더 현명할 수도 있다. 여러분은 솔선수범하여 아이에게 연민이 어떤 것인지 확실히 보여주게 될 것이다. 결과적으로 아이는 부모를 존경한 가능성이 높아지고, 부모를 반항해야 마땅한 위선자로 여길 가능성은 낮아질 것이다.

실천 단계

- 아이의 친구 관계를 통제하려고 하지 않는다.
- 아이가 특정한 친구와 사귀면서 직면할 수 있는 잠재적인 문제들을 지적한다.
- 아이의 친구를 저녁 식사나 가족 나들이에 초대하여 관계를 쌓아본다.

제19장

흔한 난관 6

아이가 데이트를 시작하고 싶어 할 때

풋사랑에 빠진 아이가 정신 나간 짓을 할 때
부모는 비판하지 말고 공감해 주는 것이 좋다.

열 살이 넘어 또래 아이들이 '데이트'하는 것을 보기 시작한 아이는 자기도 그런 걸 하고 싶어 한다. 하지만 부모가 너무 성급하게 '데이트'라는 단어를 입에 올리진 말 것. 아이에게서 그런 게 아니라고 항의를 받을 수도 있다. 아이는 그저 누군가와 '대화'하거나 '만나고' 있거나 그냥 '어울리는 것'일 수도 있다. 안 그래도 이미 혼란스러운 10대 청소년의 삶에서, 이러한 용어들은 더 큰 혼란을 보탤 수 있다. 문제는, 아이가 누군가와 데이트 즉 교제를 하고 있다고 부모가 생각할 법한 '진지한' 단계에 이르렀을 때에도, 그들 중 다수가 데이트의 진정한 의미를 모른다는 것이다. 사실, 우리 사회가 전반적으로 교제 또는 연애에 대해 불완전하거나 부정확한 관점을 가지고 있다고 볼 수 있다. 이러한 이해 부족으로 인해 부모는 갈등이 이어질 게 뻔한 두 개의 울퉁불퉁한 길 중 하나로 이끌리기 마련이다.

1. '무한 자유'의 길: 속도 제한이 없고 중앙선, 추월 구간, 가드레일도 없는 도로다. 너무 많은 부모들 자신이 이 길을 택했었고, 그 결과 저지른 실수에서 평생 벗어나지 못했다. 이 접근 방식의 문제점은 아이를 그 애가 아직 갖추지 못한 기술과 정보, 성숙한 전전두피질이 필요한 상황으로 내몬다는 것이다. 이 길은 또한 아이에게 유해한 메시지를 전달한다. "나는 너에게 별로 관심이 없기 때문에 '안 돼'라고 말하거나 너에게 필요한 지도를 해주지 않는 거야."

2. '40세 미만 금지'의 길: '40세'는 다소 과장일 수 있지만, 많은 부모들은 아이가 조금 더 나이가 들 때까지는―예를 들어 17세나 18세, 심지어 성인이 될 때까지는―'데이트', 즉 연애하고 싶은 상대와 어울리는 것을 못하도록 하겠다고 엄포를 놓는다. 이 길은 시멘트 장벽과 '도로 폐쇄' 표지판으로 철통같이 막혀 있다. 많은 부모들이 아이를 이 길로 보내야 평생을 따라다닐 실수를 저지르지 못하게 보호할 수 있다고 믿는다. 그런데 아이러니하게도 이 길은 '무한 자유'의 길과 매한가지로 위험하다. 나이가 들면 장벽이 허물어지고 '도로 폐쇄' 표지판이 철거될 텐데, 그때 아이에겐 건강한 데이트를 하는 데 반드시 필요한 기술이 없게 마련이다. 배울 기회가 없었기 때문이다. 그리고 이 접근 방식 역시 유해한 메시지를 근저에 깔고 있다. "나는 네가 올바른 결정을 내리거나 자신의 삶을 건강하게 통제할

만큼 똑똑하다고 생각하지 않아." 이 은밀하면서도 뚜렷한 메시지는 종종 반항심을 심하게 자극하여, 아이가 장벽을 뛰어넘어 신체적·정서적 후유증을 많이 초래할 수 있는 길로 성급히 달려가게 부추긴다. 자동차를 운전해 본 적이 없는 사람이 급커브, 가드레일 없는 가파른 내리막길, 과속 차량으로 가득한 고속도로에서 갑자기 운전대를 잡으면 어떻게 될지 상상해 보라.

그런데, '데이트'란 정확히 무엇일까? 우리는 데이트를 단순히 깊은 우정이라고 정의한다. 그게 전부다. 육체적으로 친밀한 관계는 결혼 상대를 위해 아껴둔다는 것이 케케묵은 관점처럼 보일 수 있다. 그러나 이러한 관점을 채택하는 사람이 아주 많아지면 이혼율이 얼마나 곤두박질칠지 상상해 보자. 많은 성인들이 '시간을 되돌릴 수 있다면, 그래서 우정에 더 많은 시간을 투자하고 육체적 열정에는 더 적은 시간을 쓸 수 있게 된다면 얼마나 좋을까'라고 바란다. 그랬다 해도 그들은 여전히 같은 사람을 선택했을 가능성이 크다. 다만 서로 오랜 세월을 함께하기로 약속하기 전에, 삶의 기술을 더 갈고닦았을 것이다.

데이트를 하거나 깊은 우정을 쌓으면서 10대들은 타인과 건강한 경계를 설정하는 방법을 배울 기회를 갖게 된다. 이런 경계는 모든 좋은 관계의 기초를 이룬다. 대부분의 경우 아이는 부모가 '안 돼'라는 말을 하고 제한을 설정하는 것을 보고 일찍부터 이러한 기술을 배웠을 것이다. 부모로부터 한 번도 거절의 말을 듣지 못했다면, 아이가 어떻게 남에게 거절의 말을 할 수 있겠는가? 집에서 부모의 그 같은 행동을 먼저 보지 못했다면, 좋아하는 사람이 자기를 대하는 방식에 대해 경계를 설정하는 방법을 아이가 어떻게 알 수 있겠는가? 청소년인 아이에게 아직 경계에 대해 가르치지 않았다면, 아이가 데이트를 하고 싶어 하는 나이가 되어갈 때 가르치라. 아직 늦지 않았다.

아이가 몇 살 때든 실용 신경심리학적 접근법으로 다가가기

양육에 대한 접근 방식을 바꾸기에 늦은 때란 없다. 아이가 유아든 10대 청소년이든 상관없이 뇌 건강을 증진하고, 목표를 세우고, 관계를 발전시키고, 제한을 설정하는 등 보다 효과적인 양육 방식으로의 전환에 성공할 수 있다. 이러한 새로운 전략을 일상생활에 적용할 준비가 되었다면, 아이에게 부모로서의 책임감을 보여주라. 아이를 사랑하고 돌보는 더 나은 방법을 배웠다는 사실을 알려주라. 처음에는 몇 가지 변화가 당황스러울 수 있겠지만 궁극적으로는 그런 변화가 가족 모두에게 도움이 될 거라고 미리 일러두라. 새로운 기법들을 실행할 때, 아이의 입장에서는 어떻게 느끼는지 말해 달라고 청하라. 그렇다고 해서 아이가 부모의 양육 방식에 대해 왈가왈부하게 두라는 뜻은 아니다. 다만, 아이의 피드백이 도움이 된다고 판단될 때는 부모가 변화할 수도 있다는 열린 자세를 보여야 한다는 얘기다. 이렇게 하면 정신적으로 강한 아이를 키우는 데 더 큰 진전을 이룰 수 있다.

10대 아이가 막장 로맨스 드라마의 주인공이 되는 일을 피하고 싶다면, 반드시 다음 주제들에 대해 간단하게라도 대화를 나누어보라.

혼전 성관계의 원인과 결과: 육체적으로 친밀한 관계는 우정을 쌓아가는 과정을 방해할 수 있다. 건강한 관계의 기술을 배우기보다는 섹스에 초점을 맞추게 되기 때문이다. 풋사랑의 굴곡을 견뎌야 하는 10대 청소년에게 이는 고통스러운 시간이 될 수 있다. 섹스가 넘쳐나는 우리 문화에서 데이트를 한다는 건 더욱 어려운 일이다. 많은 젊은이들이 사랑에 빠지면 육체적 관계를 미룰 수 없다고-또는 미뤄야 마땅한 일도 아니라고-느끼게 되기 때문이다.

아이가 누군가와 데이트를 시작하면 아이의 말을 경청하라. 공감을 표하고, 제한을 설정하고, 최선을 다해 아이의 모든 행동을 감독하라.

사랑이 의사 결정에 미치는 영향: 격렬한 감정은 의사 결정에 영향을 끼칠 수 있다. 뇌 영상 연구에 따르면, 미친 듯 사랑에 빠진 사람은 뇌에서 도파민 생성이 증가하면서 애정의 상대에게 집착하고 다른 생각은 거의 하지 않게 되는 변화를 경험하기 십상이다.[144] 완벽하다고 생각되는 상대에게 온통 사로잡혀 있을 때 과연 자신이 최선의 결정을 내린다고 생각하는지, 아이에게 한번 물어보라. 또, 상대방이 여전히 자기를 좋아하는지 마냥 불안할 때 과연 자신이 최선의 선택을 한다고 생각하는지 물어보라. 질투나 분노를 느낄 때 자신이 최선의 결정을 내릴 수 있는지도 물으라. 이런 질문들은 아이를 무너뜨리거나 심문받는 느낌을 주기 위한 것이 아니다. 우리의 의도는, 감정보다는 이성이 더 적극적으로 작용하기를 기다리는 게 중요하다는 생각의 씨앗을 부드럽게 심어주는 것이다.

다른 사람의 행복에 책임이 있는 건 누구인가: 이를 이해하는 건 젊은 사람들에게 매우 중요하다. 아이가 특별한 친구를 행복하게 만들기 위해 끊임없이 달래주려고 하거나 자신의 행복을 상대방에게 의존하게 된다면, 이는 문제다. 건강한 사람은 자기 내면에서 기쁨을 찾으며 다른 사람에게서 기쁨을 얻을 필요가 없다는 사실을 아이에게 알려주라. 또한, 건강한 사람은 자신의 기분을 북돋기 위해 다른 사람을 통제할 필요도 없다. 아이가 자신의 신념에 대해 확고한 태도를 유지하고, 다른 사람들의 반응에 세심한 주의를 기울이도록 격려하라. 아이가 건강치 못한 활동이나 시도에 참여하기를 거부할 때 상대방이 보이는 반응은 많은 것을 말해 준다는 점을 아이에게 알려주라. 화를 내거나, 아이를 비하하거나, 강요하거나, 죄책감을 주려 들거나, 가족이나 친구로부터 고립시키는 등 건강하지 않은 행동을 하는 사람은 멀리하는 게 바람직하다. 좋은 친구는 비록 자신이 바라는 것과는 다르더라도 상대방이 바라는 것을 기꺼이 존중하고 수용하는 사람이다.

누군가가 아이를 함부로 대할 때: 이 주제는 건강한 경계를 설정하는 방법과 관련된다. 친구에게 "나는 너를 정말 좋아하지만 지금은 네가 너무 못되게 굴어서 너와 떨어져서 시간을 보내려고 해. 네가 더 친절하게 행동할 때 함께 시간을 보내고 싶어"라고 말해도 괜찮다는 것을 아이에게 알려주라.

무시당하거나 끊임없이 비판받는다고 느끼는 상황이 있어서는 안 된다는 것을 아이에게 알려주는 건 중요하다. '친구'가 자기한테 화를 내거나 신체적으로 다치게 할까 봐, 자기를 거부할까 봐 두려워서 늘 살얼음판을 걷는 기분이어선 결코 안 될 일이다. 친구가 다른 사람을 통제하고 상처 주는 것을 목격한 아이가 자신도 같은 일을 당할지 걱정하는 일이 있어서도 안 된다. 누군가가 동물을 대하는 태도도 그 사람이 언젠가는 다른 사람에게 보일 수 있는 행동을 예측하는 좋은 지표가 될 수 있다. 아이에게 매력은 덧없는 것이라는 점을 가르치라. 사람들이 화가 나거나 스트레스를 받았을 때 타인을 대하는 태도는 그 사람의 성격을 가장 잘 보여준다. 문제가 생길 수 있다는 이런 위험 신호들을 알아차리는 법을 아이가 배우도록 도우라.

누군가가 아이에게 안전치 않다는 느낌을 줄 때: 누군가가 아이로 하여금 자신이 안전하지 않다고 느끼게 만드는 것은 결코 용납할 수 없다는 걸 아이에게 꼭 알려주라. 아이가 위협이나 두려움을 느낄 경우 여러분이 밤낮을 가리지 않고 언제든 데리러 갈 거라고 안심시켜 주라.

아이가 누군가를 좋아하지만 그 사람은 자신과 목표가 다르다는 사실을 알게 됐을 때: 아이에게 누군가를 좋아할 수는 있지만 가치관이나 계획이 서로 맞지 않는다면 그냥 친구로 지내도 괜찮다고 설명해 주라.

이러한 대화들을 통해 아이가 특별한 우정에 관해 더 나은 기술을 연마하고 더 나은 결정을 내릴 수 있도록 도울 수 있다.

실천 단계

- 아이와 데이트에 대해 이야기하고 깊은 우정이라는 개념에 대해 설명한다.
- 혼전 성관계와 그 결과에 대해 아이와 이야기한다.
- 로맨틱한 사랑이 뇌와 의사 결정에 미치는 영향에 대해 아이와 이야기한다.
- 아이에게, 자신의 행복에 대한 책임은 자신에게 있지만, 다른 누구의 행복도 그 애의 책임이 아님을 알려준다.
- 누군가가 자신을 함부로 대할 때 건강한 경계를 설정하는 방법에 대해 아이와 이야기한다.
- 관계에서 안전하지 않다고 느낄 때는 어떻게 해야 하는지 아이에게 알려준다.
- 가치관이 자신과 다른 사람은 떠나보내도 괜찮다고 아이에게 이야기한다.

제20장

흔한 난관 7

이혼 후에도 건강하게 양육하기

전 배우자와 관련해서는, 항상 품위 있게 행동하라.

이혼을 겪은 사람의 대부분은 살면서 경험한 가장 고통스러운 일 중 하나가 이혼이었다고 털어놓는다. 이혼 때문에 상실감, 분노, 두려움, 죄책감, 의심, 불확실성 등에 시달리고 있는 부모는 똑같은 감정들을 겪고 있는 아이가 잘 대처하도록 도와줄 정서적 자원을 그러모으기가 어려울 수 있다. 설상가상으로, 전 배우자가 자신의 분노와 상처를 아이를 통해 표출하는 일도 많다. 이런 일이 발생하면 두 부모 간 양육 방식의 차이가 더 두드러지게 된다. 한때 온화한 구조자였던 아버지나 어머니가 이젠 사이드와인더 미사일을 장착한 헬리콥터 부모가 된다. 화를 잘 내거나 과잉통제 성향이 있던 사람은 본격적인 교관 부모가 되는 수가 많다. 심지어 어떤 이들은 전 배우자를 소외시키는 작전을 펼쳐, 그 전 배우자가 믿을 수 없고 본질적으로 악한 사람이라고 아이가 믿도록 사실상 세뇌를 하기까지 한다. 여러분이 이혼의 충격 때문에 아무리 힘들더라도, 전 배우자가 아무리 못되게 행동하더라도 흔들리지 않고 건강하게 아이를 양육할 방법은 무엇일까?

자신이 통제할 수 있는 것에 집중한다. 이혼한 부모는 아이와 관련된 전 배우자의 행동을 통제하려는 생각에 사로잡힐 수 있다. 그러나 대부분의 경우 이 싸움은 패배하게 되어 있으며, 더 많은 갈등을 일으킬 뿐이다. 페이 박사는 이러한 상황에 처한 부모들에게 자주 묻는다. "이혼 전에 상대의 행동을 통제할 수 없었다면, 지금은 통제할 수 있을 가능성이 더 높습니까, 더 낮습니까?" 이 질문의 의도는 듣는 사람의 기분을 나쁘게 하려는 게 아니라, 반복해서 벽에 머리를 박는 유의 고통에서 벗어나도록 돕는 것이다. 꿈쩍도 하지 않으려는 사람을 통제하려고 해봤자 분노와 좌절감, 절망감만 불어나지 않겠는가.

이렇듯 풍랑에 맞닥뜨린 상황에서는 자신의 신체적, 정서적 자원이 한정되어 있고 매우 소중하다고 생각하라. 여러분의 한정된 자원은 건강을 유지하고, 어려운 상황에서도 이성적이고 침착한 태도를 유지하는 일이 어떤 것인지 아이에게 보여주는 데 사용하는 것이 옳다. 페이 박사는 많은 부모들에게 '건강하게 살고, 품위 있게 행동하는 것'을 잊지 말라고 가르쳤다. 그래야만 부모가 자신과 아이를 가장 잘 돕는 방법에 집중할 수 있다. 이는 다른 사람이 자신을 통제하는지 여부와 관계없이 자신의 행동을 스스로 통제할 때 큰 만족감을 얻을 수 있다는 사실을 기억하는 데에도 도움이 된다.

가정에서 건강한 루틴과 기준들을 일관되게 유지한다. 아이가 전 배우자의 집과 여러분의 집을 오갈 경우, 두 가정에서 서로 다른 규칙과 일상을 경험하게 되기 쉽다. 어느 엄마의 세 살, 여섯 살 난 두 아이는 아빠 집에 다녀온 직후엔 완전히 통제 불능으로 행동하는 일이 잦았다. 이런 말을 하기도 했다. "아빠는 […]를 해도 된다는데요. 불공평해요. 왜 엄마는 못 하게 해요?"

그녀는 '사랑과 논리'에서 아이들이 집에 돌아와 이렇게 행동할 때 분위기를 반전시키는 다음과 같은 유용한 기술을 배웠다. 그녀가 미소를 지으며 신난 목소리로 말한다. "얘들아, 밖에 나가자!" 그러면 아이들은 답한다. "왜요? 무슨 일이에요?"

그러면 그녀는 문을 향해 손짓하며 아이들의 손을 하나씩 잡고 이끈다. "어서, 나가자니까."

밖으로 나가면 그녀는 다소 장난스럽게 묻는다. "엄마가 좀 헷갈리는데, 너희들이 도와줄래? 이 집이 누구 집이니?"

아이들은 답한다. "엄마 집이잖아요. 엄마, 장난치는 거예요?"

그러면 엄마는 묻는다. "그렇구나. 그럼 여기서는 어떻게 행동하니?"

아이들은 잠시 생각하다가 말한다. "조용히 들어와서 신발을 벗어요."

엄마는 답한다. "맞아. 자, 그럼 다시 해보자." 때로는 아이들을 제대로 재적응시키기 위해 이 과정을 몇 번 반복해야 했다. 한동안은 매일 아침 이런 '리셋'을 필요한 기간만큼 해야 했다. 그녀는 사랑, 유머, 단호함, 일관성을 바탕으로 어린아이들이 기준이 다른 두 집 사이를 보다 차분하고 즐겁게 오가는 방법을 이해하도록 도왔다.

좀 더 나이가 많은 어린이와 청소년을 돕는 일도 이와 크게 다르지 않다. 덴버에 사는 한 아빠는 10대 아이들에게 엄마와 아빠가 아이들에게 기대하는 바가 서로 다르다는 사실을 이해하도록 도왔다.

그는 물었다. "왜 내가 엄마와 다르게 일을 처리한다고 생각하니?" 형제 중 고집이 센 쪽이 답했다. "아빠는 우리 삶을 비참하게 만들고 싶어 하니까."

아빠는 그 말을 무시하기로 하고 말을 이었다. "우리가 다르기 때문이야. 그게 전부다. 엄마는 엄마의 방식이 있고 나는 내 방식이 있어. 어느 한쪽 방식이 더 나은 것도 아니고, 더 나쁜 것도 아니야. 그냥 다를 뿐이지."

이 아빠는 아이들의 엄마를 절대 비하하지 않는 게 중요하다는 것, 그리고 자신의 기대치를 일관되게 유지하는 것도 그만큼 중요하다는 것을 이해했다. 부모가 조금이라도 흔들리면, 아이는 부루퉁하거나 고약하거나 비협조적인 행동으로 부모를 조종할 수 있다는 것을 금세 간파한다. 핵심은 일관성이다. 일관성을 유지하는 것은 단기적으로는 어렵게 느껴지지만 장기적으로는 큰 성과를 안겨준다. 아이는 단호하고 애정 어린 방식으로 제한을 제시하고 시행하는 부모를 사랑하고 존경하게 된다.

필요할 경우 '부모 소외 증후군'에 대해 공부한다. 안타깝게도 이혼한 부모는 모든 것을 잘 해내면서도 소외를 경험할 수 있다. 이는 고통스럽고, 극도로 해로우며, 사실 매우 흔한 문제다. 부모 중 한 명이-때로는 둘 다가-의식적 또는 무의식적으로 아이로 하여금 다른 쪽 부모가 전적으로 악하다고 믿게끔 세뇌하려 들 때 이런 문제가 발생한다. 부모 소외 증후군의 특징 중 하나는 아이가 소외된 쪽 부모를 순전히 부정적인 시각으로 본다는 것이다. 그 부모가 아이를 단호함과 사랑으로 대하고자 정말 최선을 다한다 해도, 아이는 그 부모에게서 좋은 점을 보지 못한다. 이혼 후 따로 사는 아버지나 어머니를 만나 함께 즐거운 시간을 보내놓고도 아이는 그 시간이 마냥 끔찍하고 형편없고 심지어 고문과 같았다고 전한다. 이는 아이의 관점을 왜곡하고, 모든 것을 좋기만 하거나 나쁘기만 한 것으로 보는 흑백논리적 사고방식을 갖게 한다(이것은 7장에서 설명한 부정적 자동사고 유형의 하나다). 이러한 사고방식은 아이에게 평생 해를 끼친다. 이 주제에 대한 훌륭한 자료로 리처드 워샥 박사의 저서『이혼, 부, 모, 아이들-당당한 관계를 위한 심리학(*Divorce Poison: How to Protect Your Family from Bad-mouthing and Brainwashing*)』이 있다.[145] 이런 유의 상황은 경우에 따라 변호사의 도움과 해당 주제를 전문으로 하는 정신 건강 전문가의 도움이 필요할 수도 있다.

실천 단계

- 전 배우자의 행동을 통제할 수 없다는 것을 인정하고, 통제할 수 있는 것에 집중한다.
- 아이에게 여러분과 전 배우자는 서로 다른 사람이라서 행동 방식이 다르며, 그래도 괜찮다는 사실을 알려준다.
- 가정에서 건강한 루틴과 기준을 일관되게 유지한다.
- 전 배우자에게 복수하는 데 아이를 이용하지 않는다.
- 필요하다면 부모 소외 증후군에 대해 공부한다.

제21장

흔한 난관 8

계부모의 역할

계부모로서 밟아야 할 첫걸음은 건강한 경계를 설정하는 것이다.

지금까지 우리가 계부모 역할에 대해 가장 많이 받은 질문은 이것이다. "제 역할이 무엇인가요? 아이들이 나에게 복종해야 한다는 것을 알 수 있도록 훈육부터 시작해야 할까요, 아니면 훈육은 친부모에게 맡기고 아이들과 관계를 형성하는 것부터 시작해야 할까요?"

또 다른 일반적인 고민은 이것이다. "아이들이 저를 너무 무례하게 대해요. 가끔은 제가 존재하지 않는 것처럼 대하는 못된 장난을 치기도 하죠. 정말 상처를 많이 받습니다. 제가 그 애들의 '진짜 부모'가 아니라는 거야 잘 알지요. 아이들이 거의 매일 그 사실을 제게 상기시키기도 하고요. 하지만 아이들이 저를 그렇게 함부로 대해도 괜찮다고 믿는 건 건강하지 않잖아요."

이 두 가지 질문은 서로 밀접하게 관련된다. 여기서는 우선 성공적인 계부모 역할을 정의하는 것부터 시작하자.

계부모의 역할

궁극적으로 계부모의 역할은 아이에게 건강한 경계를 보여줌으로써 스스로 생물학적, 심리적, 사회적, 영적으로 건강한 성인으로 남는 것이다. 건강한 경계가 다른 무엇보다도 우선해야 한다. 그러면 삶의 다른 일들은 대부분 알아서 잘 풀린다. 사실, 건강한 경계는 우리가 설정하는 가장 중요한 제한, 즉 스스로에게 부과하는 제한을 설정할 수 있게 해준다. 건강한 성인은 이러한 자기제한을 설정함으로써 자신의 뇌, 신체, 정신 위생, 사회적 관계, 그리고 목적의식을 돌보는 데 필요한 습관들을 유지할 수 있다. 이러한 습관들을 일관되게 유지하는 데 실패하면 아이가 언젠가는 존경하고 사랑하게 될 유형의 사람이 될 수 없다. 제한과 규칙을 다룬 5장을 되살펴 보길 바란다. 또한 헨리 클라우드와 존 타운센드가 쓴 『경계-내 삶의 주도권을 잡게 해줄 승낙과 거절의 기술(Boundaries: When to Say Yes, How to Say No to Take Control of Your Life)』을 읽어보길 추천한다.[146] 경계가 약한 사람은 논리가 아닌 감정에 따라 결정을 내리기 때문에, 인생의 축 자체가 흔들린다. 전전두피질은 소파에 멀거니 앉아, 자신의 삶이라는 고통스러운 리얼리티 드라마를 지켜보기만 하게 된다. 다음과 같은 흔한 시나리오들을 훑어보자.

- **친절한 해결사 프랭크:** 이런 유형의 계부모는 '내가 애들을 마냥 친절하고

온화하게 대하면 평화가 찾아올 거야. 그러면 내가 영웅이 되겠지'라고 생각한다. 헬리콥터 부모처럼 행동하는 유형이다.
- **지극히 현실적인 네드**: 아이에게 딱딱하게 명령을 내리고 존경을 요구하는 등 교관처럼 행동하는 유형이다.
- **우왕좌왕하는 비니**: 비니는 계부모 역할을 잘하고 싶은 마음이 굴뚝같지만, 무엇을 해야 할지 잘 모른다. 그래서 비니는 죄책감의 순환고리에 갇혀 훈육자와 영웅 사이를 오가려는 자신을 발견한다.

물론 이 세 가지 역할은 모두 실패할 수밖에 없는 운명이다. 다행히도 문제의 관계에 속한 모든 사람에게서 최고의 모습을 이끌어내곤 하는 또 다른 유형이 있다.

- **건강한 헨리**: 헨리는 아동 심리나 부부 관계 또는 인접 분야의 전문가가 아니다. 그는 그저 선한 마음과 건강한 경계, 상식을 갖춘 건강한 성인일 뿐이다.

바람직한 계부모 유형은 어떡하면 아이를 친근하게 대하고, 아이를 구해주고, 아이에게서 존경을 살 수 있을까 궁리하는 데 많은 시간이나 에너지를 소비하지 않는다. 대신 헨리처럼 다음과 같은 자질을 보여준다.

1. 새 배우자에게 사랑과 존중심을 표한다.
2. 아이에게 사랑과 존중을 보여준다.
3. 다른 사람들이 자신을 대하는 방식에 대해 경계를 설정함으로써 자신을 잘 돌본다.
4. 다른 사람들이 자신의 문제를 스스로 인정하고 해결하도록 허용함으로써 자신을 돌본다.

5. 조언은 상대가 청할 때만 해준다.

성공하는 계부모의 자질

처음 두 가지 자질은 설명이 필요 없으리라. 그러니 자신이 대우받는 방식에 대해 경계를 설정하는 것과 관련된 세 번째 자질로 넘어가자. 훌륭한 경계는 훌륭한 제한과 같아서, 다른 사람들이 어떻게 행동해야 하는지가 아니라 자신이 어떻게 행동할 것인지에 초점을 맞춘다. 헨리의 의붓자식 하나가 끊임없이 대들어서 그를 괴롭힌다고 가정해 보자. 헨리는 아이에게 훈계를 하거나 으름장을 놓지 않고, 미소를 지으며 이렇게 말할 법하다. "너는 다양한 일들에 열정이 대단하구나. 나처럼 차분한 목소리로 얘기하면 들어줄게."

지난번에 헨리가 테니스 라켓을 아이들에게 빌려주었을 때, 라켓은 더러워지고 약간 긁힌 채로 돌아왔다. 라켓을 다시 빌려달라는 아이들의 요청에 그는 공감을 곁들이며 답한다. "안타깝지만, 나는 내 물건을 소중히 다루는 사람들에게만 빌려줄 거야. 지난번에 너희들이 내 테니스 라켓을 빌려 썼을 때는 엉망이 되었거든."

아이 하나가 헨리를 향해 습관적으로 비꼬는 말을 던진다. 헨리는 시간을 좀 갖고 그 문제를 생각한 뒤 아이에게 이렇게 말한다. "그런 식의 말을 자꾸 하는데, 내가 존중받는다고 느껴지지 않는구나. 나는 항상, 나를 잘 대해 주는 사람에게 더 많은 걸 해주고 싶어져."

네 번째 자질은 가정에서 발생하는 문제를 누가 책임지고 해결해야 하는지에 관한 것이다. 건강한 가정에서는 문제를 일으킨 사람이 그 문제의 해결에 대해 일차적인 책임을 진다. 그러나 계부모의 경우, 그 상황에 개입하여 조언을 하거나 구해 주려고 지나치게 노력하는 경우가 너무 많을 수 있다. 건강한 성인은 말하는 것보다 듣는 데 치중한다. 헨리가 의붓딸이 영어에서 D학점을 받았다는 사실을 알게 되었을 때 벌어지는 상황을 살펴보자.

의붓딸: 제가 영어에서 D학점을 받았다는 사실을 알면 엄마가 날 죽일 거예요.

헨리: 엄마가 어떻게 반응할지 많이 걱정되나 보네.

의붓딸: 글쎄요, 모르겠어요. 그냥 엄마가 저한테 실망할 것 같아서요.

헨리: 엄마가 실망하는 게 힘드니?

의붓딸: 네. 가끔은 엄마가 그냥 나한테 소리를 지르면 좋겠어요.

헨리: 네 마음 알 것 같아. 엄마한테 말하는 게 정말 겁이 나겠구나.

의붓딸: 아저씨라면 어떻게 할 거예요?

헨리: 내가 말해 줄 순 있지만, 네게도 이미 뭔가 생각이 있을 것 같네.

의붓딸: 엄마가 기분이 아주 좋아질 때까지 기다렸다가 말해야 할 것 같아요.

헨리: 그것도 하나의 방법이지. 그렇게 하면 어떻게 될 것 같니?

의붓딸: 생각해 보니까, 그 방법은 아니에요. 그냥 바로 말해야 할 것 같아요. 엄마는 똑똑해서 그런 수법엔 안 넘어가요.

헨리: 내게 이런 얘기를 해줘서 정말 고맙구나. 아까도 말했듯이 나도 네 마음이 어떨지 알겠어. 누구든 이런 상황에 놓일 수 있지만, 해결할 수도 있어. 너는 할 수 있어. 난 널 믿어.

헨리는 영어에서 D학점을 받은 부분은 의붓딸의 책임으로 남겨두면서, 조언을 자제하는 다섯 번째 자질도 보여줬다. 그는 의사 결정에 자신을 끌어들이려는 의붓딸의 시도를 교묘하게 피했다. 계부모가 조언을 해줄 수 있는 경우도 분명 있지만, 아이나 배우자가 아주 명확하게 조언을 청해 올 때로 국한하는 게 중요하다.

건강한 계부모가 된다는 것은 새로운 가족이라는 물속으로 뛰어들어 헤엄쳐 나가는 것과 비슷하다. 단기적으로는 계부모가 설정한 경계가 아이를 짜증 나게 하거나 심지어 화나게 할 수도 있다. 하지만 시간이 지나면서 건강한 행동과 경청을 통해 얻은 존중은 아이가 계부모와 사랑과 존중의 끈끈한 유대감을 형성하도록 이끌기도 한다. 실제로 그런 계부모를 둔 많은 사람이 계부모를 사랑하게 되고, 그들의 지도를 원하게 된다. 참 아이러니하지 않은가! 존중과 건전한 행동이 계부모 자신에게서 시작될 때, 아이도 차츰 물들게 된다.

실천 단계
- 해결사나 영웅이 되려고 들지 않는다.
- 의붓자식에게 딱딱하게 명령하지 않는다.
- 헬리콥터 부모와 교관 부모 사이에서 우왕좌왕하지 않는다.
- 건전한 경계를 설정하고 경청하는 것이 좋은 관계의 토대라는 사실을 기억한다.

제22장

성인 자녀와
몸만 어른이 된 아이들

사람들은 우리가 무엇을 용납하는지를 보면서 우리를 대하는 방법을 배운다.

　18세, 그 마법의 숫자를 우리는 '성인'이 되는 나이로 여긴다. 아이가 그 나이가 되기 훨씬 전부터 부모 대부분은 그 애가 독립심과 수완, 책임감, 회복탄력성을 키우고 있기를 바란다. 그러나 경험 많은 부모라면 대개 알고 있듯이, 부모가 '이 애는 더이상 우리의 지도가 필요하지 않구나'라고 느끼는 것은 대체로 아이가 20대 중반에 깊숙이 들거나 그보다 더 나이를 먹었을 즈음이다. 사람의 뇌는 20대 중반까지 계속 발달하기 때문이다. 이때 부모의 '지도'란, 성인이 된 아이의 생활에 지나치게 관여하여 아이의 결정을 통제해야 한다는 뜻이 아니다. 또한 아이가 잘못된 결정을 내렸을 때나 심지어 그냥 흔한 종류의 어려움에 처했을 때에도 아이를 구해 준다는 의미도 아니다. 여기서 지도한다는 건 아이를 아끼고 믿는다는 것을 보여주고, 아이가 그리되기를 바라는 모습을 본보기로 계속 보여주며, 아이가 원할 때 지혜를 나눠주는 것을 의미한다. 그렇기 때문에 실용 신경심리학을 기반으로 한 양육 기술의 대부분은 성인이 된 아이에게도 상당 기간 그대로 적용된다. 아이와의 관계에서 어려움에 직면하거나 아이가 뭔가로 힘들어할 때, 주저하지 말고 사랑과 단호함

으로 대응하라.

'사랑과 논리'의 원칙 복습하기

레이철이 고등학교 3학년이 되고 이윽고 졸업을 하면서, 부모인 마크와 로빈은 딸이 현실 세계로 발을 내딛는 모습을 기대했다. 그러나 레이철은 지도교사나 개인 상담사, 부모님에게 도움을 청할 수 있는 상황이었음에도 대학 지원서를 한 건도 내지 않았다. 성적은 좋았지만, 친구들과 파티를 하고, 소셜 미디어를 강박적으로 사용하고, 교통위반 딱지를 모으는 생활에서 더 큰 즐거움을 느꼈다. 하루하루가 몇 주가 되고 몇 주가 몇 달이 되는 사이, 레이철은 18세가 되어 고등학교를 졸업했다. 그러나 책임감 있는 성인으로서 살아갈 준비는 조금도 되어 있지 않았다. 엄마 로빈은 우리에게 울면서 말했다. "마구 소리를 지르고 싶어요. 우리는 아이에게 모든 기회를 주었지만, 아이는 어떤 것도 이용하지 않았어요. 우리를 존중하지도 않죠. 가끔은 아이가 너무 지긋지긋해서 집에서 쫓아내고 싶을 때도 있어요. 그러다가 문득 이 문제를 만들어낸 게 저 자신인 걸 깨닫고 스스로가 끔찍하게 느껴집니다." 레이철의 부모가 아이와 서로 소통하고 이해하기에는 너무 늦은 것처럼 보일지라도, '사랑과 논리'의 원칙은 여전히 도움이 된다.

어떻게 자립할 거니?

책의 서두에서 '사랑과 논리'의 다섯 가지 원칙을 소개했다. 맛있는 요리에서와 같이, 처음 네 가지 원칙은 재료다. 다섯째 원칙은 이들을 결합하여 나온 멋진 결과를 의미한다. 공식은 이러하다. '상호 존엄성+사고 공유+통제 공유+공감=건강한 관계.'

상호 존엄성

상호 존엄성 원칙은 관계의 양쪽 당사자가 서로를 깊이 존중하고 가치 있는 사람으로 대하는 것을 의미한다. 마크와 로빈은 딸 레이철을 키울 때 응석을 잘 받아주었는데, 그렇게 하면 아이의 자아존중감이 높아지고, 부모가 자신을 대하는 태도를 보며 아이가 다른 사람을 품위 있게 대하는 방법을 배울 수 있으리라고 생각했기 때문이다. 하지만 현실은 그렇지 않았다. 왜 그랬을까?

누군가를 왕좌에 앉혀 놓고 아낌없이 칭찬과 선물을 퍼부으면 받는 사람은 심한 혼란과 자격의식, 그리고 선물을 들고 오는 사람들에 대한 분노를 느끼게 된다. 또한 안타깝게도 역경에 대처하는 능력이 저해된다. 우상처럼 떠받들어지며 뭔가를 하라는 요구는 거의 받지 않고 자란 사람들은 틀림없이 정신의 힘이 약해진다. 이들은 그렇게 자라지 않은 사람들보다 불안이 높고, 학업 성취도가 낮으며, 물질 남용 등 여러 부정적인 결과를 맞을 가능성이 더 크다.[147]

누군가가 모든 것을 해주고 필요하거나 원하는 것을 전부 주려고 들 때, 받는 사람 입장에서는 성장하고 성숙해지려고 굳이 애쓸 필요가 없다. 선의는 있지만 현명하지 못한 동물 애호가에게서 꾸준히 먹이를 얻어먹는 야생동물처럼, 남에게 의존하게 되기 때문이다. 이 같은 의존성은 분노를 낳고, 분노는 종종 공격성을 조장한다. 정신 건강 전문가들은 이러한 결과를 '적대적 의존'이라고 부른다.[148]

마크와 로빈은 레이철과 함께 세 가지를 꾸준히 실천함으로써 서로 존엄성을 키워줄 수 있다는 사실을 발견했다.

- 정중하게 요청하기
- 건강한 경계를 유지하기
- 제한을 설정하기

정중하게 요청하기

정중하게 요청한다고 해서 항상 원하는 것을 얻을 수 있는 건 아니다. 하지만 존중하는 마음과 품격은 분명히 보여줄 수 있다. 교직 생활 초기에 페이 박사는 반항심 많은 8학년 학생들을 가르치고 있었다. 초임의 젊은 교사였던 그는 칠판에 글씨를 쓰려고 몸을 돌릴 때마다 반항아들의 주동자가 종이를 씹어 뭉친 스핏볼을 대롱으로 그의 등에 쏘는 걸 그만두게 할 방법을 고민하며 엄청 스트레스를 받고 있었다. 그는 심리학과 교육학 교과서들을 샅샅이 뒤져가며 올바른 심리학적 해답을 찾기에 나섰다. 심지어 그 학생에게 위협과 훈계라는 강압적인 방법을 쓸 생각마저 했다. 그러던 어느 날, 옆자리 선생님이 아주 간단한 방법을 제안했다. "그만둬 달라고 정중하게 요청해 보셨나요?"

다음 날, 문제의 반항아가 교실 문을 향해 걸어가는 것을 보고 페이 박사는 그를 불러 세우고는 미소를 지으며 속삭이듯 물었다. "친구들 앞에서 난처하게 만들고 싶지 않아서 여기 복도에서 이렇게 물어보는 거란다. 내게 스핏볼 좀 그만 쏘지 않겠니? 그러면 참 고맙겠구나."

학생의 반응은 놀라웠다. "네, 좋아요. 그럴게요."

페이 박사는 충격을 받았지만, 알고 보면 이는 당연한 결과였다. 나그네의 외투를 벗긴 건 칼바람이 아니라 햇볕이었다. 원하는 결과를 얻지 못하더라도, 존중을 표하는 것은 항상 좋은 첫걸음이다.

마크와 로빈이 레이철에게 이 방법을 사용했을 때 그들이 맞은 결과는 그렇게 순탄치 않았다. "왜 맨날 괴롭혀요? 나보고 이런 집안일들을 다 하라고요? 말도 안 되는 소리 하지 마세요. 나는 시간이 없다고요."

레이철의 반응은 기대했던 것과 달랐지만, 그래도 두 사람은 중요한 결과를 얻었다. 레이철을 존중하며 대했으므로 죄책감을 느낄 일이 없었다. 두 사람은 추가적인 전략을 적용하기 시작하면서, 무례함으로는 무례함을 치료할 수 없으며 분노로는 결코 분노를 진정시킬 수 없다는 사실에 초점을 맞추었다. 부모로서 딸이 강하고 책임감 있는 여성으로 자라나도록 돕는 일에서 열쇠의 하나는 아이가 발끈할 때에도 그들이 상냥하면서 단호한 태도를 유지한 것이었다. 이는 부모가 앞으로 딸에게서 보고 싶은 모습, 즉 압박감 속에서도 우아함을 잃지 않는 젊은 여성의 모습을 제시하는 훌륭한 본보기였다.

건강한 경계를 유지하기

과학자 가메구치 겐지는 인간관계에서 경계의 기능이 세포막과 유사하다고 했다. 생명 유지의 모든 생물학적 과정은 세포에 뿌리를 두고 있으며, 생존을 위해 세포막이라는 아주 얇은 경계에 의존한다. 세포막의 기능은 다섯 가지로 요약된다.

- 나쁜 것을 안으로 들이지 않기
- 좋은 것을 들여보내기
- 세포의 구성 요소들이 떨어져 나가지 않도록 하기
- 개별 세포들이 서로 구별된 상태를 유지시키기
- 개별 세포들의 상호작용을 가능케 하기

건강한 경계를 가진 사람들은 건강치 못한 상황이나 패턴을 잘 알아보며, 그것들이 자신의 삶에 자리 잡지 못하도록 하는 데 능숙하다.[149] 이런 이들의 경계는 세포막처럼 투과성이 있기 때문에, 영양분은 들여보내고 독소는 빠져나가게 한다. 또한, 핵심적인 윤리나 목표, 방향을 포기하라는 압력에 맞닥뜨렸을 때 굴하지 않고 버텨내는 데도 도움이 된다. 본질적으로, 좋은 경계는 다른 사람의 문제를 내 문제로 만들지 않으면서 그 사람을 도울 수 있게 해주며, 다른 사람과 친밀히 교유하면서도 정서적 독립성을 유지하게 해준다. 정서적 경계라는 개념은 새로운 게 아니며, 우리가 발견한 것도 아니다. 살바도르 미누친은 1974년에 『가족과 가족치료(Families and Family Therapy)』라는 명저를 펴냈는데, 곧바로 이 책은 가족을 이해하고 가족의 문제를 치료하는 데 표준적인 지침서가 되었다. 경계 개념은 미누친의 이 저서 전체에서, 그리고 거기서 가르치는―흔히 가족 체계 이론(family systems theory)이라 불리는―접근법 전체에서 아주 많이 다뤄지며,[150] 최근에는 헨리 클라우드와 존 타운센드 박사가 삶의 여러 영역에서의 경계에 대해 폭넓게 저술했다. 클라우드와 타운센드의 연구에 대해 더 알고 싶으면, 앞서 소개한 책 『경계』를 읽어보라.[151]

마크와 로빈은 자신들의 경계를 강화할 필요가 있다는 것을 깨달았다. 그들의 삶은 딸의 삶과 워낙 불가분하게 얽혀 있었기에, 딸이 정서적으로 성인이 되는 데 필요한 시련과 고난, 승리 등을 그냥 겪어내도록 차마 내버려둘 수가 없었다. 페이 박사의 사무실에 앉아 마크와 로빈은 경계에 대해 이야기를 나누었다. 페이 박사는 두 사람에게 '간이 경계 검사'를 제안했다. 특정한 사람이나 상황과 관련하여 자신의 경계가 지닌 강점과 약점을 파악하는 데 도움이 되는 검사다.

〈간이 경계 검사〉

경계 #1: *내가 나를 잘 돌보지 않으면 이 사람과 건강하게 지낼 수 없다.*

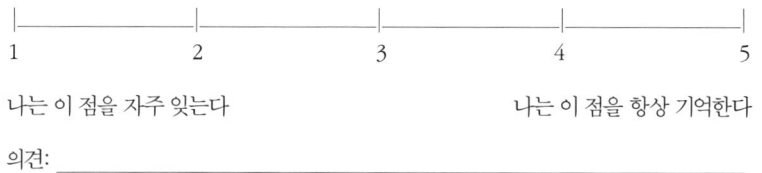

경계 #2: 문제가 누구의 것인지를 잊어버리면 나는 건강해질 수 없다.

|―――――――|―――――――|―――――――|―――――――|
1   2   3   4   5

나는 자주 잊는다   나는 항상 기억한다

의견: _____

경계 #3: 내가 항상 당사자보다 더 열심히 문제 해결에 나서는 건 건강치 못한 일이다.

|―――――――|―――――――|―――――――|―――――――|
1   2   3   4   5

내가 더 열심히 나서는 일이 잦다   내가 더 열심히 나서는 일은 없다

의견: _____

경계 #4: 내 자존감과 자기효능감, 행복이 전적으로 이 사람이 행복해지고 문제를 극복하도록 돕는 데에 달려 있다면 나는 건강하지 않다.

|―――――――|―――――――|―――――――|―――――――|
1   2   3   4   5

이런 경우가 많다   이런 경우는 없다

의견: _____

경계 #5: 우리의 관계에서 지나친 의존을 허용한다면 나는 건강하지 않다.

|―――――――|―――――――|―――――――|―――――――|
1   2   3   4   5

나는 의존을 피하는 게 어렵다   나는 의존을 피하는 데 능숙하다

의견: _____

검사를 받은 뒤, 마크와 로빈은 자신들의 약점을 인정했다. "1번은 우리에게 문제입니다. 우리는 딸아이를 돕기 위해 뼈 빠지게 노력했고, 둘 다 지쳤어요. 2번을 보면, 끊임없이 아이에게 잔소리와 불평을 하고 과도하게 도와주면서 아이가 준비되지 않은 걸 우리의 문제로 삼았군요. 3번은 너무 분명하네요. 페이 박사님, '다른 사람의 문제를 해결해 주려고 열심히 노력하면 할수록 상대방은 그 문제에 대해 관심과 노력을 덜 기울이게 된다'라고 말씀하셨던 걸 기억합니다." 마크는 잠시 멈추고 심호흡을 한 뒤 말을 이었다. "5번도 우리에게 문제가 되는 것 같습니다. 아이는 정신의 힘과 자신감을 가지고 거리낌 없이 삶에 뛰어들기보다는 점점 더 우리에게 의존하는 것 같아요."

제한을 설정하기

우리 모두 알다시피 아이디어와 문제의식과 좋은 의도가 있다 해도 일관된 행동이 수반되지 않으면 변화를 일으키기 어렵다. 일관된 행동은 주로 경계를 설정하고 제한을 시행하는 형태를 취한다. 다음은 관련된 모든 사람의 존엄성을 유지하면서 건강한 경계를 설정하는 몇 가지 예시다.

- "네 문제를 해결하려고 네가 나보다 더 열심히 노력한다면 나도 기꺼이 도와줄게."
- "네가 일상적인 집안일을 돕고, 우리와 즐겁게 지내고, 독립을 향해 눈에 띄게 진전을 보인다면 우리와 함께 살 수 있어."
- "필요한 추가 비용을 부담하겠다면, 네가 사용할 자동차를 기꺼이 내어줄게."
- "네 문제들에 대해 나를 비난하기보다 네 삶에 스스로 책임지는 모습을 보여야만 너와 함께 시간을 보낼 거야."
- "우린 널 사랑해. 성인답게 자립하기 위한 계획이 어떻게 되니?"
- "네가 차분한 목소리로 나를 정중하게 대할 때 이야기를 나눌게."

- "나는 너를 사랑하고 돕고 싶지만, 이 중독을 극복하기 위해 누가 노력해야 할까? 나일까, 아니면 약물을 사용하는 사람 본인일까?"
- "네가 좋은 선택들을 하고 깨끗하고 안전한 곳에서 살고 있든, 잘못된 선택을 하고 건강치 않고 위험한 곳에서 살고 있든, 우리는 한결같이 너를 사랑할 거야."

보다시피, 힘든 상황에서 건강한 제한을 설정하는 것은 마음이 약한 사람에게는 어려운 일이다. 한 가지 더 눈여겨보아야 할 것은, 우리가 설정하는 건강하고 경계를 세우는 제한은 대부분 스스로에게 부과하는 것이라는 점이다. 우리가 다른 사람에게서 보고자 하는 변화는 우리가 자신의 '세포막'의 내부나 가까이에서 허용하는 행동들로부터 시작한다. 사실 우리가 통제할 수 있는 건 그게 전부이기 때문이다.

경계와 제한 설정의 개념에 대해 생각해 본 마크와 로빈은 딸 레이철에게 아무런 문제가 없다고 판단했다. 레이철은 애정과 단호함으로써 제한을 설정하지 않은 가정에서 그 나이 또래의 보통 아이들이 할 법한 행동을 하고 있었을 뿐이었다. 또한 부부는 딸에게 줄 수 있는 최고의 유산은 돈이 아니라는 사실도 깨달았다. 부모가 아이에게 남길 수 있는 유산은 강한 사람이 어떻게 행동하는지 몸소 보여주는 것이다. 사실, 우리가 아이와 건강한 경계를 설정하지 않으면, 우리의 아이도 다른 사람들과의 경계를 유지하는 일에서 큰 어려움을 겪을 가능성이 높아진다.

마크와 로빈이 새로운 개념에 따라 행동하자 레이철은 충격을 받았다. 그들은 "우리 딸, 사랑해. 성인으로 자립할 계획이 어떻게 되니?"라는 질문의 형태로 유용한 경계이자 제한을 설정했고, 이는 그들의 가정이 이제 어떻게 운영될 것인지에 대해 힘들지만 유익한 여러 토론의 장을 열었다. 그들이 나눈 대화의 기본 주제가 무엇이었냐고? "우리는 너를 너무 사랑해서, 네가 성장하려고 노력하지도 않는데 부유하고 유명한 사람처럼 살도록 계속 챙겨줄 수가 없구나." 이것이었다.

사고 공유와 통제 공유

경계는 책임과 의무를, 그걸 져야 마땅한 사람에게 돌리는 데 도움이 된다. 경계를 설정하는 일을 적극적으로 받아들이면 부모는 아이를 통제하려는 시도를 그만두게 된다. 아이가 스스로 통제권을 갖고 자신의 머리를 쓰는 법을 배우도록 허용하게 되는 것이다. 그래야만 아이가 성장하고, 부모도 양육자의 역할에서 벗어날 수 있다. 레이철은 더이상 무임승차를 할 수 없다는 사실이 분명해지자 발 빠르게 움직여 아르바이트를 구하고 지역 커뮤니티 칼리지에 등록도 했다. 위험하게 차를 몰곤 하던 아이가 대중교통을 이용하게 되면서 지역 사회의 전반적 안전도가 즉각 개선된 것은 덤으로 얻은 이득이랄까.

마크와 로빈은 말했다. "딸에게 성인이 되기를 피하는 것은 선택 사항이 아니며, 무책임하게 굴기로 할 경우 더이상 자동차나 머물 곳을 제공하지 않을 것이라는 점을 이해시켰습니다. 그러는 건 정말 가슴 아픈 일이었죠. 자꾸 겁이 났지만, 우린 버텨냈어요. 그러자 얼마 지나지 않아 우리 눈에는 불행하고 자격의식에 찌든 무력한 어린아이가 아니라 훨씬 행복하고 품위 있고 정신적으로 강인한 여성이 보이기 시작했습니다."

공감

우리는 양육에서 공감이 어떤 역할을 하는지에 대해 많은 글을 썼다. 공감은 아이가 성인이 되어 혹 바른길에서 벗어나더라도 그 애와의 관계를 건강하게 유지토록 해주는 평생의 기술이다. 아이의 나이가 어떠하든, 경청이나 요청, 경계에는 반드시 공감이 함께해야 한다.

브렌다와 토니는 서른 살이 된 아들 매니를 목숨보다 더 사랑했다. 아들이 어렸을 때 부부는 '사랑과 논리'를 알게 되었고, 거기서 배운 것을 아들에게 적용했다. 매니는 어른에게나 또래에게나 호감을 사는 재미있는 아이였다.

매니의 인생은 그야말로 술술 풀리는 듯 보였다. 그러나 고등학교 시절 새로운 친구들과 어울리면서 매니는 마약 중독에 깊이 빠져들기 시작했다. 한동안 맑은 정신으로 지내는가 싶다가도 곧 어두운 의존과 우울증의 시기가 찾아오곤 했다. 얼마 지나지 않아 그는 헤로인에 완전히 중독됐고 그 비용을 조달하기 위해 훔칠 수 있는 건 뭐든지 훔쳤다.

매니는 부모님과 함께 사는 동안 집을 사실상 마약 사용과 유통의 소굴로 삼았다. 브렌다와 토니는 그 사실을 알면서도, 죄책감과 우유부단 탓에 아무런 행동도 취하지 못했다. 그러다가 결국 브렌다와 토니가 수갑을 차고 경찰서로 끌려가는 날이 왔다. 이제는 정말 변해야 할 때였다.

매니가 마약으로 인해 나락으로 떨어지던 때, 그의 부모는 죄책감에 사로잡혀 매니의 삶을 완벽하게 만들어 주려고 무척 애썼다. 그들의 생각은 이랬다. '매니가 우리와 함께 살면 불안해하지 않을 테니 약도 필요 없어질 거야. 그뿐 아니라 나쁜 애들과도 멀어질 테고.'

브렌다와 토니는 매니를 상담사에게 데려가서 치료를 받도록 했다. 브렌다와 토니는 상담사로부터 약 습관이 잦아들다 다시 도지는 것도 회복 과정의 일부라는 걸 배웠지만, 매니의 치료에 차질이 있을 때마다 '우리는 나쁜 부모야'라고 자책했다. 그리고 부모가 불안해할수록 매니는 마약 주사를 놓는 데 더 많은 시간을 보냈다. 토니는 말했다. "정말 무서웠습니다! 밤새도록 사람들이 우리 집 문과 창문을 두드렸어요. 그러다 마약 당국이 우리 집을 급습했고, 그때가 한계점이었습니다."

사법 당국과의 문제가 정리되면서, 브렌다와 토니는 사랑하는 아들과 그의 문제들에서 가뿐히 벗어난 삶을 상상해 봤고, 그런 생각을 했다는 것 때문에 더욱 큰 죄책감에 시달렸다. 두 사람은 자기들이 경계가 약한 유형이며, 이제는 매니와 제대로 된 경계를 설정해야 할 때라는 사실을 깨닫게 됐다. 그들의 상담사가 말해 준, 겸허하게 받아들여야 할 진실이 이러한 관점에 더욱 힘을 실어주었다. "때로는 대단히 착하고 양심적인 부모에게도 중독에 빠지거나 다른 심각한 문제를 일으키는 아이가 있습니다. 부모는 이런 문제를 초래한 사람이 아니며, 해결해야 할 사람도 아닙니다. 제가 생각하는 것처럼 두 분이 매니를 정말 아끼신다면, 매니를 구하려는 시도를 그만두셔야 합니다." 두 사람은 매니가 다른 곳에서 살아야 한다는 데 동의했다. 이들의 경계 검사 결과를 살펴보자.

〈아들 매니에 대한 브렌다와 토니의 경계 평가〉

경계 #1: *내가 나를 잘 돌보지 않으면 이 사람과 건강하게 지낼 수 없다.*

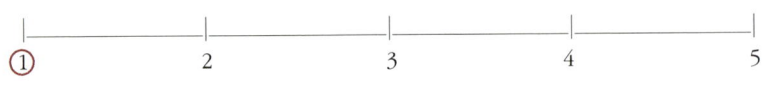

나는 이 점을 자주 잊는다   나는 이 점을 항상 기억한다

의견: 이 점을 자주 잊는다는 데 죄책감을 느껴서 매니가 곤경에 처할 때마다 우리 자신을 벌주고 그 애를 구해 주게 된다.

경계 #2: *문제가 누구의 것인지를 잊어버리면 나는 건강해질 수 없다.*

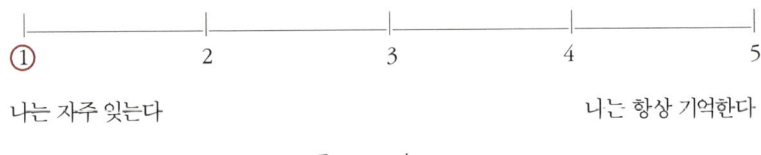

나는 자주 잊는다   니는 항상 기억한다

의견: 우리는 이 문제를 매니에게 돌려줘야 한다.

경계 #3: *내가 항상 당사자보다 더 열심히 문제 해결에 나서는 건 건강치 못한 일이다.*

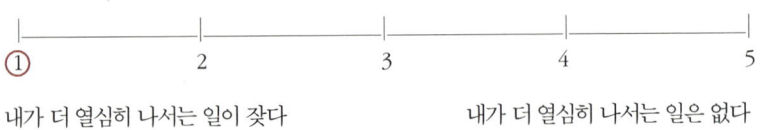

내가 더 열심히 나서는 일이 잦다   내가 더 열심히 나서는 일은 없다

의견: 우리 생각엔, 건강한 선택을 내리면 단기적으로는 끔찍한 기분일 것 같다.

경계 #4: 내 자존감과 자기효능감, 행복이 전적으로 이 사람이 행복해지고 문제를 극복하도록 돕는 데에 달려 있다면 나는 건강하지 않다.

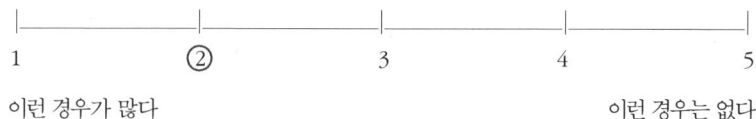

이런 경우가 많다   이런 경우는 없다

의견: 아들이 건강하게 살지 않더라도 우리는 건강하고 즐거운 삶을 살기로 할 수 있다. 이에 대해 죄책감을 느낄 필요는 없다. 우리가 건강하지 못하고 불행해지는 것보다는 이 편이 아들에게 더 도움이 될 것이다.

경계 #5: 우리의 관계에서 지나친 의존을 허용한다면 나는 건강하지 않다.

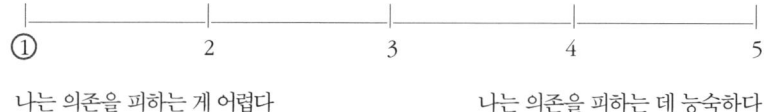

나는 의존을 피하는 게 어렵다   나는 의존을 피하는 데 능숙하다

의견: 기본적으로 선한 사람에게도 나쁜 일이 일어날 수 있다. 매니는 마약에 중독되기 전에는 강하고 독립적인 아이였다. 하지만 아이가 변하자 우리는 생각지도 않던 구조자 역할을 하게 되었다. 이제 우리는 매니가 어렸을 때 아주 효과적이었던 '사랑과 논리' 양육 기술로 돌아가야 한다는 걸 깨달았다.

브렌다와 토니는 매니에게 강력한 제한을 설정하는 동시에 공감도 해주었다. "매니, 우린 널 사랑해. 네가 얼마나 힘들지 우린 상상조차 할 수 없구나. 가능한 한 자주 여기 교정 센터에 와서 너를 만나고 싶어. 네가 우리를 잘 대한다고 느끼면 오랜 시간 머무를 수도 있다는 걸 알아줬으면 해. 한 가지 더. 너를 중독을 극복할 수 없는 사람처럼 취급한 걸 사과하고 싶어. 우리는 너를 믿어. 이제부턴 네 삶을 위해 너보다 더 열심히 노력하는 건 그만두겠다고 약속할게. 그러니까 센터에서 나왔을 때 살 곳을 찾는 건 네 책임이야."

가슴 아픈 얘기였지만, 이 대화는 매니의 회복을 위한 기반 다지기 작업의 첫걸음이었다. 우리는 힘든 여정을 계속하고 있는 매니 가족을 위해 기도하고 있다. 그들은 아들에게 사랑을 주면서 더 건강한 경계를 유지하려는 노력을 하느님이 축복해 주시리라 믿고 있다. 기적은 일어날 것이다.

* * *

실용 신경심리학의 접근법으로 아이를 양육하면 아이가 자신감과 유능함, 회복탄력성을 갖춘 정신적으로 강한 성인이 되는 데 필요한 기틀을 마련해 줄 수 있다. 젊은 성인으로서 보내는 시기를 어렵게 만드는 요인은 이 밖에도 많을 테다. 어떤 경우든, 성인이 된 아이가 내리는 선택에 대한 책임은 오로지 그 애 자신에게 있다는 사실을 기억하라. 부모의 역할은 단호함과 친절함, 공감을 보이면서 아이에게 흔들리지 않는 사랑을 주는 것이다. 부모의 일관된 태도는 아이와의 관계를 굳건히 다지고, 아이가 자신의 삶을 스스로 통제할 수 있다는 사실을 부각하며, 언제든 필요할 때는 부모의 지지를 받을 수 있다는 확신을 아이에게 심어줄 것이다.

실천 단계

- '사랑과 논리'의 다섯 가지 원칙, 즉 '상호 존엄성+사고 공유+통제 공유+공감=건강한 관계'를 기억한다.
- 성인이 된 아이가 자립하기 위해 행동하거나 노력하지 않는다면, 먼저 정중하게 요청한다.
- 특정 관계에 관한 간이 경계 검사를 통해 자신의 경계에 어떤 강점과 약점이 있는지 파악한다.
- 성인이 된 아이에게 그 애가 져야 마땅한 책임과 의무를 부여하는 제한

을 설정하고 시행한다.
- 아이의 삶에 뒤늦게 제한을 설정할 경우 아이가 반발할 것에 대비하고, 제한의 설정과 시행 과정을 인도해 줄 정신과 의사, 심리학자 또는 가족치료사의 전문적인 도움을 받는 것도 고려한다.

제23장

아이의 정신적 힘을 키워주는 부모의 행동 130가지

할 일이 너무 많아 버겁다고 느낄 때는, 가장 효과가 클 가장 작은 일부터 시작하라.

지금까지 정신적으로 강한 어린이와 청소년을 키워내는 데 도움이 되는 여러 검증된 팁과 전략을 소개했다. 이 장에서는 부모로서 양육을 더 효과적으로 해내고, 아이가 잠재력을 한껏 발휘하는 데 필요한 기초를 다질 수 있도록 '정신력의 네 원'을 쌓아 올리는 가장 효과적인 기법들을 정리했다. 일부는 이전 장에서 소개한 내용이지만, 워낙 중요하므로 여기서 다시 한번 복습하겠다. 우리의 제안을 하나하나 다 따를 필요는 없다. 각자의 상황에 가장 적합한 것을 선택하면 된다. '부모가 아이를 위해 할 수 있는 최선의 일들'이라 할 다음의 목록은 우리가 수십 년 동안 다양한 연령대의 '어려운' 아이들과 '그리 어렵지 않은' 아이들, 그 부모들과 함께 작업하며 축적한 팁들을 모은 것이다.

아이로 살아간다는 게 어땠는지 기억한다

1. 아이로 살아간다는 게 어땠는지 기억한다(좋은 점과 나쁜 점 둘 다를). 여러분이 아이의 나이였을 때 어떤 기분이었는지 상기한다. 그러면 아이의 걱정과 우려들을 공감을 담아 이해해 줄 수 있을 것이다.

2. 엄마나 아빠가 너무 바빠서 자신을 봐줄 수 없었을 때 어땠는지 기억한다.

3. 거짓말을 했을 때 어떤 기분이었는지, 부모님이 알게 되면 어떻게 반응하길 바랐는지 기억한다.

4. 부모님이 부부 싸움을 할 때 기분이 어땠는지 기억한다. (여러분은 부모님이 싸우셨던 방식대로 배우자 또는 아이의 엄마나 아빠와 싸우고 있는가?)

5. 엄마나 아빠가 특별한 곳에 데려가 주었을 때 어떤 기분이었는지 기억한다.

6. 어릴 적에 식사 시간이 어땠는지 기억한다. 긍정적 경험이었는가? 그 이유는? 부정적 경험이었는가? 그 이유는?

7. 잠자리에 들 때 어떤 기분이었는지 기억한다.

8. 처음으로 누군가에게 데이트를 신청하거나 신청을 받았을 때 어떤 기분이었는지 기억하고, 데이트할 때 느끼기 마련인 강렬한 불안과 설렘을 기억

한다.

9. 어린이와 10대 시절에 느꼈던 성적인 감정과 경험을 기억한다.

10. 학창 시절 만났던 최악의 교사를 기억한다. 그러면 아이가 학교에 대해 불평할 때 이해하고 공감해 줄 수 있을 것이다.

11. 학창 시절 만났던 최고의 교사를 기억한다. 그러면 아이에게 학교가 얼마나 멋질 수 있는지 이야기해 줄 수 있을 것이다.

자신과 아이를 위해 명확한 목표를 세운다

12. 아이를 키우는 데 있어 명확한 목표를 세우고 글로 쓴다. 아이가 어떤 사람으로 자라나길 바라는지 구체적으로 적는다. 글로 적은 목표를 매일 보면서 자신이 목표와 일치하게끔 행동하고 있는지 확인한다. 아이와 상호작용을 할 때마다, 자신의 행동이 아이에게서 원하는 행동을 끌어낼 수 있는 것인지 스스로에게 묻는다.

부모인 자신을 위한 목표

(전반적인 목표는 아이의 삶에서 유능하고 긍정적인 힘을 행사하는 것이다.)

13. 아이의 삶에 참여한다. 아이가 나아갈 방향에 영향을 줄 수 있도록 함께 충분한 시간을 보내는 데 신경 쓴다.

14. 아이에게 마음을 연다. 아이가 필요할 때 여러분에게 대화를 청할 수 있도록 적극적으로 경청하고 공감을 표현한다.

15. 단호한 태도로 제한을 설정한다. 아이가 자신의 도덕적/내적 통제력을 키울 때까지는 적절한 감시와 제한을 제공한다.

16. 공동 양육자, 즉 양육의 파트너 역할을 충실히 한다. 결혼한 상태이든 이혼을 했든, 부모는 아이와의 상호작용에서 서로를 지지해 주는 것이 제일 좋다.

17. 아이를 다정하게 대한다. 아이가 집을 떠난 뒤에도 부모를 만나러 오고 싶어 할 방식으로 키운다. 부모 노릇은 이기적인 일이기도 하다.

18. 아이와 즐겁게 지낸다. 농담을 하고, 익살도 부리고, 함께 논다. 즐거움은 신체적 건강과 정서적 건강 둘 다에 반드시 필요하다.

아이를 위한 명확한 목표 세우기

(전반적인 목표는 발달을 북돋는 것이다.)

19. 관계를 중시하도록 키운다. 우리는 다른 사람과의 관계 속에서 살아간다. 남들과 잘 지내는 법을 아이에게 반드시 가르쳐야 한다.

20. 책임감을 키워준다. 아이에게 자신의 삶에 대한 통제권 일부를 부모와 공유해 행사할 수 있다는 믿음을 주고, 그런 믿음 아래 행동하도록 한다. 자신에게 일어날 수 있는 나쁜 일이 항상 남의 탓만은 아니라는 걸 알아야 한다는 얘기다. 그러지 않으면 아이는 늘 피해자 행세를 하고, 자신의 힘을 키우지 못할 것이다.

21. 독립심을 키워준다. 아이가 자신의 삶에 대해 일정한 선택권을 갖도록 허용한다(통제 공유). 그러면 아이는 혼자서 좋은 결정을 내리는 법을 배울 수 있을 것이다.

22. 자신감을 키워준다. 아이가 유능감을 느낄 수 있는 다양한 활동에 참여하도록 격려한다. 많은 경우 자신감은 과제나 스포츠, 각종 활동에 숙달할 수 있는 능력에서 비롯된다.

23. 자기 자신을 있는 그대로 받아들이도록(자기 수용) 키운다. 아이에게서 부정적인 부분보다는 긍정적인 부분을 주목한다. 그러면 아이는 스스로를 받아들이는 법을 배울 것이다.

24. 적응력을 키워준다. 아이를 다양한 상황에 노출시켜서, 살면서 맞닥뜨릴 여러 종류의 스트레스에 대처할 유연성을 키우게 한다.

25. 정서적 건강을 키워준다. 아이가 수용적인 환경에서 자신을 표현할 수

있도록 해준다. 아이가 오랜 기간 정서적 어려움의 증상을 보일 경우 도움을 구한다.

26. 재미있게 살도록 한다. 즐기고 웃는 법을 가르친다.

27. 목표 등 중요한 것에 집중하도록 가르친다. 아이가 (단기적·장기적으로) 명확한 목표를 세우도록 돕는다.

권위는 필수다

28. 권위는 가족 내에서 질서와 구조를 유지하기 위해 필수다. 그런데 일찍이 1960년대 세대부터 권위가 좋은 것이라는 생각이 사라졌다.

29. 아이에게 단호한 것은 아이에게 못되게 구는 것과는 다르다.

30. 아이와의 관계에서 권위를 가져야 하는 사람이 여러분 자신이라고 믿으면, 아이는 여러분을 더 존중할 것이다.

31. 아이를 상대로 권위를 (친절한 방식으로) 확립하면 아이의 창의성이 커진다. 아이는 경계를 이미 알고 있기에 어떤 선을 넘어도 되는지 끊임없이 시험할 필요가 없고, 따라서 남는 에너지로 더 생산적인 활동을 할 수 있다.

32. 아이를 상대로 권위를 (친절한 방식으로) 확립하는 것은 아이가 성인이 되어 권위에 잘 대처하도록 돕는다.

33. 진심이 아닌 말, 실천하지 않을 말은 하지 않는다. 죄책감 때문에 옳다고 생각하는 일을 못 하는 일은 없어야 한다.

아이와의 관계에 성공의 열쇠가 있다

34. 여러분과 아이의 개인적인 관계는 아이의 정서적 안녕에 중요하다. 많은 부모들이 자신이 아이에게 미치는 영향을 과소평가한다. 아이와 관계가 좋으면, 아이는 필요할 때 여러분을 찾아올 것이다. 관계가 나쁘면 도움말이 필요할 때 다른 사람을 (예컨대 또래를) 찾아갈 것이다.

35. 부모와 아이의 관계가 좋으면 거의 모든 형태의 훈육이 통할 것이다. 반면, 관계가 나쁘면 사실상 어떤 형태의 훈육도 통하지 않을 것이다.

36. 아이를 존중한다. 집에서 아이를 대할 때도 다른 사람들 앞에서 대하듯 한다. 그러면 아이도 남을 존중하는 법을 배울 것이다.

37. 매일 잠깐이라도 아이가 하고 싶어 하는 걸 같이 하면서 특별한 시간을 보낸다. 이런 특별한 시간이 매일 20분씩만 되어도 아이와의 유대가 강해지고, 관계의 질이 극적으로 달라진다. 아이가 원할 때 부모가 곁에 있어주면, 아이는 자신이 중요한 존재라고 느끼고 자존감이 높아진다.

38. 경청한다. 여러분의 생각을 아이에게 말하기 전에 아이의 생각을 먼저 들어본다.

39. 아이와 이야기할 때는 아이의 수준에 맞춰준다.

40. 아이에게 부드럽게 말한다. 그러면 귀 기울일 가능성이 훨씬 커진다.

41. 아이에게 소리를 지르지 않는다. 누가 여러분에게 소리를 지르면 기분이 어떻겠는가? 아마 화가 나고 스트레스를 받고 겁을 먹을 것이다. 아이도 다르지 않다.

42. 아이와 한 약속은 꼭 지킨다.

43. 아이는 부모의 사이를 보면서 관계에 대해 배운다. 여러분은 좋은 본보기가 되고 있는가?

애정이 넘치고 도움이 되는 환경

44. 아이에게 매일 사랑한다고 말해 준다.

45. 아이와 매일 스킨십을 한다. 안아주고, 손을 잡고, 어깨를 주물러주고, 머리카락을 쓰다듬어 준다.

46. 매일 아이와 눈을 맞추고 오늘 하루가 어땠는지 묻는다.

47. 아이가 무릎에 올라앉으면 (또는 여러분의 공간으로 들어오면) 짬을 내어 아이를 안아준다.

48. 아이가 듣는 음악을 들어보면서 아이의 정신에 어떤 정보가 들어가고 있는지 알아본다.
49. 텔레비전, 비디오게임, 소셜 미디어, 태블릿은 제한한다. 대개 '뇌를 쓰지 않는' 이런 활동들은 아이에게 거의 도움이 되지 않는다.
50. 아이가 뉴스를 너무 많이 보게 하지 않는다. 아이가 겁을 먹고 내적 불안감이 높아질 테니까.
51. 생활 속의 의식(儀式, ritual)-예컨대 잠자리에 들 때나 식사 때의 의례, 명절 치르기 따위-들을 이용해 아이의 삶에 지속성과 구조, 안정성을 준다.
52. 아이에게 많고 다양한 경험을 쌓게 한다. 아이가 망설이더라도 그렇게 한다.
53. 아이와 놀이를 한다. 레크리에이션은 균형 잡히고 행복한 삶의 필수 요소다.

명확한 기대

54. 아이가 아직 어리든 10대이든, 여러분이 아이에게 무엇을 기대하는지 명확히 한다. 가족의 규칙과 가치를 구체적으로 적어서 붙여놓는 것도 효과적이다. (5장에서 소개한 에이멘 박사의 필수 규칙 여덟 가지를 참조하라.) 그리고 '사랑과 논리'의 대원칙을 기억한다. '문제를 만들지 말 것'이라는.

마음에 들지 않는 것보다 마음에 드는 것에 훨씬 더 주목한다

55. 아이가 규칙과 기대에 부응할 때 확실히 알아준다. 좋은 행동을 강화해 주지 않으면, 아이가 좋은 행동을 많이 할 가능성은 낮아진다.
56. 아이에게서 마음에 드는 행동을 마음에 들지 않는 행동보다 열 배 더 많이 알아차려 준다. 그러면 아이도 자신을 비판적으로 보기보다 자신에게서 좋아하는 부분에 주목하는 법을 배우며 성장할 것이다.
57. 칭찬과 격려는 좋은 행동을 강화시키고 아이에게 새로운 기술을 가르

친다. 분노와 처벌은 문제 행동을 억누르지만, 장기적으로는 아이에게 아무런 좋은 것도 가르치지 못한다.

58. 칭찬과 격려는 부모와 아이의 유대를 더 굳건하게 해준다. 분노는 부모와 아이의 유대를 약화한다.

훈육

59. 아이에게 무언가 하라는 말을 열 번씩 반복하지 않는다. 한 번 말했을 때 아이가 즉시 따르기를 기대한다! 따르지 않을 때는 적절한 대가를 치르게 해 여러분의 말을 뒷받침할 준비를 해둔다.

60. 부모가 자제력을 잃었을 때는 절대 아이를 훈육하지 않는다. 평정심을 완전히 잃기 전에 부모 본인이 타임아웃 시간을 가진다.

61. 아이가 나쁜 행동을 하면 벌주거나 되갚으려 하지 말고, 훈육으로써 가르친다.

62. 아이가 잘못된 행동을 하면 '나를 열받게 하려는 것'이라고 생각지 말고, '내가 해결할 문제가 생겼네'라고 생각한다.

63. 아이가 규칙을 깼을 경우에 부과할 신속하고 명확한 대가를 정하고, 이를 시행할 때는 감정을 걷어내고 사무적인 태도로 하는 것이 중요하다. 잔소리를 해대고 소리를 지르는 건 파괴적일 뿐, 효과는 없다.

64. '단호함'과 '친절함'이라는 난어를 기억한다. 우리가 아는 어느 부모는 "못처럼 단단하고, 양처럼 온화하게"라는 표현을 쓴다. 둘의 균형을 잡으려 노력한다.

65. 아이가 부정적인 행동에 빠져 있으면 먼저 주의를 돌리려고 노력하고, 그 문제는 차차 해결한다.

66. 거짓말과 도둑질은 그 자리에서 즉시 처리한다.

67. 10대나 갓 성인이 된 아이와 까다로운 상황(섹스, 마약, 불손함 따위와 관련된 것)을 다루기를 망설이지 않는다. 친절하고 단호한 방식으로 대

처한다.

68. 회초리질이나 다른 형태의 체벌을 피한다. 해롭다.

선택권

69. 아이에게 무엇을 하고, 먹고, 입을지 일일이 지시하기보다 몇 가지 선택지를 주고 스스로 고르도록 한다. 부모가 아이 대신 모든 결정을 내릴 경우, 아이는 나중에 스스로 결정을 내리지 못하게 된다.

70. 아이가 친구들이 말하거나 행동하는 것을 따르기보다 자신이 알고 있는 것을 활용해 독립적으로 결정하도록 격려한다.

관리 감독

71. 아이의 학교 생활을 잘 살피고 관리한다. 교사와도 알고 지낸다. 학급 일에 적극 참여한다. 때론 문제가 생겼을 때 부모가 제일 마지막에 알게 된다. 학교 활동에 참여하면 아이가 궤도에서 벗어나지 않도록 하는 데 도움이 될 것이다.

72. 아이가 아직 어리든 10대 청소년이든, 어디에 있는지 항상 파악한다. 아이에게 누구랑 있는지, 무엇을 하는지, 집에 언제 돌아올지 알고 싶다고 말한다. 주기적으로 확인할 것이라고 일러둔다. 아이는 처음에는 사생활 침해라며 불평하겠지만 장기적으로는 부모의 관심과 염려에 고마워할 것이다.

73. 신뢰는 과거의 경험을 기반으로 한다. 아이에게 "네가 누릴 수 있는 자유의 정도는 그동안 네가 얼마나 믿음성을 보여주었는지에 따르는 거야"라고 알려준다.

74. 아이의 친구들과 시간을 보낸다(마음에 들지 않는 친구라도 그렇다). 그래야 그 친구들이 아이의 삶에 어떤 영향을 주는지 알 수 있다.

부모의 지지

75. 부모는 이혼했을 경우에도 아이를 위해 함께 노력하고 서로 지지해야 한다.

76. 아이가 부모의 권위를 공유하는 아빠와 엄마를 갈라놓게 놔둘 경우, 아이는 자신에게 유익한 정도보다 훨씬 큰 권력을 갖게 된다.

77. 부모에게도 자신만을 위한 시간이 필요하다. 기진맥진한 부모는 아이를 위해 최선의 노력을 다할 에너지가 부족하다.

78. 아이를 위해 할 수 있는 최선의 일 중 하나는 배우자와 애정 어린 관계를 본보기로 보이는 것이다.

자존감

79. 아이를 묘사할 때 쓰는 별명과 표현에 유의한다. 아이는 자신에게 붙은 꼬리표대로 행동한다.

80. 아이의 자존감이 숙제를 얼마나 잘했는지보다 더 중요하다.

81. 아이가 자신의 관심 분야(스포츠나 음악 등)에서 활동하도록 격려한다. 자존감은 대개 유능감을 느끼는 능력을 토대로 키워진다.

아이를 가르치기

82. 여러분의 행동으로써 아이에게 가치관을 가르친다. 아이가 가치관을 배우는 중요한 방식 하나는 부모의 행동을 보는 것이다.

83. 여러분의 실제 경험에 기반하여 아이를 가르친다.

84. 섹스와 약물에 대한 대화를 나눈다. 학교, 소셜 미디어, 텔레비전 프로그램, 친구들에게 그 책임을 맡기지 않는다.

85. 아이가 실수에서 배우도록 돕는다. 질책하거나 깎아내리지 않는다. 그래야 아이가 자라면서 스스로를 (그리고 남들도) 그렇게 대할 것이다.

86. 집에는 건강한 음식만 두어서, 아이가 자신에게 좋은 음식을 즐기는

걸 배우도록 한다.

87. 아이와 운동을 한다. 아이가 삶에서 신체 활동을 일과의 하나로 삼도록 돕는다.

88. 자신의 삶에서 가장 좋은 부분에 주목하라고 가르친다.

89. 삶에는 시작과 끝이 있다는 것을 가르쳐서, 영적인 건강이 왜 중요한지를 이해하도록 돕는다.

90. 자신에 대해 최선을 예측하도록 가르친다.

91. 아이가 자신의 삶에 대해 남을 탓하는 건 허용하지 않는다.

92. 감사 편지나 쪽지를 보내라고 가르친다.

93. 삶이 더 편해지는 정리 기술을 가르친다(이는 아이가 그런 걸 싫어하는 성격이라도 침실 정리를 시켜야 한다는 걸 뜻할 수 있다).

94. 책을 자주 읽어준다(또는 아이가 여러분에게 책을 읽어주게 한다).

95. 새로운 과학기술을 책임감 있게 사용하는 법을 가르치고, 사용 시간을 제한한다.

일과 아이

96. 아이가 요청하는 모든 것을 주지는 않는다. 아이에게 일을—예를 들어 집안일을—해서 원하는 것을 얻어내라고 권장한다.

97. 일하는 건 아이에게 좋다. 아이를 위해 모든 걸 해주는 건 좋지 않다.

형제자매 관계

98. 형제자매 간에 서로 존중하라고 장려하고, 이에 보상한다. 부적절하거나 적대적인 행동을 하면 훈육으로 기강을 세운다.

99. 형제자매 사이에서 얼마간의 경쟁과 대립은 정상이다. 성경에 실린 첫 번째 형제의 이야기가 어땠던가? 그리 원만하진 않았다.

친구 및 또래와의 관계

100. 친구나 또래와 갈등이 있을 때 대신 싸워주지 않는다. 단, 아이가 필요할 때 상담은 해 준다.
101. 아이가 친구들을 데려오고 싶어 할 안전하고 쾌적한 집을 만든다.

문제가 생겼을 때

102. 아이가 뇌/정신 건강 문제나 학습 문제의 징후를 보일 경우 도움을 구한다. 정신 건강에 처음 문제가 생긴 후 첫 진료를 받기까지 평균 11년이 걸린다는 사실을 기억한다.[152]
103. 문제를 덮고 넘어가지 않는다. 삶에서 겪고 있는 어려움과 잘되지 않는 것들에 관해 이야기하는 법을 가르친다.
104. 여러분이 실수를 하면 아이에게 사과한다.
105. 아이가 자신의 장애와 약점 너머로 강점을 보도록 돕는다.

무엇이 정상인지 이해한다

106. 아이가 20대 중반이 되어 전전두피질이 완전히 발달할 때까지는 부모가 전전두피질 역할을 대신 해준다. 아이가 커감에 따라 점진적으로 책임과 통제권을 늘려준다.
107. '미운 네 살'이라든지 독립과 정체성을 추구하는 10대 청소년이라든지 하는 정상적인 발달 단계들을 이해한다.
108. 10대 아이가 여러분에게서 멀어지면 화내지 말고 따뜻한 마음으로 아이에게 꾸준히 다가간다.
109. 18세가 된 아이에게 이래라저래라 간섭하지 않는다. 반대로 행동할 가능성이 크다. 대안을 제시하고, 경청하고, 선택을 잘하도록 돕는다. 말을 조심한다. "열여덟 살이니까 내 마음대로 할 거야"라는 대꾸가 돌아올지도 모른다.

최대한 공부한다

110. 효과적 양육 기술은 공부해서 배울 수 있다. 가능한 한 많이 배우려고 노력한다.

111. 계속해서 새로운 기술을 배우고 자신의 안전지대에서 벗어남으로써 뇌가 녹슬지 않도록 한다.

뇌에 대한 개입

112. 아이가 자전거, 스케이트보드, 롤러블레이드를 타거나 위험성이 큰 상황에 놓이게 될 때 헬멧을 쓰게 한다.

113. 자동차를 탈 때는 항상 안전벨트를 착용케 한다.

114. 정제당과 단순탄수화물의 비중이 작은 균형 잡힌 식사를 준다. 뇌 건강에 좋은 음식을 사는 일에 아이도 참여시킨다.

115. 아이에게 부정적 자동사고(ANTs)를 대체할 정확하고 건강한 생각을 하는 법을 가르친다. 비유컨대 마음속의 개미들(ants)을 잡아먹을 개미핥기를 키우게 하라는 것이다.

116. 매일 아이에게 자신의 삶에서 감사하는 것들에 집중하라고 격려한다. 하루하루를 이런 말로 시작한다. "오늘은 멋진 날이 될 거야."

117. 아이가 잠자리에 들기 전에 묻는다. "오늘 잘된 일은 무엇이었니?"

118. 아이의 일과에서 수면을 우선시한다. 성장호르몬은 실제로 수면 중에 더 효과적으로 작용하기에 더욱 그렇다.

119. 기분을 좋게 하고 불안을 다독여 주는 라벤더, 에너지와 집중력을 높이는 페퍼민트, 기분을 좋게 해주고 긴장을 이완시키는 재스민, 불안을 누그러뜨리고 잠이 잘 오게 하는 캐모마일 등 마음이 편해지는 향기들을 아이에게 활용한다.

120. 아이가 삶의 멋진 경험들을 마음속 도서관에 저장해 두도록 격려한다. 마음속에 행복한 기억의 목록을 만들어 두었다가, 기분을 끌어올릴 필

요가 있을 때 꺼낼 수 있도록 하는 것이다.

121. 아이와 식사를 함께 한다. 그러면 여러분이 건강한 음식을 즐기는 것을 아이가 볼 수 있고, 가족의 유대도 깊어질 것이다.

122. 평온함을 되찾고 감정과 긴장을 조절하는 데 도움이 되는 심호흡 기술을 가르친다.

123. 아이에게, 특히 10대나 갓 성인이 된 아이에게, 무엇을 하는 걸 좋아하고 그게 어떻게 남들을 돕는지 물음으로써 인생에서 목적을 찾도록 돕는다.

124. 가능할 때마다 아이와 함께 노래나 허밍을 한다.

125. 아름다운 음악이 아이 삶의 일부가 되게 한다.

126. 아이가 건강 검진과 구강 검진을 정기적으로 꼭 받게끔 한다. 건강한 신체, 건강한 잇몸은 뇌 건강에 필수적이다.

127. 아이의 삶에서 카페인은 배제한다.

128. 아이 주위에선 술을 많이 마시지 않는다. 아이와 함께 있을 때는 절대 불법적인 약을 쓰지 않는다.

129. 두부 손상을 입기 쉬운 접촉 스포츠는 피하도록 하고, 축구공을 헤딩하는 것도 못 하게 한다.

130. 아이가 좌절감이 들 때 자기 머리를 치거나 어딘가에 쿵쿵 찧는 행동을 못하게 한다. 뇌를 사랑하도록 가르친다.

제24장

멘탈 강한 아이의 부모가 절대 하지 않는 행동 20가지

때로는 무엇을 하는지보다 무엇을 하지 않는지가 더 중요하다.

아이를 사랑하고, 아이가 행복하고 건강하며 성공적인 삶을 살기를 바란다면(여러분 모두 그러리라고 확신하지만), 반드시 여러분 자신의 행동에 유의해야 한다. 그래서 이 장에서는 정신적으로 강한 아이를 둔 부모가 절대 하지 않는 행동 스무 가지를 소개한다. 우리가 수십 년 동안 부모 및 아이들과 함께 작업한 결과를 토대로 하여 작성한 것이다.

1. 아이의 뇌를 무시한다. 부모가 뇌 건강에 대해 생각하지 않으면 아이는 가정, 학교, 인간관계에서 온갖 종류의 잠재적인 문제들에 노출될 수 있다. 아이의 뇌는 아이가 어떻게 생각하고, 느끼고, 행동하고, 다른 사람들과 어울리는지를, 즉 아이가 하는 모든 것을 통제한다. 뇌는 그토록 중요한 기관이므로 애정을 쏟으며 살뜰히 보살펴야 마땅하다. 뇌가 올바르게 작동하면, 아이도 올바르게 행동한다. 뇌에 문제가 생기면, 아이도 문제를 겪게 된다. 아이가 평생 행복하고 건강하며 정신적으로 강하기를 원한다면, 그 애가 어떤 스포츠에 참여할지를 함께 결정할 때 아이의 뇌를 보호하는 게 중요하다는 점을 잊지 말아야 한다.

2. 정상적인 행동인데 알아주지 않는다. 정상적인 아동기 발달이 어떤 건지 이해 못 하는 부모는 아동기나 10대를 지나고 있는 아이가 감당할 수 있는 것 이상을 기대하기 쉽다. 이는 아이와의 마찰, 좌절감, 실패감을 낳기 마련이다. 아동 발달에 대한 기본적인 이해가 있는 부모는 아이의 어떤 행동이나 생각이 정상 범위의 안과 밖 어느 쪽에 있는지를 더 잘 알아차릴 수 있다. 예를 들어, 10대 청소년이 더 독립적이 되길 원하고 스스로 결정을 내리기 시작하는 것은 정상이다. 이를 정상적인 발달 과정의 일부로 이해하면 그걸 인정하고 존중하면서 감독하기가 더 쉬워진다.

3. 형편없는 롤 모델이 된다. "내가 행동하는 대로 하지 말고, 내가 하라는 대로 한다"라는 기조로 양육하는 부모는 스스로 문제를 불러들이는 셈이다. 부모가 거짓말을 하고, 속임수를 쓰고, 무례하거나 남을 존중하지 않고, 건강에 해로운 음식을 먹고, 자신의 건강을 챙기지 않는다면 아이는 부모를 그대로 본뜨게 될 것이다. 그러니 아이에게 원하는 어떤 모습이 있다면 부모가 먼저 모범을 보여야 한다.

4. 어린이나 십대 청소년으로 산다는 게 어떤 것인지 잊어버린다. 부모가 아이와 공감하지 못하면 아이는 부모에게서 소원해지거나, 이해받지 못한다고 느끼거나, 자신의 감정은 타당하지 않다는 메시지로 읽을 수 있다. 자신이 아이의 나이였을 때 어땠는지, 어떤 어려움과 고난이 있었는지를 떠올려보면 아이에게 더 잘 공감할 수 있다. 이는 어른의 관점에서 아이의 삶에 접근하는 것보다 아이에게 훨씬 큰 도움이 될 것이다.

5. 지나치게 허용적이다. 여러 연구에 따르면 자라면서 심리적 문제를 가장 많이 갖게 되는 아이들은 적절한 경계를 설정하지 않는 부모 밑에서 자란 것으로 나타났다.

6. 배우자를 깎아내린다. 아무리 그런 유혹이 들더라도 아이에게 배우자, 즉 아이의 엄마나 아빠에 대한 비판이나 비하, 또는 불평을 하지 않는 것이 대단히 중요하다. 이는 그 배우자의 양육 효과를 떨어뜨릴 뿐만 아니라 아이의 자존감도 떨어뜨린다. 아이는 부모가 함께 만든 존재이므로, 배우자에 대해 부정적인 말을 하는 것은 아이에 대해서도 부정적인 말을 하는 것과 마찬가지다.

7. 아이와 의미 있는 시간을 보내는 일이 거의 없다. 관계에는 두 가지가 필요하다. 바로 시간과 기꺼이 경청하려는 자세다. 부모가 아이와 함께 시간을 보내지 않거나 관계가 좋지 않으면, 아이는 부모를 원망하고 반항하게 될 가능성이 높다. 반대로 부모가 아이와 오붓하고 의미 있는 시간을 자주 보내고 유대감을 형성하는 데 필수적인 좋은 관계를 유지하면, 아이는 부모의 도덕과 가치관을 선택하고 모방하는 경향이 있다. 부모는 아이가 좋아하는 것을 하고 아이의 말에 귀를 기울임으로써 관계의 질을 크게 높일 수 있다.

8. 경청하지 않는다. 아이의 의견에 동의하지 않으면 아이의 말을 끊는가? 아이가 하고 있는 말을 이해하는 데 집중하는가, 아니면 아이에게 뭐라고 반응할지 생각하는 데 빠져 있는가? 부모가 아이의 말에 귀를 기울이지 않으면 아이는 그걸 자기가 부모의 관심을 받을 만큼 중요하지 않다는 메시지로 받아들이게 된다. 이는 아이의 자존감에 치명적인 영향을 미칠 수 있다. 적극적으로 경청하는 법을 배우라. 아이가 말하는 내용을 판단하거나 비판하지 말고, 들은 말을 그대로 아이에게 반복해 주라. 궁극적으로 아이는 자신의 문제 중 많은 것들을 스스로 해결할 수 있을 것이다.

9. 비하하는 형용어구나 명칭으로 아이를 야단친다. 부정적인 표현으로 아이에게 꼬리표를 붙이는 것은 어디에도 도움이 되지 않는다. 아이가 그 꼬리표를 내면화하고, 부모가 부르는 명칭에 맞춰 살게 될 따름이다. 여러분 자신의 행동을 통해 아이에게 좋은 본보기를 보이라.

10. 아이가 잘못한 것에만 주목한다. 아이의 사소한 실수를 일일이 지적하면 부정적인 사고방식과 자아상을 심어줄 수 있다. 이런 부정성은 아이가 성인이 되어도 그대로 남아, 자신의 잠재력을 온전히 발휘하지 못하게 방해할 수 있다. 또한, 아이가 뭔가 잘못을 했을 때에만 주목하고 지적한다면 아이에게 '부모의 관심을 받기 위해선 나쁜 행동을 하는 것이 제일'이라고 가르치는 셈이다. 최선을 다해 가능한 한 자주 아이가 올바른 행동을 하는 모습을 포착하고 언급하라. 그렇게 하면 아이의 좋은 행동과 올바른 선택을 강화할 수 있다.

11. 성질부리기나 다른 나쁜 행동에 굴복한다. 단 한 번이라도 굴복했다가는 아이에게 그런 행동도 용납된다고 가르치게 된다. 그러면 아이는 잘못된 행동으로 원하는 것을 얻을 수 있다고 학습하기 마련이다. 아이가 자신의 행

동으로 부모를 조종할 수 없다는 걸 알도록 해야 한다.

12. 아이에게 반응적으로 행동한다. 부모의 양육 스타일이 대체로 반응적인 것일 경우, 아이에게 불분명하고 일관성 없는 메시지를 보낼 수 있다. 이를 방지하려면 기본적인 양육 목표를 확실히 해야 한다. 어떤 아이로 키우고 싶은가? 어떤 종류의 부모가 되고 싶은가? 예를 들어, 아이를 친절하고 유능하며 사회에 큰 기여를 하는 사람으로 키우고 싶다면, 순간순간 그저 충동에 따라 반응할 게 아니라 양육 목표에 부합하는 아이의 행동을 강화하는 동시에 스스로 모범을 보여야 한다.

13. 지도 감독에 실패한다. 지도와 감독이 부족하면 아이는 뇌가 아직 완전히 발달하지 않았음에도 불구하고 혼자서 중요한 결정을 내리게 된다. 그러다가 정신의 힘에 큰 영향을 미치는 알코올, 약물, 섹스 따위에 관해 잘못된 결정을 내릴 수 있다. 한편 부모는 늘 아이가 어디에 있는지, 누구와 함께 있는지 파악하고, 별일 없는지 확인해야 한다. 예전에 레이건 대통령이 소련과의 군비축소 협상에 대하여 했던 말은 아이와 관련해서도 기억할 만하다. "신뢰하되, 확인하라." 부모가 확인하리라는 것을 아이가 알면, 확인할 리 없다는 걸 아는 경우보다 더 나은 결정을 내리게 될 것이다.

14. 아이의 친구를 알려 하지 않는다. 청소년기에 아이의 인생에서 가장 영향력 있는 사람은 부모가 아니라 가장 많은 시간을 함께 보내는 친구들이다. 그러니 아이가 어울리는 친구들의 가치관을 알아야 한다. 아이의 친구 관계를 통제하려는 시도는 역효과를 낼 수도 있다는 걸 이해하라. 아이의 친구 관계가 마음에 들지 않는다면, 여러분이 인정하는 가치관을 가진 아이들과 함께하는 활동에 참여시킨다. 또한 아이의 친구들을 집으로 초대하여 여러분 가족의 가치관과 애정 어린 관계에서 좋은 영향을 받을 수 있게 한다.

15. 아이에게 미국식 표준 식단을 먹인다. 인간의 뇌는 사람이 소비하는 칼로리의 20~30퍼센트를 사용한다. 미국식 표준 식단(standard American diet, 약자가 'SAD'다!)은 정제 탄수화물, 가공육, 가공식품을 많이 사용하는 반면 채소는 부족하다. 특히 패스트푸드 위주의 식단을 아이에게 먹이면 ADHD나 우울증을, 나중에는 치매까지도 낳을 수 있는 '패스트푸드 뇌'를 갖게 된다. 아이의 뇌 발달과 기능을 최적화할 수 있도록 뇌 건강에 좋은 음식을 먹이는 데 집중한다.

16. 아이를 너무 늦게 재운다. 아이는 최적의 뇌 발달과 기능을 위해 대부분의 부모가 생각하는 것보다 훨씬 많은 수면이 필요하다. 수면 부족은 아이의 집중력과 에너지를 떨어뜨리고, 학업 및 운동 능력을 저하시키며, 불쾌한 기분, 스트레스, 불안감을 증가시키고, 의사 결정을 제대로 내리지 못하게 한다.

17. 아이에게 어떻게 생각해야 하는지 정해 준다. 아이가 다양한 사고방식과 세상을 보는 여러 관점을 자유롭게 탐색하지 못하고 지나치게 통제받는다고 느끼면 부모에게 반항하고 부모와 갈등을 겪을 가능성이 훨씬 커진다. 이를 방지하려면 아이를 다음과 같은 삶의 철학으로 대하라. "분노하지 말고, 호기심을 가져라." 즉, 독재자처럼 구는 실수를 범하지 말고 좋은 코치 역할을 하면서 아이가 스스로 생각할 수 있도록 북돋으라는 것이다.

18. 아이에게 똑똑하다고 말한다. 이렇게 말하곤 했는데 아이가 무언가를 제대로 배워 익히지 못한다면(살면서 언젠가는 이런 일이 생길 텐데), 아이는 자신이 사실은 똑똑하지 않다고 믿게 되고, 포기할 가능성이 높아진다. 그러니 아이에게 똑똑하다고 말해 주는 대신, 아이가 얼마나 열심히 노력하는지를 알아주라. 그러면 아이는 인생에서 어려운 일이 닥쳤을 때 인내심을 갖고

더 열심히 노력할 것이다. 그런 아이의 자존감은 똑똑함이 아니라 노력에 바탕을 둔 것이기 때문이다.

19. 아이의 정신 건강 문제를 무시한다. ADHD, 불안, 우울증, 양극성 장애, 강박장애 등과 같은 정신 건강 문제는 아이의 삶에 파괴적인 영향을 미칠 수 있다. 이런 유형의 문제들은 아이의 정신력과 행복감, 자존감, 의욕, 집중력을 앗아간다. 부모로서 주의를 기울이고, 우려되는 점이 있으면 전문가에게 아이를 데리고 가서 검사를 받으라.

20. 부모 자신의 정신 건강 문제를 무시한다. 부모가 우울증, 불안, 중독 등 뇌에 기반을 둔 문제들의 증상에 시달리면서도 치료하지 않고 방치하면 아이에게 대단히 큰 상처를 줄 수 있다. 나름대로 최고의 부모가 되려면 자신의 건강을 돌봐야 하며, 거기엔 정신 건강도 포함된다. 부모 자신의 정신 건강을 잘 챙기면, 아이 삶의 궤도도 달라질 수 있다.

감사의 말

이 책, 『멘탈 강한 아이로 키우기(Raising Mentally Strong Kids)』가 세상에 나오기까지 참 많은 사람들에게 신세를 졌다. 먼저 나의 가장 친한 친구이며 파트너이자 아내인 타나 에이멘에게 감사를 전하고 싶다. 타나는 짐 페이와 포스터 클라인 박사의 '사랑과 논리' 프로그램을 전폭적으로 받아들여 나와 함께 건강하고, 야심 차고, 책임감 있으며 투지만만한 멋진 아이들을 키워냈으며, '사랑과 논리'를 익혀 다른 사람들에게 가르치는 데 놀라운 능력을 발휘했다. 내 친구이자 멘토인 짐 페이에게도 너무나 당연한 감사를 표하며, 나의 훌륭한 파트너이자 공동 집필자로 함께 애써온 찰스 페이 박사에게도 깊은 애정과 감사와 존경의 마음을 전하고 싶다.

우리 에이멘 클리닉의 탁월한 수석 스토리텔러 프랜시스 샤프는 이 책에서 찰스와 나의 목소리가 자연스레 어우러지도록 도와주었다. 아주 특별한 편집자 앤드리아 빈리 컨버스는 언제나 그러듯 우리의 원고가 한층 나아지게 다듬어주고, 독자 접근성이 더 좋아지도록 도와주었다.

에이멘 클리닉을 찾아와 우리가 돕도록 해주고 치유의 여정에 오른 수만 명의 환자와 가족들에게도 고마움을 전한다. 더불어, 이 책에서 자신의 이야기를 들려주도록 허락한 환자들에게 특별한 감사를 보낸다.

매일 환자들을 위해 열심히 일하고, 우리가 하는 일을 세상에 알리는 데 도움을 주고 있는 에이멘 클리닉의 경이로운 직원들에게, 특히 킴 슈나이더, 크리스틴 퍼킨스, 롭 패터슨, 짐 스프링어, 내털리 부초즈, 스테파니 비야푸에르테, 제프 포이어하켄, 제임스 길버트가 우리에게 준 의견들과 사랑, 지지에 감사한다. 또한 이 책이 세상에 나오도록 도와준 나의 저작권 대리인 그레그 존슨과 틴들 출판사의 모든 팀원들, 특히 재니스 롱 해리스에게 감사한다.

— 대니얼 에이멘

이 책을 집필하는 동안 하나님은 나에게 수많은 사람의 지지와 지도, 격려라는 축복을 주셨다. 그들이 없었다면 이 책을 결코 쓸 수 없었으리라. 너그럽게도 이 책을 함께 쓸 기회를 준 대니얼 에이멘 박사에게 감사한다. 이 프로젝트가 가능했던 건 그의 호의와 지혜 덕분이다.

내가 어렸을 때 '사랑과 논리' 접근법을 개발해 낸 아버지 짐 페이와 포스터 클라인 박사에게도 깊이 감사한다. 아버지의 크나큰 애정과 지도, 전문 분야에 대한 공헌은 수백만 명에게 놀라운 축복으로 다가갔을 테다. 포스터 클라인 박사의 우정과 지식은 내 삶은 물론이요 다른 수백만의 삶도 바꿔놓았다.

원고를 쓰고 편집하는 과정 내내 큰 도움을 준 프랜시스 샤프에게 감사한다. 그녀의 탁월한 실력과 긍정적인 태도 덕분에 자칫 어렵기만 했을 과정이 즐거워졌다. 투 더 포인트 편집 서비스 회사의 앤드리아 빈리 컨버스와 틴들 출판사의 총괄 발행인 재니스 롱 해리스도 찬사를 받아 마땅하다. 두 사람의 아주 유용했던 도움은 많은 것을 바꿔놓았다.

내 인생의 사랑, 나의 아내 모니카에게. 당신의 무한한 인내심과 은혜로움, 끝없는 노력 덕분에 내가 성장하고 다른 사람들을 도울 수 있었어. 훌륭한 아내이자 엄마, 친구, 조력자가 되어줘서 고마워. 당신은 신이 주신 선물이야.

— 찰스 페이

저자 소개

대니얼 G. 에이멘

에이멘 박사는 소아청소년 및 성인 정신과 전문의이자 빛나는 수상 경력을 보유한 연구자이며 19권의 전미 베스트셀러를 집필한 저술가다. 뇌와 정신 건강을 다루는 그의 동영상들은 온라인에서 5억 회 이상의 조회수를 기록하고 있다. 디지털 건강관리 기업 셰어케어(Sharecare)에서는 그를 온라인에서 가장 영향력 있는 정신 건강 전문가 겸 옹호자 1위로 선정했으며, 〈워싱턴포스트〉는 그를 미국에서 가장 인기 있는 정신과 의사라고 했다.

에이멘 박사는 전국에 분원을 두고 있는 에이멘 클리닉(Amen Clinic, Inc.)의 설립자이자 CEO다. 프로 미식축구 선수를 대상으로 하는 세계 최대 규모의 뇌 영상 및 재활 연구의 수석 연구자이기도 한 그는 이 연구를 통해 선수들이 높은 수준의 뇌 손상을 입고 있다는 사실을 밝혔을 뿐 아니라, 자신이 해온 연구의 근저에 놓인 원리들을 적용하면 그중 많은 이들이 상당히 회복할 가능성이 있다는 것도 보여주었다.

에이멘 박사는 릭 워런 목사, 마크 하이먼 박사와 더불어 '다니엘 플랜'의 주된 설계자 중 한 명이기도 하다. 세상을 더 건강하게 만들기 위해 개발된 이 프로그램은 수천 곳의 교회, 모스크, 유대교 회당 등 종교 기관들을 통해 시행되었다. ('다니엘 플랜'의 다니엘은 고대 이스라엘의 예언자다.―옮긴이)

에이멘 박사는 단독으로, 또는 공저자로 80편 이상의 전문 분야 논문과 책 9권의 일부 챕터, 그리고 40권이 넘는 책을 저술했다(여기엔 19권의 전미 베스트셀러, 12권의 〈뉴욕 타임스〉 베스트셀러가 포함된다). 대표적인 저서를 몇 권 소개하면, 〈뉴욕 타임스〉 베스트셀러 1위에 오른『다니엘 플랜(The Daniel Plan)』, 100만 부 이상 팔렸으며 온라인 잡지이자 미디어 플랫폼인《더 부(The VOU)》에서 역대 최고의 자기계발서 중 하나로 선정한『뇌를 바꾸면 인생이 바뀐다(Change Your Brain, Change Your Life)』(국역본은 다니엘 G. 에이멘 저/안한순 역,『그것은 뇌다-문제는 마음이 아니다』, 브레인월드, 2008년),『정신 질환의 종말(The End of Mental Illness)』,『주의력결핍장애 치유하기(Healing ADD)』,『뇌를 바꾸면 몸이 바뀐다(Change Your Brain, Change Your Body)』(국역본은 다니엘 G. 에이멘 저/임종기 역,『뷰티풀 브레인-뇌가 달라지면 몸이 달라진다』, 판미동, 2012년),『기억 구출(Memory Rescue)』,『당신의 뇌는 항상 듣고 있다(Your Brain Is Always Listening)』,『더 행복해지는 당신(You, Happier)』(국역본은 다니엘 G. 에이멘 저/이은경 역,『마음이 아니라 뇌가 불안한 겁니다』, 위즈덤하우스, 2023년),『매일 뇌를 바꿔라(Change Your Brain Every Day)』등이다. 그의 저서들은 전 세계 46개 언어로 번역되었다.

에이멘 박사가 발표한 많은 과학 논문이 권위 있는 과학 저널들에 게재되었다. 2016년 1월에는 2만 1,000건 이상의 SPECT(단일광자방출 컴퓨터단층촬영) 스캔을 통해 PTSD와 TBI(traumatic brain injury, 외상성 뇌손상)를 구별하는 그의 팀의 연구 결과를 과학 잡지《디스커버》에서 과학 분야 100대 성과 중 하나로 소개했다. 에이멘 박사 팀은 2017년에 4만 6,000건 이상의 SPECT 스캔을 통해 남성과 여성의 뇌의 차이를 보여주는 연구를 발표했으며, 2018년에는 6만 2,454건의 SPECT 스캔을 통해 뇌가 어떻게 노화하는지 연구한 결과를 발표했다.

에이멘 박사가 집필과 제작을 주도하고 진행까지 맡은 뇌 건강에 관한 18편의 전국 공영 텔레비전 프로그램은 북미 전역에서 도합 15만 회 이상 방영되었다.

에이멘 박사는 다큐멘터리 영화인 〈조용한 폭발-뇌 치유하기(Quiet Explosions: Healing the Brain)〉, 〈마지막 라운드가 끝나면(After the Last Round)〉, 〈더 크래

시 릴(The Crash Reel)〉 등에 출연했으며 한 검시관의 실화에 바탕을 둔 영화 〈게임 체인저(Concussion)〉가 제작될 때 컨설팅도 해주었다. 다큐 시리즈 〈저스틴 비버-시즌스(Justin Bieber: Seasons)〉에 출연했고 TV 토크쇼 〈닥터 필(Dr. Phil)〉과 〈닥터 오즈 쇼(The Dr. Oz Show)〉에도 자주 나갔다. 또한 NBC 방송의 아침 프로그램 〈투데이(Today)〉, ABC의 〈굿모닝 아메리카(Good Morning America)〉, CBS의 〈디 얼리 쇼(The Early Show)〉, CNN, 폭스, 신디케이트 토크쇼 〈더 닥터스(The Doctors)〉 등에 주요 게스트로 초대됐으며, 에미상을 받은 다큐멘터리 〈음주에 관한 진실(The Truth About Drinking)〉에도 출연했다.

소셜 미디어에서 수백만 명의 팔로워를 보유한 에이멘 박사는 뇌 건강 및 정신 건강 분야에서 가장 저명하고 영향력 큰 전문가 중 하나이기도 하다. 2020년에 그는 유명 배우, 음악인, 운동선수, 기업가, 인플루언서 등이 출연하는 디지털 시리즈 〈스캔 마이 브레인(Scan My Brain)〉을 론칭하여 유튜브와 인스타그램에서 방영하고 있다. 지금까지 100편이 넘는 에피소드가 방영된 이 시리즈는 총 조회수가 수백만 회에 달하는 인기 소셜 미디어 콘텐츠로 자리 잡았다.

에이멘 박사는 캐나다, 브라질, 이스라엘, 홍콩을 비롯해 세계 곳곳을 돌면서 권위 있는 기관들을 대상으로 강연을 해왔다. 미국 내에서는 국가안보국(NSA), 국립과학재단(NSF), 하버드 대학교의 '학습과 뇌 컨퍼런스', 내무부, 전국 소년 및 가정법원 판사 협의회, 오하이오주·델라웨어주·와이오밍주 대법원, 그리고 메릴 린치, 히타치, 바이엘 제약, GNC 등의 대기업, NBA 심판들, 프로농구 팀 마이애미 히트의 코칭스태프, 그 밖에도 많은 곳에서 그를 강연자로 초빙했다. 2016년에는 구글에서 직원들을 위해 진행하는 질 높은 내부 강연 시리즈 '톡스 앳 구글(Talks at Google)'에 초대받기도 했다.

에이멘 박사의 연구는 《뉴욕 타임스》, 〈런던 텔레그래프〉, 《LA 타임스》, 《뉴욕 타임스 매거진》, 《워싱턴 포스트 매거진》, 《MIT 테크놀로지 리뷰》, 《뉴스위크》, 《타임》, 인터넷 신문 〈허핑턴 포스트〉, 〈ABC 월드 뉴스〉와 〈20/20〉, BBC, 국제 민간 회의인 세계경제포럼(WEF), 잡지 《퍼레이드》, 《멘즈헬스》, 《보텀라인》, 《보그》,《코스모폴리탄》,《LA 스타일》, NPR(미국 공영 라디오 방송) 등 무수한 매체에서 소개됐다.

2017년 11월에는 에이멘 박사의 열정 이야기를 담은 6분 길이의 익명 게시물이 입소문을 타며 4,000만 회 이상의 조회수를 기록했다. 에이멘 박사의 TEDx 강연 두 편도 조회수가 2천 5백만 회를 넘는다.

에이멘 박사는 부인 타나와의 사이에 여섯 아이를 두었고, 다섯 명의 손주가 있다. 열렬한 탁구 애호가다.

찰스 페이

찰스 페이 박사는 자식을 둔 아버지이자 소아청소년 및 가족 심리치료 전문가다. 국제적으로 인정받는 저술가, 컨설턴트, 매우 유능한 대중 강연자이며, 2020년 에이멘 클리닉 산하 기관이 된 '사랑과 논리 연구소(Love and Logic Institute, Inc.)'의 대표다.

페이 박사가 제시한 실용적이고 현실적인 솔루션들은 전 세계 수백만 명의 교육자와 정신 건강 전문가, 부모가 모든 연령대의 아이들이 흔히 보이는 문제 행동들에 적절히 대처하도록 도왔다. 그의 방법론은 정신병원과 공사립 학교, 그리고 많은 가정에서 정신적 또는 정서적으로 심각한 문제가 있는 청소년과 그 가족을 돕느라 오랫동안 수행한 연구 및 임상 경험에서 직접적으로 이끌어낸 것이다.

페이 박사는 교육과 심리학을 미국에서 가장 활발하게 연구하는 몇몇 전문가를 어린 시절부터 다년간 접하면서 이들 분야에 관심을 갖게 됐다. 아버지 짐 페이를 따라 관련 교육·훈련 행사들에 참여하면서 조기 노출이 된 것이다. 짐 페이는 공교육 분야에서 50년 이상 경력을 쌓은 미국 최고의 아동 훈육 전문가 중 한 사람이다. 국제적으로 널리 인정받는 '사랑과 논리' 접근법은 찰스 페이가 성장하는 동안 문자 그대로 그를 둘러싸고 개발되었다. 이제 그는 농담 삼아 말한다. "어렸을 때 부모님이 저에게 무슨 짓을 했는지 알아내기 위해 심리학자가 된 것 같아요. … 하지만 분명히 말씀드리죠. 그래서 저는 부모님을 정말 사랑합니다."

페이 박사는 사우스캐롤라이나 대학교에서 최우등으로 박사 학위를 받았다. 대학에서 학교심리학과 임상심리학을 공부하기 전부터 그는 정신과, 공립학교, 정신건강 기관 등에서 어린이들을 대상으로 폭넓은 경험을 쌓았다.

현재 페이 박사는 책 저자, 컨설턴트, 대중 강연자이자 사랑과 논리 연구소의 대표로 바삐 일하고 있다. 그의 뛰어난 유머 감각과 스토리텔링 능력 덕분에 강연을 찾은 청중들은 마음 깊이 새겨져 삶을 변화시키는 유형의 학습을 경험한다. 현실 사례와 밀접히 연결되는 데다 재미있기까지 한 그의 강연을 듣고 청중들은 이렇게 말한다. "시간이 너무 빨리 지나갔네. 정말 재미있는 강연이었어." "이론이나 실용성 없는 것들 일색이 아니라 실제로 활용할 수 있는 방법들을 알려주어서 너무 안심이 돼." "15년 전에 페이 박사의 강의를 처음 들었는데, 나는 그때 배운 기술을 아직도 사용하고 있어!"

관련 기관과 사이트

에이멘 클리닉 AMENCLINICS.COM

에이멘 클리닉은 1989년 대니얼 G. 에이멘 박사가 설립했다. 이 클리닉은 미국 내 여러 지역에 분원을 두고 있으며, 어린이와 청소년, 성인이 겪는 다양한 행동·학습·정서·인지 및 체중 문제에 대한 혁신적인 진단·치료 계획을 전문으로 한다. 에이멘 클리닉에서는 주요 진단 도구의 하나로 뇌 SPECT(단일광자방출 컴퓨터단층촬영) 영상을 사용하며, 정서와 인지 및 행동 문제에 대한 세계 최대의 뇌 스캔 데이터베이스를 보유한 덕분에 ADHD, 우울증, 불안, 학업 실패, 외상성 뇌 손상과 뇌진탕, 강박장애, 공격성, 부부 갈등, 인지 기능 저하, 약물이나 알코올로 인한 뇌 독성, 비만 등 '뇌와 행동' 문제를 평가하는 데 있어 국제적인 명성을 얻었다. 이에 더해 에이멘 클리닉은 사람들의 뇌 기능을 최적화하고 알츠하이머병과 기타 노화 관련 문제의 위험을 줄이는 일도 하고 있다. 에이멘 클리닉은 의사, 심리학자, 사회복지사, 부부 가족 치료사, 약물 및 알코올 상담사, 개별 환자나 가족의 의뢰를 환영한다. 더 자세한 정보를 원한다면 웹사이트를 방문하거나 무료 전화 (888) 288-9834(미국 전화)로 문의하기 바란다.

사랑과 논리 연구소 LOVEANDLOGIC.COM

1977년에 설립된 사랑과 논리 연구소는 부모, 교육자, 기타 전문가들을 위한 실용적인 자원을 제공하는 데 있어 전 세계를 선도하는 기관이다. 사랑과 논리 연구소는 연구 조사 중심의 전인적 아동 발달 철학을 바탕으로 양육과 교육이 스트레스와 혼란이 아니라 재미와 보람을 주는 일이 되도록 최선을 다하고 있다. 연구소에서는 부모가 아이와 서로 존중하며 건강한 관계를 맺는 데 도움이 되는 실용적인 도구와 기법들을 제공한다. 이 모든 작업은 '사랑과 논리'라는 심리적으로도 타당한 양육 및 교육 철학을 기반으로 하고 있다.

브레인엠디 BRAINMD.COM

2010년에 설립된 브레인엠디는 과학적으로 검증된 최고 품질의 두뇌 건강 보충제와 기능성 식품은 물론 책, 비디오, 음악 등 다양한 뇌 건강 교육용 제품들도 제공하고 있다.

에이멘 유니버시티 AMENUNIVERSITY.COM

에이멘 박사는 2014년에 에이멘 유니버시티를 설립하여 전반적 뇌 건강, ADHD, 불안, 우울증, 기억력, 정서적 트라우마, 두부 손상, 어린이와 청소년의 건강한 뇌 발달, 자폐증, 불면증, 행복 등의 주제로 실용 신경심리학 강좌를 제공하기 시작했다. 에이멘 유니버시티에서는 의료 및 정신 건강 전문가와 코치나 트레이너를 위한 뇌 건강 분야 자격증 과정도 운영하고 있으며, 현재까지 세계 56개국에서 뇌 건강 코치를 양성했다.

후주

1 Diana Baumrind, "Effects of Authoritative Parental Control on Child Behavior," *Child Development* 37, no. 4 (December 1966): 887-907, https://www.jstor.org/stable/1126611.
2 Daniel G. Amen, *Change Your Brain, Change Your Life* (New York: Harmony Books, 2015), 26. (국역본은 다니엘 G. 에이멘 저/안한순 역,『그것은 뇌다-문제는 마음이 아니다』, 브레인월드, 2008년)
3 Amen, *Change Your Brain, Change Your Life*, 3, 27.
4 Jonathan Day et al., "Influence of Paternal Preconception Exposures on Their Offspring: Through Epigenetics to Phenotype," *American Journal of Stem Cells* 5, no. 1 (May 15, 2016): 11, 18, https://www.ncbi.nlm.nih.gov/pmc/articles/PMC4913293/.
5 이 원칙은 다음 책들에 소개되어 있다. Daniel G. Amen, *Making a Good Brain Great* (New York: Harmony, 2005); Amen, Change Your Brain, Change Your Life, chap. 1.
6 이 개념들은 다음 책에 소개되어 있다. Daniel G. Amen, *Memory Rescue* (Carol Stream, IL: Tyndale, 2017).
7 Wanze Xie et al., "Chronic Inflammation Is Associated with Neural Responses to Faces in Bangladeshi Children," *NeuroImage* 202 (November 15, 2019): 116110. https://www.sciencedirect.com/science/article/pii/S1053811919307013.
8 Virginia A. Rauh and Amy E. Margolis, "Research Review: Environmental Exposures, Neurodevelopment, and Child Mental Health—New Paradigms for

the Study of Brain and Behavioral Effects," *Journal of Child Psychology and Psychiatry* 57, no. 7 (March 14, 2016): 775-793, https://acamh.onlinelibrary.wiley.com/doi/full/10.1111/jcpp.12537.

9   "Mental Health by the Numbers," National Alliance on Mental Illness (NAMI), last updated June 2022, https://nami.org/mhstats.

10 Marco Colizzi, Antonio Lasalvia, and Mirella Ruggeri, "Prevention and Early Intervention in Youth Mental Health: Is It Time for a Multidisciplinary and Trans-diagnostic Model for Care?" *International Journal of Mental Health Systems* 14 (March 24, 2020): 23, https://ijmhs.biomedcentral.com/articles/10.1186/s13033-020-00356-9.

11 Sarah L. O'Dor et al., "A Survey of Demographics, Symptom Course, Family History, and Barriers to Treatment in Children with Pediatric Acute-Onset Neuropsychiatric Disorders and Pediatric Autoimmune Neuropsychiatric Disorder Associated with Streptococcal Infections," *Journal of Child and Adolescent Psychopharmacology* 32, no. 9 (November 2022): 476-487, https://pubmed.ncbi.nlm.nih.gov/36383096/.

12 Institute of Medicine, "Extent and Health Consequences of Chronic Sleep Loss and Sleep Disorders," in *Sleep Disorders and Sleep Deprivation: An Unmet Public Health Problem*, ed. Harvey R. Colten and Bruce M. Altevogt (Washington, DC: National Academies Press, 2006), chap. 3, https://www.ncbi.nlm.nih.gov/books/NBK19961/.
Jamie Cassoff, Sabrina T. Wiebe, and Reut Gruber, "Sleep Patterns and the Risk for ADHD: A Review," *Nature and Science of Sleep*, no. 4 (May 29, 2012), 73-80, https://www.ncbi.nlm.nih.gov/pmc/articles/PMC3630973/.

13 Adam Winsler et al., "Sleepless in Fairfax: The Difference One More Hour of Sleep Can Make for Teen Hopelessness, Suicidal Ideation, and Substance Use," *Journal of Youth and Adolescence* 44, no. 2 (February 2015): 362-378, https://pubmed.ncbi.nlm.nih.gov/25178930/.

14 Jesus Pujol et al., "Breakdown in the Brain Network Subserving Moral Judgment in Criminal Psychopathy," *Social Cognitive and Affective Neuroscience* 7, no. 8 (November 2012): 917-923, https://pubmed.ncbi.nlm.nih.gov/22037688/.
Lena Hofhansel et al., "Morphology of the Criminal Brain: Gray Matter

Reductions Are Linked to Antisocial Behavior in Offenders," *Brain Structure and Function* 225, no. 7 (September 2020): 2017-2028, https://pubmed.ncbi.nlm.nih.gov/32591929/.

15 United States Census Bureau, "Census Bureau Releases New Estimates on America's Families and Living Arrangements," press release no. CB22-TPS.99, November 17, 2022, https://www.census.gov/newsroom/press-releases/2022/americas-families-and-living-arrangements.html.

16 Keita Umejima et al., "Paper Notebooks vs. Mobile Devices: Brain Activation Differences during Memory Retrieval," *Frontiers in Behavioral Neuroscience* 15 (March 19, 2021), https://www.frontiersin.org/articles/10.3389/fnbeh.2021.634158/full.

17 Gail Matthews, "Goals Research Summary" (presentation, Ninth Annual International Conference on Psychology, Athens Institute for Education and Research, Athens, Greece, May 25-28, 2015), Dominican University of California, https://www.dominican.edu/sites/default/files/2020-02/gailmatthews-harvard-goals-researchsummary.pdf.

18 예를 들어 다음을 보라. Daniel G. Amen, *Change Your Brain, Change Your Life*, rev. ed. (New York: Harmony Books, 2015), 194-197.

19 Diana Baumrind, "Effects of Authoritative Parental Control on Child Behavior," *Child Development* 37, no. 4 (December 1966): 887-907, https://www.jstor.org/stable/1126611.

Diana Baumrind, "Authoritarian vs. Authoritative Parental Control," *Adolescence* 3, no. 11 (1968): 255-272.

Diana Baumrind, "Current Patterns of Parental Authority," *Developmental Psychology* 4, no. 1, pt. 2 (1971): 1-103, https://psycnet.apa.org/record/1971-07956-001.

Diana Baumrind, "Rearing Competent Children," in *Child Development Today and Tomorrow*, ed. William Damon (San Francisco: Jossey-Bass, 1989), 349-378.

Diana Baumrind, "The Influence of Parenting Style on Adolescent Competence and Substance Abuse," *Journal of Early Adolescence* 11, no. 1 (1991): 56-95, https://psycnet.apa.org/record/1991-18089-001.

Christopher Spera, "A Review of the Relationship among Parenting Practices,

Parenting Styles, and Adolescent School Achievement," *Educational Psychology Review* 17, no. 2 (2005), 125-146, https://psycnet.apa.org/record/2005-07205-002.

Sofie Kuppens and Eva Ceulemans, "Parenting Styles: A Closer Look at a Well-Known Concept," *Journal of Child and Family Studies* 28, no. 1 (2019): 168-181, https://pubmed.ncbi.nlm.nih.gov/30679898/.

20 Jim Fay, *Helicopters, Drill Sergeants, and Consultants: Parenting Styles and the Messages They Send* (Golden, CO: Cline/Fay Institute, 1986), audiocassette.

Foster Cline and Jim Fay, *Parenting with Love and Logic: Teaching Children Responsibility* (Colorado Springs, CO: Piñon Press, 1990), 23-25.

Jim Fay and David Funk, *Teaching with Love and Logic: Taking Control of the Classroom* (Golden, CO: Love and Logic Press, 1995), 22-25.

21 Robert I. Sutton, *The No Asshole Rule: Building a Civilized Workplace and Surviving One That Isn't* (New York: Warner Business Books, 2007).

22 Jim Fay and Charles Fay, *Teaching with Love and Logic: Taking Control of the Classroom*, rev. ed. (Golden, CO: Love and Logic Institute, 2016), 19-28.

23 Jim Fay, *Helicopters, Drill Sergeants, and Consultants: Parenting Styles and the Messages They Send* (Golden, CO: Cline/Fay Institute, 1986), audiocassette.

Foster Cline and Jim Fay, *Parenting with Love and Logic: Teaching Children Responsibility* (Colorado Springs, CO: Piñon Press, 1990), 23-25.

Jim Fay and David Funk, *Teaching with Love and Logic: Taking Control of the Classroom* (Golden, CO: Love and Logic Press, 1995), 22-25.

24 Donald Meichenbaum, *Stress Inoculation Training* (New York: Pergamon Press, 1985).

25 Qutaiba Agbaria, Fayez Mahamid, and Guido Veronese, "The Association between Attachment Patterns and Parenting Styles with Emotion Regulation among Palestinian Preschoolers," *SAGE Open* 11, no. 1 (February 10, 2021), https://journals.sagepub.com/doi/10.1177/2158244021989624.

26 Analisa Arroyo and Chris Segrin, "Family Interactions and Disordered Eating Attitudes: The Mediating Roles of Social Competence and Psychological Distress," *Communication Monographs* 80, no. 4 (September 17, 2013):

399-424, https://www.tandfonline.com/doi/abs/10.1080/03637751.2013.828158.
27 Agbaria, Mahamid, and Veronese, "Association between Attachment Patterns and Parenting Styles."
28 National Research Council and Institute of Medicine, *Preventing Mental, Emotional, and Behavioral Disorders among Young People: Progress and Possibilities* (Washington, DC: National Academies Press, 2009), https://www.ncbi.nlm.nih.gov/books/NBK32775/.
29 J. Silk and D. Romero, "The Role of Parents and Families in Teen Pregnancy Prevention: An Analysis of Programs and Policies," *Journal of Family Issues*, 35 (10: 2014): 1339-1362, https://doi.org/10.1177/0192513X13481330.
30 Mary D. Salter Ainsworth et al., *Patterns of Attachment: A Psychological Study of the Strange Situation* (New York: Psychology Press, 2015).
John Bowlby, *Attachment* (New York: Basic Books, 1969).
Foster W. Cline, *Conscienceless Acts Societal Mayhem: Uncontrollable, Unreachable Youth and Today's Desensitized World* (Golden, CO: Love and Logic Press, 1995), 51-55.
31 Tyler Schmall, "Most Parents Think Their Kids Avoid Talking to Them," *New York Post*, September 7, 2018, https://nypost.com/2018/09/07/most-parents-think-their-kids-avoid-talking-to-them/.
32 이 개념은 다음 책에 소개되었다. Daniel G. Amen, *Change Your Brain, Change Your Life*, rev. ed. (New York: Harmony Books, 2015), 125-126.
33 Jim Fay, *Helicopters, Drill Sergeants, and Consultants: Parenting Styles and the Messages They Send* (Golden, CO: Cline/Fay Institute, 1986), audiocassette.
Jim Fay, *Four Steps to Responsibility* (Golden, CO: Cline/Fay Institute, 1986), audiocassette.
Foster Cline and Jim Fay, *Parenting with Love and Logic: Teaching Children Responsibility* (Colorado Springs, CO: Piñon Press, 1990), 96-111.
Foster Cline and Jim Fay, *Parenting Teens with Love and Logic: Preparing Adolescents for Responsible Adulthood* (Colorado Springs, CO: Piñon Press, 1992), 39.
34 Sabrina Suffren et al., "Prefrontal Cortex and Amygdala Anatomy in

Youth with Persistent Levels of Harsh Parenting Practices and Subclinical Anxiety Symptoms over Time during Childhood," *Development and Psychopathology* 34, no. 3 (August 2022): 957-968, https://pubmed.ncbi.nlm.nih.gov/33745487/.

University of Montreal, "Does 'Harsh Parenting' Lead to Smaller Brains?" *ScienceDaily*, March 22, 2021, https://www.sciencedaily.com/releases/2021/03/210322085502.htm.

35 Kun Meng et al., "Effects of Parental Empathy and Emotion Regulation on Social Competence and Emotional/Behavioral Problems of School-Age Children," *Pediatric Investigation* 4, no. 2 (June 2020): 91-98, https://mednexus.org/doi/full/10.1002/ped4.12197.

36 Jean Decety and Meghan Meyer, "From Emotion Resonance to Empathic Understanding: A Social Developmental Neuroscience Account," *Development and Psychopathology* 20, no. 4 (Fall 2008): 1053-1080, https://pubmed.ncbi.nlm.nih.gov/18838031/.

37 Kamila Jankowiak-Siuda, Krystyna Rymarczyk, and Anna Grabowska, "How We Empathize with Others: A Neurobiological Perspective," *Medical Science Monitor* 17, no. 1 (2011): RA18-RA24, https://www.ncbi.nlm.nih.gov/pmc/articles/PMC3524680/.

38 Daniel G. Amen, *Feel Better Fast and Make It Last* (Carol Stream, IL: Tyndale, 2018), 135-136.

39 이 원칙들은 다음 책에 소개되었다. Amen, *Feel Better Fast*, 132-133.

40 Amen, *Change Your Brain, Change Your Life*, 198-199.

41 Fay, *Four Steps to Responsibility*.
Cline and Fay, *Parenting Teens with Love and Logic*, 139-140.

42 Rafaela Costa Martins et al., "Effects of Parenting Interventions on Child and Caregiver Cortisol Levels: Systematic Review and Meta-analysis," *BMC Psychiatry* 20 (2020): 370, https://bmcpsychiatry.biomedcentral.com/articles/10.1186/s12888-020-02777-9.

43 Diana Baumrind, "Effects of Authoritative Parental Control on Child Behavior," *Child Development* 37, no. 4 (December 1966): 887-907, https://www.jstor.org/stable/1126611.

44 Matthew T. Birnie and Tallie Z. Baram, "Principles of Emotional Brain Circuit

Maturation," *Science* 376, no. 6597 (June 2, 2022): 1055-1056, https://www.science.org/doi/10.1126/science.abn4016.

45 Daniel G. Amen, *Healing ADD*, rev. ed. (New York: Berkley Books, 2013), 297-298.

46 B. F. Skinner, "Two Types of Conditioned Reflex: A Reply to Konorski and Miller," *Journal of General Psychology* 16, no. 1 (1937): 272-279, https://www.tandfonline.com/doi/abs/10.1080/00221309.1937.9917951.

47 Amen, *Change Your Brain, Change Your Life*, 110-112.

48 Cline and Fay, *Parenting with Love and Logic*, 60-63.

49 K. A. Cunnien, N. Martinrogers, and J. T. Mortimer, "Adolescent Work Experience and Self-efficacy," *International Sociological Social Policy*, no. 29 (March/April 2009):164-175, doi: 10.1108/01443330910947534. PMID: 19750144; PMCID: PMC2742471.

50 Jim Fay and Charles Fay, *Love and Logic Magic for Early Childhood: Practical Parenting from Birth to Six Years*, rev. ed. (Golden, CO: Love and Logic Institute, 2015), 88-92.
Jim Fay and Charles Fay, *Early Childhood Parenting Made Fun! Creating Happy Families and Responsible Kids from Birth to Six*, kit (Golden, CO: Love and Logic Institute, 2005).

51 Carl Lindberg, "The Kurt Lewin Leadership Experiments," Leadership Ahoy!, August 20, 2022, https://www.leadershipahoy.com/the-kurt-lewin-leadership-experiments/.

52 Joan Durrant and Ron Ensom, "Physical Punishment of Children: Lessons from 20 Years of Research," *Canadian Medical Association Journal* 184, no. 12 (September 4, 2012): 1373-1377, https://www.cmaj.ca/content/184/12/1373.

53 Jorge Cuartas et al., "Corporal Punishment and Elevated Neural Response to Threat in Children," *Child Development* 92, no. 3 (2021): 821-832, https://psycnet.apa.org/record/2021-43033-001.

54 Cline and Fay, *Parenting with Love and Logic*, 197.

55 Daniel G. Amen, *Change Your Brain, Change Your Life*, rev. ed. (New York: Harmony Books, 2015), 109.

56 Amen, *Change Your Brain, Change Your Life*, 112.

57 Amen, *Change Your Brain, Change Your Life*, 116.

58 Bernard Weiner, "Attribution Theory, Achievement Motivation, and the Educational Process," *Review of Educational Research* 42, no. 2 (Spring 1972): 203-215, https://journals.sagepub.com/doi/10.3102/00346543042002203.
Carol S. Dweck, *Mindset: The New Psychology of Success* (New York: Random House, 2006). (국역본은 캐롤 드웩 저/김준수 역, 『마인드셋-스탠퍼드 인간 성장 프로젝트』, 스몰빅라이프, 2017년)

59 John Sabini, Michael Siepmann, and Julia Stein, "The Really Fundamental Attribution Error in Social Psychological Research," *Psychological Inquiry* 12, no. 1 (2001): 1-15, http://www.jstor.org/stable/1449294.

60 Howard J. Markman, Scott M. Stanley, and Susan L. Blumberg, *Fighting for Your Marriage: A Deluxe Revised Edition of the Classic Best Seller for Enhancing Marriage and Preventing Divorce* (San Francisco, CA: Jossey-Bass, 2010), 50-54.

61 Tristen K. Inagaki et al., "The Neurobiology of Giving versus Receiving Support: The Role of Stress-Related and Social Reward-Related Neural Activity," *Psychosomatic Medicine* 78, no. 4 (May 2016): 443-453, https://www.ncbi.nlm.nih.gov/pmc/articles/PMC4851591/.

62 Byron Katie, with Stephen Mitchell, *Loving What Is: Four Questions That Can Change Your Life* (New York: Harmony Books, 2002), 18-19. (국역본은 바이런 케이티, 스티븐 미첼 저/김윤 역, 『네 가지 질문』, 침묵의향기, 2013년)

63 Amen, *Change Your Brain, Change Your Life*, 114.

64 Kenneth D. Stewart and Paul C. Bernhardt, "Comparing Millennials to Pre-1987 Students and with One Another," *North American Journal of Psychology* 12, no. 3 (2010): 579-602, https://psycnet.apa.org/record/2011-04684-012.

65 Simine Vazire and David C. Funder, "Impulsivity and the Self-Defeating Behavior of Narcissists," *Personality and Social Psychology Review* 10, no. 2 (2006): 154-165, https://journals.sagepub.com/doi/10.1207/s15327957pspr1002_4.

66 Donald Meichenbaum, *Stress Inoculation Training* (New York: Pergamon Press, 1985).

Teri Saunders et. al., "The Effect of Stress Inoculation Training on Anxiety and Performance," *Journal of Occupational Health Psychology* 1, no. 2 (April 1996): 170-186, https://psycnet.apa.org/record/1996-04478-005.

Fahimeh Kashani et al., "Effect of Stress Inoculation Training on the Levels of Stress, Anxiety, and Depression in Cancer Patients," *Iranian Journal of Nursing and Midwifery Research* 20, no. 3 (May-June 2015): 359-364, https://www.ncbi.nlm.nih.gov/pmc/articles/PMC4462062/.

67   Peter L. Benson, Judy Galbraith, and Pamela Espeland, *What Kids Need to Succeed: Proven, Practical Ways to Raise Good Kids*, rev. ed. (Minneapolis, MN: Free Spirit Publishing, 1998).

68   Eric S. Kim et al., "Sense of Purpose in Life and Likelihood of Future Illicit Drug Use or Prescription Medication Misuse," *Psychosomatic Medicine* 82, no. 7 (September 1, 2020): 715-721, https://europepmc.org/article/med/32697442.

Viktor E. Frankl, *Man's Search for Meaning* (Boston: Beacon Press, 2006), 141-143.

George Kleftaras and Irene Katsogianni, "Spirituality, Meaning in Life, and Depressive Symptomatology in Individuals with Alcohol Dependence," *Journal of Spirituality in Mental Health* 14, no. 4 (November 2012): 268-288, https://www.researchgate.net/publication/268511923_Spirituality_Meaning_in_Life_and_Depressive_Symptomatology_in_Individuals_with_Alcohol_Dependence.

69   Patricia A. Boyle et al., "Effect of a Purpose in Life on Risk of Incident Alzheimer Disease and Mild Cognitive Impairment in Community-Dwelling Older Persons," *Archives of General Psychiatry* 67, no. 3 (March 2010): 304-310, https://www.ncbi.nlm.nih.gov/pmc/articles/PMC2897172/.

70   Anthony L. Burrow and Nicolette Rainone, "How Many Likes Did I Get? Purpose Moderates Links between Positive Social Media Feedback and Self-Esteem," *Journal of Experimental Social Psychology* 69 (March 2017): 232-236, https://www.sciencedirect.com/science/article/abs/pii/S0022103116303377.

71   Viktor E. Frankl, *Man's Search for Meaning* (1946; Boston: Beacon Press, 2006). (국역본은 빅터 프랭클 저/이시형 역, 『죽음의 수용소에서』, 청아출판사, 2020년)

72 Laila Kearney, "Later Retirement Linked to Lower Risk of Alzheimer's, Study Shows," Reuters, July 15, 2013, https://www.reuters.com/article/us-usa-alzheimers-retirement/later-retirement-linked-to-lower-risk-of-alzheimers-study-shows-idUSBRE96F02M20130716.

73 Deanna L. Tepper, Tiffani J. Howell, and Pauleen C. Bennett, "Executive Functions and Household Chores: Does Engagement in Chores Predict Children's Cognition?" *Australian Occupational Therapy Journal* 69, no. 5 (October 2022): 585-598, https://pubmed.ncbi.nlm.nih.gov/35640882/.

Elizabeth M. White, Mark D. DeBoer, and Rebecca J. Scharf, "Associations between Household Chores and Childhood Self-Competency," *Journal of Developmental and Behavioral Pediatrics* 40, no. 3 (April 2019): 176-182, https://pubmed.ncbi.nlm.nih.gov/30507727/.

74 Walter Mischel, *The Marshmallow Test: Mastering Self-Control* (New York: Little, Brown, 2014).

75 University of Warwick, "Fruit and Veggies Give You the Feel-Good Factor," *ScienceDaily*, July 10, 2016, https://www.sciencedaily.com/releases/2016/07/160710094239.htm.

Redzo Mujcic and Andrew J. Oswald, "Evolution of Well-Being and Happiness after Increases in Consumption of Fruit and Vegetables," *American Journal of Public Health* 106, no. 8 (August 1, 2016): 1504-1510, https://ajph.aphapublications.org/doi/full/10.2105/AJPH.2016.303260.

76 에이멘 박사는 이들 음식 규칙을 연령과 무관하게 뇌 건강의 기초로 여기므로 자신의 저서와 강연에서 반드시 다룬다.

77 Matthew T. Gailliot et al., "Self-Control Relies on Glucose as a Limited Energy Source: Willpower Is More Than a Metaphor," *Journal of Personality and Social Psychology* 92, no. 2 (2007): 325-336, https://psycnet.apa.org/record/2007-00654-010.

78 Centers for Disease Control and Prevention (CDC), "New Research Uncovers Concerning Increases in Youth Living with Diabetes in the U.S.," press release, August 24, 2021, https://archive.cdc.gov/#/details?url=https://www.cdc.gov/media/releases/2021/p0824-youth-diabetes.html.

79 Lawrence E. Armstrong et al., "Mild Dehydration Affects Mood in Healthy Young Women," *Journal of Nutrition* 142, no. 2 (February 2012): 382-388,

https://www.sciencedirect.com/science/article/pii/S0022316622028899.

Matthew S. Ganio et al., "Mild Dehydration Impairs Cognitive Performance and Mood of Men," *British Journal of Nutrition* 106, no. 10 (November 2011): 1535-1543, https://pubmed.ncbi.nlm.nih.gov/21736786/.

80 Klaus W. Lange, "Omega-3 Fatty Acids and Mental Health," *Global Health Journal* 4, no. 1 (March 2020): 18-30, https://www.sciencedirect.com/science/article/pii/S241464472030004X.

81 Daniel G. Amen, with Brendan Kearney (illustrator), *Captain Snout and the Super Power Questions* (Grand Rapids, MI: Zonderkidz, 2017).

82 László Harmat, Johanna Takács, and Róbert Bódizs, "Music Improves Sleep Quality in Students," *Journal of Advanced Nursing* 62, no. 3 (May 2008): 327-335, https://pubmed.ncbi.nlm.nih.gov/18426457/.
Tabitha Trahan et al., "The Music That Helps People Sleep and the Reasons They Believe It Works: A Mixed Methods Analysis of Online Survey Reports," *PLOS One* 13, no. 11 (November 14, 2018): e0206531, https://www.ncbi.nlm.nih.gov/pmc/articles/PMC6235300/.

83 Institute of Medicine, *Educating the Student Body: Taking Physical Activity and Physical Education to School* (Washington, DC: National Academies Press, 2013).

84 Jaana T. Kari et al., "Childhood Physical Activity and Adulthood Earnings," *Medicine and Science in Sports and Exercise* 48, no. 7 (July 2016): 1340-1346, https://pubmed.ncbi.nlm.nih.gov/26871991/.

85 Francesco Recchia et al., "Comparative Effectiveness of Exercise, Antidepressants and Their Combination in Treating Non-severe Depression: A Systematic Review and Network Meta-analysis of Randomised Controlled Trials," *British Journal of Sports Medicine* 56, no. 23 (December 2022): 1375-1380, https://pubmed.ncbi.nlm.nih.gov/36113975/.

86 Ian M. McDonough et al., "The Synapse Project: Engagement in Mentally Challenging Activities Enhances Neural Efficiency," *Restorative Neurology and Neuroscience* 33, no. 6 (2015): 865-882, https://content.iospress.com/articles/restorative-neurology-and-neuroscience/rnn150533.

87 Daniel G. Amen, *You, Happier* (Carol Stream, IL: Tyndale, 2022), 15, 218. (국역본은 다니엘 G. 에이멘 저/이은경 역, 『마음이 아니라 뇌가 불안한 겁니다』, 위즈덤

하우스, 2023년)

88 Lucas S. LaFreniere and Michelle G. Newman, "Probabilistic Learning by Positive and Negative Reinforcement in Generalized Anxiety Disorder," *Clinical Psychological Science* 7, no. 3 (2019): 502-515, https://journals.sagepub.com/doi/10.1177/2167702618809366.

Evgenia Stefanopoulou et al., "Are Attentional Control Resources Reduced by Worry in Generalized Anxiety Disorder?," *Journal of Abnormal Psychology* 123, no. 2 (May 2014): 330-335, https://psycnet.apa.org/fulltext/2014-22133-005.html.

Kelly Trezise and Robert A. Reeve, "Worry and Working Memory Influence Each Other Iteratively over Time," *Cognition and Emotion* 30, no. 2 (2016): 353-368, https://www.tandfonline.com/doi/abs/10.1080/02699931.2014.1002755.

89 Sandra J. Llera and Michelle G. Newman, "Worry Impairs the Problem-Solving Process: Results from an Experimental Study," *Behaviour Research and Therapy* 135 (December 2020): 103759, https://www.sciencedirect.com/science/article/abs/pii/S0005796720302138.

90 David A. Sousa, *How the Brain Learns*, 4th ed. (Thousand Oaks, CA: Corwin, 2011).

91 Abraham H. Maslow, *Motivation and Personality*, 2nd ed. (1954; New York: Harper and Row, 1970). (국역본은 에이브러햄 매슬로 저/오혜경 역,『동기와 성격』제3판 완역, 연암서가, 2021년)

92 Gökhan Baş, Cihad Şentürk, and Fatih Mehmet Ciğerci, "Homework and Academic Achievement: A Meta-analytic Review of Research," *Issues in Educational Research* 27, no. 1 (2017): 31-50, https://www.iier.org.au/iier27/bas.pdf.

93 Martin Pinquart, "Associations of Parenting Styles and Dimensions with Academic Achievement in Children and Adolescents: A Meta-analysis," *Educational Psychology Review* 28, no. 3 (2016): 475-493, https://psycnet.apa.org/record/2015-41312-001.

94 Bernard Weiner, "Attribution Theory, Achievement Motivation, and the Educational Process," *Review of Educational Research* 42, no. 2 (1972): 203-215, https://psycnet.apa.org/record/1973-10105-001.

95 Carol S. Dweck, *Mindset: The New Psychology of Success* (New York: Random House, 2006). (국역본은 캐롤 드웩 저/김준수 역, 『마인드셋-스탠퍼드 인간 성장 프로젝트』, 스몰빅라이프, 2017년)
David Scott Yeager and Carol S. Dweck, "Mindsets That Promote Resilience: When Students Believe That Personal Characteristics Can Be Developed," *Educational Psychologist* 47, no. 4 (2012): 302-314, https://psycnet.apa.org/record/2012-28709-004.

96 Brian A. Fallon et al., "Lyme Borreliosis and Associations with Mental Disorders and Suicidal Behavior: A Nationwide Danish Cohort Study," *American Journal of Psychiatry* 178, no. 10 (2021): 921-931, https://ajp.psychiatryonline.org/doi/10.1176/appi.ajp.2021.20091347.

97 Dimitri A. Christakis, "The Challenges of Defining and Studying 'Digital Addiction' in Children," *JAMA* 321, no. 23 (June 18, 2019): 2277-2278, https://jamanetwork.com/journals/jama/article-abstract/2734210.
Tim Schulz van Endert, "Addictive Use of Digital Devices in Young Children: Associations with Delay Discounting, Self-Control and Academic Performance," *PLOS One* 16, no. 6 (2021): e0253058, https://www.ncbi.nlm.nih.gov/pmc/articles/PMC8219150/.
Fazida Karim et al., "Social Media Use and Its Connection to Mental Health: A Systematic Review," *Cureus* 12, no. 6 (2020): e8627, https://www.ncbi.nlm.nih.gov/pmc/articles/PMC7364393/.

98 Associated Press in Washington, "Asiana Airlines Crash Caused by Pilot Error and Confusion, Investigators Say," *Guardian*, June 24, 2014, https://www.theguardian.com/world/2014/jun/24/asiana-crash-san-francsico-controls-investigation-pilot.

99 Daniel G. Amen, *Your Brain Is Always Listening* (Carol Stream, IL: Tyndale, 2021), 185-186.

100 Ken C. Winters and Amelia Arria, "Adolescent Brain Development and Drugs," *Prevention Researcher* 18, no. 2 (2011): 21-24, https://www.ncbi.nlm.nih.gov/pmc/articles/PMC3399589/.

101 C. B. Ferster and B. F. Skinner, *Schedules of Reinforcement* (New York: Appleton-Century-Crofts, 1957).

102 Irem Metin-Orta, "Fear of Missing Out, Internet Addiction and Their

Relationship to Psychological Symptoms," *Addicta: The Turkish Journal on Addictions* 7, no. 1 (2020): 67-73, https://www.addicta.com.tr/en/fear-of-missing-out-internet-addiction-and-their-relationship-to-psychological-symptoms-13150.

103 Associated Press and Matthew Wright, "Boy, 11, Rampages through His Home Shooting His Cop Father [. . .]," *Daily Mail*, March 7, 2019, https://www.dailymail.co.uk/news/article-6782651/Investigators-Indiana-boy-shot-trooper-dad-video-games.html.

104 Marvin Fong, "Daniel Petric Killed Mother, Shot Father Because They Took Halo 3 Video Game, Prosecutors Say," *Plain Dealer*, Cleveland.com, December 15, 2008, https://www.cleveland.com/metro/2008/12/boy_killed_mom_and_shot_dad_ov.html.

105 Lydie A. Lebrun-Harris et al., "Five-Year Trends in US Children's Health and Well-Being, 2016-2020," *JAMA Pediatrics* 176, no. 7 (2022): e220056, https://jamanetwork.com/journals/jamapediatrics/fullarticle/2789946.

106 "Mental Health Conditions," National Alliance on Mental Illness (NAMI), accessed March 31, 2023, https://www.nami.org/about-mental-illness/mental-health-conditions.

107 Daniel G. Whitney and Mark D. Peterson, "US National and State-Level Prevalence of Mental Health Disorders and Disparities of Mental Health Care Use in Children," *JAMA Pediatrics* 173, no. 4 (2019): 389-391, https://jamanetwork.com/journals/jamapediatrics/fullarticle/2724377.

108 Michelle V. Porche et al., "Childhood Trauma and Psychiatric Disorders as Correlates of School Dropout in a National Sample of Young Adults," *Child Development* 82, no. 3 (2011): 982-998, https://www.ncbi.nlm.nih.gov/pmc/articles/PMC3089672/.

109 Linda A. Teplin et al., "Psychiatric Disorders in Youth in Juvenile Detention," *Archives of General Psychiatry* 59, no. 12 (December 2002): 1133-1143, https://www.ncbi.nlm.nih.gov/pmc/articles/PMC2861992/.

110 Centers for Disease Control and Prevention, "U.S. Teen Girls Experiencing Increased Sadness and Violence," press release (February 13, 2023), https://cdc.gov/media/releases/2023/p0213-yrbs.html.

111 "Distribution of the 10 Leading Causes of Death among Teenagers Aged 15

to 19 Years in the United States in 2019," Statista, October 25, 2021, https://www.statista.com/statistics/1017959/distribution-of-the-10-leading-causes-of-death-among-teenagers/.

112 Centers for Disease Control and Prevention, *Youth Risk Behavior Survey 2011-2021*, 66, https://www.cdc.gov/healthyyouth/data/yrbs/pdf/YRBS_Data-Summary-Trends_Report2023_508.pdf.

113 *Youth Risk Behavior Survey 2011-2021*, 68.

114 *Youth Risk Behavior Survey 2011-2021*, 70.

115 *Youth Risk Behavior Survey 2011-2021*, 66, 68, 70.

116 "Teen Trend Report," High School, Stage of Life, March 2014, https://www.stageoflife.com/StageHighSchool/TeensandMentalIllness.aspx.

117 "Teen Trend Report."

118 "Teen Trend Report."

119 Ronald C. Kessler et al., "Age of Onset of Mental Disorders: A Review of Recent Literature," *Current Opinion in Psychiatry* 20, no. 4 (July 2007): 359-364, https://www.ncbi.nlm.nih.gov/pmc/articles/PMC1925038/.

120 Anika Knüppel et al., "Sugar Intake from Sweet Food and Beverages, Common Mental Disorder and Depression: Prospective Findings from the Whitehall II Study," *Scientific Reports* 7 (2017): 6287, https://www.nature.com/articles/s41598-017-05649-7.

121 Brad J. Bushman et al., "Low Glucose Relates to Greater Aggression in Married Couples," *Proceedings of the National Academy of Sciences of the United States of America* 111, no. 17 (April 29, 2014): 6254-6257, https://pubmed.ncbi.nlm.nih.gov/24733932/.
Sue Penckofer et al., "Does Glycemic Variability Impact Mood and Quality of Life?" *Diabetes Technology and Therapeutics* 14, no. 4 (April 2012): 303-310, https://pubmed.ncbi.nlm.nih.gov/22324383/.

122 Ashley Abramson, "Children's Mental Health Is in Crisis," *Monitor on Psychology* 53, no. 1 (January 1, 2022): 69, https://www.apa.org/monitor/2022/01/special-childrens-mental-health.

123 Robert F. Anda et al., "The Enduring Effects of Abuse and Related Adverse Experiences in Childhood. A Convergence of Evidence from Neurobiology and Epidemiology," *European Archives of Psychiatry and Clinical*

Neuroscience 256, no. 3 (April 2006): 174-186, https://www.ncbi.nlm.nih.gov/pmc/articles/PMC3232061/.

124 Martin Sack et al., "Intranasal Oxytocin Reduces Provoked Symptoms in Female Patients with Posttraumatic Stress Disorder Despite Exerting Sympathomimetic and Positive Chronotropic Effects in a Randomized Controlled Trial," *BMC Medicine* 15, no. 1 (February 2017): 40, https://www.ncbi.nlm.nih.gov/pmc/articles/PMC5314583/.

Jessie L. Frijling, "Preventing PTSD with Oxytocin: Effects of Oxytocin Administration on Fear Neurocircuitry and PTSD Symptom Development in Recently Trauma-Exposed Individuals," *European Journal of Psychotraumatology* 8, no. 1 (April 11, 2017): 1302652, https://www.ncbi.nlm.nih.gov/pmc/articles/PMC5400019/.

David Cochran et al., "The Role of Oxytocin in Psychiatric Disorders: A Review of Biological and Therapeutic Research Findings," *Harvard Review of Psychiatry* 21, no. 5 (September/October 2013): 219-247, https://journals.lww.com/hrpjournal/fulltext/2013/09000/the_role_of_oxytocin_in_psychiatric_disorders_a.1.aspx.

125 Lebrun-Harris et al., "Five-Year Trends in US Children's Health."

126 Lebrun-Harris et al., "Five-Year Trends in US Children's Health."

127 Ahsan Nazeer et al., "Obsessive-Compulsive Disorder in Children and Adolescents: Epidemiology, Diagnosis and Management," *Translational Pediatrics* 9, supplement 1 (February 22, 2020): S76-S93, https://tp.amegroups.com/article/view/31620/28326.

128 American Academy of Pediatrics, "The Right Age to Potty Train," HealthyChildren.org, last updated May 24, 2022, https://www.healthychildren.org/English/ages-stages/toddler/toilet-training/Pages/The-Right-Age-to-Toilet-Train.aspx.

129 Timothy R. Schum et al., "Sequential Acquisition of Toilet-Training Skills: A Descriptive Study of Gender and Age Differences in Normal Children," *Pediatrics* 109, no. 3 (March 2002): E48, https://pubmed.ncbi.nlm.nih.gov/11875176/.

130 Richard J. Butler and Jon Heron, "The Prevalence of Infrequent Bedwetting and Nocturnal Enuresis in Childhood. A Large British Cohort," *Scandinavian*

Journal of Urology and Nephrology 42, no. 3 (2008): 257-264, https://pubmed.ncbi.nlm.nih.gov/18432533/.

131   Srirangram Shreeram et al., "Prevalence of Enuresis and Its Association with Attention-Deficit/Hyperactivity Disorder among U.S. Children: Results from a Nationally Representative Study," *Journal of the American Academy of Child and Adolescent Psychiatry* 48, no. 1 (January 2009): 35-41, https://www.sciencedirect.com/science/article/abs/pii/S0890856708601689.

132   People v. Peoples, no. S090602 (Supreme Court of California, 2016), https://caselaw.findlaw.com/ca-supreme-court/1725241.html.

133   Lucy Bowes et al., "Sibling Bullying and Risk of Depression, Anxiety, and Self-Harm: A Prospective Cohort Study," *Pediatrics* 134, no. 4 (October 2014): e1032-e1039, https://pubmed.ncbi.nlm.nih.gov/25201801/.

134   Stephen B. Karpman, *A Game Free Life: The Definitive Book on the Drama Triangle and the Compassion Triangle by the Originator and Author* (San Francisco: Drama Triangle Publications, 2014).

135   Sally Northway Ogden, *"Words Will Never Hurt Me": Helping Kid Handle Teasing, Bullying and Putdowns* (Seattle, WA: Elton-Wolf Publishing, 2004).

136   Dan Olweus, *Bullying at School: What We Know and What We Can Do* (Malden, MA: Blackwell, 1993), 57-58.

137   Rebecca R. Winters, Jamilia J. Blake, and Siqi Chen, "Bully Victimization among Children with Attention-Deficit/Hyperactivity Disorder: A Longitudinal Examination of Behavioral Phenotypes," *Journal of Emotional and Behavioral Disorders* 28, no. 2 (2020): 80-91, https://journals.sagepub.com/doi/10.1177/1063426618814724.

138   Katherine B. Owen et al., "Sport Participation and Academic Performance in Children and Adolescents: A Systematic Review and Meta-analysis," *Medicine and Science in Sports and Exercise* 54, no. 2 (February 1, 2022): 299-306, https://pubmed.ncbi.nlm.nih.gov/34559728/.
Geneviève Piché et al., "Associations between Extracurricular Activity and Self-Regulation: A Longitudinal Study from 5 to 10 Years of Age," *American Journal of Health Promotion* 30, no. 1 (2015): e32-e40, https://journals.sagepub.com/doi/10.4278/ajhp.131021-QUAN-537.

139   Christopher S. Sahler and Brian D. Greenwald, "Traumatic Brain Injury in

Sports: A Review," *Rehabilitation Research and Practice* 2012 (July 9, 2012): 659652, https://www.hindawi.com/journals/rerp/2012/659652/.

140 "High School Athletes Playing College Sports," RecruitLook, August 3, 2019, https://recruitlook.com/what-percentage-of-high-school-athletes-play-college-sports/.

141 Eric Ortiz, "Little League Legends Who Became Big League Stars," Stadium Talk, October 28, 2022, https://www.stadiumtalk.com/s/best-mlb-players-who-played-in-little-league-baseball-world-series-8582eb74a7bb483e.

142 Joseph P. Allen et al., "When Friendships Surpass Parental Relationships as Predictors of Long-Term Outcomes: Adolescent Relationship Qualities and Adult Psychosocial Functioning," *Child Development* 93, no. 3 (May 2022): 760-777, https://www.ncbi.nlm.nih.gov/pmc/articles/PMC9167890/.
Koji Ueno, "The Effects of Friendship Networks on Adolescent Depressive Symptoms," *Social Science Research* 34, no. 3 (September 2005): 484-510, https://www.sciencedirect.com/science/article/abs/pii/S0049089X04000419.
G. David Batty et al., "The Aberdeen Children of the 1950s Cohort Study: Background, Methods and Follow-up Information on a New Resource for the Study of Life Course and Intergenerational Influences on Health," *Paediatric and Perinatal Epidemiology* 18, no. 3 (May 2004): 221-239, https://pubmed.ncbi.nlm.nih.gov/15130162/.
Sara Brolin Låftman and Viveca Ostberg, "The Pros and Cons of Social Relations: An Analysis of Adolescents' Health Complaints," *Social Science and Medicine* 63, no. 3 (August 2006): 611-623, https://pubmed.ncbi.nlm.nih.gov/16603298/.

143 Robert Rosenthal and Lenore Jacobson, *Pygmalion in the Classroom: Teacher Expectation and Pupils' Intellectual Development* (New York: Holt, Rinehart and Winston, 1968).

144 Andreas Bartels and Semir Zeki, "The Neural Basis of Romantic Love," *NeuroReport* 11, no. 17 (November 27, 2000): 3829-3834, https://journals.lww.com/neuroreport/Fulltext/2000/11270/The_neural_basis_of_romantic_love.46.aspx.

145 Richard A. Warshak, *Divorce Poison: How to Protect Your Family from Bad-mouthing and Brainwashing*, rev. ed. (New York: Harper, 2010). (국역본은

리처드 A. 워샥 저/황임란 역, 『이혼, 부, 모, 아이들-당당한 관계를 위한 심리학』, 아침이슬, 2005년)

146 Henry Cloud and John Townsend, *Boundaries: When to Say Yes, How to Say No to Take Control of Your Life*, rev. ed. (Grand Rapids, MI: Zondervan, 2017).

147 J. Benjamin Hinnant et al., "Permissive Parenting, Deviant Peer Affiliations, and Delinquent Behavior in Adolescence: The Moderating Role of Sympathetic Nervous System Reactivity," *Journal of Abnormal Child Psychology* 44, no. 6 (August 2016): 1071-1081, https://www.ncbi.nlm.nih.gov/pmc/articles/PMC4909613/.
Karin S. Nijhof and Rutger Engels, "Parenting Styles, Coping Strategies, and the Expression of Homesickness," *Journal of Adolescence* 30, no. 5 (October 2007): 709-720, https://onlinelibrary.wiley.com/doi/10.1016/j.adolescence.2006.11.009.
Deborah A. Cohen and Janet Rice, "Parenting Styles, Adolescent Substance Use, and Academic Achievement," *Journal of Drug Education* 27, no. 2 (1997): 199-211, https://journals.sagepub.com/doi/10.2190/QPQQ-6Q1G-UF7D-5UTJ.

148 C. Knight Aldrich, *An Introduction to Dynamic Psychiatry* (New York: Blakiston Division, McGraw-Hill, 1966).

149 K. Kameguchi, "Chaotic States of Generational Boundaries in Contemporary Japanese Families," in *Research on Family Resources and Needs across the World*, ed. Mario Cusinato (Milan: Edizioni Universitarie di Lettere Economia Diritto, 1996).

150 Salvador Minuchin, *Families and Family Therapy* (Cambridge, MA: Harvard University Press, 1974).

151 Henry Cloud and John Townsend, *Boundaries: When to Say Yes, How to Say No to Take Control of Your Life*, rev. ed. (Grand Rapids, MI: Zondervan, 2017).

152 Philip S. Wang et al., "Delays in Initial Treatment Contact after First Onset of a Mental Disorder," *Health Services Research* 39, no. 2 (April 2004): 393-415, https://www.ncbi.nlm.nih.gov/pmc/articles/PMC1361014/.

멘탈 강한 아이로 키우기

초판 인쇄 : 2025년 8월 14일
초판 발행 : 2025년 8월 18일

지은이 : 대니얼 G. 에이멘, 찰스 페이
옮긴이 : 박다솜

펴낸이 : 박경애
펴낸곳 : 모멘토
등록일자 : 2002년 5월 23일
등록번호 : 제1-3053호
주 소 : 서울시 마포구 만리재 옛4길 11, 니루빌 501호
전 화 : 711-7024
팩 스 : 711-7036
E-mail : momentobook@hanmail.net
ISBN 978-89-91136-40-3   03180

* 잘못된 책은 구입하신 곳에서 바꿔드립니다.